中国社会科学院　学者文选

胡 绳 集

中国社会科学院科研局组织编选

中国社会科学出版社

图书在版编目(CIP)数据

胡绳集／中国社会科学院科研局组织编选. —北京：中国社会
科学出版社，2003.10（2018.8 重印）
（中国社会科学院学者文选）
ISBN 978-7-5004-3767-3

Ⅰ.①胡… Ⅱ.①中… Ⅲ.①胡绳（1918~2000）—文集
②社会科学—文集 Ⅳ.①C53

中国版本图书馆 CIP 数据核字（2003）第 080064 号

出 版 人	赵剑英	
责任编辑	柯 言	
责任校对	京 蕾	
责任印制	王 超	

出　　版	中国社会科学出版社
社　　址	北京鼓楼西大街甲 158 号
邮　　编	100720
网　　址	http://www.csspw.cn
发 行 部	010-84083685
门 市 部	010-84029450
经　　销	新华书店及其他书店

印刷装订	北京市十月印刷有限公司
版　　次	2003 年 10 月第 1 版
印　　次	2018 年 8 月第 2 次印刷

开　　本	880×1230　1/32
印　　张	14
字　　数	333 千字
定　　价	79.00 元

凡购买中国社会科学出版社图书,如有质量问题请与本社营销中心联系调换
电话:010-84083683

出 版 说 明

　　一、《中国社会科学院学者文选》是根据李铁映院长的倡议和院务会议的决定，由科研局组织编选的大型学术性丛书。它的出版，旨在积累本院学者的重要学术成果，展示他们具有代表性的学术成就。

　　二、《文选》的作者都是中国社会科学院具有正高级专业技术职称的资深专家、学者。他们在长期的学术生涯中，对于人文社会科学的发展做出了贡献。

　　三、《文选》中所收学术论文，以作者在社科院工作期间的作品为主，同时也兼顾了作者在院外工作期间的代表作；对少数在建国前成名的学者，文章选收的时间范围更宽。

中国社会科学院

科研局

1999 年 11 月 14 日

目　录

代　序

——作者在《胡绳全书》座谈会上的发言

　　我由衷地感谢同志们为我的书举行这样隆重的会,感谢李瑞环同志亲自到会讲话,感谢李铁映同志到会讲话,也感谢到会讲话的同志和没有来得及讲话的同志们。

　　同志们讲了许多美好的话,我把这些话当作对我的鼓励和鞭策,但有些话实在当之有愧。

　　我在1935年,即抗日战争爆发前两年离开学校,在上海开始过自学和写作的生活,也参加当时的救亡运动。1938年初在武汉加入中国共产党。60多年来虽然可说是始终不懈地为党、为革命尽我所能地工作,但成绩实在很有限。我的工作主要表现在写作上,结果就只是这一小堆书。

　　回顾过去的写作生涯,我曾说:"我一生所写的文章,虽然有一些可以说有或多或少的学术性,但是总的来说,无一篇不是和当时的政治相关的(当然这里说的政治是在比较宽泛的意义上说的)。可说是'纯学术性'的文章几乎没有。对此我并不后悔。"这段话引起一些读者和朋友的注意。所谓"纯学术性"是什么意思,不大容易讲清楚。但若干年来,学术界中确实存在着避开理论,避开政治,务求进入纯学术领域的风气。当然,也有并不是为了有所逃避而致力于纯学术的。在纯学术领域取得成就是要花很大精力的，是很可贵的。我并不轻视、否定纯学术的研究工作，甚至我还羡慕、钦佩这种工作，但客观的环境和主观的意愿使我心甘情愿地走我所已经走过的路。而且一个人终究只能分工做一件事或一方面的事。60多年来，我曾多次犯过错误，有时感到迷惘和困惑，这只能归咎于自己功力不够，悟道太浅，所以我觉得，对我在政治上、理论和学术上的追求和我选择的路，无需后悔。

学术和政治并不绝对矛盾。但应该承认，把这二者看成互不相容，不是没有原因的。从50年代后期至60年代和70年代在学术界内，可以说，人们越来越怕犯错误，稍微涉及政治和理论，哪怕讲得有点道理甚至很有道理，但只要被认为错误，就有陷入万丈深渊的危险。同时，正确和错误早有定论，只要附和定论，即使违反起码的逻辑，违反公认的常识，也受到赞扬，无人敢提出异议。这些情形当然使人们鄙视理论，害怕政治，而把纯学术看做避难所和远离是非的神殿。到了资产阶级反动学术权威的大帽子一来，那就一网打尽，无处可逃。在十一届三中全会以后20年间，这种情形已经有改变，或者大有改变。但积重难返，为造成有利于学术繁荣的环境，为彻底消除那种为政治可以不顾科学性的积习，需要做更多的工作。

学术界（这里指哲学社会科学）的领域十分宽广，的确需要"百花齐放，百家争鸣"。人人都热衷于政治和理论的焦点、热点，或者人人都远远避开政治和理论，我以为都不是正常现象。当前的政治，围绕着一个主题，就是如何建设有中国特色的社会主义。实践中和理论中的许多新的问题，要求理论界和学术界认真研究邓小平理论，并从事创造性的工作。展望21世纪的世界与中国，我们必须进一步解放思想，不受一切过时的成见的拘束，大胆地又是用最严谨的科学态度提出适合时代要求的新的观点、新的理论。

毕竟我已老病，不能做多少工作了。在同志们的鼓励下，我愿意在有生之年，追随我们的理论和学术大军，继续做一点有益的事。谢谢同志们！

胡　绳

1998 年 12 月 22 日

（原载《中共党史研究》1999 年第 2 期，3 月 25 日出版）

上　　篇

胡 适 论

——对于胡适的思想方法及其实际应用之一考察

一 引

"五四"运动是中国的布尔乔亚在历史上的一幕最精彩的演出，在这一个运动中间它养成了它在思想上的代表人物——胡适便是这中间的最不会被人忘记的一个。

但是中国的历史过得太快了，"五四"运动到现在不过20年，在当时激烈地打过一番"硬仗"的战士，虽然大半都还健在，却已经在时代的背景前经过不止一次的蜕化，在今日的进步的青年的眼前都已经成了模糊的影子了。单以胡适而论，他的向溥仪跪拜的故事，他的"中国的五大仇敌"的说法，他的"好人政府"的主张，他对于李顿报告团的歌颂，他在两广异动、陕西事变中发表的言论……这些都使他在历史的实践上成为退掉颜色的人物。"胡适"两个字，在现在已被看做是保守的、中庸主义的、绅士派的学者的代名词了。

但是我们绝不应该把胡适看做一匹"死狗"，甚至也不能只把他看做"历史的人物"，对于他在"五四"时的功绩称颂一下就算了事。假如我们不否认在即将爆发的中国的民族解放的抗战中间，布尔乔亚也可以有它的一个哨岗的话，那么对于为其思想上的代表者的胡适以及其他的人，我们都不能不求更多的理解，再作一次估价。

老实说，对于我们的新文化的启蒙的思想者，我们所知道的实在太少了，我们所曾做过的，几乎只是抹煞和颂赞。譬如对于胡适，有人说：这是中国最好的思想家，是新文化的创始者，这样地颂赞一番就完了；有人说：这是彻头彻尾的个人主义的、买办的布尔乔亚的意识形态的代表者，这样地一笔抹煞，也不加以更多的申述了。

在这里，我想对于胡适做一番新的考察。但我们并不打算把他的文化活动上的成绩全部细细检查一下（这工作虽已有人做过，但也等于没有做，是应该有人重新做一下的），我所要做的，主要的是在于：从当前的实践的立场上，对于贯彻在胡适的全部活动中间的他的基本的思想方法，做一个新的认识，新的估计。

二 先天的软体动物

在任何一个民族的历史上，布尔乔亚伴随了它在政治上、经济上的胜利，一定还得彻底地争取思想上的胜利。17、18 世纪是欧洲各国的布尔乔亚抬头的时期。在这时期，在荷兰出现了斯宾诺沙；在法国出现了笛卡儿、加桑地以及 18 世纪的百科全书派的光辉的唯物论者；在英国出现了培根、霍布士、洛克，他们都以不同程度的战斗的姿态出现在历史的舞台上，反抗教会的独断论，而建立或较隐晦，或明显的唯物论的思想体系。在他们的手里的最有力的武器是理性主义，是实证的自然科学。他们用理性战胜了中世纪的迷信和盲从，用自然科学战胜了宗教的信仰。

　　理性主义和实证的自然科学也正是中国的"五四"运动的大旗上面的标志。胡适曾提倡过一种"有意思的生活",他说:"畜生的生活只是糊涂,只是胡混,只是不晓得自己为什么如此做。一个人做的事应该件件事问得一个'为什么'。"① 这正是叫人过理性的生活,对于一切事情都要根据理性追究一个"为什么"的道理。至于实证的自然科学的提倡,那更是在胡适的文章中到处找得到的。譬如他说:他所提倡的"新人生观是建筑在二三百年的科学常识之上的一个大假设",且说:"根据于一切科学,叫人知道宇宙及其中万物的运行变迁皆是自然的——自己如此的——正用不着什么超自然的主宰或造物者。"②

　　这两种态度岂不都是代表了布尔乔亚的进步的方面的么?理性主义的生活正是对于传统的礼教、盲从的习俗的一个有力的反攻。科学的宇宙观和人生观,在反抗玄学的、命运论的人生观时,其进步的意义也是不容忽视的。

　　但是我们不能过分夸大了胡适的思想中的进步的方面。拿他(以及他的同伴们)的思想和英法的启蒙思想者的一比较,我们不能不替我们的启蒙思想者惭愧了。在向上时期的西方的布尔乔亚靠了理性和自然科学的帮助,建立了一个在神的力量以外的完整的宇宙观,达到了彻底的无神论和机械唯物论,他们和一切传统的偏见对立,勇敢地相信着真理是在自己的手里。但是我们的布尔乔亚呢?他们在历史的向上时期只是"昙花一现",随后就俯身在帝国主义的铁蹄和金元英镑的势力之下,甚至为了维持自己的存在,和封建的势力相结合,而成为柔软的、卑屈的存在了。因此,胡适思想的弱点也紧紧伴随着他的进步的所在而来

---

① 《胡适文存》一集第 4 卷。
② 《科学与人生观》序,《文存》二集第 2 卷,着重点原有。

了。

17 世纪的欧洲的理性主义的哲学家主张从理性中间可以得到真理，笛卡儿虽然从怀疑开始，但他对于数学的方法本身毫不怀疑；斯宾诺沙更进一步说：人类的理性能够渗透宇宙的本体，得到客观事物的真理。但是我们的启蒙思想者——胡适却没有这种鲜明的唯物论的认识论。首先，他并不以为他能把握到真理，即使他的科学的人生观也不过是一个"大假设"而已。他还明白地说："真理原来是人造的，是为了人造的，是人造出来供人用的，是因为他们大有用处所以才给他们'真理'的美名的。"① 拿这样的话和斯宾诺沙所说的"观念之秩序和联络，与事物之联络和秩序相同"② 一比较，岂不是有着太大的差别么？照后者，真理应该是和客观的事物相照应的；照前者，真理便只是人类为便利而随手造出来的罢了！因此胡适对于他自己所信仰的是否真理是并无把握的，譬如他虽然自称为"无神论者"，但是却又说："我们的信仰是根据于证据的：等到有神论的证据充足时，我们再改信有神论，也还不迟。"③ 好聪明的说法啊！相形之下，坚决地和教会作战的斯宾诺沙以及法国的百科全书派都是太傻的人了！

而且，和 17、18 世纪的欧洲思想家相反，胡适常常回避许多世界观中的根本问题。譬如他对于"人类未曾运思以前，一切哲理有无物观的存在"的问题，认为"简直是废话"，是"不成问题的争论"④。又如他说："灵魂灭不灭的问题，于人生行为上实在没有什么重大影响；既没有实际的影响，简直可说是不成

---

① 《文存》一集第 2 卷。
② 《伦理学》。
③ 《科学与人生观》序。
④ 《文存》一集第 2 卷。

问题了。"① 可怜他虽然自认为有了科学的人生观和宇宙观，却又不得不说，他只"注重在具体的事实与问题，故不承认根本的解决"②。连灵魂是否不灭这样的问题也只好"存而不论了"！反看欧洲 17、18 世纪的思想家，他们中的大部分都把宇宙的一切看成一个有机地联系着的整体，从任何一个角落里把观念论的、有神论的思想赶逐出去。我们真不能不说：我们的启蒙思想者真是先天的软体动物！

胡适虽然在反旧礼教、反文言文、反"精神文明"的时候，显出了战斗的光芒，但是在他的思想的本质上已经包含着脆弱性和不彻底性了，这些就注定了他在思想和实践上表现出来的落后。譬如他的"整理国故"，虽然他自称是"捉妖打鬼"，是在试用他的新方法，可是难道古书的版本字句的考订成了比"灵魂灭不灭的问题"，对于"人生行为"反而有较重大的影响么？

然而这种脆弱性和不彻底性不是胡适个人的责任，中国的新兴的布尔乔亚无论在经济上、政治上、思想上都患着显著的软体病，这真是个历史的悲剧！

三　树木和森林

中国的布尔乔亚在历史上占到个大便宜，那便是：西方的布尔乔亚在三四百年苦苦建立起来的文化可以让他们自由地选取。帝国主义的大炮带来了资本主义的生产制度，也带来了资本主义的"文明"、科学、"自由平等"的思想。在欧洲，经过了 16、17 世纪的许多哲学家科学家的不顾生死的奋斗，科学和哲学才

---

① 《文存》一集第 4 卷。
② 《文存》二集第 3 卷。

脱离了宗教的泥沼而独立。可是 20 世纪的中国布尔乔亚只要乘总统号大轮船向外洋去一趟，就把这一切带回来了。胡适口口声声地颂赞西方的近代文明，决不是没有理由的。可是他不知道：也正是帝国主义的大炮使中国成为半殖民地国家，使中国的新兴的布尔乔亚不能挺直它的腰干，使作为它的代表的启蒙思想家们不能达到像 17、18 世纪的西方思想家们那样的战斗的姿态！

而且在中国的思想家去到欧、美的时候，西方的布尔乔亚的思想家也早已和他们的伟大的启蒙者们永远地诀别了，因为这时代的西方布尔乔亚已经不是历史上的向上的阶层，而是一步步向下，走向没落的命运中去了。胡适到美国去搬运来的皮耳生、詹姆士、杜威的实用主义哲学正是没落的布尔乔亚的思想的一支派。他们也放弃了对于宇宙的根本问题的解决，只从对于自己目前有用与否的标准来验证一切事理，也放弃了对于客观真理的追求，甚至重复投身到宗教的泥沼中去了（如詹姆士说"如果'上帝'那个假设有满意的功用，那假设便是真的"）。这一切特征岂不都是照式照样地表现到胡适的思想中了么？先天软弱的东方布尔乔亚和后天衰老的西方布尔乔亚拜把子，这可算是一幕历史的趣剧！

19 世纪以来的西方没落阶层的思想，比较他们的前辈的，不但是动摇不定，而且也狭窄得多了，他们只是把目光集中在局部的、零碎的问题上，探求"较满意"的解答。这种态度也是非常适合于半殖民地的新兴的布尔乔亚的。胡适所说的"多说问题，少说主义"，正是这种态度的具体表现。

胡适在 1920 年写过一篇《问题与主义》，里面说："我们不去研究人力车夫的生计，却去高谈社会主义；不去研究女子如何解放，家庭制度如何纠正，却去高谈公妻主义和自由恋爱；不去研究'安福部'如何解散，不去研究南北问题如何解决，却去

高谈无政府主义；我们还要得意洋洋夸口道：我们所谈的是
'根本解决'。老实说吧，这是自欺欺人的梦话，这是中国思想
界破产的铁证，这是中国社会改良的死刑宣告！"① 这文章在当
时已受到很多驳难，可是反驳的人说的话，实在有些是难使胡适
心服的。事实上，在那时的思想界中空谈主义而不切实际之病确
是有的，但是真正是正确的"主义"本不是空洞的"理想"，而
应该是密切地和每一个实践的问题相结合着的：它是解决一切问
题的理论上的原则。一切个别的问题不是杂乱无章地出现的，而
是在其内部有着必然的联结，这种必然的联结就反映在"主义"
上面。但胡适的思想方法却全然与此相反，他所看见的只是一个
个的零碎的、枝节的问题，这正叫做"只见树木，不见森林"！

　　在1935年的《独立评论》还有过一次很有趣的讨论。胡适
说："今日思想界的一个大弊病"就在于大家滥用抽象名词，譬
如"胡适打骈文古文就是打封建主义"。这话就不对，因为在胡
适看来，打骈文古文就是打骈文古文，打缠小脚就是打缠小脚，
打"孔家店"就是打"孔家店"……并没有什么打"封建主
义"这回事。同样，他也不赞成"帝国主义"啊，"资本主义"
啊……这种种说法。显然这决不只是一个"用名"的问题，这
实在是表现了实用主义的思想方法的。他的这种思想方法就决定
了他的实践的不彻底，他在打倒了缠小脚，打倒了骈文古文之后
便"得意扬扬"，却不知道"封建主义"那个东西（这难道只是
个抽象名词么？）又用着各种各样的形式出现了。"一点一滴的
改良"终于是一点一滴的失败！

　　用了这样的思想方法，胡适无论在什么场合所看见的都是孤
立的事物、局部的问题、表面的现象，他看不见在个别之间的联

---

① 《文存》一集第2卷。

系，看不见横在现象里面的本质。因此他在美国只看见"平均每五人有汽车一辆"的含混的统计，只看见穿晚餐礼服的"劳工代表"①，在国内也只看见鸦片、八股、小脚，只看见"贫穷、疾病、愚昧、贪污、扰乱"是我们的"五大仇敌"②。近年来，他对国内政治所发表的一些引起人反感的意见也和他的根本的思想方法有关系。譬如他在两广、陕西的事变中都竭力主张"明令讨伐"，这是因为他虽然看到了全国的统一的需要，可是忽视了统一与和平是不可分地联系着的。两项事变都和平地解决了，这对于实用主义者的胡适应该是极好的教训吧？

夸大了一点，忘却了其余的一切，这是实用主义的思想方法的根本弱点——一个手指横在眼睛前面，也会遮住对于整个平原的展望的啊！

四 新的认识 新的觉悟

以上，我们已经极粗疏地说明了胡适所负着的进步的思想及弱点了，然而正如我们不应当过分夸大他的思想中的进步处，我们也不应当过分夸大他的缺点。胡适不能达到我们的唯物论，更不用谈动的逻辑，这都是很显然的，可是虽是这样，我们也应该承认，在他的错误的思想方法中也有着合理的成分。

中国的布尔乔亚虽然在"昙花一现"之后，就没有了气力，可是在日本帝国主义的积极的进攻之下，在全民族的救亡运动的高潮的刺激之下，他们不能不得到一点新的觉悟、新的认识。近年来，胡适曾几次地被现实情势所逼迫，不得不承认他对于

---

① 《文存》三集第 1 卷。
② 《新月》2 卷 10 号，《独立评论》18 号。

《塘沽协定》，对于华北局势估计的错误，终于在去年年底在太平洋学会中说出了"日本的最后目标显然是要在政治上完全控制中国"这样明白的断语。并且大概因为在国外看到了各国舆论对中国解放运动的态度，回国后在上海演讲说："日、德、意几个侵略者已经合在一起，中国只有加入英、美、法、苏几个民主国家的阵线。"这些言论，都可算是我上面所说的"新的觉悟、新的认识"的反映。

我们应该宝贵这种新的觉悟、新的认识！

前面我曾说，胡适的思想方法是贩运来的西方的没落的布尔乔亚的哲学，这确是可悲的事实。但是我们也得注意，在胡适的书里的实用主义是用来打击封建的宗法社会的传统的，而在杜威、詹姆士的手里，它除了是哲学和科学的堕落以外再没有别的意义。二者之间多少是有点不同的。靠了实用主义的训练，胡适至少得到了这样两点我们至今不能全盘抹煞的好处：第一，他能拿紧此时此地，虽然他也正因此而常常忽视了远处和将来，但是比了全然在梦想中过日子的人是较为清醒的，比了只是用漂亮的空谈装饰自己的人也是更可爱的。譬如他要反对"独爱的个人主义"的新村，他说："我们的新村就在我们自己的旧村里！我们所要的新村是要我们自己的旧村变成的新村！""我们放着这个恶浊的旧村，有什么面孔，有什么良心，去寻那'和平幸福'的新村生活！"[①] 固然他不能知道"旧村"的"恶浊"的根本原因，而他所提出的改革的方法也只是"一点一滴的改良主义"，可是就在这改良主义中也未始不含着现实主义的成分。第二，实用主义的方法常常使他看不到事实的全体和真相，但也使他知道要"尊重事实"，因此，在事实逼紧了他的时候，他还不至于完

---

① 《文存》一集第4卷。

全抹煞事实而不顾。像在 1926 年他到过苏联，他写给朋友的信中说："我这回不能久住俄国，不能细细观察调查，甚是恨事。但我所见已足使我心悦诚服地承认这是一个有理想、有计划、有方法的大政治试验。……"① 固然他始终看不出苏联和美国的根本不同是什么，可是他自己说："我的实验主义……不容我以耳为目，附和传统与狭窄的见成。"② 也正因为他还能尊重事实，他才能在太平洋学会中和回来后发表如前所节录的话。一个能知道尊重事实的学者还是比较有望的，尽管有时因此他不免成为现状的妥协者，可是在目前，很显然地，谁能"尊重"民族的危机的"事实"，谁就不能不或急或缓地用各种方式加入为民族的自由与解放的抗争。——在汉奸和战士之间的妥协的路是一天天地狭窄而终于会消失的！

尽管胡适近年来发表过许多离奇甚至荒谬的议论，尽管他被有些人骂得一钱不值，可是他在读者群中还是占有相当力量。他在《独立评论》的四周年纪念号（1936 年 5 月）中说他这刊物在一年中从 7000 读者增加到 1.3 万读者，这个数目字在中国目前的出版界中已是不容轻视的了。他说他的刊物的特色是："我们不说时髦话，不唱时髦的调子，只要人撇开成见看看事实，因为我们深信只有事实能给我们真理，只有真理能使我们独立"；又说："我们不作刺激性的文字，不供给'低级趣味'，又不会搬弄意义模糊的抽象名词。"这些话也许真是说出了他仍能保持一部分读者的原因。而这原因，岂不就是我上面举出的两点么？我们不能忽视，他的实用主义的言论是仍能投合目前的小市民层的需要的。

---

① 《文存》三集第 1 卷。
② 同上。

自然，靠了他的实用主义，他在实践上的成绩其实是有限的。对于封建的宗法社会的传统，他也不曾得到决定的胜利。"五四"运动中未了的工作，仍待我们来配合了当前的民族救亡运动彻底地完成。我们当然不能挪用胡适的方法，可是在反对复古，反对封建的传统，反对神秘主义的玄学，反对汉奸文化，反对一切愚民政策的战斗中间，理性主义和自然科学仍有资格做我们的战友！而且比较起有些买空卖空的"学者"、"政客"来，倒还是胡适的遇事不苟且，尊重事实，注重具体问题这种态度是值得在战斗中间学习的。

在当前的民族救亡运动和伴随着这种运动而来的新文化运动中间不会没有一个位置，可以让真正的民主主义者、理性主义者、科学方法论者立足的。

1937 年 3 月 16 日深夜

（原载 1937 年 3 月 20 日《新学识》上海，第 1 卷第 4 期）

谈思想与思想自由

第 一 篇

承认人人都能有思想，是思想自由论的前提。假如一方面主张思想自由，一方面却说，思想只是少数人的专有品，那是自己打自己的嘴巴。两千多年前，孟轲老老实实说："劳心者治人，劳力者治于人"，这就根本取消了劳力者的思想的权利。梁实秋先生最近也发表意见说："人类的整个的文化之所以愈积愈高，即是因为有若干有思想的人随时在贡献他们的智力，随时在提高文化的标准。"这是说：人类中"有思想的"只是"若干"人而已，所以他认为"若是希望青年们个个人都有思想，那未免是陈义过高"。因为，"严格的进，思想是一种很难能可贵的东西"。然而梁实秋先生却自己认为是"拥护思想自由这个原则"的人，这真是很奇怪的事情！

把劳力和劳心对立起来，从而把思想神秘化起来，这种魔术必须加以打破。思想并不与劳动脱离，恰恰相反，人类倒是在生产劳动中发展了他们的思想的。"劳动过程终末时取得的结果，已经在劳动过程开始时，观念地存在于劳动者的表象中了。他不仅在所工作的自然物中，引起一种形态变化，同时还在自然物中，实现他的目的。他知道他的目的，并以这个目的，当作法则来规定他的行为的种类和方法，并使自己的意志从属于这个目的。"在劳动过程中，目的性的表现就是思想的端初形态。固然，今日社会中的思想已非原始社会中的思想所可同日而语，而且思想已渐渐地似乎更加远远地站在生产劳动之上，但一切思想总不能绝对地与实践的任务无关，因此无论什么思想，其根本上的中心内容总不能不是"做什么"和"为了什么目的而做"。我们不能无目的地推进人类的文化，在实践任务上的目的之不同，决定各种思想倾向的分歧。

古之所谓"愚民"就是说：这些人活着不知道为什么而活。自古以来历史上有些统治者就努力着造成这种不思不想的愚民，统治者的谋士们则努力着建筑起思想的象牙塔，而向一般民众说：你们不"配"有思想。

然而真实的思想并不出于象牙塔，而来自实际的生活，凡生活着的人都"配"有思想。固然并不是个个都能明确地、完整地建立自己的思想体系，但个个人都有思想，是无疑的。尤其是在3年的抗战中，民族生活经历着巨大的飞跃，广大的人民都张开自觉的眼睛，知识青年更是在思想的深度与广度上人大地开展了，在这时候，站出来说"只有少数的若干人才配有思想"，这是很可诧异的。

思想与信仰的关系到底是怎样呢？在我们看来，是有着无思想的信仰，有着有思想的信仰的。每一种思想都在找寻它的信仰者，只要它不是凭着武力的威逼，权力的压制，利禄的诱惑而从人们的理智上使人们信服，那就不是宗教的愚民政策。每个人都不能不从既有的各种思想中有所选择，只要他是运用过他的头脑通过他的思想而确定他的选择，那么他就不是一个盲目的信仰者。既然并不是个个人都能独立地建立自己的思想体系，都不能不对于过去人类思想的成果有所依傍，那我们就不得不严格地分开盲目的信仰与清醒的信仰，前者是有背于思想与思想自由之原则的，后者则否。假如向青年说，配称为思想的，只有"独树一帜"的见解，陈义虽高，其实却是使青年与过去人类的思想文化的最好成果绝缘，而驱之于胡思乱想之途！

我们主张，青年应该独立地、自由地运用他们的思想。他们应该在一切偏狭的成见，各种外力的逼诱之外独立地、自由地去考虑、研究他们所看到的，所听到的。然而他们不能胡思乱想。什么叫做胡思乱想呢？第一，假如脱离了客观的现实而思想，那就是胡思乱想。我们的思想不应该向现实宣告独立，不应该自由到现实之外去，固然也有人是这样做了的，那么他们的思想就不能不是错误的，他们在思想上所规定的目的也就决不能实现。第二，谁假如根本不去管自古以来人类思想的既得成果而建立自己的思想体系，那是妄人，他的思想也常常只是胡思乱想。完成的思想体系是对于客观现实的完整的说明，这不是一旦一夕所可获得，而是整个人类活动的历史的结晶。我们不得不去向过去人类学习，倒并不是出于无可奈何，却是生于现代的人的幸福。因为几千年来的人类活动，已经宣示了哪些思想是合乎于现实的，是实践上的有力武器，哪些则否。但是既成的思想体系未必见得就是绝对地完满了，我们要把它在我们的手里继续地加以发展。因此我们并不是"不动天君"地去接受一种现成的思想。我们在各种思想中进行选择，根据客观的现实加以判别，使之融化在我们自己的脑子里和行动中，而继续地发展它。

梁实秋先生说：以别人的思想为思想，那只是信仰，而不是思想。但严格说来，没有一个思想是属于某一个人的。人类思想的发展是向着真理前进，客观的真理只有一个，真理的获得是整个人类的事业。梁先生又说："信仰若不是强迫的，而是由于青年们的理解而来，那么信仰与思想仍可以是不相悖的。"这话是和前文矛盾的，然而这句话是我们可以同意的。但是接下去又有如此的话："青年们一面尽管有坚强的信仰，一面还要培养自己的思想能力，等到成熟的阶段努力试求发展自己的思想。自己的思想不见得就能超越前人，不见得就能独树一帜，甚而至于根本不见得就能成立，但是经过自己的思考研讨的工夫而下的判断，那绝不是单纯的信仰，好歹也可以配称为思想了。"这依然是在把信仰与思想绝对地分开。既然获得坚强的信仰与发展思想的能力是两件事，那么主张思想自由的梁先生就在这里暗示着青年，不妨有不经过思想的信仰，既然任何的信仰算不得思想，而单凭自己的头脑所造成的甚至"根本不能成立"的思想，反而算得是可以赞美的思想，那么，我们有权利责问梁先生，你到底是在和青年开什么玩笑！

欧洲中世纪末叶有所谓以信仰归于宗教，以思想属于科学的说法，那还是在宗教权力的压迫下的无可奈何的说法。而现在梁实秋先生却落在这种说法之下去了，因为一方面他在暗中鼓励盲目的信仰，一方面要把青年引导到胡思乱想中去。青年们将回答梁先生，我们自己知道应该怎么办，我们要在独立而自由的思想中建立我们的信仰，并且在信仰的基础上开展我们的思想。

今日中国青年都信仰抗战的必胜，民族的光明前途，这种信仰是从慎重的思想中产生的，因此他们也以一切力量、一切思想建立在这一信仰之上。

思想之不能自由不是由于外力的迫害，而是由于青年人自己的懒惰，这是梁先生在这篇文章中的最精彩的"创见"。按照梁先生的理论说来，在以前，梁先生不过是白璧德的信仰者，而现在却是有思想的人了，因为他已经有了创见，虽然这个见解也许

"根本不见得就能成立"，但"好歹也可以配称为思想了"。不过梁先生最好再多费点脑力，把他的创见说得更完满一点。像在这篇文章中所说："青年们的知识欲是很盛旺的，对于知识食粮攫取常有一种饥不择食的样子，但是在可择的时候，也常常不能做合理的选择"，这样的话是露了马脚的。从这里看起来，原来梁先生是已经在主观上给青年们规定了一种"合理的选择"了，青年们之所以被目为懒惰，不过是因为他们所认为合理的并不就是梁先生所认为合理的罢了。

既然主张思想自由，就该尊重个个人在思想上的选择，假如因为青年不选择白璧德而选择旁的，便怒斥青年懒惰，这未免有失自由主义的绅士风度了。

然则真正的思想自由应该是如何呢？为了"懒惰"起见，我就抄一段2400年前的苏格拉底老人的话吧："世界上没有人有权利对别人说他须信仰什么，或剥夺他自由思想的权利……各人必须赋予一种机会，使有完全自由，以讨论一切问题，而无当局方面的干涉。"由此可见，思想不自由是由于外力的压迫，已经是2000多年前的老见解了。

第 二 篇

有些人永远不愿意去分析一种现象发生的根本的、客观的原因，而宁可把它归之于人们在主观上的某种倾向。为什么会有贫穷呢？因为社会中有部分人不愿意勤力作工。为什么会发生革命呢？因为人们的性格（受了天时、地理或者旁的什么影响）特别偏激。同样的，为什么思想不自由呢？因为人们懒惰。用这样的方法来解答一切问题，实在是最容易不过的。但我们倒不愿意把有些人之所以选择最简易的解释方法，归因于他们在主观上的懒惰，不是的，他们喜欢这样做，只是因为这样做，有利于他们的暗中的打算。

假如贫穷是因为人们不勤力作工，那么贫穷者就不应该嗟叹怨恨了。假如思想不自由是由于主观的懒惰而并非由于外来的迫害，那么要获得思想的自由就不必去消灭这种迫害了。梁实秋先生说："恶劳好逸是人的天性。在运用脑力的时候，我们也往往喜欢走捷径，走抵抗力最小的路。"这就是说：人在思想上天生是懒惰的，因此思想不自由的现象并非人为，乃是天然的。自古以来的专制的魔王，焚书坑儒的暴君，一切为压制开明人类的思想而设的制度，将多么感谢梁实秋先生啊！就在这样的感谢声中，梁先生傲然地说："我是拥护思想自由这个原则的人！"

思想自由，在梁实秋先生手里，不过是一个空洞的原则而已，在这原则下包含着的意义只是：人人克服自己"在精神上的惰性"。——好的，就让我们把惰性克服吧，既然梁先生叫我们不要轻信，我们就撇开梁先生的意见好好地想一下思想自由在实际上到底应该具有怎样的意义。

首先，我们认为，思想自由的提出决不能无限制的，这就是说，不可能没有任何例外地给一切思想以充分的自由权利。当一种思想显然地直接违背着整个社会的利益及其进步，而仍旧容许它充分发展，那是伪君子的宽容。这种绝对的自由主义，其实反而是在客观上限制了合理的思想的自由，因为放纵了吃人的猛兽的行动，就是对于人的行动的约束。我们倘承认社会的发展进步有着一定的客观标准，我们就显然可以判别何种思想是对于整个社会有害的。假如专制的暴君是以其一个小集团的利害为前提，是从维持自身的政权而出发来限定思想的范围，那么，这是不能和以整个群众的利害，以整个社会的进步发展为前提而规定思想自由的范围相提并论的。在目前的中国，我们能容许人们在抗战与和平妥协之间有选择的自由么？显然的，对于任何主张在抗战中途可以和平妥协的人，应该给以最残酷的压迫，而这并不违背思想自由的原则，因为拥护抗战，反对和平妥协，这是广大的中国民众的意志。

英国历史家房龙在他的描写人类为争取思想自由而斗争的书中，曾经很正确地批评了在沙皇俄罗斯时代对思想的压迫，但他又惋惜于在十月革命及其后的时期中，不能发现他所想象的对思想的宽容。房龙是自称为自由主义者的，但他的自由主义正是无原则的、有害的自由主义。因为他不知道为了争取广大人民的自由权利而奋起的革命斗争是决不能把自由轻授予反革命者的。剥夺少数反革命者的自由，正是保障了多数革命群众的自由。

由此可知，我们主张思想自由就应该反对以少数人的利益划定思想的范围，而要把这种自由建筑在广大群众的利益之上（在今日中国，这种群众利益就具体表现为民族利益）。——很明显的，在这里，二者间的差别并不只是思想范围的宽度的不同，而是在根本性质上的差别：前者是思想的统治，后者才真是思想自由的发扬。因为当少数人统治着思想的时候，他们所要求于群众的不是思想，而是盲从，他们只是造就若干教条令人知其然，而无法令人知其所以然。当广大群众从自己的理性上开展思想的道路时，这些教条是马上站不住的。

因此，主张思想自由，就要反对一切独断的武断的教条而发扬理性。独断的武断的教条是在培植盲目的信仰，而理性则展开活泼的思想。

在思想的自由竞技场上，独断武断的教条是根本无所施其技的。假如今日有人大喊，太阳是围绕地球而旋转的，不过是被人目为疯子罢了。但在欧洲中世纪时代，教会却曾经以上帝与圣经的名义在民众中造成地球中心论的信仰。那不待说，是因为教会凭借着政权的力量把这种独断主张强迫地灌输到民众中去，而且它准备着宗教裁判所、牢狱与火刑场来对付表示怀疑地球中心论和主张太阳中心论的人——由此可见，盲目信仰之所以能造成，并不由于独断的教条的本身的力量，而是由于这种教条思想有着一定的政权力量在支持着它，没有权力、武力的支持，任何独断武断的思想不能发生何等作用。因此一种思想倘必须依靠权力、武力才能站得住，那也就证明它不是出于理性而是出于独断的。

"天下不归杨，即归墨"，但杨墨之说却并不是依靠政权力量而发展起来的。倒是儒家学说，自汉武罢黜百家，独尊孔氏以后，千载之间，在统治者手里，却成为了束缚思想发展的独断论。

因此，我们要反对独断论，发扬理性，就要反对权力与武力对思想的直接干涉。因为"顺我者昌，逆我者亡"用在思想上就只是一种愚民政策，因为在利禄的诱惑与皮鞭的惩罚之下，不但谈不到思想自由，也根本谈不到思想。

假如梁实秋先生还要问："什么不配叫做思想？"那么，回答应该是，依靠权力、武力而造成的盲目信仰不配叫做思想。假如梁先生还坚持说："恶劳好逸是人的天性"，那么在思想上最偷懒的办法恐怕倒是跟着指挥刀与皮鞭而"思想"吧，因为这才真是"抵抗力最小的路"，这不但是思想的"捷径"，而且还是升官发财的"捷径"呢。

真正的思想自由，就是在消极方面，没有权力武力对思想的直接干涉，在积极方面，除非直接违背广大人民的利益，一切思想都有充分发展的自由。真正代表民众利益的权力武力当然不会去干涉民众的理性发扬，虽然它不会对民众的思想采取不关心的态度，但它的任务应该是为民众安排自由而充分地发展其思想的条件。在没有外力的干涉下，民众的理性的思想是会充分发展的，学者们倒无须担忧他会在精神上懒惰下来，仿佛脑子是必有皮鞭督促才会动的。

思想自由还包含着发表思想的自由。假如思想可以自由，而偶语则须弃市，书籍尽付秦火，没有把思想说出来写出来的自由，那是假的思想自由。

我们所理解的，由人类历史发展上所看到的思想自由，就是如此。——梁实秋先生和青年谈思想自由，一则说并不是个个青年都配有思想，再则说，青年们因为懒惰而自动放弃了思想自由，他不过是说了些"帮闲"的废话而已。

而在这一切废话之后，梁实秋先生表演了一出动人的"狸猫换太子"，他说："'左倾'、'右倾'都是有作用的名词，制造出来骗诱人的，所以我们不要做任何'倾'，我们要有自由思想。"当然，梁先生有充分权利宣扬他的"自由思想"，但他把思想的自由轻轻地调了个包，变成了他的"自由思想"（也就是自由主义的思想），那却是有加以明辨的必要。

"左倾"、"右倾"这两个名词，如众所周知，是起源于法国大革命时代，而那时还没有共产主义；以后就被沿用开来，引申开来，用来分别各种思想倾向对于现实所保持的态度。我们很奇怪为什么这样平常的名词在学者的透视下显得那么可怕，而且神奇。梁先生说："大概制造这名词与喜欢引用这名词的人有一种用意，以为人的思想非左即右。'左'即是进步的、前进的、民主的、科学的、革命的、平民的；'右'即是退步的、腐化的、顽固的、专制的、迷信的和贵族的。好听的形容词都归在左边，不好听的名词都归在右边。这种观念宣传开了后，不甘落后的和爱好时髦的便自然而然的被引诱到左边去了。"本来名词不过是代表一种意义，那么使得人们的思想都不是退步的而是进步的，不是专制的而是民主的，不是迷信的而是科学的，这有什么不好呢？

其实，在我们看来，左右二字倒未必有如此神奇的魔力。在抗战以来，也曾有些无耻的论客高唱"左"的调子，而实际上与"右"的汪派相应和，但并没有引诱到什么人。因为对于一种思想，重要的不是它的招牌，而是它的内容。我们尽可不必采用左右的名词，而只是审视每一种思想，在实际内容上对于今日的民族抗战所能起的作用好了。

但是大惊小怪地谈着"左"、"右"的梁实秋先生所给青年们的忠告："不要做任何倾"，那是什么意思呢？是说我们既不要科学，也不要迷信；既不要进步，也不要退步；既不要专制，也不要民主么？或者是说不要有任何政治倾向么？假如意思是前者那是无原则的、有害的自由；若是后者，那么，生在今日的人们的思想可以无关于政治么？无论天文、地质、数学、音乐的研究，哪一样可以无关于抗战建国呢？——归根结底，梁实秋先生的一切废话不过是为了排斥他所不喜欢的某种思想，而企图偷偷地把他的"自由"主义的思想灌输到青年的脑子里去罢了。这是可怜而无效的企图。

我们并不绝对排斥自由主义的思想。自由主义思想在思想的自由竞技场上，自然也能有它的适当的位置。所谓思想自由就是要形成这样的一个公平的竞技场，在这竞技场上一切"选手"都获得平等的机会与权利；在这竞技场上只能以思想影响思想，而不能以权力影响思想；在这竞技场上理性与客观的现实是最后的裁判员。

然而梁先生或许不免要丧气的：当他兴高采烈地宣讲着青年思想因自己懒惰而不自由，所以应该"要有自由思想"的时候，另一篇文章（同一刊物上紧跟着梁先生的文章）却在说：中国青年思想太自由了，所以应该集中起来。青年学生假如同时相信了这两位"朋友"的话，是不免于越想越糊涂的。

关于意志集中与思想自由的问题，在这里，我想可以不必多说什么了。前面论及思想范围所说的话，已足够说明这点了。那正是说，全民族的利益是意志集中的准则，但在这种准则下，还尽有充分的范围来作为思想的自由竞技场。那也正是说，思想自由的权利不能给予主张妥协的汪派，同样也不能给予企图超然于抗战之外的那一种"自由主义"。（超然于抗战之外的自由主义最后也不会是自由的，因为它终于要走到妥协投降的倾向上去！）

7 月 11 日半夜

（原载 1940 年 7 月 13 日、20 日《全民抗战周刊》重庆，第 128、129 期）

评冯友兰著《新世训》

冯友兰先生在抗战以来，有"贞元三书"之作，《新世训》是其中的最后一本。本文就以这一本书做讨论的对象。但是如冯先生在本书自序中所说"书虽三分，义实一贯"，在《新世训》中所论的"生活方法"是在《新理学》中有其形而上学的根据，又是和《新事论》中所论的"文化社会问题"有着密切联系的。所以单独评论这一本也许是不妥当的。不过因为它是直接接触着在这样一个大变动的时代中摆在个个中国人面前的严重而新鲜生动的问题：我们应该如何生活？因此我们就对这一本书特别感到兴趣，而觉得有首先加以讨论的必要。我们在讨论中也就只能把范围缩小一点，有些问题，本当连带谈到，但因按照冯氏原著的体系，是属于《新理学》、《新事论》的范围中，我们也留到以后另有机会时再提出。

《新世训》的内容，除了绪论外，有 10 篇，其题目就是著者所提出的生活方法的 10 个项目，它们是：一、尊理性；二、行忠恕；三、为无为；四、道中庸；五、守冲谦；六、调情理；七、致中和；八、励勤俭；九、存诚敬；十、应帝王。但我们以下并不打算按照原书的项目逐一讨论下去，因为枝枝节节讨论是不必要的，我们将提出原书中的几个根本观点来加以分析。

一 "人的生活方法"

上文说，《新世训》这本书是直接接触着在此时此地每个人应该如何生活的问题，这话也许不能算是恰当的。因为照本书著者自己的意思，本书并不是讲在现在中国社会中的人的生活方法，而是讲"人"的生活方法，这就是：在任何时代、任何社会中的共通的生活方法。所以冯先生说：

> 我们……所说底生活方法是"生活"方法，凡生活底人都必须多少依照之，想求完全生活的人，都必须完全依照之，不管他是个老年人或少年人，中国人或外国人，古人或今人。犹之逻辑学上所讲底思想方法，凡思想底人都必须多少依照之，想有正确底思想底人都必须完全依照之，不管他是一个老年人或少年人，中国人或外国人，古人或今人。①
> 〔注〕（见本书 55 页）

就冯先生对于生活方法的这种基本了解，我们不免首先要问，这样的生活方法是否可能，是否足以指导现实的生活，实现"完全的生活"？

冯先生回答我们这疑问说："人的生活也有其本然底规律，任何人都必多少依照它，方能够生活。例如在人的生活的物质方面，无论古今中外，人都必须于每日相当时间内吃饭，相当时间内睡觉，在这一方面，有本然底规律，人必多少都依照这些规律。"② 但关于"这一方面"的人的生活有其本然的规律，那是

---

① 第 12—13 页。
② 第 2 页。

谁也不会来打算否认的。在说到这一方面的人的生活时，是把人当做"生理的人"、"自然的人"来看待的。而关于这一方面的生活方法也是属于生理学、生物学所处理的范围的。所以冯先生自己接着就说："人的生活的这方面，并不是我们讨论所及。我们于此所谓生活或人的生活，是就人的生活的精神的或社会的方面说。"① 那么这是很清楚的，冯先生所讨论以及我们在这里准备来讨论的是当做"社会的人"来看待的人的生活，也就是人的生活的社会的方面。所谓人的生活的精神的方面，在我们看来，是可以包括在"社会的人"的概念中的，因人的精神生活是在其社会生活中发展起来的。"人的生活的物质方面"即生理的方面虽可有"本然的规律"，但我们不能据而推论到"人的生活的社会底方面"也同样有着本然的规律。那也是非常显明的。

第一，冯先生把"人的生活的物质方面"和"人的生活的社会方面"对比着看，其实是不对的，因为社会生活也是一种物质生活，不过所对付的不是自然的物质，而是社会的物质。但社会的环境和自然的环境不同，是经常在巨大的变动中的。冯先生以为无论社会怎样变动，总是一个社会，由此他所了解的社会是抽象的社会，而不是具体的社会。例如他以为，道德是社会组织中必要的规律，但并不是某一种社会的组织规律，而是说，社会无论怎样变化，都有共通的社会组织规律。把这种社会观用在生活方法上来，实在是更难用得通的。因为生活方法就是如何应付社会环境，如何应付社会中的一切人与事的关系的问题。假如把人所应付的对象看做抽象的社会，那么这种生活方法怎样帮助我们来应付现实的社会环境呢？冯先生在说明他所谈的生活方法与宋明道学所谈的之间的不同时，所说的一段话是很堪玩味的：

---

① 第2页。

……一种社会内底人的生活方法与别种社会内底人的，可以不尽相同。不过这些分别，前人没有看出，所以他们所讲的生活方法，有些是在某种社会内底人的生活方法，而不是人的生活方法。现在我们打算讲人的生活方法，所以与他们所讲，有些不同。①

假如冯先生所讲与前人所讲的不同正是如此，那么冯先生能看出前人所讲的生活方法中有些只是当时的人的生活方法，这确是一个比前人进步的地方（而直到今日许多复古论者连这点也死不承认）；但同时却也退了一步，就是假如前人——用冯先生自己的话说——除了"人的生活方法"以外，还谈及了适应当时社会的特别的生活方法，而冯先生则只讲了抽象的生活方法，而没有一个字讲到在现代中国社会内的人的生活方法。关于这一点在冯先生自己所用的文字上也表现出了矛盾。一面冯先生说："能完全照着生活方法（这显然是指'人的生活方法'——引者）生活下去的人，即是圣人。"② 这无异于说，只要按"人的生活方法"，而无须按照在现代中国社会内的人的生活方法，就能成为现代中国社会内的圣人，但这怎么讲得通呢？而另一方面，冯先生又说："在某种社会内的人尽某种底人伦，即是圣人。"③ 这句话岂不是对前一句话的否定？正因为在"某种社会"内要尽"某种"人伦，那么人在某种社会生活内也必须按照某种生活方法生活。抽象地讲人伦，讲人的生活方法，对于人的社会生活的实践就只是一句空话、一个空洞的公式了。

第二，既然如上述，人在生活中还要发展其精神的生活，那

---

① 第5页。
② 第8页。
③ 第22页。

么人就是有意识的、自觉的生活，那就是决不能同于无自觉的自然物。人的主观与自觉的最高表现就是人对世界的看法——也就是世界观——而只就生活本身的范围说，就是人生观。一个人对世界保持某种看法，他就用某种方法来对待世界。他对人生保持某种的看法，他就用某种方法来对待人生。所以我们以为，一般的方法论不能脱离世界观，生活的方法论也不能脱离人生观。不确定对人生采取什么态度，也就不能确定生活的方法。但冯先生不承认这说法，他要我们注意生活方法与修养方法的不同：

> 如把修养方法当成一种手段看，则在不同底人生观中，人所要求得底目的不同，因此其修养方法自然亦异。……所谓修养方法，可随人的人生观不同而异。但我们于此所讲底生活方法，则不随人的人生观的不同而异。因为我们所讲的生活方法是"生活"方法，凡是生活底人都须用之。①

把人生观、修养方法与生活方法，这样分割开来的说法其实是说不通的。冯先生的论证方法是人无论抱怎样的人生观，都同样是生活着，既在生活着，就都同样用"生活方法"。但这只是一种形式上的论证。其实，抱着不同的人生观就不能不是在不同地生活着，用不同的态度和方法来对待一切人与事，其生活方法也就是不同的。修养方法，在我们看来正是生活方法的具体表现。譬如冯先生说："佛家以人生为苦而欲解脱"，那么"以人生为苦"是佛家的人生观，"欲解脱"就是他们的生活方法的基本内容，而"出家吃斋，打坐参禅"等就是他们的修养方法了。若承认生活方法和人生观相连系着，那就谈不到"本然"的规律了，因为所谓"本然"正表示不容主观意识插足其间的意思。既说是讨论人的生活的精神方面，而又否定了主观意识在人生中

---

① 第16页。

的作用，将如何解释呢？既然承认有各种不同的人生观，而又认为不同的人生观不妨碍共同的生活方法——就是以为，一个以人生为苦而欲解脱的人会和一个以人生为乐而执著于生活的人是用共同的生活方法的，那么这种生活方法的内容，除了生理的自然的意义以外，还能有多少呢？

所以，很明白的，脱离了具体的社会实践，脱离了基本的人生观，而讨论人的一般的生活方法，这就只能触到在生活中的抽象的形式问题。在前面引过的冯先生的话中，他把"逻辑学所讲的思想方法"来做他的生活方法的比喻，可说是很恰当的，因为这所谓逻辑正是指形式逻辑而言。形式逻辑所讨论的本是思想所表现在语言上的形式的正确与否，而毫不牵涉到思想的内容的真实与否。形式逻辑的思想方法正是脱离了思想的内容（思想所处理的客观现实）而讲思想的形式，是脱离了世界观而讲思想方法。形式逻辑的思想方法是非问题我们不在此地讨论，我们不能承认思想的形式问题可以和思想的内容问题分别开来处理，更认为生活的形式问题和生活的内容问题无论如何也分割不开来的。谁也不能说，我在生活中只要在形式上做到正确，在内容上如何则可以不问。但是冯先生在《新世训》中所提出的生活方法，却极有可能成为生活的空洞形式。因为构成生活的内容的就是具体的社会实践和人生观，而这些都被他从生活方法中抽象掉了。所以冯先生自己也说："能尽乎人的形式者，即是圣人。"①

旧的道德规律之所以为人不满就因为它只是些空洞的形式。人们可以把好的内容装进去，也可以把坏的内容装进去。《庄子》的《胠箧》篇中就有个故事说：

————

① 第22页。

盗跖之徒问于跖曰："盗亦有道乎？"跖曰："何适而无道有耶？夫妄意室中之藏，圣也；入先，勇也；出后，义也；知可否，知也；分均，仁也。五者不备而能成大盗者，天下未之有也。"

而在《新世训》中几乎用同样的口吻说："所谓盗亦有道者，其'道'正是其生活方法也。……一个绑票的土匪，掳人勒赎，亦必'言而有信'。不然，以后即没有人去赎票了。"①《胠箧篇》的作者是因为看到在抽象的道德教条下即使可以为贤，但也可以纵恶，所谓"为之仁义以矫之，则并与仁义而窃之"，所以主张"攘弃仁义"，还于混混沌沌的生活——什么生活方法也不要。他的主张虽不对，但是"逻辑"上还能讲得通，但是《新世训》的作者却据此而以为可以证明这些教条正是人在生活中"所都多少依照底""本然底规律"，而依从这些规律，就可得到"完全底生活"，成为完全的"圣人"。——这是何等的奇怪的逻辑呢！

正因为冯先生对于生活方法的基本看法是这样的，所以虽然确定了他的生活方法论是讨论社会生活，而且努力把"人的生活方法……与我们眼前所见的生活底事连接起来"② 以之指导现在中国人的生活，但是在他的生活方法论中，我们却常常遇到人的社会性与自然性的矛盾，纠结着成为解不了的死结——而这些正是我们在认真研究冯先生的理论时所不能不指出来的。

---

① 第28页。
② 第7页。

二 何谓"理性"

在《新世训》中所提出的生活方法的第一个项目就是"尊理性"。这的确是一个庄严的发端。在我们今日所处的时代中，正是理性和反理性斗争的时期。有人鼓励着反理性的热情，来造成迷信式的信仰，有人诱发着兽性的物欲，来造成盲目的追随。在这时候，我们更应该给予理性以高度的尊重。我们也以为，生活决不能受非理性主义的支配，在健全的生活中必须放逐反理性的成分。

但是什么叫理性呢？冯先生告诉我们说：

> 所谓理性有二义：就其一义说，是理性底者是道德底；就其另一义说，是理性底者是理智底。……人之所以异于禽兽者，在其有道德的理性，有理智底理性。有道德的理性，所以他能有道德底活动。有理智的理性，所以他能有理智底活动及理智的活动。[①]

假如理性的内容可以分成这两部分，那么比起旧理学家只注重人的道德的理性来，《新理学》的作者之同时注重理智的理性，是一个进步。但是倘仅把道德与理智看做是理性中并存的两个不同部分，问题是没有解决的。我们必须进一步问：理智与道德之间的关系是怎样的呢？

我们并不是主张取消道德，并不以为在生活中不应该有任何道德观念。但我们认为，任何道德律令都须经理智的审查，才能进入理性的境地。在经过这种审查之后，道德的理性自然同时就是理智的理性，于是理性内部才能构成完整的统一体，而与其敌

---

① 第22—23页。

人——反理性主义——壁垒森严地对立着。而假如不经过这种审查，事实上就会容忍僵死的道德律令混杂到理性的领域以内来，也就是容忍反理性的成分存在于理性之中，而不能不向反理性的敌人妥协。因此，《新世训》作者自己也不能不觉得他所讲的理性并不是一个完整的统一体，其中可能发生冲突。他向自己提出了这个问题，但其答案是难以令人满意的：

> 我们所讲的生活方法，注重人的道德底活动，亦注重其理智底活动，或可问，如此二者有冲突时，则将如何解决？于此，我们说，专就人的道德底活动及其理智底活动说，此二者有无冲突，虽是问题，但即令其可有冲突，但在我们所讲底生活方法中，则不会有问题。因为我们所讲底生活方法是不与道德的规律冲突底。①

由此可见，冯先生解决道德与理智之间的可能的冲突的方法其实就是：把道德规律看做是不变的定在物，而认为"生活方法""必须是不违反道德规律的"，既然按照生活方法而生活就是理智的活动，于是理智的活动就不至于违背这种规律。——在此，很明显的，道德与理智不仅是平等对待的，而且道德高出于理智，对于理智有着约束的力量了。道德规律完全在理智的审视能力以外！所以我们可以看到在《新世训》全书中，虽然开宗明义是"尊理性"，但在所有应该提到理性的地方，却只是提到道德。

在这里我们必须指出，问题的发生是由于我们和冯先生对于道德的看法不同。冯先生以为，所谓生活方法不与道德规律冲突并不是后者约束前者的意思，而是天然的互相适合。因为冯先生是把其实常常在社会组织中是强制力量并且随着社会不断变更其

---

① 第27页。

形式与内容的道德，看做是社会组织中的本然的规律的。对于这种道德观，我们想在将来评论《新事论》时详细讨论。在冯先生的道德观中也仍承认除了"因社会之有而有底道德"（就是不因社会变动而变动的永远的道德）以外，还有"因某种社会之有而有底道德"，不过他似乎以为某一种社会死亡而代以另一社会时，"因某一社会之有"而有的特殊的道德也就自然而然地死亡了，因此就不会发生什么纠纷。其实文化的发展决不如此简单，人类意识的产物之递嬗决不会像生物界的新陈代谢那样的自然。旧时代的道德纵然已不适合于新时代的生活，但它在新时代中仍常保有一定的强制能力；在前一时代纵然它可以说是合于理性的，但在这一时代却已因其不能适合于现实的社会生活，所以被认为是非理性，甚至反理性的了。要根据现实的社会生活来判断某种道德规律之是否合于理性，那就只能靠理智的审查。纵然某些旧道德规律，在新时代中，可以用新的内容来充实之，因而能符合于新的现实，仍可被认为是理性的，但这也只有通过理智力量才能够做到。所以倘若放弃了理智对于道德的审查力量，甚至使理智服从于道德规律，其结果，将只足以让反理性的规律猖獗！

所以我们以为，不但要"尊理性"，而且要尊理智。因为理性的就是理智的。而这所谓尊理智又必然同时包含着——借用冯先生的话——"重客观"[1] 的意思，因为社会环境经常会发生巨大的变动，所以理性的生活，就必须经常顾及周围环境的变动。冯先生讲"重客观"，是用以说明"守冲谦"的道理，和我们这里所讲，微有不同。我们以为，要"重客观"就要尊理智，因为只有理智才能揭露客观现实的真相；要尊理智也必须"重客

---

[1] 第 113 页。

观"，否则理智成为悬空的东西，没有准绳了。必须是重客观而尊理智，然后我们才能真正做到"尊理性"。因为不仅道德须经过理智的审查，而且对于一切主观的产物——感情、欲望、意志、信仰等都应该承认理智有加以审查的权力，因此，所谓理性，在我们看来，正确的解释就是理智的综合。只有这样地了解理性，才能克服理性内部的道德与理智的二元论，或任何形态的二元论或多元论，以及由之而产生的理性和非理性的二元论。

虽然我们认为冯先生的"尊理性"说有如上所述的缺点，但是在这里我们也应该指出，正因为冯先生的生活论是以尊理性为前提的，而对于理性的内容，虽然把理智与道德作了不合理的颠倒，但在他的主观的了解中，道德只是指社会生活中的一些"本然的规律"，所以冯先生在这里所着重的仍旧是人的社会方面或社会的人，这是人文主义的观点，而这正是冯先生的生活方法论中的合理的片面。所以他说："一个人若照着人之所以为人，人之所以异于禽兽者，去做，即是'做人'"①。他也反对旧道学家的看法，以为"圣贤"并不是"社会特别的一种人"②，而只是最能"照着人之所以为人""去做"的"人"。一切反理性主义者则必然都是反人文主义的，他们或者以僵死的道德规律（被看做是超于社会上的先天律令）来统制人生，或者鼓动单纯的感情与欲望来造成盲目的意志和信仰，而其为压制理性，压制人性——作为社会的人的人性，则是一样的。所以他们是只承认一面有超于人上的圣贤，一面有下于人的奴隶，而人之所以为人是被否定了的。把这被否定了的人再建起来正是冯先生的光辉企

---

① 第19页。
② 第8页。

图。

但是冯先生的尊理性论，既然因为有着如上所述的缺点，而不免打开了向反理性主义妥协的后门，所以冯先生的人文主义也很难立得定脚跟。冯先生所谓"人之所以为人"，所指的"人"是抽象的社会一般的人，而不是具体的某一社会中的某种人；这样的"人"是无从令人索解的，而用这样的抽象的"人性论"怎样能战败反理性主义的人性论呢？于是冯先生就回过头去向"天人合一论"找援兵了。

三　情与理

现在我们来研究《新世训》中"调情理"的主张。

我们是主张在生活中重客观而尊理智的。但是重客观并不包含着绝灭主观的意思，尊理智也不包含着以理智来取消感情、意志、信仰与道德观念的意思。我们以为，在健全而完善的生活中，人是以重客观为前提，而在理智的光下使感情、意志、信仰、道德观念这一切都互相和融而像春雨下的百草一样一致地欣欣向荣。但是冯先生则一面，如我们所已看到的，在"尊理性"论中，以道德来凌驾于理智之上，一面，如我们所将看到的，在"调情理"论中，又以理智来取消感情——这就是根据了道家学说而来的"以理化情"说。

道家之主张"无情"是可以理解的。道家主张人的生活应该回到天然状态，因此主张一切人为的东西都可不要。人与天可以合而为一。他们所主张的生活方法正是出发于这种天人合一论，所以他们可以主张无情。他们描写他们所理想的圣人——至人说：

圣人不谋，恶用知？不啰恶用胶？无丧，恶用德？不货，恶用商？四者，天鬻也。天鬻者，天食也。既受食于天，又恶用人！有人之形，无人之情。有人之形，故群于人；无人之情，故是非不得于身。（庄子：《德充符》篇）

由此可见，道家所主张的无情论是一定要和"无为"、"绝圣"、"弃知"这些主张相联系着的。他们不仅因为"多情为累"而主张无情，亦且因为"多知为败"而主张无知。所以按照古典的道家的说法，"以理化情"是应该解释做让人之情消泯于自然之理中，而并不是熟知自然之理以达到无情。因为在人的生活完全化入于自然界中的时候，所谓知之有无，情之有无，都是不成问题的了。但倘若不主张绝灭一切人为，而独主张无情，则在理论上是讲不通的，在实际上，更无从实行。冯先生固然并不主张绝灭一切人为，但是他主张：

对于宇宙及其间底事物，有完全底了解者，则即可完全底无情。①

对于理有了解者，则对于事不起情感。对于事不起情感，即不为事所累。②

不为事所累者，并不是不作事，只是作事而不起情感。……道家的圣人，完全无情，所以无入而不自得。③

实在是很可令人惊异的。而且冯先生对于"圣人"的解释本来是说"如人照着人所应该底去作，即是人。人之至者是圣人"④。这可说是人文主义的"圣人观"，其实比道家所论合理得多。而道家所说的"圣人不死，大盗不止"，正是指的这种"圣人"。但是冯先生为什么不能坚持人文主义的精神，一转而对于

① 第122页。
② 第124页。
③ 第126页。
④ 第20页。

道家所理想的圣人表示心向往之呢？人文主义的"圣人"和"天人合一论"的"圣人"是并不起家来的，难道还需要细论么？

了解了事物的道理，就不会对事物有感情，这说法对于自然现象是用得通的，对于社会现象却是用不通的。社会现象因为有自觉的人参加在其中，所以我们对于任何社会现象，都可以有是非的判断。我们对于一个人的行为、一次战争、一种社会制度，都可以判断其是对的还是错的，但是对于一朵花、一片云、一次暴风雨，却不能判断其是对的还是错的。对于自然现象，我们运用我们的努力，目的只能是为了充分了解其真相、其来踪去迹，而冷静地去对付它。在这方面，以理化情是可行的，因为对自然现象动感情是不必要的，是因不理解自然现象而发生的（诗的感情自然是另一件事）。但对于人事——社会现象，我们既然可以有是非的判断，自然就会有爱憎的情感。对于社会现象，我们的理解越深，越是了解其真相、其来踪去迹之后，则我们是非观念也越是分明，而爱憎也越是深刻了。倘在这方面也主张以理化情，则不仅取消爱憎的感情，而且取消了是非的判断，是把社会现象和自然现象等量齐观了。

人们对于真理本不仅是在理智上相信，而且因为有坚信，所以就爱真理；对于真理的敌人也不仅是在理智上反对，而且因为反对，所以就憎恨敌人。孔子说："吾未见好德如好色者也"；又说："知之者不如好之者，好之者不如乐之者"。这正是说人们对于德应有热爱，光是"知之"是不够的，还要用"好之"、"乐之"的感情来加以充实。所以"以理化情"纵然做到，也不是值得向往的。我们只要在理智统率下去除琐碎、狭小、无意义和虚伪的感情，而发展博大、深厚、真实的感情。这种感情不但不会妨害理智，而且使理智格外充实；不但不会妨碍做事，而且使做事格外有力；不但不是人生的累，而且使人生的内容丰富而光辉。

冯先生又以为可以用唯物史观来做以理化情说的根据。他认为，照"真正了解物质史观或经济史观的人"的看法，"人的行为，是为他的经济的环境所决定的"①，所以我们对于任何人的行为好坏不必有爱憎的感情，因为任何人都不必为自己的行为负责；甚至对于敌人应该"虽抵抗之而不恨之"，"如修路工人之对付大石，虽必打碎之，但不必恨之"②。——但这只是从机械的经济决定论中可能推得的结论，而不是历史的唯物论所可负责的。因为经济环境的影响表现到人的行为上，其间仍是通过了人的主观意识的。我们深刻地理解了日本帝国主义为什么侵略中国，那正帮助了我们判断这种侵略行为是错误的，是非正义的，于是我们就更憎恶它。我们固然不恨拦路的大石——因为那是自然的物质——但不能不恨要加以抵抗的敌人。冯先生引用庄子的"虽有忮心，不怨飘瓦"的说法，以为可以把人的行为看成瓦的偶然飘落一样——人打破了我的头，我不必怨人；我打破了人的头，人也不该怨我。——但这种自然主义的看法和把人的生活从社会的精神的方面来看的基本观点是相冲突的。所以以理化情说表面上看来似乎是尊重理智，但实际上并不尊重理智，而是在自然主义的精神下消灭感情，也消灭理智。既然人生完全受自然法则所决定，则用理智来指导行为也是无意义的了。

但冯先生究竟不是在根本上站在自然主义的观点上，所以他在主张完全无情时已不能不露出许多破绽。他说："一个人若能

---

① 第 129 页。
② 第 130 页。

没有无益底感情，则可少受许多累，多作许多事"①，又以谢安为例称赞他说："谢安处理大事，没有无益底喜惧。"② 所谓"无益的感情"，其所举生活中的实例也只是提到对警报的惧怕。这只是一种最琐碎、无意义的感情罢了。——惧怕本来就是低级的自然性的感情。但是为什么不能举像"先天下之忧而忧，后天下之乐而乐"、"孤臣危涕，孽子堕心"那样的博大深厚的感情呢？有着这种感情的人，固然也可说是背负着重累，但历史上许多伟大的人物所以是伟大的，岂不就是因为他们有着负起这种重累的勇气么？并且纵然不是这样深广的感情，也并不一定就可因其为无益而加以轻视。《论语》上说："颜渊死，子哭之恸。从者曰：子恸矣。曰：有恸乎？非夫人之为恸而谁为！"这种感情的真实表现，其实是比之庄子"鼓盆而歌"更为人性的，也更是合理的。在这点上也正表现了孔子的人文主义与庄子的自然主义的对立。

并且，倘真是"无益的感情"，要加以去除，仅以"以理化情"的办法也还是不够的。我们还须注意到把低级的感情提升到更高的感情的可能与必要。因为感情愈益提升就能够和理智的内容愈益接近，这样才能真正解决理智与感情间的矛盾，而使人生成为真正的完全的人生。历史上的殉道者之所以能视死如归，不为一般人的贪生怕死的感情所牵累，难道仅因为他们"看破"了生死的道理，而无所用情么？他们固然没有了贪生怕死的感情，但却代替之以一种人间最深厚博大的感情，而这种感情才使他们能够无留恋地为真理而死。但假如是用自然主义的观点来化除一切人间的感情，他们又怎样能为人类而死，为真理而死

---

① 第 126 页。
② 第 127 页。

呢？——从道家的学说中产生不出殉道者的！因为照道家的全身保性论的看法，为爱真理而殉道，正是受了感情的累。但对于这样的看法不仅我们不能同意，恐怕冯先生也不会同意的吧？

所以冯先生也不能不觉得完全采取道家的"以理化情"说是不可能的，于是他退一步采取了宋明道学家之"有情而不为情所累"说①。但一切问题仍然没有解决。因为，如前所说，即使情对于生活是一种累，但也不一定是无益的累。假如感情是"累"，知识又何尝不是"累"？那么我们也同样可以说，"有知而不为知所累"。这样，我们就可以主张，对外物纵可有知，但不必对于任何外物有所坚持；对事情纵可有情，但不必对于任何事情有所执著。而事实上冯先生正是这样主张的，他说，感情纵然可有，也只应该片刻存在，既过之后，便当"冰消雾释"，而主张对于一切事情抱着"事不干己"的态度，以达到"有情而无我"的境地。——从这里发展出来的生活是怎样一种超凡脱俗的生活啊！在下一节里我们将继续讨论下去。

但到这里，冯先生的人文主义的立脚点确已开始"冰消雾释"了。固然这种"以理化情"说对于盲目的意志与信仰的鼓吹似乎是一服清凉剂，为了避免以先天的道德律令来束缚人的一切行为，这也似乎可以是一个安全的逋逃薮；但因为它其实却是走入了非人文主义的另一极端。己身不正，怎样能正人？冯先生既以道德归并理智，使理智不能指导人生，而在那一端开了走向反理性主义的后门；又因主张以理化情而使人生还之于自然，使理智无从指导人生，而在这一端开了走向反理性主义的另一个后门，这正是因为不能在重客观、尊理智的原则下确立彻头彻尾的理性主义与人文主义而在生活方法论上所必然陷入的矛盾。

---

① 见第136页以下。

四 "无为"与"无我"

道家既然主张无知、无情，以为是非是没有标准的，爱憎只是眴丧性命的"累"，所以他们当然认为在生活中，是没有什么值得争取与追求的。他们所主张的生活方法就是尽可能使自己不去干涉外界的事物，同时也使外界的事物不来干涉自己的生活，所谓"圣人处物，不伤物，不伤物者，物亦不能伤也"（庄子：《知北游》篇）。那么这正是对一切事物采取旁观者的态度，正如热闹的大街上的闲人，对于周围的一切是无所用心的一样。这就是所谓"虚己以游世"。道家以为"人能虚己以游世，其孰能害之？"（庄子：《山木》篇）此之谓"逍遥游"。

《新世训》中的生活方法虽然并不和道家主张完全一致，但上述的道家的生活方法论中的基本精神在《新世训》中是可以找到的，所以在《新世训》中也列着"为无为"一项作为生活方法中的一个重要项目。所谓"无为"，照冯先生解释，就是"无所为"的意思。实际上道家也并不主张绝对无为，其所谓"无为"也正意味着"无所为"。但何以"无所为"可以叫做"无为"呢？冯先生所给的解释还不充分。我们以为把"无所为"叫做"无为"是可以的，因为"无所为"就是"无目的"的意思，而人的行为和自然界的运动之间的差别就在于后者是本然的运动，是非目的性的，前者则因为人是有主观意识，是有目的性的。倘在人的行为中取消了目的性，则和自然界的运动没有什么不同。所以"无所为"就可以说是"无为"。但是在人的生活中，除了极度的白痴以外，只有婴儿时期是近乎自然的，所以道家和冯先生对婴儿生活都表示羡慕，冯先生说："小孩的游戏，最有无所为而为的精神……他作某种事，皆是顺其自然，没有矫揉造作，所以他作某种事，是无所为而为，亦即是无为。"①
这正是说，小孩子在游戏时是最无目的性。但成人，既已成为社
会的和自觉的人，怎样能回到这种天然的生活呢？而且纵然这是
可能的，难道这种生活就是好的生活么？

冯先生根据道家"率性而为"之说主张人随着他的兴趣所
在而作事，就是"为无为"，"无所为而为"。

> 才是天生底，所以亦可谓之为性。人的兴趣之所在，即
> 其才之所在，亦即普通所谓"性之所近"。人随他的兴趣去
> 作，即是发展其才，亦即是道家所谓率性而行。若一个人对
> 于某方面底事，本不感觉兴趣，或不甚感觉兴趣，但因别的
> 原因，而偏要作此方面底事，此即不是率性而行，是矫揉造
> 作。②

在此，冯先生把一切方面的"才"都归于天授，而这却是并无
充分根据的假定。这假定在冯先生这里是必要的。因为道家的主
张"为无为"，完全不计及"为"的结果如何，而冯先生则还不
能完全脱开人文主义，因而要计及从"为"中所达到的成就。
所以他不能不假定天授的才，而认为有了某方面的才，则作某方
面的事，就自然而然地会达到一定的成就；反之，假如没有某方
面的才，则虽在某方面努力去作，也达不到仟何成就——这样，
他的兴趣本位的无为论才说得通。但才由天赋的假定既然是未必
站得住，冯先生的全部理论也就极难站稳。并且纵然这假定可以
成立，冯先生也没有敢断言每一个人都一定有某一方面的才，假
如有人在任何方面都没有"才"（或所有的只是像饮酒那样的无
意义的才），那么依照冯先生的主张，这些人做任何事都不免于

---

① 第63页。

② 第69页。

"矫揉造作",就不配做任何事,或只能做一些社会所强迫他的义务工作了。冯先生曾说,社会中"有些事是显然不容易使人感觉兴趣底,如在矿井里作工等"①。那么这类工作倒好让这些什么"才"也没有的人作——世间当然没有天生"在矿井里作工"的才的人。社会的分工虽因此可以确定,但是冯先生的"率性而为"说,只能专为"得天独厚"的人而准备,不是任何人都能依照着做的了。既然不是任何人都能依照着做的,这就和冯先生对生活方法的基本观念相违背了。这样看来,所谓"为无为",就冯先生的理论体系本身说,也就是站不住的,不能算是一种"生活方法"。

更进一步看,冯先生虽不认为行为之有否成就是无关重要的事,但他以为人们在行为中预先对于其所将达到的成就及其效果有所存心是不必要的,而且是对行为的进行有害的。——从这里产生一种绝对的反功利主义。原著以作诗为例:有诗才的人之作诗只是"他的诗才的自然之发展",即是"无所为而为",而没有诗才的人"因为羡慕诗人之可得名誉或富贵而作诗,所以他作诗是有为而为。他作诗是矫揉造作,所以他作诗是有为"②。但是为名誉或富贵而作诗,这只是目的不正当,不能据以认为目的在行为中是不必要的。我们也反对个人的功利主义,但是人既是社会的人,则可以而且我们以为应该是一个社会的功利主义者。也以作诗来为例,我们以为纵然这人是"天生"的诗人,因"性之所近"而作诗,但他作诗仍可以是因某种社会的目的而作诗,这种目的之存在不会妨碍他的诗才,而且或者正因执著于这种目的,他的诗是更有价值的。我们可以用冯友兰先生之写

---

① 第65页。
② 第70页。

他的"贞元三书"来做例子，我们当然可以承认冯先生在写这些书的方面是有"天才"的，但他也说："我国家民族高建震古烁今之大业，譬之筑室，此三书者，或能为其壁间之一砖一石欤?"①——这正表明了他在写这书时是有目的的，是有所为的。这目的的存在没有损害冯先生的工作，反而因为这种目的，我们对他的工作更多一分尊重。假如他写这些书只是"无所为而为"，我们也不会尊重它们而来仔细地讨论了。这种在生活活动中社会的目的之存在正因为人是社会的动物。道家只从自然意义来看人生，而自然的运动是无目的的，所以人生活动当然被认为是不应有目的的了。我们既然要从社会方面来看人生，我们当然主张在生活中贯彻着社会的目的。所以从现实的观点来看，为无为论也是站不住的，不能算是合理的生活方法。

冯先生自己也觉得道家在这方面的说法不能完全行得通，于是他又用儒家的"就道德方面说"的"无所为而为"来补充前说。这就是说，人们在生活中还有一部分事情是在道德上应该做的，做其所应该做的事，也不必计较功利。这所谓应该做的事，照冯先生的意思，似乎可以分作两部分：一部分就是"显然不容易使人感觉兴趣底，如在矿井里作工等"②，另一部分是"正其谊不谋其利，明其道不计其功"所指那一类事③。对于后一部分的事，"不计其功"诚然是可说的，但也是说不计较此事对个人的利害，并非不计较此事对社会的利害；只是说不计较其事在自己手里的成败，并非不计较其事在社会的范围内的成败。所以就这一部分的事情说："为无为"是说不通的，因为这并不是"无所为而

---

① 本书《自序》。
② 第65页。
③ 第75页。

为"。就前一部分的事情说，那就连"不计其功"也说不通了。难道冯先生以为在矿井里作工，只要每分钟紧张地出力作工，不必顾到工作的效果么？而且也不应该计较工作时间是否损害自己的健康，工资是否能使自己一家人吃饱这一类个人的利害问题么？

最后，我们还应该指出，纵然我们能实行了冯先生的凑合道家思想与儒家思想而成的"为无为"的生活方法，结果还是如冯先生所说的："一个人一生中所做的事大概可以分为两部分。一部分是他所愿意作者，一部分是他所应该作者。合乎他的兴趣者，是他所愿意作者；由于他的义务者，是他所应该作者"。"愿意作"与"应该作"，"兴趣"与"义务"的矛盾并未因"为无为"而解决。这种矛盾就是道德和情感间的矛盾。既然冯先生未能解决情感与理智的关系问题，并且又把道德看做超越理智的，则道德和情感在生活中就不免发生强烈冲突。宋明多数理学家对这种冲突是主张以"应该"的标准压倒"愿意"的标准，道家的主张则相反。冯先生在这里是偏向道家路线的，他之承认在生活中的"应该作者"这一部分似乎不过是为了迁就现实社会的不得已的办法。所以他说："在道家所说底理想底生活中，一个人只作他所感觉有兴趣底事。在道家所说底理想底社会里，所有的人都只作他所感觉有兴趣底事。如果这种生活，这种社会，事实上可以得到，这诚然是最理想底"①。现实上的矛盾就从"理想"中得到了解决！

于是冯先生的生活方法，在这里也就成为教人怎样从生活中超脱出来的方法，怎样从此岸渡到彼岸去的方法，怎样从社会超越到自然界去的方法。在《守冲谦》篇中，冯先生说：

> 宇宙是无穷，把自己的眼界推到与宇宙同大，亦是一种"游心于无穷"。在这样大底眼界中，无论怎么大底事业学

---

① 第72页。

问，都成为渺小无足道底东西了。这些渺小无足道底东西，自然不足介于胸中。①

若说，人的眼界应该放宽以　除自骄自满的心理，这是我们所同意的，但人的眼界无论怎样放宽，也仍只能用"人间世"的眼睛看人事。冯先生所说的这守冲谦的修养方法的最高点，其实已经不是"生活"的方法，而是超越生活的方法，乃至是取消生活的方法了。再和前面已讨论过的"完全无情"与"有情而不为情所累"的主张联系起来看，我们就更可以明白按照冯先生的生活方法，我们所得到的方法不是别的，正是道家的"逍遥游"。

前一节我们只论到"无情说"在冯先生的理论上的矛盾和在事实上的不可能，现在我们可以再进一步看。冯先生的无情有两方面意义：第一是"对于事物有了解底人，应付事物，可以自己无情"；第二是"一个人若能循理而动，则别人对之，亦可无情"②。这就是说，人与人之间，不必有什么感情，不必有任何爱憎，对于人事，也不必有什么感情，不必有什么喜怒。完全无情的状态，谓之"恬愉"。其解释是："圣人无情，其心中如无波浪底水。庄子说：'圣人心如止水'，正是说此状态，此状态是静底，可以说是恬。此状态使人有一种静的乐。此静的乐即所谓愉。"③你若不能理解这种恬愉的乐，那么可以从婴儿生活中得到实例，"当小孩子时候的游戏——冯先生说——是人的生活中底最快乐底一部分"④。这所谓快乐就是指恬愉之乐。其实用小孩子做例尚不妥当，因为10岁上下的小孩子已经对人对事有爱憎喜怒了，古典的道家是用婴儿来例解的。

---

① 第118页。
② 第130—131页。
③ 第134页。
④ 第64页。

老子说："我独泊兮其未兆，如婴儿之未孩。"你从吃奶的孩子身上，或醒或睡之时，的确似乎可以发现一种静底乐。但是人的生活进入了婴儿状态，那是一种什么生活呢？

真正的现实生活是应该爱人，憎人，也让人爱，让人憎的。子贡问孔子说："乡人皆好之，何如？"孔子说："未可也。""乡人皆恶之，何如？""未可也；不如乡人之善者好之，其不善者恶之。"①爱某一些人，也为这一些人所爱；憎某一些人，也为这一些人所憎，这才是真实的也是真快乐的生活。

生怕有情即为情所累，因而纵不能绝对无情，也努力要做到"有情而不为情所累"，这种主张实在是害怕现实生活之累，害怕因对人对事有一定的态度，即有所坚持与执著，害怕旁人对自己有一定的态度，即可能发生冲突。所以冯先生认为要做到有情而无累，就必须"有情而无'我'，亦可说是，虽有情而情非'我'有"②。而这样的情就能在心中片刻消释，"如太空中虽一时有浮云，但浮云一过，太空仍是空空洞洞底"③。一个人倘能在生活中间取消了"我"的自觉成分，就自然对一切事情无所执著，也就自然能从生活的此岸跳跃到彼岸去了。所谓"忘乎物，忘乎天，其名为忘己。忘己之人，是之谓入于天"（庄子：《天地》篇），就是这样的境界。

但是这跳跃毕竟只能是心理上的。因为实际的生活总是在现实的此岸。这个矛盾是无论道家，无论以儒家来修正道家的冯先生所解决不了的。实际上生活在此岸，却在心理上跳跃到彼岸，对生活采取观照态度；实际上是社会的人，却想用自然的眼睛来看人世，

---

① 《论语·子路篇》。
② 第 136 页。
③ 第 137 页。

对一切人事采取不关心的态度；实际上是自觉的人，却以无我的态度来应付人事，在一切行为中采取"无所为而为"的态度。这难道就是冯先生向生活在这一个激烈的大时代的中国人所指示的生活方法么？难道在这时代中我们为了得到合理的生活，首先就应该学会对于环绕着我们的一切事变，尽量地采取不关心的态度么？

五　理想与现实

我们已经知道，冯先生在论"为无为"时，曾经把"理想的生活"和"理想的社会"联带着谈，那就是说：只有在道家的理想社会中，才能完全实现道家的理想生活。这是不错的。道家对社会的理想对不对，那是另一问题，我们现在无须来讨论人类所可能建立的完善社会到底是怎样的。但是我们也承认：只有在理想的完善社会中，人才能过一种理想的完善生活。那么也就很明白，假如想把只有在理想的完善社会中才可能的理想的完善生活，实施于并非理想完善的社会中，那就不能不处处遇到障碍。或说，在并非理想完善的社会中，人纵不能完全实现理想的完善生活，但也可以采取用以达到理想的完善生活的那种生活方法，来使自己的生活渐渐进于理想的完善，并使社会渐渐进于理想的完善。假如把冯友兰先生的许多主张都从这样的意义上来解释，我们不能不表示更多一点敬意。但我们也仍不能不指出他把理想的完善社会中的生活方法实行于并非理想完善的社会中，不仅是不可能的，而且也不能发生改善不完善的社会的作用。事实上为了把不完善的社会改进到完善的社会，那就不能不需要另一套生活的方法，依据这种生活方法的生活比起在理想的完善社会中的生活来，也许只能说是较不完善的，但却不能不说是在不完善的社会中的最完善的生活——这是现实的完善生活、人到底不可能按照理想的完善生活的方法，而只能按照现实的完善生活的方法来生活；只有在理想的完善社会已经变成了现实的社会时，理想的完善生活的方法也才能变成现实的生活方法。

譬如说，我们也可以相信，在遥远的将来的人类社会中，可能是所有的人都根据自己的兴趣而作事，许多在现在社会中被认为无兴趣的事——如在矿洞里工作——也因科学技术和社会组织的改进之故而成为是有兴趣的。所有的人都可以完全不必为自己的个人利害打算，因为社会组织能使人人满足，而且甚至可以不必太计较社会的功利，因为社会组织的完善已能使一切人的工作共趋于一定的社会目的。那么，冯先生的"为无为"的生活的理想只有在那种社会里才能成为生活的现实。由此可见，冯先生的"为无为"的生活方法从理想的意义上看，纵然是值得尊敬的，但从现实的意义上看，却仍无异于叫人的生活超脱现实，逃避现实，而这种生活方法之并不能帮助非理想的社会进入理想的社会是更不待说了。

冯先生所主张的"行忠恕"的生活方法也可以这样来看。照冯先生的解释，"己之所欲，亦施于人，是忠。己所不欲，勿施于人，是恕。"① 假如在一个社会中，所有的人都能以这种方法待人，这社会的确是一个好的社会。但这样的好社会在现在还是理想而不是现实。

冯先生自己指出执行忠恕之道的一种困难说："或可说：讲忠恕之道者，都以为人的欲恶是相同底。如人的欲恶是不相同底，则此人之所欲，或为别人之所恶。如此人推其所欲，施于别人，则别人适得其恶，岂不大糟?"② 是的，这是一个困

---

① 第35页。
② 第46页。

难。冯先生自己对这困难的解释却不能令人满意。他说："凡关于人底学问，都是以人的大致相同为出发点。生理学及医学以为人的生理是大致相同底。心理学以为人的心理是大致相同底。若在这些方面，每人各绝不相同，则即不能有生理学，医学及心理学。"① 但是生理学、医学及心理学都是把人当做一个自然的动物来处理的，而关于生活方法的学问却不能不把人当做一个社会的动物来处理。前者与后者，不属于同类的学问，不能相提并论。倘以"口之于味，有同嗜也；目之于色，有同美也"，来证明人在社会的行动中欲恶也是相同的，那就是"不知类"。人在生理的行动中的欲恶即使也有相互差异，却如冯先生所说的是"大同小异"，好比人人都好吃美味是"大同"，有人好吃鱼，有人好吃熊掌是"小异"。但是在社会的行动中的欲恶，以全社会的范围来说，现在都还不仅没有"大同"，而且有大异。

正因现实的社会还不是在大同世界中，所以在人与人之间还有着许多不理想的关系。有侵略者，也有被侵略者；有高高在上的统治者，也有哀哀无告的小民；有重利盘剥的高利贷者，也有还不了债的穷人……以忠恕之道劝告侵略者、统治者、高利贷者纵出发于善良的心地，但其奈于事实无补何？而且坏人未始不可以在某些行为上利用冯先生的"忠恕之道"。人们可以说：我自己喜欢人逢迎，所以我也逢迎人；我自己喜欢金钱，所以我也用金钱收买人……而假如向被压迫被欺凌的人讲忠恕之道，难道是教他们用忠恕之道对付敌人么？冯先生曾说，在某种社会中要尽某种人伦，所谓人伦本来只指父子兄弟朋友这一类的，但是"四海之内，皆兄弟也"毕竟还只是个理想。在这个战斗的时代中，不能不公开承认敌人也是"人伦"中的一种，而且是重要

---

① 第46页。

的一种，因为生活在现代社会中，人是不能不除了学会怎样对待朋友外，更要学会怎样对待敌人的方法。冯先生解释忠恕之道说："一个人于待朋友的时候，对于每一事他只须想，他所希望于朋友者是若何，则当下即可得一行为的标准。"① 这正是说明忠恕之道是只能实行于朋友之间的。而很显然的，在敌对的关系中，我们却绝不可能从我所希望于敌人者是若何得到对待敌人的行为标准。我们是希望敌人投降，而我们自己则永远坚持立场；我们是要一面消灭敌人，一面要保存和发展自己。这正是在现实社会中所必要的非忠恕之道。或说，对待敌人也仍是可以实行忠恕之道的。真理与正义倘若其实是在敌人方面，我们就愿意放弃自己立场，投降敌人；真理与正义是在我们方面，我们也就可以要求敌人放弃立场，投降我们。这样说，固然可以讲得通。但是在这里决定行为标准的，显然并不是忠恕之道，而是真理与正义了。于是冯先生所说的"忠恕之道的好处，即行忠恕之道者，其行为的标准，即在一个人的自己的心中，不必外求"②。"己之所欲，亦施于人；己所不欲，勿施于人。此欲与不欲，正是一般人日常所有底欲或不欲"③ 就说不通，而冯先生所主张的作为生活方法的忠恕之道也就行不通。

人与人之间除了相亲的关系外，还有对敌的关系。有对敌关系，不能不有斗争。不过冯先生以为"提倡人与人斗争者是讲不通的"，"可以提倡者，只能是团体与团体间底斗争，不能是团体内底，人与人的斗争"④。但是既承认有团体与团体间的斗争，也就不能不承认这团体内的人与另一团体里的人之间的斗

---

① 第41页。
② 第40页。
③ 第42页。
④ 第104页。

争。对汉奸的斗争固可以说是爱国者的团体与汉奸的团体间的斗争，但譬如说在上海那样的地方，过去几年内就直接地露骨表现着爱国者与汉奸之间的人的斗争。在现实的社会中，团体与团体间的斗争，真理与伪理间的斗争，正义与非正义的斗争，理性与反理性的斗争都不能不具体表现为人与人间的斗争，这是人在现实社会的生活中所回避不了的。

在社会中还有反理性，有非正义，有伪理，这自然表示这社会还未至理性的完善。在人的社会生活中还不得不包含着斗争，还不得不一面以忠恕之道对待朋友，一面以坚决的斗争对付敌人，这种生活确也不能说是理想的完善。但假如理想的生活是没有在人与人之间的斗争的，那么为了得到这种理想的生活和作为这种理想的生活之根据的理想的社会，人们却不能不采取斗争的手段，这正像人们有时不得不用战争的手段来达到世界和平的目的一样。在表面上看去似乎是自相矛盾，然而却是现实的、合理的。

理想与现实的矛盾是存在于现实社会中，人们就不能不用这种表面上看去是矛盾的方法来处理生活。这种矛盾的方法的基本出发点就是：一面承认现实，一面追求理想。承认现实就是要使生活适应现实，追求理想就是使生活向理想推进。但是这又并不是说，把生活划分为二部分，一部分是承认现实，一部分是追求理想（冯先生的划分"应该做"与"愿意做"就是这样的），而是说：这两者是同一生活中的两方面，在每一生活行动中，同时是承认现实，同时是追求理想。

我们可以看到这样的两种人。一种是所谓空想家。他们只知道追求理想，从来不打算承认现实。但因为他们抹煞现实而追求理想，却无能力认真改革现状，在实践上就只得向现实投降。另一种人是只肯承认现实而不敢追求理想，因为他们无理想，所以他们把现实中的一切既成要素都看做是不可触犯的理想，那就更是直接为现状保镖了。道家思想属于前一类型，儒家思想属于后一类型。儒家思想建立了为身分等级制辩护的道德规律与理论，所以 2000 年来成为封建社会的保护神，那是不待细说的，像《新世训》中从《大学》上来说明忠恕之道的"所恶于上，毋以使下，所恶于下，毋以事上"等语，正是封建等级制的合理化的说明。至于道家思想，虽然像是极高超的理想主义，但是向其反对方向的移行也是非常明白的。因为道家生活的出发点是"绝圣弃知"、"返朴归真"，所以主张要"毋以人违天"，要"率性而为"，所以要"从水之道不为私"，"以鸟养鸟"。但是生活到底不是专对"水"、"鸟"这种自然物，还要对付人。理论上是人与天合一，实际上还要过"人间世"的生活，也就不得不讨论如何应付人间世的问题。而根据其一贯的逻辑，就自然只能主张："形莫若就，心莫若和。……彼且为婴儿，亦与之为婴儿；彼且为无町畦，亦与之为无町畦；彼且为无崖，亦与之为无崖。达之人于无疵。"（庄子：《人间世》篇）这就是说，在外形上一切随和旁人，旁人怎样，你就怎样应付他，但求无过，使人无疵可寻。纵然还有"心莫若和"的保留，但是在事实上已和从俗附世的人并无不同，是向丑恶的现实投降，并且加以支持了，是一种最可卑的市侩主义了。

这就是儒道可以携手的原因。在千余年来的封建社会的地主统治者，是常常在实际生活里面把儒道二者兼收并蓄的。我们现在在冯友兰先生的书中看到儒家思想与道家思想的合作，也不算新奇的事。从儒家借来了其道德观念，从道家借来了其对于生活的自然主义的看法或理想，拼在一起，虽然加上了新的意义，对二者的本质是改变不了多少的。而若以为从这里面可以产生现代中国人的理想的生活方法，亦何异于缘木求鱼呢？

我们要承认现实，但并不是承认现实就是不变的真理，而是在承认现实中追求真理，也就深入到现实中，改革现实，而达到理想。我们要追求理想，但并不是把理想来当做渡过苦难的现实生活暂时用以自慰的蜜糖，也不是要一步跨过现实去捕捉不可触的鸟。我们要认真地、切切实实地生活在现实中间，承认现实中的苦难和从现实达到理想的艰苦的距离，因此就要一面忍受这一切苦难，一面用合于现实的武器来击退这一切苦难。只有采取这样的态度才真能解决现实与理想的矛盾，也才能够建立可能的合理的生活方法——这种生活方法是可能的，因为它是不脱离现实的社会的；这种生活方法是合理的，因为它是现实向理想前进的斗争武器。假如"彼岸"确是好的理想，那么我们也只有以"此岸"的物质条件做基础来制造舟楫，横渡过去，才能真正达到彼岸；倘若只是在心理上跳跃到了彼岸，而对此岸采取旁观态度，结果不过是让我们的现实生活永远在此岸，而永远保留着现实与理想之间的距离和矛盾。

1942 年 7 月 25 日写完于桂林旅次

〔注〕 冯友兰的书中"的""底"二字用法是不同的：所有格用"的"字；形容词用"底"字，在引用原文时当然是照录。

（原载 1942 年 7 月《文化杂志》桂林，第 2 卷第 6 号）

论 "诚"

　　释家有所谓一字禅之说,儒家也常有所谓"从某一语中受用不尽"的话。自古来讲道德修养的,总想能概括出一个或数个最基本的概念,把这概念当做绝对的、最高的、而且不变的标准。孔子讲"仁","讲"忠"、"恕",孟子讲"仁"、"义"。荀子讲"礼"、"义",都是其例。"诚"这一个字,这一个概念,也同样是历来儒家所津津乐道的,如宋刘安世自称他从司马光学了五年,所得到的就是一个"诚"字。

　　我们固不必否认,这种种概念中,可以包含着很好的意思。但是因为这些概念是当做绝对的标准而提出的,既没有任何附加的条件,本身也不具有确定的解释,所以单从这一个字眼上看去,那就只是个纯粹抽象的概念。这个概念必须人来加以具体的说明才行。也许可以赋予好的具体内容,从好的意义上来加以说明,但也未始不可以赋予坏的具体内容,从坏的意义上来加以说明。意义含混正是把抽象概念孤立了的必然结果。甚至可以是在基本上完全相反的两种意思,同样包含在一个字中,这是我们来分析研究这类"一字口诀"时不能不注意的。

　　而且这种种概念,在其抽象的形态上,固然可以并行不悖;

但既都被当作绝对的、最高的标准，于是在具体运用于实际中时，就常不免于互相抵触，而无法解决。某一个概念，在其抽象的形态上，纵然可以包括好的内容，但一进入具体的运用，因为有了特殊的条件加以限制，其所发生的作用也可能恰恰走到了相反的方向。这更是把这种抽象的概念当做绝对的、不变的教条而必然产生的危险。

从"诚"这一个概念的分析中，我们可以证明上述各点。

这里我们还要作一个也许不必要的声明。当反对某一个抽象的概念时，并不就是主张与这相反的另一概念。"五四"时代，人们曾严格批评过"孝"。但反对"孝"的人显然并不主张为人子者应该不孝，应该"打爹骂娘"。他们只是指出在旧礼教中的"孝"这一个抽象概念实际包含了种种坏的内容，因此他们反对把"孝"当做绝对的、不变的、最高的行为标准。既反对把孝当做绝对的、不变的、最高的标准，当然也不会赞成把孝的反面，"忤逆"当做这样的标准。有些人常弄不清这一点，一听见反孝的主张，就罗织罪案，加以攻击，那其实不过表明他们自己钻在这些古老的教条中爬不出来，或在企图利用这些教条来达到自己的目的而已。

我们此地来分析批评"诚"这个概念，当然也并不是主张与"诚"相反的概念，主张人应该不诚，应该欺人欺己。恰恰相反，我们所要做的，只是来分析"诚"这概念曾经被赋予了哪许多意义，并且说明我们应该怎样来排斥其中的坏的意义，怎样从具体的情况中来发挥其中好的意义。

"诚"——"信"

"诚"字，在普通的用法，本来有不欺之意，所谓"诚实"，

"诚信"是也。《说文》也说："信，诚也。"儒家的最初一本经典——《论语》中不讲"诚"，只讲"信"。因为"诚"、"信"二者的意思本可相通，所以《论语》讲"信"的地方，也可以用来解释"诚"。

孔子是很重视"信"的。他说："人而无信，不知其可也。大车无𫐐，小车无𫐄，其何以行之哉？"（《为政》）曾子的"三省"中，也有一条是，"与朋友交而不信乎？"子夏也说，"与朋友交，言而有信。虽曰未学，吾必谓之学矣。"（《学而》）由这些话可见，其所谓"信"，就是待人接物上的表现。人与人之间，是以言语和行为来相互交接的。手里怎样做，口里怎样说，这是信实的态度。这一刻说的话，下一刻一定要兑现，这也是信实的态度。所以孔子说："古者言之不出，耻躬之不逮也。"（《里仁》）又说，"始吾于人也，听其言而信其行；今吾于人也，听其言而观其行。"（《公冶长》）——这都是要求，说出的一定要做得到，言行一致。明末大儒朱舜水自述说："不佞生平，未有言而不能行者，未有行而不如其言者"。——能够真正做到这程度，自然是"诚信"的极顶了。

就"诚"的好的方面来说，自然应该重视"诚信"这意义。提倡"诚"的人，首先就应该对朋友"言而有信"，不欺骗朋友。假如口里说"诚"，但实际上却是准备着欺骗朋友，那更是双重的欺骗了。

不欺人固然是"诚"的要义。但欺人的时候，往往同时又是在自欺，所以"诚"的意义又包含不自欺的一面。《论语》中说，孔子有一次生病很重，子路使门人充当"家臣"，意思大概是想万一孔子死掉，丧礼可以风光一点，但其实那时孔子已去位，并没有家臣。孔子知道了这情形，就说，"久矣哉，由之行诈也！无臣而为有臣，吾谁欺？欺天乎！"（《子罕》）像这样的不诚的行为，是孔老先生不肯做的。其实是无臣，却装出是"有臣"的派头，这固然是欺人。但也未尝没有人处在这样的情况中，自己也觉得有了这几个假的"臣"，好像身价立刻就抬高了一点，那便是自欺了。所谓君子远庖厨，实际上也还是自欺的表现。儒家修养中讲"慎独"，也包含不自欺之意。当一个人独处的时候，固可为所欲为，不致被人看破，倘就趁这机会做些明知是不该做的事，以为反正没有人知道，有何妨碍，那就是自欺。以后遇见人时，当然是矢口否认，那就又是欺人了。同样的，明知某事不该为，却用种种借口来使自己相信，偶做一次也不大要紧，那也就是自欺，结果也必至于欺人。

欺人的人固然不一定自欺。但常常欺人，成为习惯，也会走上自欺的道路。设有人成天向朋友作种种允诺，其初本是口里一面这样说，脚下是一面划不字的。但说得多了，久而久之，连自己在说的时候也好像忘掉自己说的是假话了，于是更加可以夸夸其谈，心安理得。这就发展到自欺的极度了。

不自欺也不欺人，这在律己待人上，确是很重要的事。——就这意义说，"诚信"是值得发扬的。

但就在这一意义上，加以发扬，也仍不是把它当做是至高无上的绝对的标准。孔子虽重"信"，但在答复子贡问"何如斯可谓之士矣"的时候，列举了三等人，第三等人才是："言必信，行必果，　　然小人哉！——抑亦可以为次矣"（《子路》）。因为假如只是做到句句话守信的程度，并不能表明已经达到生活修养的最高度。这在我们看来，是很容易明白的。坏人也未尝不可以守信，固然实际上，坏人因为其真正的言行不能公开在光天化日之下，往往不能不是欺人乃至自欺。但如孔子与孟子都曾讥刺的"乡愿"，就多半可以说是"守信"的君子。

而且假如把守信当做绝对的教条，施用于一切情况下，则必然发生许多困难。试就《左传》上举一故事为例。是麑接受暴君晋灵公之嘱去暗杀赵宣子，但他在看到宣子确是一个正派人物时，便不愿动手。这时他心里发生了矛盾，他自语道："不忘恭敬，民之主也（按指宣子）。贼（害）民之主，不忠；弃君之命，不信。有一于此，不如死也"。于是他只好自杀了。（《左传·宣公二年》）这个矛盾在我们看来，却是很容易解决的，假如赵宣子真是一个好人。那么虽已答应了灵公的嘱咐，但能断然悔约，这种"不信"，恰恰正是值得赞美的。反之，倘仍坚守信约，那倒是该受唾骂的了。在这时候，很显然的，信与不信并不是行为最高标准。是麑的死不能引起我们的同情，正因为他把"忠"与"信"这两个抽象概念都当做了绝对的教条，于是就在这二者的互相冲突之下，使自己成为牺牲品。旧礼教的修养标准的种种概念之间都常会发生这样的冲突，如最常见的是所谓忠孝不能两全。而为了维持这些抽象教条的尊严，就只好牺牲是麑这样的人，这也是"吃人的礼教"的一种表现。

由此也可见，有人以为儒家学说是在说明人事关系，故为人本主义，这种说法实在是错误的。即以"诚信"这一概念而言，固然它是从说明人与人的关系而产生的，但人与人的关系既已被抽象为一个"诚"（信）字，结果这个概念却不是为了人的实际生活而存在，恰恰相反，倒是人的生活成了这个概念的附属品，乃至牺牲品了。单纯的抽象概念化作了绝对的教条，压杀了具体的生活。这种教条主义的倾向在孔子学说中固已显其端倪，而至宋明道学中更为盛炽。而且原始的儒家还敢于声斥乡愿，但后代，则不仅乡愿可以在诚信君子的面貌下进入"圣庙"，即巨奸、大恶、暴君、酷吏也可以假那些抽象的教条来做护符了。在这点上，我们不能不说，明末清初的一些大儒如黎洲、习斋、亭林、船山等人是惟一的一些能够大胆立论，转移风气的人。

假如是真正的人本主义，就必须肯定，一切抽象概念本身没有绝对的权威，它们是为了人而存在，不是人为了它们而存在。而人，是只能生活在具体的生活情况中的。因此在我们看来，固然也可以提倡诚信的态度与精神，但必须肯定，诚信的道德标准只能施于朋友，不能施于敌人，只能服务于广大人民的事业，而不能服务于人民的敌人。

"不 诚 无 物"

上面是就诚信的意义上来说的。"诚"的意义固然与"信"可以相通，但"诚"、"信"二概念也可以说是各有所偏重，可以互相区别。信是指对人态度而言。诚是更着重于对内的、对自己的一方面而言。由此也可以说，不欺人是信，不自欺是诚。所谓"诚于中而形于外"，正是说，内心中是实实在在有什么东西，那就自然会表现于外形上。反过来，也可以说，对外的表现应该是"由中而发"。倘若"言不由衷"，那就是不诚。因此，"诚"正是"信"的基础。

就这意义说，"诚"自然是很好的德性，而且值得我们来追求的。本来，人的言行倘只是为了对付旁人而作，那就不免于见人说人话，见鬼说鬼话，朝三暮四，东摇西摆了。我们有所言，有所行，必当真诚地出发于自己的内心。所谓"富贵不能淫，贫贱不能移，威武不能屈"，正是因为自己的全心全力有所执著，决不只因外在环境的变动而在原则上有所变动。因此，讲操守，讲气节，也就与"诚"的精神有关。所谓"身在曹营心在汉"，常不过是自欺之谈。而像苏武宁在贝加尔湖旁牧羊十九年，决不颍颜事外族，也正是他对民族的感情，至诚不可撼动的表现。

我们常说，真正的诗人决不是说假话的人。因为必须是真情实感，从心底里流露出来的东西，形之于篇章，才能成为感人的好作品。至于所谓公式主义的标语口号作品，那就多半只是虚伪的作品，因为作者心中本无此感情，当然只好硬拉些现成的标语口号来填充了。——所以就一方面说，无物即是不诚，胸中并无此物，形之笔墨只是不诚的表现；就另一方面说，不诚也就无物，既非发于真诚，也就不会产生真正的诗，真正的艺术。

没有"诚"的态度，也就没有真正的信仰和事业。真正的信仰，不是为了趋时媚俗，摆在口上面上，当做幌子的。真正的事业，也不是抱着"得者时也，失者命也"的态度去敷衍了事的。也有人自以为真是抱着某种信仰，从事某种事业，但其实不过是欺人自欺。宋明以来的道学家很多就是如此。像清初的道学家李光第、方苞之流，口中何尝不忠孝节义，说得头头是道，论其行迹，却都秽污不堪。则其信仰，并非出于至诚是可断言的。人们因为智力学力的差别，对于所信仰的思想的了解程度，固然可以有程度的差别，但是既成为信仰，一定是经过他自己认真的考虑研究，断定其是正确的，因而用全副心力拥抱着它，不懈不忽。固然这种思想的来源，可以由于旁人的传授，但这种思想对于他已经不是在他外面的某种东西，而是融化在他自己血肉中的了，这时才能成为最坚定的信仰。从事一种事业也是同样。假如真是以真诚的态度去对付一件事业，那就一定是无保留地用尽一切力量去从事它。力量的大小固然因人而不同，但竭尽所能，不屈不挠地去从事，却是任何人都可做到的。做事的时候，假如只出九分力，藏起一分来，甚至只出一份力，藏起九分来，这就正表明并不把这事业真正当做自己的事业。所以要求诚的态度也就是要求以全心全力来执著坚持其信仰，来贯彻执行其事业。

历史上，在每一次革命中，人民大众虽在残酷压迫之下，仍能一呼百应，前仆后继，断头流血，非达到目的不止。这正是因为他们真诚感到这种革命的行动和要求是对他们必要的。鉴于人民力量的伟大，统治者中常有人以为不妨设法利用这个力量，因此他们研究领导群众的"艺术"。但他们不晓得纵能使群众一时上当，但在群众并不是真诚地为自己利益而斗争时，那种群众运动就只是假的，不可靠的力量。以为政治就是耍花样，玩手段，欺骗群众，那是少数统治者的想法。革命的政治家，其自身的行动是发于至诚，而且又是基础于革命人民的自觉的唤起与集中之上的。

但关于这一个意义上的"诚"，我们也有两点意思需要说明一下：

第一，诚固然是指内在的态度，但也不能脱离客观的标准，而使之成为抽象的教条。

我们可以说，以一个"心口如一"的恶人和一个"口蜜腹剑"的伪君子来比较，前者还使我们觉得略胜一筹，但也总不能使我们觉得前者就是可敬可爱的人。这正是因为对于人的言行的判断，还有客观的标准。

前人尝以"诚"与"明"并举，这用我们的意义来解释，是很必要的。"知之为知之，不知为不知"是诚，而求得十分之知是明。认真的科学态度本就是"诚"的态度，有这种态度才能求得真正的"明"。能"明"也就掌握了客观存在的法则与规律。把这种法则与规律溶化到自己内部，成为自己所坚持的事业与执著的信仰，那就更是诚的精神的最高的发挥了。

所以倘把主观的"诚"的精神脱离了对客观存在的"明"，那么所谓"诚"也可能只是武断、迷信。但反之倘只有客观的"明"而不能激发主观的"诚"，只是把客观的法则当做外在的标准，那么纵然一时能亦步亦趋，那仍是勉强的，有动摇可能的。我们又可以说，符合客观标准是求真，而发自内心，毫不勉强是至诚，那么，我们所向往的正是既真且诚的"真诚"。

第二，历来讲诚的修养的都不曾顾到，人的发展是可以有质变的。这就是说，人在发展中，可以是经过新我与旧我的冲突，而最后由新我来克服旧我的过程的。经过这种过程，为了人生的进步，是必要的，然而却是苦痛与艰难的。

其所以是苦痛与艰难，正因为"旧我"有着根深蒂固的基础，所以属于"旧我"的一切对于自己倒是更加亲切的。反之，"新我"在一定时候，比之"旧我"反而是较为生疏的。因此在争取新生的时候，常不免或者有意识地对"旧我"徘徊留恋，或者无意识地流露出"旧我"的尾巴来，在这情形下是否也可以讲诚呢？假如主张真诚地表现出自我来，岂不正是决堤而让"旧我"泛滥么？

在这情势下讲诚，不是拿来当做"旧我"的护符，而要拿来当做进行"新我"与"旧我"斗争的态度。既然有着这种斗争，就决不掩饰在自己内部有着两个自我的存在，不把自己当做已经是完满无缺的人格，那么才能够把那斗争发展起来。既然这个斗争是个艰难的斗争，那么也决不轻率地相信"新我"的胜利，好像一觉醒来，已经脱胎换骨，面目全非了，假如这样想法，那就仍不过是自欺。

把"诚"从这一个意义上讲，自然不是道学家们所能做的。求之于鲁迅的一生的生活与战斗，我们可以得到最光辉的范例。

我以为，提出以上两点，是很必要的事。假如否定了人在发展中质的突变，就会把"诚"单纯地看做是自我的忠实表现，那么"诚"就变成懒惰者的借口，当成自己留恋于故我，故步自封的理由了。再假如不看到内在的"诚"更须与外在的"真"相一致，则既阻断了自我改革的道路，而且更会一直引向一种唯心论的观点。

在土地庙里常常可以看到的匾额"诚则灵",正是对诚的唯心论看法的最通俗的表现。明知是泥塑木雕的神像,偏偏还向它顶礼膜拜,以为或可得到保佑,这是自欺。更进一步,以为只要自己求神之心极诚,则木偶也会有灵,所祈之福就会到来,那就更是把主观的意识当做是对于客观现实起着决定作用的了。主观的唯心论本来就可说是人类最大的一个自欺方法。

封建统治者以诚来向人说教,就多半有这样的意义。王祥卧冰,可以获麟——为什么? 因为他志诚。愚公移山,神来帮助——为什么? 因为他志诚。统治者把久旱后的甘霖当做自己诚心祈祷上苍的结果,这是自欺,也是欺人——欺骗人民,既博爱民的美誉,又使人民相信老天真是站在自己的一面。所谓"至诚可以格天"更是把主观意识的作用夸大到了极点。

本来,"不诚无物"这话是可以说的,因为不用全心全力去干什么事,就不会有完满的结果。但若反过来说,"无物"的原因就只是不诚,只要自己意诚,一切奇迹都会出现,那却是蒙蔽现实,使人不去注意现实中进行改革的必要了。

所以把"诚"当做这样的意思来说明,其作用就完全走到了相反的方面了。

"神 秘 主 义"

由此在诚的概念上,就可以发展唯心论的神秘主义的理论。

最初提出"诚"的神秘主义理论的,是在《孟子》与《中庸》上。假如《论语》中说"信",还有几分古典的人本主义气味,那么在《孟子》与《中庸》中所论的便完全是不同的了。孟子说:"诚者,天之道也。思诚者,人之道也。至诚而不动者，未之有也。不诚，未有能动者也。"（《离娄上》）《中庸》上也有类似的说法："诚者，天之道也；诚之者，人之道也。诚者，不勉而中，不思而得，从容中道，圣人也。诚之者，择善而固执之也。"在这两段话中，以《中庸》所说的更为意义明显。在这里"诚"已不像"诚信"、"忠诚"、"诚实"这些说法所表示的那种意义，它已不是指一种生活态度——人对现实的态度，而是被扩大为宇宙的本性，且用以指最高的一种人生境界了。照《中庸》所说，诚是宇宙的本性，表现到人身上就是圣人。圣人就是那种不必经过思考与努力，在其天性上就已合于宇宙本性的人。所以孟子又说："万物皆备于我矣。反身而诚，乐莫大焉。"（《尽心上》）"我"与万物——宇宙本为一体，故只要能够向内探索，回复其本性，就与"天道"一致而入于诚的境界。孟子又讲良知、良能，"人之所不学而能者，其良能也；所不虑而知者，其良知也。"（《尽心上》）在他的体系中，"诚"和"良知良能"是一致的。

经过这样的解释，"诚"就绝对不包含用全心全力，进向客观，追求真理，改革现实的意思。它一方面成为"天人合一"的宇宙论的基本概念，一方面又把最高的知识与行为归于天赋的知能。因此，"唯天下至诚，为能尽其性；能尽其性，则能尽人之性；能尽人之性，则能尽物之性；能尽物之性，则可以赞天地之化育；可以赞天地之化育，则可以与天地参矣。"（《中庸》）这是说，至诚的表现就在于把个人的本性（那先天的本然的性）充分发挥出来。因为个人的本性也就是全人类的本性、天地万物的本性，所以只要充分发挥个人的本性，个人就可有赞助天地的变化的能力，而与天地并立为三了。这不正是和前文所说的"诚信"诸义相反，恰恰走到自欺欺人的极端了么？至于说："至诚之道，可以前知；国家将兴，必有祯祥；国家将亡，必有妖孽。见乎蓍龟，动乎四体。祸福将至：善，必先知之；不善，必先知之。故至诚如神。"（《中庸》）那更是和今日土地庙前挂的"诚则灵"的招牌直接相连的了。

《孟子》、《中庸》二书在宋以前，在儒家学说中并不占支配的地位；其所以至宋以后，被列为四书中的二本，成为儒家的基本典籍，理由之一就因为其中包含着这样的神秘主义的宇宙论与人生论。宋明理学家之论"诚"，大体也都肇源于《孟子》、《中庸》二书所论。唐代韩愈的弟子李翱首先本《中庸》中"唯天下至诚，为能尽其性"之说而加以发挥说："诚者，圣人之性也。寂然不动，广大清明，照乎天地，感而遂通天下之故；行止语默，无不处于极也。……此非自外得者也，能尽其性而已矣。"（《复性书》上）这显然不过是《中庸》中的意思的重复，而更直接地说明一切知识并不由外界得来；只要以本然的人性去感应万物，就能"通天下之故"——这也就是"诚"的境界。把诚当做与天地相通的人的本性，也正是宋明理学家共同的主张。

朱晦庵注《大学》中"大学之道，在明明德"语，说"明德者，人之所得乎天，而虚灵不昧，以具众理而应万事者也。但为气象所拘，人欲所蔽，则有时而昏，然其本体之明，则有未尝息者。故学者当因其所发而遂明之，以复其初也。"其所说的意思，和《复性书》所言，在根本上是一样的。于是《中庸》之所谓"诚"便和《大学》之所谓"明德"，《孟子》之所谓"良知良能"成为同意语，同为指天赋的人性之本然，且与天人合一的宇宙论相关联。

"诚"的概念便完全笼罩在神秘主义之下，更和人本主义精神相去不可以道里计了。"诚"的概念更完全不是为了人而存在，却是人所必须遵从的天道了。其以天道为诚，正是把天道当做是有人格、有意志的支配权力。"诚"也不是人在现实生活中培养的一种态度，而被当做是先天的本然的人性了。但是天赋的"人性"，不假后天作用的"良知良能"，这在实际上是根本无法证明其存在的。假如说有，那就不过是基于生理的本能的一些感觉与行动的能力而已。孟子解释良知良能时说："孩提之童，无不知爱其亲也；及其长也，无不知敬其兄也。"而后人更甚至把"忠君爱国"也一起算在良知良能之上，但这不过是统治者为了维持他所支配的社会秩序，把他所要求的道德条例解释做天赋的必须遵守的人道，来更加强其强制力量而已。但实际上，无论是爱亲敬长、忠君爱国都不是先天的人性，而是后天的获得物。

宋明理学家接受道家的影响把人性绝对抽象化了，也就只落得是"寂然不动，广大清明"，"虚灵不昧"这样的不可名状的境界。假如"诚"的意义就是回到这种境界，那也只是把人从客观现实中拖回来，施以麻醉而已。

所以这种"诚"的神秘主义哲学，虽然看来完全是玄虚之谈，然而仍是与一定的社会政治的实际意图相联系着的。所谓"天人合一"论的作用不外乎是消灭人民大众的自觉，所谓"尽性致诚"论的作用也不外乎是消灭人民大众的自觉的实践。所以在长期的东方专制主义政治下，"诚"这一个概念，本是因企图说明人的合理关系而产生，却在神秘的外衣下被抬上神圣的殿堂，使人顶礼膜拜，作为欺蒙与麻醉奴隶人民的思想工具，这是我们不能不加以揭穿的。

"诚"与实践

由以上所说，可以看到，"诚"这个字的意思，并不是完全不值得表扬的。问题在于，我们不能把它当做抽象的、绝对至上的教条，而要从现实的具体的生活实践中来说明它。从当前的反法西斯的民主斗争的实践上说，诚的意义对于我们，就应该是：在反法西斯的民主阵容中，各个国家、各个力量之间都该以诚相见，以信互待，不能有任何言行不一，出尔反尔，彼欺我诈的现象；并且大家对于这共同的事业，必须以全心全力，出于至诚地去从事，不能有任何口是心非，心怀二意，消极怠工的现象。从这些意义上说，我们可以而且应该拿诚这个标准来做我们的行为准则。

因此，我们必须把从旧时代传统所遗下来的对"诚"这概念所加上的坏意义——加上廓清。

在知识上把"诚"当做基本的出发点，是完全错误的。这种做法就一下子召来了"诚则明"、"致良知"、"明明德"那一批亡魂。这批亡魂之反科学是异常显著的。中山先生创知难行易说，其言有曰："夫科学者，系统之学也，条理之学也。凡真知特识，必从科学而来也。舍科学而外之所谓知识者，多非真知识也。"（《心理建设》）正因为中山先生坚决站在科学的立场上，也就不得不反对王阳明的知行合一论，因为阳明的知行合一论是从"致良知"说发展出来的。阳明以为一切知识不必外求，都在"我"的内心中存在着，这就是良知；而能致良知，就是行。但中山先生则以为真正的知识只是科学的知识，此外都是虚伪的东西。所以倘企图把中山先生的理论和从孟子到王阳明的理论并家，正是要合并玄学与科学，结果就只使中山先生的思想趋于堕落而已。

用中山先生对知识的看法来说明"诚"，那么"诚"的意思正是指在科学研究中应有的一种态度。"诚"的态度对于科学研究自然是很重要的。在科学上是不能有一点虚伪在内的，非诚诚实实不可。你要否认水是氢二氧一组成的，你只好脱离科学。你要想把 50 万年前的"北京人"遗迹来证明中国民族历史的悠久，你也只好离开科学。因为事实上水只能由这样的成分组成，事实上"北京人"不过是远古人类的一种，无从断定和中国民族有直接关系。科学上的诚的态度首先就是尊重客观事实的态度。

但用王阳明的"致良知"之说来说明诚，那么诚的意义就会一变而为知识的本体。因为既认为一切知识都在人的本心中，不必外求，只要反求己心，即可得万事万理，则"诚"就不是求知的态度，而成为知识的根源了。但我们试来实验一下，不顾外物，但去探索自己的"良心上的知觉"，结果，不待说得，是什么知识也得不到的。这样做法，其实际的意义无非是企图由主观的愿望来杜撰一切知识。就这意义说，则纳粹之创造人种优劣论，不可谓不诚，然而那却是非科学的。把诚的概念就这意义来解释，就必然会走到最恶劣的地步，为法西斯的伪造科学辩护了。

把知识论扩充到行为论上去，我们应该指出，行为的基础是什么？从根本上说，是"泰初有行"，从实践中产生知识，也就是中山先生所说的"不知亦能行"。但在人类已经获得相当的知识后，则行为又必须以真实的知识为基础。中山先生说："倘能由科学之理则，以求得真知，而行之决无所难，此已十数回翻覆证明，无可疑义矣。"（《心理建设》）这是说，行为要根据科学的知识而出发。既从科学上证明客观的真理，我们就断然地坚持真理，勇往直前，这也正是"诚"的态度。对于真理越是坚持执著，越是全心全力来为真理搏斗，行为也越有力。"诚"的态度对行为自然是十分重要的。但是，倘不把"诚"看做是行为的态度，而把它看做是行为的原动力，以为我们的行为，不必对科学的知识有所依傍，只要从主观的直觉出发，爱怎样干就怎样干好了，于是"诚"就被当做只是"决心"的意思，而决心又只是主观的意念的产物。这样的行为论，其结果也只好与法西斯的"行动论"异途同归。

把宇宙社会一切都用"诚"当做基本概念来解释，错误更是显而易见的。用诚这空洞的概念来说明社会政治的原动力，其意义不过是抹煞广大人民的实际生活要求的作用。用属于人事范畴的概念来说明宇宙，其意义也不过是把物质世界化为有目的的精神，而完成其唯心论体系。这些，根据以上所述是不必再来详细论列的了。

近代法西斯主义在其哲学基础上，有意识地加上神秘主义的色彩，那正是因为只有在这样的基础上，才能反对科学，而从主观愿望上来改造科学；才能反对理性，剥脱人们用理性来考虑世界，判别行为的能力，而发扬兽性的行为。由此，在东方专制主义下的"诚"的神秘主义，就和近代最反动倒退的、反对人民大众的法西斯思想一脉相通，那正是我们更不能不加以揭穿的。严格否定这种专制主义的神秘主义的内容，在实践的生活中发扬"诚信"与"真诚"的精神，那才是我们对于民族的文化遗产所应有的态度。

1943 年 11 月

（原载 1943 年 12 月 1 日《群众》重庆，第 20 卷第 21 期，署名沈友谷）

评钱穆著《文化与教育》

冯友兰先生在其所著"贞元三书"中的一本——《新世训》的序言中曾说：

> 承百代之流，而会乎当今之变，好学深思之士，心知其故，乌能已于言哉？……当我国家民族复兴之际，所谓贞下起元之时也。我国家民族方建震古烁今之大业，譬之筑室，此三书者，或能为其壁间之一砖一石欤？是所望也。

和这样的口吻相似的是钱穆先生的《国史大纲》引论中所说的：

> 继自今，国运方新，天相我华，国史必有重光之一日，以为我民族国家复兴前途之所托命。则必有司马氏其人者出（指司马光——引者按），又必有刘范诸君子者扶翼之，又必有贤有力者奖成之，而此书虽无当，终亦必有焖其意，悲其遇，知人论世，恕其力之所不逮，许其心之所欲赴。有开必先，若使此书得为将来新国史之马前一卒，拥　而前驱，其为荣又何如耶。

是的，我们现在正是在中国民族发展史中的一个伟大的承先启后、革旧开新的时期。旧的时代就要结束，新的时代就要起来，但是究竟怎样结束旧的时代，怎样开辟新的时代呢？这自然是每个人必须追问清楚的事。

冯友兰先生向我们献出了他的哲学，说这是探索"无字天书"（见《新理学》）。钱穆先生向我们献出了他的历史学，说这是上继司马光的《资治通鉴》的事业。虽然一个自谦是"一砖一石"，一个自谦是"马前一卒"，但显然他们是都深信中国的过去、未来的一切奥秘都已藏在他们的拟无字天书和新资治通鉴之中了。我们不能不来看一下，他们到底告诉我们些什么？指点给我们些什么？

在仔细读过他们的书后，我们不能不直率地说，他们的书的内容和他们的自负，相距是太远了，而且竟或许可说是南辕北辙，因为他们预约向我们指点出中国前进之路，但实际上我们所读到的却是向后转的方向。

也应该指出，类似于冯先生或钱先生的意见的，我们从别的许多出版物中也常可读到。而所以特别指出这两位先生的名字，毋宁说是因为对他们的尊重。我们尊重他们在学术研究上所曾付出的劳力，以及他们在一二十年来坚持着清寒的教育生活的精神。正因为我们有着这一分尊重，所以对他们意见中不能苟同的部分——尤其是直接有关现实问题与整个民族命运的，更不能不认真地提出商榷和批评了。何况这些意见恰好又正是那些不学无术，唯知帮闲起哄的人们所得而利用的东西，这更使严正的批评成为必要的了。至于那些帮闲起哄的作品，我们是常觉得，连回头嘘一下的兴趣，都很不容易提起来的。

对于冯友兰先生的哲学，已经有过很多批评，这里试来评一下钱穆先生从他的历史学中提出的意见。——《国史大纲》虽然是一本讲义式的中国通史，但是在这里面，实际上是包含着著者对于中国政治与文化的现状及其发展前途的许多看法。不过为了可以更直接了当地看到钱先生在现实问题上的主张，我们不妨先来读一下《文化与教育》这本论文集。这本集子是在1933年8月出版，包含钱先生分别在报纸杂志上发表过的29篇论文。以下虽然只能从这里面抽出几个根本问题来讨论，但我想，只要弄清楚了这几个问题，也足够使我们懂得钱先生对中国历史的全部看法了。

一 "中国式的民主"

在这本论文集中有一篇《革命教育与国史教育》，其中提到两点对中国历史的看法。第一点是说，中国历史上自秦到清末的政治并不是专制政体；第二点是说，中国的传统文化至今仍有优异的价值。这两点也正是在《国史大纲》中全部内容所要证明的主要东西。关于第二点我们留到下面再说，先说第一点。钱穆先生在那篇论文中是这样说的：

> 我常听人说，中国自秦以来二千年的政体，是一个君主专制黑暗的政体，这明明是一句历史的叙述，但却绝不是历史的真相。中国自秦以下二千年，只可说是君主一统的政府，却绝不是一个君主专制的政府。[①]

我们首先应该指出，像这样的翻案文章，并不是钱先生一个人独倡的。近几年来"学者"、"教授"中已有很多人纷纷著论，从各个方面来企图证明中国秦汉以来的政治并非专制政治（如张其昀先生、萨孟武先生）。很显然的，这种看法倒还不只是学术研究上的一种"新"见解，而且是和现实政治中的某种要求相呼应的，但为了现实政治的反动企图歪曲了历史的真相，那却

---

① 第115页。

是从根本上丧失了学术的态度和精神。

何以见得这是歪曲历史的真相呢？只要看一看在这本书中钱穆先生是怎样说明汉代政治的。

> 汉王室虽起于丰沛，汉国都虽建于长安，然非江苏人或陕西人得天下而宰制的，实系中国全国民众共同结合，组织中央政府，设首都于长安，而拥戴刘氏为天子。当时所谓关东出相，关西出将，明由全国各地人才，操使全国之政权。不仅服官从政之机会公开于全国，他如教育兵役赋税各项权利义务莫不举国平等，彼此一致。①

说是在两千年前，全国民众曾"结合"起来，"拥戴"刘邦做皇帝，这哪里有什么事实的根据？刘邦即帝位后，和他臣下讨论何以能得天下，他自己和他臣下也只说是由于他能"用人"，还不敢说是由于全国民众"拥戴"。钱穆先生以为刘邦能用全国各地方的人才，就足以表明他的政权代表全国人民，这更是把社会横断面的地区问题来代替了社会纵断面的等级问题。假如必须是从皇帝一直到将相僚吏都是同一个地方的人，才算是专制政治，那么可以说中外古今都没有过专制政体了。问题是在：他虽然用了全国各地的人才，但这些"人才"究竟是些什么人，他们是从哪个阶级中产生的，并且更重要的是，他所施行的政策是对于哪一个阶级有利？必须从这些问题上看，才能看到汉代以及每一个时代的政治的真相。在汉代不但社会中有着大量的奴隶（家僮、奴婢），并且在汉代统治下，"富者连田千顷，贫者无立锥之地"的现象日渐严重，而汉王室及其官僚就在这过程中，使自己成为大地主，纵然也曾企图实行社会改良政策，但其一切政策本不为了生产人民大众（农民）的利益，因此农民失掉土

---

① 第11页。

地，卖身为奴的现象，在整个汉代是只有一天天严重。以汉代的这种社会情形而说，"举国平等，彼此一致"虽是贾谊、晁错之流从九泉下再生起来也不敢承认的吧。

钱穆先生及其他先生们不仅捏造了汉代的政治情形，而且把"一部二十四史"都照这样地改造了，他们所根据的理由不外乎钱穆先生所述的以下两点：

第一个根据是关于宰相制度，照钱穆先生的意思是有了宰相分掉皇帝的权，那就不能算是专制政治，而且他认为，纵在无宰相之时，也仍不是专制政治。他说：

> 明代以前，宰相为政府领袖，与王室俨成敌体，帝王诏命，非经宰相副署，即不生效。[1]

> 中国传统政制，虽在明代废止宰相以后，而政府传统组织，亦非帝王一人大权独揽，今人力斥中国政体之专制，明为无据。[2]

是不是有了宰相制度，在君主国家中就不是专制政体呢？这个问题值得我们来分析一下。

假如政体是指政权构成的形式，那么在政体问题前先得把国体问题弄清楚。由国体上来看，汉唐宋明无非都是地主阶级占统治地位的国家。所谓政体问题就是指他们采取怎样的方式来组织其政权机关，行使其政权力量。我们说，中国过去是君主专制政体，就是说，当时的统治政权是集中化在皇帝个人的人格上，通过皇帝个人的意志来执行地主阶级的统治。因此，脱离了国体问题来单纯谈政体问题，是捉摸不到中国历史的真相的。孙中山先生领导辛亥革命，所要推翻的不仅是传统的君主专制政体，而且

---

[1] 第 116 页。
[2] 第 139 页。

是那种传统的国体，这正是孙中山先生比戊戌党人更进步的地方，因为戊戌党人所要改革的至多不过是政体而已。

并且在与国体问题分隔开来讲时，所谓君主专制政体也就弄不清楚了。钱先生以为君主专制政体的意义就是全国一切统治权力都由皇帝一个人直接行使，"大权独揽"。但这在事实上是不可能的。于是看见有宰相的设置，有六部的分设，有御史制度，有有系统的庞大官僚机构等等时，便以为这是证明其实当时政体并不是君主专制。但要知道，在君主专制政体下，地主阶级虽是通过皇帝个人的意志来执行政权，可是单靠个人的力量固然不够，而个人的意志有时也会胡作乱为，以致连地主阶级看了也不满意。因此就要设立宰相御史及各种政治制度来辅助，来牵制，甚至有些时候，地主阶级由于内部在政治上的分裂使他们中有一部分人起来把他们所不满意的皇帝去掉另换一个。但无论如何，君主专制政体还是君主专制政体，这是因为地主阶级为了本身的利益，必须维持并巩固皇帝个人的威权，而使整个国家机构在他个人的名义下圆滑地进行。

从实际历史事实看，宰相与王室成为敌体也只是在个别时期的事实（在王室已经无力维持当时地主阶级的利益时），而且宰相的废立，权仍操在君主手里。钱穆先生把宰相当做政府的领袖，把君主看做只是皇室的领袖，这样的分析是根本违背了历史事实。钱先生书中常讥笑旁人袭用欧美民主政体的观念，但我看他提出这种说法也是偷袭来的。大概是因为欧洲近代民主政制中有三权分立，所以也把中国传统政制看做是二权分立，这样就抹煞君主专制政体的真实内容了。

还有第二个根据是关于考试制度。在《国史大纲》中钱穆先生也充分发挥了这一点，他认为科举制度就表明了当时的"政权"是向全国上下人民公开的：谁只要读书应举，谁就可以做官。根据这点，钱穆先生甚至抹煞那 2000 年来国体的实质了。《文化与教育》一书中也说得很明白，他说：

> 中国传统政治，既非君主专制，同时亦非阶级专制，此等不须再说。然则中国传统政体，自当属于一种民主政体，无可非难。吾人若为言辞之谨慎，常名之曰，中国式之民主政治。当知中国虽无国会，而中国传统政府中之官员，则完全来自民间，既经公开的考试，又分配其额数于全国各地，又按照一定年月，使有新分子参加，是不啻中国政府早已全部由民众组织。……①

用学者的口吻来抹煞事实，混淆名词，恐怕是再没有更胜过于这一段话的了。难道用官员的来源就可说明一个国家的国体了？钱先生虽未用国体的名词，但这段话所说的意思显然是关涉到笔者前面所讲的国体问题的。又难道中国历代的官员真是大多数出自民间么？而且所谓"民间"是什么意思呢？照钱先生的前后之所说，其所谓"民间"就是在王室及其姻戚以外的社会，那么在那里面不需要至少分别一下地主农民的不同么？科举考试制度在名义上固然是公开于一切人的面前的，但是有机会受教育，有可能投考应举的人大半是属于地主阶级的。专制时代的科举制度的意义其实就是从地主阶级中经常选择出一批可用的人才来行使政权，那正表明这是地主阶级专政的国体。而在那时代一切考试用人之权又集中在君主一人手里，这又正表明这是一个不折不扣的君主专制的政体。

固然，在科举制度下，也未始没有出身下层社会，苦读应举，"一举成名"的人，但其出身如何与其在实际政治中代表什么人，并不就是一件事。正如我们不能根据刘邦、朱元璋的出身

---

① 第 143 页。

来判断汉与明的政权性质一样，我们也不能因为范仲淹出身贫寒，就以为他在政治上是贫苦人民的代表。因为在那样社会中，必须在受教育期，完全接受统治者的思想，才能应举考中，在出仕时期，更必须完全维护统治者的利益，才能够"步步高升"。

但科举制度的实行，自也反映了中国封建政治的一个特质，非世袭贵族政治，而是官僚政治。这就是说，操行政实权的不是世袭的贵族，而是经过科举及其他方法而产生的官僚——这些官僚从上到下，一级一级地像金字塔一样地压在人民身上，而居于最高的顶点的则是专制君主。因此官僚制度之存在并不足以否定君主专制，恰恰相反，它只是在这样庞大的国土上中央集权的君主专制得以维持的有力支柱。用官僚制度来补足的君主专制，这就是中国封建时代的政体的全貌。

照钱先生在全书中各处所述，是甚至把当时有一定的法令规章，一定的铨叙规则，一定的赋税制度，都拿来做当时不是君主专制政体的证明，那更是不值一驳的说法。难道君主专制政体就是一切无秩序、无规则的意思么？任何国体、政体下都有法律制度规章，问题是，这些法律规章是为保护什么人的利益而设的，是怎样制定起来的，是通过什么方式而行使的。而且在中国过去历代，虽然有成套的法律规章等，但正因为是君主专制政体，因此君主就有权随时加以改变或公然违背。这些事实，熟悉史实与掌故的钱穆先生所知道的应该比我们更多吧。

钱穆先生及其他同调的先生们，对于人人熟知的历史硬要来一个"翻案"，其真实意思到底是什么呢？难道只是为了告诉我们，中国现在所当行和能行的民主政治就是那在两汉隋唐宋明历代所行使的政治么？所谓"中国式的民主"就是我们一般常人所称为君主专制政体的那种东西么？我很奇怪，想出这些意见的先生们都不公开反对孙中山先生的革命理论与事业，甚至还加以赞扬。但实际上他们是应该反对孙中山先生的，因为孙中山先生所要推翻的就是两汉隋唐宋元明清的那种国体与政体。假如孙中山先生还在，他听到人们说，他所毕生与之斗争的君主专制政体，其实是"中国式的民主政治"，不知道他会作何感想！

二 "孝"与"中庸"

赞扬中国旧时代的传统文化，看做是今后中国民族文化生活的中心，这种论调，更是到处听得到的。像林语堂先生最近曾说，中国之所以能抗战就靠了传统文化的力量。但林语堂不过是随着旁人做应声虫而已。钱穆先生在这本书中也有类似的说法：

> 说到中国传统文化之价值问题，这本可不证而自明，中国文化是世界绵延最久，扩展最广的文化。只以五千年来不断绵延不断展扩之历史事实，便足证明中国文化优异之价值。……只看此次全国抗战精神之所表现，便是其明证，试问若非民族传统文化蕴蓄深厚，我们更用何种力量团结此四万万五千万民众对此强寇作殊死的抵抗？[①]

此外，钱穆先生又说，在中国传统文化后面藏着"一种特有的战斗心理"。捷克、波兰、法国在这次大战中"论其战斗精神乃下吾甚远，此何故，曰惟战斗心理相异故"[②]。这也就是说，从这次世界大战中，更证明了中国传统文化的优越与神奇。

这种说法的错误，才真可说是"不证而自明"的。假如法、波、捷之为纳粹侵占就是他们没有中国的这种传统文化之故，那么苏联、英美是靠的什么呢？至于中国自己，假如抗战 7 年，所

---

① 第 121 页。
② 第 15 页。

靠的全是传统文化，而前一百年的迭遭侵略，不能振作，就是因为丧失了传统文化，那么又为什么抗战一起，传统文化忽然能再兴了呢？假如已经再兴了又何劳诸公如此疾声厉色地大喊恢复固有的文化呢？

这些问题实也值不得多讲。我们还是来看一下，钱先生所说的中国在"五千年来"赖以立国，而在现在又赖以抗战的"传统文化"到底指些什么内容。

全书第一篇文章就是《中国文化与中国青年》，其中以中国文化与印度文化、欧洲文化对比，据说这三种文化各有特点，相互不同：

> 大抵中国主孝，欧洲主爱，印度主慈。故中国之教在青年，欧西在壮年，印度在老年。我姑赐以嘉名，则中国乃青年性的文化，欧西乃壮年性的文化，而印度则老年性的文化也。又赠之以美谥，则中国为孝的文化，欧西为爱的文化，而印度为慈的文化。①

这就是说，中国传统文化的优异就在于"孝"的主张。钱先生更斩钉截铁地说："然则中国人不言孝，何来有中国五千年绵历不断之文化"？

抄了钱先生的这些话后，笔者心里不能不无限感慨。四川的吴又陵先生在20年前曾"只手打倒孔家店"，高举"非孝"的旗帜，但在20年后，就在吴先生的家乡，我们还不得不再来批评这样赞扬"孝的文化"的议论。时间是在跟谁开玩笑啊！

传统文化中的所谓"孝"确不只是用在家庭关系中的概念，而且还被用来推演到一般的社会政治关系上面。所以历代专制君主及其策士们最喜讲"以孝治天下"和"爱民如子"一类的话。

---

① 第3页。

而其实的意义却无非是说：我做君主的人把你们老百姓看做我的儿子，因此你们也要像孝敬父亲一样地孝敬我，可别把我当做压迫你们的人。他们以为这一来，天下就自然"治"了。2000 年来的专制统治，就是像这样地利用"孝"的观念，利用"孝"的文化的。二三十年来的一切复古论者所追怀不置的也就是这种"孝"的观念还为一般人所承认的好时代。钱穆先生的议论到底有什么新的意义呢？

我看，钱先生立论新颖的地方不过是，在说法上他把"孝的文化"说做是"青年性的文化"。这话却是向来一切讲孝的人所不敢说的。因为传统文化中"孝"的道理，本决不是从青年人，做下辈的人的立场上来讲的。"三年无改于父之道"这种说法，以及把"孝"延长到政治上去的主张，那都只是为做长辈的人打算，全不是考虑到青年人自身的进步发展的。使一切都遵循着旧的标准，使新的埋葬在古老之中，这正是"孝的文化"的特色。因此用钱先生的比喻，倒应该说，"孝的文化"是老年性的文化才对。

既把"孝"说做是"青年性"的，于是钱先生就来向今日的中国青年批评和说教了：

> 我窃观于今日中国之青年……其所拜蹈歌颂者则曰平等，曰自由，曰独立，曰奋斗，曰恋爱，曰权利，此皆壮年人事也。然则如何而为青年？孔子曰："弟子入则孝，出则弟，谨而信。汎爱众，而亲仁。"子夏曰："贤贤易色，事父母能竭其力，事君能致其身，与朋友交，言而有信。"孔子，青年之楷模，论语，青年之宝典也。[1]

由这段话，我们更不难看出钱先生的这种议论的真实目的是

---

① 第 10 页。

什么了。不过要青年们不要去争什么自由平等，求什么独立奋斗，只要安安分分地回家去孝顺父母，服侍长上，就是你们的最好的去处了！

关于钱先生之论欧西与印度文化的说法，也不是我们所能同意的。全书论及中国时常以西洋对比，如另一篇文章中说："中国为一行使人才政治之文化国家，西洋为一行使武力统治之侵略国家。"① 也与"恋爱"、"慈悲"之说同样不经。"西洋"竟说成是一个国家，更是不成话了。但这些且都搁开不谈。这里仍只讲他对中国传统文化的说明。除了上举"孝的文化"论外，另有《东西人生观之对照》一篇，也还值得一述。

据钱先生说，人生观有两种，一种是现实的人生观，一种是理想的人生观。前者发展至极点是科学，后者发展至极点是宗教。而"我中华适处其两极端之中心"，所以不发展为宗教而只是"崇拜历史"，又不发展为科学而只有艺术。他说：

> 中国史只似一部西洋史的中和。因此，中国没有大起大落，没有激剧变化。儒家精神代表了中国文化之最高点，儒家精神之礼乐，便是希伯来式的礼拜与祈祷，屏和着希腊式的歌唱兼跳跃。②

中国为什么没有发展科学与宗教，那是一个较大的问题，此地不必讨论。中西人生观与文化的对比，此地也不谈。单以人生观中的对现实与理想的态度来看，那么我们可以说：一方面只匍匐在现实前面，没有理想的那种态度，是守旧的态度，这并不就是科学，只有最庸俗的科学，才是如此的。而另一方面，脱离了现实，一味高谈理想，其理想其实只是幻想——宗教似乎可以说

---

① 第12页。
② 第41页。

是如此，但宗教在实际上却又是匍匐在现实前的。因此，结合现实和理想诚然是一件很重要的事，但结合并不是中庸。而儒家精神恰恰如钱先生所说，是调和，是中庸，它是企图在现实与理想之间求得调和折中的道路。一方面只是匍匐在既成现实的前面，对旧秩序尽其歌颂的任务，一方面又拉来一些自命为理想的东西，而其实质却只是粉饰旧秩序，永远无伤于旧秩序。这样的中庸主义的人生观是绝对不能成为新时代中国人的合理的人生观的。

也许有人说，我们既然把钱穆先生所指为传统文化的精华的"孝"与"中庸"都否定了，那就不免大大损害民族的自信了。因为钱穆先生说："当知无文化便无历史，无历史便无民族，无民族便无力量，无力量便无存在。"①

我们必须郑重地回答说：纵然我们民族历史的精神文化方面，有的只是"孝"与"中庸"，那么当我们发现了它们已不合于新时代的生存时，就要毫不容情地加以抛弃，这才能使我们对于民族的新生有充分的自信。敝帚自珍并不就是自信的表现。而且我们更应指出，"孝"与"中庸"也不是两千年来民族文化的惟一代表，它们只是两千年来民族文化中占着统治地位的一部分，而在被统治的方面，代表了广大的人民大众的，也有反孝与反中庸的文化传统。虽然因为那是处于被压制的地位而不能充分发展，但我们在回顾民族的历史时，却只能从后一方面获得前进的力量。因为今后民族的生存，必然是以人民大众为主体的。

是的，从这古老的民族中必须产生新的力量，争取新的生存，但在初生的过程中就有死亡，让新生的东西新生起来，让死亡的东西死亡下去。这才是我们所应该有的态度。难道因为民族

① 第122页。

还要生存下去，所以，两千年来的祖传疗疮也有要求生存的权利么？

三　再来一个"新黑暗"

钱穆先生对西洋文化的看法，我们不可能来详细讨论，因为跟着钱先生从印度跑到欧美，从古希腊跑到苏联新社会，一一批评其所提出的混乱的意见，绝不是这一篇短文章中可以做到的。而且这其实也不必要，钱穆先生是以本国史的讲授驰名的教授，其对外国历史与文化的知识与见解，从一年前他为了中西文学比较问题与梁实秋先生的论争中已可略见一斑了。只凭猜测，一笔抹煞西洋文学，那实在是令人吃惊的事。在这本书中，钱穆先生为了反对马克思思想竟也有这样大胆的判断说："就欧洲中心的帝国内部而言，劳资对立，只是一个经济问题，只要分配平均，阶级对立即行取消"[1]。假如此话当真，则不但马克思要被打倒，而且从亚当·斯密到孙中山先生都会茫然若失了吧！难道中国传统文化竟有这样大的灵效，可以帮助钱穆先生用一句话来解决了200 年来使欧洲一切资产阶级的经济学家、社会学家和政治家焦头烂额的问题么？

说世界上只有殖民地与帝国主义的矛盾而否定了在每一国家内部的矛盾，这论调本是出于那些不学无术的"社会价值论"的先生们之口的，但以学者风度的钱穆先生竟也用耳朵来代替思想，却不能不使人惋惜。那些"社会价值论"者为什么如此主张，我们已曾略加提出过[2]，而钱穆先生是怎样地把这主张发挥

---

[1]　第58页。

[2]　见《这就算是批评么》。

到文化问题上也值得我们来看一下。

从下引这几句话中可以看出钱先生对于近代欧洲文化的看法：

> 自此（按指这次世界大战）以前四百年，世界文化传统为欧洲中心之传统。此种文化以 400 年来欧洲各国新兴中层资产阶级为主干，其对内为争得代议制度，对外为殖民地之经营……①

所谓"四百年"是指 16、17、18、19 这 4 个世纪，把这 400 年的复杂的欧洲历史——其中包括资产阶级初兴向封建势力斗争的时期，资本主义的恐慌、危机和没落的时期，以殖民地的获得为条件的资本帝国主义时期，笼统地用一两个概念来说明，这是何等非历史学的态度！把资产阶级的民主主义文化简单化成"代议制度"这一个概念，已经是非常不充分的了。而且在钱先生心目中，"代议制度"还不是其所重视的。他说："请国人放大心胸……把当前四百年来欧洲中心的殖民文化放在一个他所应占之篇幅与地位"②。这正是用"殖民文化"这一个概念来笼括了 400 年来的全部资本主义社会的西洋文化。但纵然只说明资本主义没落期的文化也不是用这一个概念就够了的，何况要用这一个概念来抹煞 400 年来的西洋文化，那就更是不公允的事了。

但在这里，我们倒不必来为 400 年来的西洋文化诉冤，重要的是，把对"西洋文化"的这种估价与其对中国传统文化的估价连结起来，我们就完全懂得钱先生的真实意义了。他既然认定现代世界有的只是殖民地与帝国主义间的矛盾，而"在这矛盾

---

① 第 55 页。
② 第 65 页。

中，经济问题尚在其次，更宝贵、更深刻者则为文化问题"①，这就是说，这里有着两种文化的对立，一面是"四百年来欧洲中心的殖民文化"，一面是那最伟大、最优越的以"孝"与"中庸"为精髓的中国传统文化。那么今后中国文化的何去何从，钱先生的意思是再明白不过的了。——文化上的复古主义与排外主义在这里便得到了最狡猾的化妆！

自然，我们也要从根本上反对那种充分浸透了阶级统治和殖民地剥削的气味的资本主义——特别是在其帝国主义时期的统治文化；但是我们同时要看出，就在欧洲资本主义的 400 年历史中——特别是在资产阶级初兴后的向上时期，在文化上也发展起来了一种进步的因素，这就是民主主义文化的进步因素。这种因素虽然本身仍带有消极的一面，但是比了在它以前一切时期的人类文化却是更进步的。假如用"殖民地经营"一句话来抹煞了这 400 年来的资本主义文化，否定了其中一切比封建文化更进步的地方，这只足以表明其对人类文化史的无知而已。

而且，从现实的世界文化来看，更应该看出西洋文化已不是单一的东西。有继承着资产阶级民主主义的传统的文化，有资本主义文化腐烂因素集大成的法西斯文化，更有否定了资产阶级文化的社会主义文化。这三种文化在西方固然可以拿英、美、德、苏联等国来分别代表，但事实上，在每一个资本主义国家本身中，也表现着这三种文化因素在不同方式下的对立。不了解这点，是弄不清楚今日西方的文化及其发展前途的。——而恰恰也在这点上，钱先生再度表现了其观点的混乱。比如他说："以政治言，或主英美民治，或主苏联共产，或主德意独裁。不知溯其

---

① 第 59 页。

渊源，三者貌异而神同，其本仍出于一"①。这三者之所以"神同"，在钱先生看来，乃是因为它们同出于"四百年来的殖民文化"！

假如英、美民主主义文化的根本不过是殖民文化，我们怎么能在战争中和英美合作？而目前正是反法西斯的中心力量的社会主义国家，其在政治上与文化上竟也是与德国"貌异神同"，这更是稍有常识的人所说不出来的话！

是的，法西斯的政治与文化是在中国前进之途上所必须彻底根绝的，但是倘和这同时，一面根本排斥了民主主义的政治与文化，另一面又根本排斥了社会主义的政治与文化，那么留给中国的前途除了回到所谓"中国式的民主"的专制政治和"孝"与"中庸"的封建文化里去，还有什么别的出路呢？——绝灭了前进的道路，就只有向后退去。

但是历史到底是不能退后的。假如硬是要朝这样的方向退后，那么实际上所得到的也绝对不可能是汉唐的政治与文化，而只是法西斯政治文化的一种变种。——这正是极端的排外和复古所必然引导出来的一个趋向。这是我们所必须严正地指出来的。

或者还有人在通读钱穆先生全书时，会说我们评论钱穆先生的主张为文化上的排外主义，是不公平的，因为他也说到西洋文化在这次战后还能有光辉的前途，而中西文化将有更进一步的交流。

那么让我们来看看，关于这些，钱先生是怎样说的吧。他说的是：

新欧洲的将来，定要重新汲源于古希腊之艺术哲学及中

---

① 第72页。

古时期之宗教信仰，渐次凝结成一单位，再来贡献于更远大的世界新文化。①

欧美人的再生，无疑的仍将于其已往旧历史里得胎。彼辈亦将一洗畴昔民族优秀之观念之傲态，转而面对东亚新世界之古文化。彼辈无论是再修正的新希腊人生，抑是新基督教，均将大量吸收东方古文化之精液。说不定他们要有一个东行求法的新运动。②

从这些说法中，我们所看到的中西文化的前途是什么呢？不过只是这样五个大字：

一齐向后转

中国回到我们的文武周公、汉唐宋明和儒教里去，欧洲回到他们的古希腊和中世纪去！

在这里，我们可以看到一切老的复古排外论者和这些新的复古排外论者不同的地方，这是值得我们来多说两句的。

老的复古排外论者以为一切中国旧的东西都是好的，而一切外国的东西都是坏的，都是要不得的。和这种见解相反的，就有所谓"全盘西化"论，那是把一切外国东西不管是基督教还是实际科学，不管中世纪还是资本主义时代，都当做好的，都要照原样地捧到中国来。这两种见解根本无法表现到实际中去，因为一方面，在外国有了新的东西，在中国，要来的一定非来不可；而另一方面，把外国的上下数千年的文化积累当做一个杂拌儿，也根本无法搬来。于是才又产生如钱穆先生所主张的这种新的见解。

这种新的见解，在根本上是复古也是排外，因为它是把一切

---

① 第 62 页。

② 第 74 页。

外国的东西，从中国旧文化传统的立场上看去是新的，不适宜的
东西都加以排斥，它排斥一切现代西洋文化中对于当前中国的现
实具有进步意义的东西。但它却看出了在西洋文化史上也还有时
期的不同，也曾有过一个时期，西洋文化和中国传统文化只是
"貌异神同"——看出这点倒是对的，因为中国传统文化是封建
时代的文化，而欧洲也有过它的封建时代，也有过它的封建时代
的文化。但从此出发，认为中国文化自己要向后转，并和向后转
的西洋文化合作，这却是拿人类文化史来开玩笑了。

对西洋文化史特别赞扬其中世纪文化的并不是钱穆先生一
人。如贺麟先生就也是一面赞扬欧洲中世纪文化，一面捧着那产
生于资本主义腐败时期，又直接引导到法西斯思想去的新黑格尔
主义。他们都是从直到今日为止一部西洋文化史中找出其坏的、
落后的成分，而剔除了其好的、进步的成分。所以向来的文化史
家都把欧洲中世纪看做是"黑暗时期"，而钱穆先生却认为这
"黑暗"其实倒是光明，而且他说："我们可以疑心欧洲或许在
最近将来要来一个耶稣复活，再来一个新黑暗"[①]！

呵，伟大的预言家啊！假使人类的文化真会跟着钱穆先生的
指示走，那么不论是东方还是西方，便都一齐跌进了一个黑暗时
期了！

由这里，我们也可以懂得，为什么钱穆先生、冯友兰先生、
贺麟先生等等都不约而同地对于满清大臣张之洞所提出的"中
学为体，西学为用"之说发生兴趣，并都自以为是从一个新的
意义上来再提出这口号。（钱先生之说见《理性与自由》第44
页，冯先生之说见《新事论》，贺先生之说见《近代唯心论浅
释》，对冯、贺二先生之说均另有文批评。）因为张之洞实际上

---

① 第39页。

弄不清楚"西学"到底是什么，所以不免弄成"体用两橛"，无法自圆其说。但新的复古论者们所看到的"西学"只是欧洲中世纪的封建文化和资本主义腐败时期的某种思想，因此就自然能和那中国封建时代统治者的传统文化和洽一致，体用相合了。

四 "攀龙附凤"

因为我们批评钱穆先生的这本书，不过是借以指出在今天有许多人在努力宣传着一些有害的观点，所以在说明了以上各点之后，对于本书中所涉及的其他问题都可暂置不论了。然而最后，我们还不能不指出，使得钱穆先生对于中西文化的历史、现实及其前途各方面都得出了许多糊涂而混乱的结论的原因是什么。

首先，我们必须指出，这一切混乱与错误都出发于唯心论的观点。

钱穆先生是公开地反对唯物论、唯物史观的人，在他的著作中，对于历史的解释，也是直率地用唯心论的观点来立论的。在《国史大纲》中，他直率地说："国家本是精神的产物"①，例如在该书中论及在两汉的"统一国家"以后继之以四百年的长期分裂，然后又是隋唐的"统一国家"这样的发展过程的原因时，钱先生以为，乃是由于那种支持一个"大一统国家"的精神理论先是失掉了，后来又复活了。

钱先生对于唯物论与唯物史观根本没有经过认真的考虑，这是我们敢于断言的，因为他对此二者的了解不过是接受了一些恶意的批评者的唾余，他所认识的唯物论只是尊崇物欲的思想，他

① 《国史大纲》上册第154页。

所认识的唯物史观不过是最朴素的经济决定论，而二者在他看来，又都是根本否定人类精神生活的。

我们在这里不可能来和钱穆先生讨论哲学与历史哲学的问题。但既然是根据某种哲学观点来说明历史，那么正确的观点就只是那能对一切历史现象做出恰当而完满的说明，并对历史的发展指出可能实现的方向的观点。从以上所指出的那种对于历史文化问题的糊涂混乱见解就已经足够证明其所据以出发的哲学观点是何等无用的武器啊！

我们还要着重地指出，这一切混乱与错误又都出发于脱离民众反对民众的立场。

钱穆先生之站在这一立场上，在他的著作中也是非常公开的。所以他在《国史大纲》的序言中明白说出他的著作是上继司马光的《资治通鉴》的事业的。因此他也毫不掩饰地和历代的治者站在同一立场上指斥历史上每一次的农民起义（包括太平天国的起义在内）是"叛乱"，是对于社会的进步毫无好处的。在《文化与教育》这一本书中也同样贯彻着这个立场。所谓"中国式的民主"所包含着的，其实是反人民的内容，那已不必再说。更明显地表现这个立场的，还有《建国三路线》一文。

在这篇文章中，钱穆先生反对"民众建国论"，虽然他说："国家基础在于民众，为民众而有国家，国家的一切代表着民众，这是天经地义，无须讨论"；但又断然决然地说，"无论如何，中国的建国工作，一时还无法径行推到全体民众的肩上去，这是显然的事实"①。

我们已知道，钱穆先生是对于汉唐宋明的政治十分满意的

---

① 第 126 页。

人，他以为那样的国家就已可算是"基础在于民众"，"一切代表着民众"的了。因此他当然不赞同民众建国论。但我们只要能不用"传统文化"的偏见来看一看现代的民主国家，那么就不能不看出，假如不是人民直接参加建国工作，真正的以民众为基础、代表民众的国家是绝对产生不出来的。自古以来，一切专制魔王，何尝不以为自己的国家是为了民众、代表民众的，但他们永远不肯承认民众做国家的主人。钱穆先生之反对民众建国论岂不正和他们一鼻孔出气么？

正因为钱先生是用这样的立场来看政治，因此在本书中另一篇论政治家的文章中就明快地说："政治事业，乃彻底的一种英雄领袖的事业"①。既然如此，在《建国三路线》一文中，反对民众建国论之后，虽也反对"领袖建国论"，但其驳论却只能是非常无力的了。他说：

> 自袁世凯以至吴佩孚……他们还来做秦始皇、唐太宗所不能做也不敢做的事。他们想用一个狭窄的部分的势力来统治中国，结果只有失败，他们似乎做了民众建国论的反动思想。②

袁世凯、吴佩孚的企图自然是应该揭破与打击的，但应该看出，袁吴的企图，实际上正是想走秦始皇、唐太宗的路。拿秦始皇、唐太宗来教训袁吴之流，会有什么效果呢？秦始皇在历史上为功为罪，我们且勿作断言。唐太宗，诚然不能不说是中国历史上有才略、有作为而又能用人的一个皇帝，但是历史不能拉回到汉唐时代，而唐太宗在两千年的封建历史上也只有一个。生在现代而想做唐太宗，结果就只能是袁世凯、吴佩孚。钱穆先生反对

---

① 第 160 页。
② 第 131 页。

袁吴，而又主张唐太宗的路线，不能不说是自相矛盾的。

我们懂得，钱穆先生在讨论建国论时，其正面意思乃是说，建国的基本力量既不属于民众，也不属于领袖，而是属于"中层阶级"，他说：

> 建国的力量，逃不出此三者（民众、领袖、中层阶级）之外，而且必待此三项势力之协调与融和。其机括实操于中层阶级之手。必待中层阶级先走上协调融和的路，而后才能拥护出全国一致的真领袖，而后他们才能领导全国民众以建国的真路向。①

对于这种议论，我们且不来做理论的批评。只说，假如以为从中国历史上可以得出这个结论，实在太谬不然。像唐太宗，钱穆先生之所以深加赞扬，是因为他能用人，而所用又皆贤人。但是在那样的政体下面，毕竟是唐太宗任用房玄龄、杜如晦、魏徵、王珪，而不是房杜魏王拥戴出了唐太宗。假如这些人所遇的不是唐太宗，而是宋高宗、明神宗之流，则结果如何，是也不难设想的吧？而且如钱先生所说的"中层阶级"，在全国人民中何尝不是一个"狭窄的部分"，有什么根据说，从他们中可以产生全国一致的领袖——假如置广大人民的要求于不顾？

谁也不否认，中层阶级在建国中也占重要地位，但是有一个最切实不过的教训摆在中层阶级的每一个人的面前：倘不能认真信任并依靠基层人民的力量，就只有成为领袖建国论的俘虏！

钱先生说得很明白："大政治家之成就，并不系在其自身，其更重要者，实在其攀龙附凤之一集团"②。由此可见，钱穆先

---

① 第134页。
② 第155页。

生把中层阶级的作用如此强调，以为只有他们能拥戴出真领袖，领导民众，但实际上却也不过是自许为"攀龙附凤"的集团而已！

1944 年 1 月

（原载 1944 年 2 月 25 日《群众》重庆，第 9 卷第 3、4 期，署名沈友谷）

论所谓"毕其功于一役"

一　问题的提出

中国必须从半殖民地半封建的落后状态中解放出来，向前进步。但以怎样的方法，怎样的步骤向前进步呢？

首先，必须彻底完成资产阶级民主主义性质的革命。为什么说，这是资产阶级民主主义性质的革命呢？因为，"这个革命的对象不是一般的资产阶级，而是民族压迫与封建压迫；这个革命的一切设施，不是一般地废除私有财产，而是一般地保护私有财产；这个革命，将为资本主义扫清道路，而使之获得发展。"（毛泽东：《论联合政府》）〔注〕（见本书 109 页）彻底地完成这个革命就是使中国脱离半殖民地半封建的状态，而大大地向前进了一步。

为什么这是大大地向前进了一步呢？因为消除民族压迫与封建压迫，就是在政治上实现民主，使中国人民能够过自由的生活；就是使中国社会生产力获得解放，使中国人民能够过繁荣的经济生活；就是消灭封建落后的文化生活的基础，使中国人民能够从愚昧、迷信、守旧的老习惯中解放出来。只有在彻底完成了资产阶级民主主义性质的革命以后，才能够渐渐产生走向社会主义去的可能。在社会主义概念中必然包含着废除私有财产的属性，一切生产手段——包括土地、工厂等等，都为全体生产劳动者共有。社会主义当然不能容许资本主义制度之存在，不能容许依靠利润而生活的资本家，而要使一切生产品根据"不劳动者不得食"的原则按劳分配。假如还不能做到一般地废除私有财产，消灭资本主义的阶级关系，实现生产手段的社会公有制，那就不能说是社会主义。在中国现状下，还没有可能一步走向废除私有财产，消灭资本主义，因此实现社会主义就不是当前迫切的任务，而是在完成了资产阶级民主主义性质的革命相当时期以后的问题。

但是有人不赞成第一步，完成资产阶级民主主义革命，然后，第二步走向社会主义这两个阶段的步骤。他们认为，不必分开两个阶段，二者可以并进，可以"毕其功于一役"。就是说，目前中国就可以走向社会主义。

有不少人振振有词地说："在资本主义社会中只有政治民主，而没有经济民主；假如我们现在提出发展资本主义的任务，那就是使中国的民主残缺不全。所以实行政治民主，必须同时实现经济民主，也就是同时实行社会主义。"——他们认为，把政治民主和经济民主"毕其功于一役"，也就是把资产阶级民主主义性质的革命和社会主义性质的革命"毕其功于一役"。

在这种说法中，包含着很多错误的观念，对于这些错误观念略加分析和解释，是必要的。

二 什么叫做政治民主和经济民主

如上所举出的这种说法，在根本上是由于对资本主义和社会主义的误解和曲解而来，而这曲解和误解又是由于没有明确认识近二三十年来的世界形势的发展而造成的。

近二三十年，在西方各资本主义国家内，经济危机曾表现得异常尖锐。定期发生的生产过剩的恐慌，巨量的失业饥饿的群众的存在，这些事实已无可掩饰地表现着资本主义的病态。赞成资本主义的人也不能隐瞒这种事实，所以他们就说，资本主义社会虽然已经实现了充分的政治民主，但是没有经济民主，一切病态就由于经济民主的不够而来。

另一方面，和资本主义社会的病态的暴露相对照着，近20多年来，社会主义社会却在一个国家中不断地繁荣向上发展着。反对社会主义的人曾竭力想把社会主义国家描写成是一种专制主义的、独裁主义的统治。但是在社会主义社会中没有经济恐慌，没有失业群众，社会生产力不断提高，人民日益更能过富裕的生活，这些事实也一天天更加显著，就是反对社会主义的人也无法抹煞了。于是就有些人说，社会主义社会确是实现了经济民主，那是它的成功，但是政治民主却没有做到。这话的意思隐然就是：在资本主义中所没有的，固然可以承认在社会主义中是做到了；但是在社会主义中所没有的，却也还得到资本主义中去找。

这种说法，欧美资产阶级舆论中常可看到。中国的有些耳食之徒，听到这种说法大喜。他们说：我们现在所做的事就是既要采资本主义之长，实行政治民主；又要采社会主义之长，实行经济民主。所以我们所做到的将凌驾于资本主义和社会主义这二者之上。——这种议论所包含的实际内容，我们将留待下面去分析，现在我们先要指出，由这种议论看来，其实他们是既不懂得社会主义，而且也不懂得资本主义。

要知道，资本主义不仅曾经建立了一种政治民主，而且也曾经建立了一种经济民主；社会主义也不仅有经济民主，而且也有政治民主。不过资本主义的政治民主和社会主义的政治民主不同，资本主义的经济民主也和社会主义的经济民主不同。二者各有各的政治民主，也各有各的经济民主，并不是这个有这样，那个有那样。因此就不能从这里面抽出政治民主来和从那里面抽出经济民主来，拼凑在一起。

假如说，社会主义社会中的经济民主是表现于一切生产手段和生产品的公有制度，表现于任何经济上的剥削关系的废除，表现于人们在生产过程中合作互助的关系，那么正是以这种社会主义的高度的经济民主为基础，实现了社会主义的高度的政治民主。从苏联的宪法上，我们就可以看到高度的经济民主，也可以看到高度的政治民主。在苏联，真正实行了全民普选，没有任何力量可以暗中阻止人民自由意志的表达；在苏联，真正根据民族的自由与自决的原则，消灭了任何民族间的歧视，使任何少数民族都得到了自由；在苏联，真正实现了人民的言论、出版、集会、信仰的自由，以一切必须的社会物质条件来保障这些自由，不像在资本主义社会中，名义上的政治自由会因为某些物质条件（如印刷工厂，集会的厅堂）为资本家所控制而不能充分实现——因此，以为苏联只有经济民主，没有政治民主固然不对，而若以为苏联有和资本主义国家同样的政治民主，只多了一点经济民主，也是不对的。社会主义使国家政权为全体生产劳动者，也就是为全体人民所有，因此就能实现高度的政治民主，并且以这种高度的政治民主保障了高度的经济民主。社会主义的政治民主与经济民主的力量已在这一次反法西斯战争中最辉煌地表现出来了。

我们回头来看资本主义社会。从欧洲资本主义的发展上看，它的确曾经打破了封建时代的等级制度的和专制主义的政治，创造了一种政治上的民主。资本主义的民主制度建立了代议制的国会和自由的舆论，使过去在政治上没有发言权的人民现在开始有发言权了。和这种政治上的民主相适应，资本主义也曾创造了一种经济民主，开辟了自由的市场，消灭了在生产过程以外来控制生产的特权势力，使自由竞争的生产制度成为可能，同时生产劳动者不再是在人格上依赖于主人、生杀由人的农奴，而是独立的自由的雇佣工人——这些就是资本主义的经济民主。由于这种经济民主的实现，就使得社会生产力从封建束缚下解放出来，大踏步地前进。但这种经济民主和社会主义民主相比，显然是残缺不全的。工人虽然免除了人格上的依赖，但因为他们没有生产手段，仍不得不在经济上依赖资本家，忍受资本主义的剥削，或被随时抛出工厂，落到饥饿的深渊中。在生产上的自由竞争，虽然在一定时期内起了提高社会生产力的作用，但由于资本主义经济发展的规律总是有利于大资本家，终于渐渐走向了独占阶段。社会财富集中于少数"大亨"之手，他们有力量支配全体人民的经济生活。这正是在资产阶级专政下的经济民主的必然的趋向。由于这种残缺不全的经济民主，也就只能产生残缺不全的政治民主。倘以为资本主义社会中已有完备的政治民主，那是无视于这种政治民主的实质在基本上只是保障了资产阶级。广大的工农所享受的民主是受着种种有形无形的限制的。

从高度的独占资本主义中终于发展出了法西斯主义这怪物。于是资本主义社会中的政治民主和经济民主，从内容到形式，完全被消灭。独占金融寡头直接运用国家的权力机构，统治全国的经济生活和政治生活。所以当反法西斯战争期间和结束以后，在资本主义世界中不能不产生如何适应新的形势，巩固和扩大民主的问题。这并不是原有的政治民主已很充分，只要外加上经济民主就可以的问题。因为任何程度的经济民主的改造都必须影响到政治民主的某种程度的改造，并以政治民主的某种程度的改造为保障。

以上所说，都是常识范围以内的事情。但就由这些，已可说明一定形态的政治民主必然是和一定形态的经济民主相联系着的。所以，以为实行政治民主和经济民主，就是兼英美和苏联之长，那是异常荒谬的说法。

三 不民主的经济和政治

中国现在既需要经济民主，又需要政治民主，那是没有人能否认的事，因为没有一定形态的政治民主，就不可能建立一定形态的经济民主；而没有一定形态的经济民主，也将无从保障一定形态的政治民主。——这并不是"毕其功于一役"论。因为主张"毕其功于一役"的人并不深究目前所需要的是什么形态的政治民主和经济民主，不去认真检讨现实的情况，从现实出发来提出问题，却以社会主义的空论来自娱，以为实现经济民主就是意味着实行社会主义。

但我们必须从实际出发来看问题。

从实际上看，我们只能断言，我们现在无论经济、政治和文化上都没有任何民主。我们处于比资本主义民主社会更落后的情况中。

从经济上看，现在广大人民毫无私有财产的保障。最大部分的人民以农业劳动为生，但土地并不为农民所有。农民虽已不是农奴的身分，但由现行的租佃关系中就可看到，地主对于农民保有着一切经济特权。在佃田的期限上，农民得不到丝毫保障，地主有权随时退佃，租率不仅很高，而且往往是由地主随时自由地决定农民的租额，以致农民没有一点权利来处分自己辛勤劳动的所得。还有数量也很多的手工业工人，他们也同样在超额的剥削下生活，在各种手工业作坊中还严重地存在着人身隶属的关系，纵然独立的手工业工人，其社会地位和财产也是不稳定的，必须忍受种种特权势力的摧残。至于产业工人呢，我们也可看到，中国的工人不只受着资本主义的剥削，而且受着高度的超经济剥削，在有些工厂中特别对于童工，有着极惨酷的人身隶属关系，在有些矿场盐井，更浓厚地保留着封建剥削关系，因为这些企业本是从封建时代继承下来的；在有些官办的企业内，工人更被用各种借口所控制，丧失了一切应有的权利，工人没有用组织的力量为自己的经济利益有所主张的权利，他们甚至于说不上是自由的出卖劳动力的人。

这就是中国社会中一切生产劳动者的生活的阴影。这是分明地表现着半封建的生产关系的浓重的阴影。这阴影扼杀了农民的命运，摧残着手工业工人，并且侵入产业工厂，压在工人的头上。它使无产者的生活陷于赤贫的情况，而使一切小私有财产者的生活程度下降，以至无任何私产之可言。从这里，我们不能看到任何形态的经济民主。

另一方面，自由的资产阶级并没有好的命运。他们的产业得不到合理的保障。在特权官僚资本的排挤和统制下面，谈不到资本主义的自由竞争。原料被控制，市场被垄断，自由的民族资本家的企业，要按照资本主义的经济规律而发展是不可能的。自由竞争时代的资本主义生产中，有一个就其本身范围而言是公平的法则，谁能提高生产力，提高产品的质量，谁就能在自由的市场中取胜，这是一个民主的自由竞争，因此它在一定时期能有促成社会进步的作用。但是当腐败的官僚资本挟着国家权力而猖獗的时候，就不会有公平的竞争，于是正规的民营企业只能破产。自由资产阶级要正当地由企业经营中来不断地扩大再生产、积蓄资本是不可能的。结果也就必然造成生产力停滞甚至降低的现象。

由此可见，经济的不民主，既有害于工人，也有害于一切小私有财产者（包括农民），同样有害于自由资产阶级，而只是有利于寄生在农民血汗上的大地主、依靠帝国主义势力的买办和那操纵着国家权力的官僚集团。由此就产生了政治上的不民主。不民主的政治关系就是以不民主的经济关系为基础，而其目的也就是为了巩固不民主的经济关系。

反映到社会的精神文化生活上面，也同样表现着极端落后的不民主的状态。广大人民群众在实际的生活苦难中，没有过文化生活的可能。他们的生活欲望被遏制，他们的一切智能都集中于如何取得最低限度的生活资料这一件事上。特权者不承认劳动人民有独立的人格，以为这只是一群蚩蚩者氓，分不出每一个人的个性；而劳动人民在同样的苦难生活下，普遍地被愚昧和迷信捆缚着精神生活，不可能各自发扬其心意和才智。这种个性被压死的状态，决不能产生民主的文化。

自由的思想是和独立的经济生活有着密切的关联的。封建时代很少有自由独立的思想者，就是因为人们在经济生活上都不得不仰给于统治者的"恩惠"，只有最大胆的人才会有反对权威的思想。纵至现在，社会上真正的自由职业者（甚至于教授）很难得有生活的保障，自由思想与独立人格的发扬自然是受尽摧残。广大的人民凭自己劳力，所得到的一点最卑微的财产都没有保障的时候，那种把个人的一切都归于命运和天道的支配的迷信思想也就是不可免的了。

在这各方面都极端表现着不民主的落后性的时候，中国要前进一步，就必需实现政治民主，又必需实现经济民主，那是断然无疑的事。就整个社会说，实现政治民主，还是为了实现经济民主，以求社会生产力解脱封建性的束缚，而能加速提高；就广大人民的要求说，假如政治民主并不能保证每一个人能够过自由的经济生活并且生活得更好，那是没有意义的。因此，没有经济民主，则政治民主将只是空洞的东西，也就不可能得到广大人民力量的支持。

但和"毕其功于一役"论者不同，我们必须由认真地考察现实而指出现阶段的政治民主和经济民主的方向到底是什么？

四　保护私有财产和发展资本主义

由以上所述，已可看出，为什么现在需要"不是一般地废除私有财产，而是一般地保护私有财产"的资产阶级民主主义性质的革命。

不主张废除私有财产，并不意味着一时的让步，而是实行一般地保护私有财产的积极政策。这正是因为在现实条件下，广大人民的私产并没有保障。农民没有享受耕种的收获的保障，工人没有获得必要的生活资料的保障，自由资产阶级也没有获得合法的利润的保障。实行种种措施，以使得人民普遍地取得私有财产的保障，那难道不是一个极大的进步么？

拿古代的封建专制主义社会来看，固然在那时代也有私有财产，但是在法律上和在实际上，全国的一切财富其实都属于专制统治者所有。在国家的名义下，人民的任何产业都可以被刮削甚至被剥夺。所谓"苛捐杂税，横征暴敛"，就是侵蚀人民的私有财产权的最通常的办法。只有皇帝、贵族、官僚、大地主可以在国家权力的保护下，以一切手段来吞并人民的财产，而过其不事生产的寄生的生活。所以打破封建社会的条件而前进一步，就必然要提出保护私有财产这一个问题。

不同于独占资本主义时期，在那时期，由于生产力已因生产过程的高度社会化而提高，社会财富更加集中在少数独占资本家的手里，因此就不能够提出一般地保护私有财产的问题，倘若使社会财富（主要是生产手段）分散给众人所有，那就是降低社会生产力。所以这时就必须提出社会财富的社会公共所有制，那也就是走向社会主义。但在封建社会条件下，生产过程一般地还是私人性的，少数特权者用强制力量来并吞社会财富，所以社会公有制不可能实行；而使财富分散为多数人所分有，那正是促进社会生产力前进的惟一方法。

所以实行种种措施以一般地保护私有财产，那是在现实条件下所必须争取实现的经济民主。

——必须消灭利用特权势力以侵袭人民财产权利的活动，所以要求"惩办贪官污吏，实现廉洁政府"，"要求取消苛捐杂税，实行统一的累进税"。

——必须切实地保障农民的利益，所以"要求实行农村改革，减租减息，适当地保障佃权，对贫苦农民给予低息贷款，并使农民组织起来，以利于发展农业生产"。

——必须使民营企业家的合法利益得到保障，消除对他们的障碍，所以"要求取缔官僚资本，要求废止现行的经济统制政策，要求制止无限制的通货膨胀与无限制的物价高涨，要求扶助民间工业，给予民间工业以借贷资本，购买原料，与推销产品的便利"。

——也必须使工人的利益得到保障，所以"要求改善工人生活，救济失业工人，并使工人组织起来，以利于发展工业生产"，也就是要"根据情况之不同而实行8小时到10小时的工作制，以及适当的失业救济、社会保险、工会的权利等"。（均引自毛泽东：《论联合政府》）

实行了这一切措施并没有超过资产阶级民主主义性质的革命的范围，但是使得人民不至于担心自己的财产横遭摧残和剥夺，使得农人能够享受其自己的劳动收获，使得工人解脱超经济的剥削，逐渐提高生活水准，使得民营企业家不再在不公平的"竞争"下被扼杀，这不是经济民主么？

要彻底实现这样的经济民主，没有政治民主的保障是不可能的。中国所需要的政治民主也就必须能够认真实施这一切经济民主的做法。假如是单独由自由资产阶级专政的民主主义的政治那也还不可能认真照顾到工人农民的利益，而且中国自由资产阶级力量的薄弱也将使他们不能够撇开工农的力量，单独完成解除民族压迫和封建压迫的任务。所以中国的必须实行的民主政治一定是如孙中山先生所说，"乃一般平民所共有，非少数人所得而私"。这也就是以全国绝大多数人民为基础的民主政治。

实现了这样的政治民主和经济民主，一定能够"为资本主义扫清道路，而使之获得发展"。对于这，我们是否害怕呢？一点也不。相反的，保护私有财产，扶植私人资本，正是对中国有利的事。

要知道，资本主义的发展是彻底解除民族压迫和封建压迫的必然的后果。固然民族压迫和封建压迫倘不解除，也可以有资本主义，但那是买办性的，并且和封建剥削势力相勾结着的资本主义，是凭借强制权力以掠夺人民大众，损害人民的、民族的利益的资本主义。中国人民反对这种资本主义，但不反对在以解除封建压迫和民族压迫为前提而生长起来的自由的私人资本主义。在这两重压迫去除后，就产生了私人资本能够独立自由地生长的可能，解放了并且渐渐富庶了的农村更是为资本主义开辟了广大的市场。

要知道，发展资本主义不是维持独占资本主义而是鼓励自由的资本主义。中国的资本主义还非常薄弱，并无力实行经济上的独占，除非寄托在买办的、封建性的政治独占上。在取消了这种政治独占后，资本主义就会在自由竞争的市场上发展，这是有利于社会生产力的提高的，正如 18、19 世纪欧美的自由资本主义提高了生产力一样。

更要知道，发展资本主义，是既要保障私人资本，又要保障独立的农民和手工业者的小私有制的。在欧美资本主义国家中，这种小私有制也是和资本主义制度并存的，不过欧美资本主义的发展是以不断地牺牲这些小私有者而进行的。在中国，一方面由于资本主义一时还薄弱，不能在全部国民经济中占绝对支配的地位；一方面这些小私有者在得到了政治自由和经济自由的初步条件后，将可以在合作社的方式下组织起来，提高其生产力。

由此可见，在中国的资产阶级民主主义性质的革命中所将实现的经济民主，虽不超过资本主义的范围，但是和欧美各国所走的资本主义道路是不同的。封建性的土地关系将按照民主的原则逐步地完成彻底的解决——由减租减息到耕者有其田，依靠土地剥削的封建残余将彻底消除，不像欧美的许多国家那样，在这问题上半途而废。劳动人民的小所有制将在经济上获得发展的便利与在政治上获得充分的保障，而不是像在欧美许多国家中那样被牺牲了作为独占资本主义生长的肥料。这是对人民有真的利益的经济民主，和那以人民大众为基础的政治民主相辅而行。由此我们也就不必担心，由扩大发展私人资本将重蹈欧美资本主义的覆辙，形成对人民不利的独占资本主义。恰恰相反，我们可以预见，当人民的私有财产一般地受到保护和自由的资本主义扩大发展的时候，中国的社会生产力必能加速地增长；在中国的工业化和农业现代化完成的时候，就会产生和平地走向社会主义的可能，也就是走向更高度的政治民主和经济民主的可能。

五 "毕其功于一役"论的真相

社会主义不是让人们在口头上空谈的。能否实行社会主义不能由主观愿望来决定，不能由空洞的革命的要求来决定，而要根据客观现实，根据广大人民实际生活所提出的要求来决定。广大人民现在所要求的是什么？他们苦于民族压迫和封建压迫的两层束缚，他们苦于没有任何经济自由和政治自由。农民要求减轻负担，要求土地；工人要求减少工作时间，提高工资，这些要求都没有包含社会主义的内容。只有在发展资本主义，提高了社会生产力时，人民才会进一步提出社会主义的要求。在现在的条件下，"毕其功于一役"论不过是脱离现实，脱离人民的空话而已。

但我们要知道，"毕其功于一役"论者其实并不都是认真想在现在实行社会主义。他们之所以说这种空话往往不过是掩饰其不肯和不敢认真为资产阶级民主主义性质的革命的任务而努力。譬如，为了避免触及最现实不过的减租减息的问题，他们就空谈社会化的集体农场；为了使自由的私人资本不能充分发展，他们就空谈社会主义性质的计划经济。在这里，我们可以看到，实质上是前资本主义性质的独占垄断，却自命比自由资本主义更进步，以此为借口来扼杀民营企业。——这就是许多"毕其功于一役"论者的真相。

由于中国民族资产阶级的脆弱，他们中有些人也不由自主地倾向于"毕其功于一役"的说法。他们不正面提出发展资本主义的问题，害怕遭遇无产阶级的反对。其实，资产阶级与无产阶级间的阶级矛盾固然是不可避免的，但是因为从民族压迫和封建压迫下解放发展资本主义的社会生产力，那是既对资产阶级有好处也对无产阶级有好处，所以阶级矛盾是可以调节的。要使之调节，却并不是，也不可能是在资本主义里加上一点社会主义。只要私人资本保持着它的独立自由，并使其生产事业适应于人民的需要，更照顾工人的经济权利和自由权利，那么它的广大发展决不会遭受人民反对。假如怕人民，空谈社会主义为点缀，实际上却投到了封建买办性的独占资本的怀抱中，那就是自己走向了绝路了。

〔注〕 见1948年东北书店版《毛泽东选集》第330页，和后来人民出版社出版的《毛泽东选集》里的文字有些不同。(1988年10月注)

（原载1945年8月25日《群众》重庆，第10卷第16期，署名沈友谷）

鲁迅思想发展的道路

瞿秋白在1933年所作《鲁迅杂感选集序言》中的分析,至今仍应视为对于鲁迅思想发展道路的最好的说明。"鲁迅从进化论进到阶级论,从绅士阶级的逆子贰臣进到无产阶级和劳动群众的真正的友人以至于战士。他是经历了辛亥革命以前直到现在的四分之一世纪的战斗,从痛苦的经验和深刻的观察中带着宝贵的革命传统到新的阵营里来的。"——这就是瞿秋白分析鲁迅思想发展的道路所达到的结论。

如果不从鲁迅思想发展的全部过程上来看,就不可能懂得,为什么"鲁迅的方向就是中华民族新文化的方向"。

鲁迅在辛亥革命前 4 年(1907 年),27 岁的时候,在日本开始用文字表现其社会思想。这时正是中国资产阶级领导的革命发展到高潮的时期,革命运动的中心就在日本的留学生界中。鲁迅是欢迎这个为祖国求进步、求改造的革命运动的,而且还参加过当时的革命团体之一。他当时的思想受着周围的革命运动的影响,但又在某些方面表现得比别的人看得更远,看得更深。

资产阶级的革命运动不能使他满足。在辛亥革命前,鲁迅天才地预感到这个革命将不能真正达到改造故国的目的，"呜呼，古之临民者，一独夫也；由今之道，且顿变而为千万无赖之尤，民不堪命矣，于兴国何与焉。"①

辛亥革命时，鲁迅已回国，他虽也兴奋地接待这个变革，但他立刻看出，这革命是假的。"到街上去走了一遍，满眼是白旗，然而貌虽如此，内骨子是依旧的，因为还是几个旧乡绅所组织的军政府。"②

民国初年的混乱的中国对于鲁迅是个锻炼，但这几年间，他的思想发展极少被用文字表现出来。到了"五四"运动的前夜——从1918年起，鲁迅的战斗光芒才开始辉煌地展开了。

"鲁迅在'五四'前的思想，进化论和个性主义还是他的基本。""固然，这种个性主义，是一般的知识分子的资产阶级性的幻想。然而在当时的中国，城市的工人阶级还没有成为巨大的自觉的政治力量，而农村的农民群众只有自发的不自觉的反抗斗争。大部分的市侩和守旧的庸众，替统治阶级保守着奴才主义，的确是改革进取的阻碍。为着要光明，为着要征服自然界和旧社会的盲目力量，这种发展个性、思想自由、打破传统的呼声，客观上在当时还有相当的革命意义。"③

1907年鲁迅作《文化偏至论》，揭出他当时的思想纲领是，"重个人，轻物质"。（"掊物质而张灵明，任个人而排众数"）这就是鲁迅在"五四"前的思想基础。

那时的鲁迅认为，19世纪的欧洲文明的流弊是个人被集体

①　《文化偏至论》，1907年。
②　范爱农。
③　瞿秋白。

所抹煞，主观精神被物质生活所淹没；而纠正这种弊病的就是从 19 世纪末开创的"新"思潮，这所谓"新"思想却是以"个人主义"与"非物质主义"为标帜的。根据尼采的"超人"的思想，《文化偏执论》中说："是非不可公于众，公之则果不诚；政事不可公于众，公之则邦治不郅。惟超人出，世乃太平。苟不能然，则在英哲。……与其抑英哲以就凡庸，曷若置众人而希英哲？则多数之说，缪不中经，个性之尊，所当张大，盖撄之是非利害，已不待繁言而深虑可知矣。虽然，此亦赖夫勇猛无畏之人，独立自强，去离尘垢，排舆言而弗论于俗囿者也。"同样的，也是受了尼采主义的影响，这时候的鲁迅认为唯物论思想足以造成"人惟客观之物质世界是趋，而主观之内面精神乃舍置不之一省，重其外，放其内，取其质，遗其神"的结果，因此必须靠"主观与意力主义之兴"，以挽救这种"唯物极端"的流弊。

很明白的，鲁迅这时对西方文明的看法是一种错觉。他把欧洲资产阶级文明堕落时期的反动思潮看做了是新生的代表，以至以为 20 世纪的文明将在个人主义与主观主义的基础上振兴："二十世纪之文明当必沉邃庄严，至与十九世纪之文明异趣。新生一作，虚伪道消，内部之生活其将愈深且强软？精神生活之光耀将愈起而发扬软？成然以觉，出客观梦幻之世界，而主观与自觉之生活将由是而益张软？内部之生活强，则人生之意义亦愈邃，个人尊严之旨趣亦愈明。二十世纪之新精神，殆将立狂风怒浪之间，恃意力以辟生路者也。"

但鲁迅之在 1907 年在《文化偏执论》以及《摩罗诗力说》等文中提出这样的思想，并不只是"介绍"外国思想，而是按照他自己的理解来接触了当时中国的问题。自从辛丑条约①以后，中国的资产阶级、小资产阶级中沸腾着求革新的热潮。但老一辈的改良主义者只希望政治"维新"，建立君主立宪，以达到振兴工业，求致"富强"的目的。新一辈的小资产阶级的狂热的革命主义者也只以为抛两个炸弹，搞几次起义暴动，把满清朝廷推翻，为故国换上民主立宪的招牌，就可以成功了。鲁迅天才地感到这一切并不济事。但究竟应该怎样办呢？鲁迅这时候不可能提出集体主义的思想，因为在当时中国还没有掀起劳动人民的自觉的群众斗争，而他所能看到的却只是"大部分的市侩和守旧的庸众，替统治阶级保守着奴才主义，的确是改革进取的阻碍。"② 他这时候更不可能用科学的方法来看出中国社会的发展规律，而只能根据直觉的经验体认到封建文化的传统重压，是在中国民族向前进步的途程中必须用巨大力量来挣脱的束缚。——用个人的自觉力量击退传统的重压，在守旧和虚伪的"庸众"中保持个性的发扬，是鲁迅当时所可能到达的战斗方针。因此，欧洲资产阶级没落中的反动思想，转过来却成了20世纪初年中国的小资产阶级的启蒙思想者开始他的向前追求的武器了。

应该说，提出"重个人，轻物质"的思想，对于"五四"运动前的鲁迅并不是达到了一个思想结论，而恰恰是他在昏沉的子夜开始他的思想追求的发端。在"五四"运动前，提出类似思想的人除鲁迅外并不是绝无第二人，但能够坚持思想的追求，以至终于克服和扬弃了这个发端的，却几乎可以说只有鲁迅一人。

因此，很明白的，在40年前，鲁迅在唯心论与个人主义的

---

① 1901年。
② 瞿秋白。

思想基础上片面地提出发扬个性，加强主观力量的主张，"客观上在当时有相当的革命意义"。但在 40 年后，胡风、舒芜诸先生企图用新的字眼来复写在实质上与《文化偏执论》中的内容相同的思想，其客观的趋向却只能是小资产阶级对于人民大众的自觉的、集体的进取和改革的抵制。

"五四运动是反帝国主义的运动，又是反封建的运动。五四运动的杰出的历史意义，在于它带着为辛亥革命还不曾有的姿态，这就是彻底地不妥协地反帝国主义和彻底地不妥协地反封建主义。""五四运动，在其开始，是共产主义的知识分子、革命的小资产阶级知识分子和资产阶级知识分子（他们是当时运动中的右翼）三部分人的统一战线的革命运动。"①

鲁迅在"五四"运动中，是作为革命的小资产阶级知识分子而出现的，与右翼的资产阶级知识分子有着明显的区别，在文化革命战线上表现了高度的彻底性、不妥协性。尤其重要的是，到了"五四"运动的一二年后，资产阶级知识分子中的大部分，已陆续与敌人妥协站向反动方面去了，而鲁迅却继续勇敢而坚决地保持和发展着他的文化革命阵地。

鲁迅之"从进化论最终的走到了阶级论，从进取的争求解放的个性主义进到了战斗的改造世界的集体主义"②，固然是到了 1925—1927 年的革命风暴以后，才彻底地完成，但是"五四"运动后 10 年间，对于鲁迅，正是循着这个方向而从事着艰苦卓绝的斗争的历程。

经过"五四"运动后，鲁迅并没有直接走向共产主义的文

---

① 毛泽东：《新民主主义论》。

② 瞿秋白。

化思想，他只是坚决在反动势力的大本营——北京城里，向军阀官僚和他们的叭儿狗（包括着叛变了"五四"运动的"正人君子"们），作着短兵相接的战斗。虽然在主观上他有时自己说是在作着"绝望的抗战"，"不过是与黑暗捣乱"[①]，但在客观上，他正是担任了当时整个人民革命运动中的一个重要战线。

无产阶级的政治运动在这时期已经涌现为独立的力量，但在文化思想上还没有能建立坚强的阵地。鲁迅在文化战线上是独立地坚持着他的工作的。通过他的直感的生活经验而把反帝反封建的文化斗争进行得如此彻底，可算是革命的小资产阶级在那样的环境下所可能达到的最高度了。应该承认，在这些年头中，鲁迅已经因他的战斗业绩表现出他的"骨头是最硬的，他没有丝毫的奴颜与媚骨"，表现出他"是在文化战线上代表全民族的大多数，向着敌人冲锋陷阵的最正确、最勇敢、最坚定、最忠实、最热忱的空前的民族英雄"。

作为小资产阶级知识分子，鲁迅是有着他的特点的。瞿秋白说："他不但很早就研究过自然科学和当时科学上的最高发展阶段。而且他和农民群众有比较巩固的联系。他的士大夫家庭的败落，使他在儿童时代就混进了野孩子的群里，呼吸着小百姓的空气。这使得他真像吃了狼的奶汁似的，得到了那种'野兽性'。他能够真正斩断'过去'的葛藤，深刻地憎恶天神和贵族的宫殿。"

革命的知识分子，如果敢于并且能够和封建势力斩断关系，和帝国主义斩断关系，并且和一切在反帝国主义、反封建斗争中退却变节的资产阶级坚决对立起来，勇敢坚定地向前奋斗，那么他终究要发现，他的道路只能也必须和无产阶级的道路紧相连接

---

① 《两地书》。

起来。——这是近代中国文化革命发展上的一个规律。鲁迅是在真实意义上完成这样的发展的一个伟大的先驱者。

就这意义说，小资产阶级知识分子和无产阶级之间，确是并没有隔开一座万里长城。但就另一方面说，从前者的立场转向后者（除非是虚伪的"作戏式"的"转变"），毕竟是一个艰难的过程，一个严肃的自我改造的过程。鲁迅正是在真实意义上完成这样的过程的一个最光辉的模范。用瞿秋白的说法，就是："从自己的道路回到了狼的怀抱。"

以为革命知识分子本来就在人民大众中，所以用不着有什么自我改造的想法，是和鲁迅的道路一点也没有相似之处的。

瞿秋白在这点上的分析是十分正确的。他一面指出，鲁迅作品虽然曾经只是憎恶旧社会而不能标明社会发展的方向，但这仍不失为革命文学。"因为它至少还能够反映社会真相的一方面，暗示改革所应当注意的方向"。一面又指出，"而同时，这些早期的革命作家，反映着封建宗法社会崩溃的过程，时常不是立刻就能够脱离个性主义——怀疑群众的倾向的；他们看得见群众——农民小私有者的群众的自私、盲目、迷信、自欺，甚至于驯服的奴隶性，可是，往往看不见这种群众的'革命可能性'，看不见他们的笨拙的守旧的口号背后隐藏着革命的价值。鲁迅的一些杂感里面，往往有这一类的缺点，引起他对于革命失败的一时的失望和悲观。"

进化论与个性主义，对于鲁迅固然曾经是战斗武器，但也曾经是障碍前进的一种负累。就这意义说，鲁迅的伟大正在于他能够通过苦痛的历程，表现了严肃的自我献身的精神，而终于克服了、抛开了这种负累。

"五四到五卅前后，中国思想界里逐步的准备着第二次的'伟大的分裂'。这一次已经不是国故和新文化的分裂，而是新文化内部的分裂：一方面是工农民众的阵营，别方面是依附封建残余的资产阶级。这新的反动思想，已经披了欧化，或所谓五四化的新衣服。这个分裂直到 1927 年下半年方才完成，而在 1925—1926 的时候，却已经准备着，只要看当时段祺瑞、章士钊的走狗'现代评论'派，在 1927 年之后是怎样的得其所哉，就可知道这中间的奥妙。而鲁迅当时的'语丝'，革命的小资产阶级的文艺思想和批评，正是针对这些未来的'官场学者'的。"①

在这一"伟大的分裂"中，鲁迅的立场是很鲜明的：他和虐杀人民的任何旧的、新的统治者没有一丝一毫的妥协。他向一切披着"正人君子"面纱的奴才帮凶宣战，他也无情地揭发一切挂着"革命的"斜皮带的刽子手的面目。

但鲁迅直至 1925—1927 年的革命时期，还并没有完全摆脱进化论与个性论的思想基础——这就是上文所说的对于他的思想的负累。

进化论的思想使得他这时期还不能明确地从阶级观点出发分析一切问题，虽然他从实际生活出发的最高的憎恨与打击是向着统治阶级的。《热风》的随感录第 48 则中说："我想种族的延长——便是生命的延续——的确是生物界事业里的一大部分。何以要延长呢？不消说是想进化了。但进化的途中总须新陈代谢。所以新的应该欢天喜地地向前走去，这便是壮；旧的也该欢天喜地地向前走去，这便是死；各个如此走去，便是进化的路。"这固然还是在"五四"运动前一年②所写下来的话，在"五四"后鲁迅自己既已经历了激烈的思想斗争，也就不能不渐次修正这

---

① 瞿秋白。
② 1918 年。

种和平的进化观念，但从这样的看法发展到明确的阶级斗争的观念，却决不是简单地一跃而至的。

进化论思想加上个性论观点又使得他不免会发生"怀疑群众的倾向"。例如在 1925 年，鲁迅在和人通讯中曾这样说："国民如此，是决不会有好的政府的；好的政府，或者反而容易倒。也不会有好议员的；现在常有人骂议员，说他们收贿，无特操，趋炎附势，自私自利，但大多数的国民，岂非正是如此的么？这类的议员，其实是国民的代表。"① 照鲁迅这时的看法，仍觉在"民众"中谈改革是"很难"的，因此"只好从知识阶级……一面先行设法，民众俟将来再谈。而且他们也不是区区文字所能改革的，历史通知过我们，请岳入关，禁缠足，要垂辫，前一事只用文告，到现在还是放不掉，后一事用了别的法，到现在还在拖下来。"② 这很分明的是只看到中国人民在历史上由专制淫威所压榨成的驯服的奴隶性，却不能看出在新的历史条件下人民大众自觉地奋起的可能性。

然而这样的观点对于鲁迅这时期的思想已不是决定的因素，而只是表现于他的反封建传统的实际战斗进行中的思想负累。但如果说这种负累对于战斗力的发挥没有任何影响也是不对的。

像周作人那样的人以为，鲁迅是"对于中国民族抱着一片黑暗的悲观"，自然是极糊涂的看法。但鲁迅曾经——尤其在1925 年以后的几年间，经历着中国革命的大变化，流露出悲观失望的情绪，也是我们不必否认的。

鲁迅从现实的生活经验出发，赤裸裸地撕开了反动统治阶级的虚伪、卑劣、阴险、狠毒的面貌，以致使得他们的眼前——如

---

① 《华盖集》，1925 年 3 月。
② 同上。

鲁迅自己所说——"黑的恶鬼似的站着'鲁迅'这两个字"①。但同时究因为他这时还没有明确的阶级观点，也就常常难免把统治者的罪恶，和被统治的人民因黑暗的统治制度而染上的病态，一起归着于"国民性"的问题。"此后最要紧的是改革国民性，否则，无论是专制，是共和，是什么什么，招牌虽换，货色照旧，全不行的。"②——不看招牌要看货色，这是战斗的现实主义，然而把"改革国民性"当做革命的前提，却正足以"形成对于革命失败的一时的失望和悲观"。如果革命失败就因为国民性没有改造，那么，革命就会被看做是永远连续的悲剧了："革命，革革命，革革革命，革革……"③

悲观失望的情绪却并不能使他停止前进的脚步，这又是什么缘故呢？

与唯心论观点相对立着的，从实践斗争中培养起来的现实主义的战斗精神，起着伟大的抗毒素的作用。鲁迅尽管是从小资产阶级的进化论与个性论思想出发，但他从不用一套小资产阶级思想构成一个小天地，使自己"安身立命"于其间。恰恰相反，他永远是在突破这个思想圈套而去和现实的社会斗争相接触。鲁迅的个性论是"进取的，争求解放的个性主义"，这和从个人出发的利己主义有着原则上的区别。鲁迅在 1926 年底曾如此说过："我现在对于做文章的青年，实在有些失望；我看有希望的青年，恐怕大抵打仗去了，至于弄弄笔墨的，却还未遇着真有几分为社会的，他们多是挂新招牌的利己主义者。"④ 而鲁迅自己，不管在怎样情况下，总是以诚挚的心情为社会而工作，以致到了

---

① 《两地书》。
② 《两地书》，1925 年 3 月。
③ 《而已集》，1927 年 9 月。
④ 《两地书》。

完全不顾到自己的地步。伟大的思想先驱者，有着他的最沉重的苦痛，这种苦痛之所以沉重，就因为那并非出于个人利害的计较，却是要追求怎样才能为社会的进步而工作得更好，工作得更有效。

与悲观绝望相反的一种因素，在鲁迅身上也是一路发展着的。1922 年的《无题》中，记载他因一个卖朱古力的店员基本上未失去诚实之心而感到"惭愧"，他说："这种惭愧，往往成为我的怀疑人类的头上的一滴冷水……渐渐觉得我的周围，又远远地包着人类的希望。"①《呐喊》中的《一件小事》记载他从一个黄包车夫的行为中得到深刻的感应："这一件小事却总是在我眼前，有时反更分明，教我惭愧，催我自新，并且增长我的勇气。"鲁迅就是这样地常常从他与"卑微的小人物"的接触中检查他自己的思想。《坟》后记中说："我的确时时解剖别人，然而我更无情地解剖自己。"鲁迅的自我批判、从不自欺的精神，正是他能够从周围现实中接受教训的基因。"三一八"的牺牲者更使他奋然喊出："苟活者在淡红的血色中，会依稀看见微茫的希望，真的勇士将更奋然而前行。"②——这时期他所能感到的希望纵然只是"微茫"的、"远远"的，然而这正是使他不管"路漫漫其修远兮"，但终不放弃"吾将上下而求索"的基础。

《野草》——这一散文诗的结集最深刻地表现着他在 1925—1927 年的革命过程中的悲观、绝望、矛盾、愤慨和苦痛的追求的心情。他的悲观是由于他所接触到的革命现实恰恰与他所希望的相反，他的苦痛是由于在四面"碰壁"之下，发现他的旧的思想武器之衰朽。整个中国正沸腾在大矛盾、大分裂中，鲁迅的

---

① 《热风》。
② 《华盖集》。

苦痛是与整个时代相关连着的。这不是引导向退婴萎缩的失败主义者的心情，恰恰相反，倒是向前跨进更大一步的新生因素，虽然里面包含着悲观绝望的成分。鲁迅的伟大就在于他能够通过大悲观而走向真实的大希望，通过绝望而开始去学习"别种方法的战斗"。

在1931年8月的一次演说中，鲁迅指斥了那在"革命"与"反革命"之间投机取巧的小资产阶级。他说："这样的翻着筋斗的小资产阶级，即使是在做革命文学家，写着革命文学的时候，也最容易将革命写歪；写歪了，反于革命有害，所以他们的转变，是毫不足惜的。当革命文学的运动勃兴时，许多小资产阶级的文学家忽然变过来了，那时用来解释这现象的，是突变之说。但我们知道，所谓突变者，是说 A 要变 B，几个条件已经完备，而独缺其一的时候，这一个条件一出现，于是就变成了 B。……外面虽然好像突变，其实是并非突然的事。倘没有应具的条件的，那就是即使自说已变，实际上却并没有变，所以有些忽然一天晚上自称突变过来的小资产阶级革命文学家，不久就又突变回去了。"[①]

鲁迅的思想有过"突变"么？毫无疑问，应该肯定是有的。但这突变不是所谓在"一天晚上"忽然奇迹似的出现的。有了和封建旧势力的长期搏斗的经历，从现实的斗争中认识到旧武器的无力与失效，我们的伟大先驱者经过 1927 年"四一二"事变的大屠杀、大流血后，从苦痛和绝望交织的矛盾中，重新抬起头来。鲁迅开始了他从革命小资产阶级的立场转向无产阶级立场的转变，他找到了新的真实的希望。1929 年他翻译马克思主义的

---

① 《二心集》。

文艺理论，1930 年他参加左翼作家联盟。那正是"几个条件已经完备而独缺其一的时候，这一条件一出现"，A 就变成了 B。

"我时时说些自己的事情，怎样地在'碰壁'，怎样地在做蜗牛，好像全世界的苦恼，萃于一身，在替大众受罪似的：也正是中产的知识阶级分子的坏脾气。只是原先是憎恶这熟识的本阶级，毫不可惜它的溃灭，后来又由于事实的教训，以为惟新兴的无产者才有将来，却是的确的。"①

"先前，旧社会的腐败，我是觉到了的，我希望新的社会的起来，但不知道这'新的'该是什么；而且也不知道'新的'起来以后，是否一定就好。待到十月革命后，我才知道这'新的'社会的创造者是无产阶级……现在苏联的存在和成功，使我确切地相信无产阶级社会一定要出现，不但完全扫除了怀疑，而且增加了许多勇气了。"②

"最初，文学革命者的要求是人性的解放，他们以为只要扫荡了旧的成法，剩下来的便是原来的人，好的社会了，于是就遇到保守家们迫压和陷害。大约十年之后，阶级意识觉醒了起来，前进的作家，就都成了革命文学者。"③

——鲁迅自己这样地写出了他的思想转变过程。这时候他已经以社会科学代替了自然科学而为前进路程的指标，他曾说："读书界的趋向社会科学，是一个好的、正当的转机，不惟有益于别方面，即对于文艺，也可催促它向正确，前进的路。"④ 他靠马列主义的思想理论的力量，"救正"了"只信进化论的偏

---

① 《二心集》序言。
② 《且介亭杂文》：《答国际文学问》，1934 年。
③ 同上：《草鞋脚小引》。
④ 《二心集》：《我们要批评家》。

颇"①，他有了将来属于无产阶级的信心，因而坚定了为人民大众的立场。

鲁迅的转变更有一特点是必须注意的。近 20 年来，中国许多小资产阶级分子之进入革命，往往是更多带着主观的空洞革命的热情，却较少有从实际出发的沉着的思想能力，如同瞿秋白所批评的："他们没有前一辈的黎明期的现实主义——也可以说是老实的农民的实事求是的精神。"鲁迅恰恰是所谓"前一辈"的知识分子中的最杰出的代表。他的大半生都消耗在和旧社会的顽强搏斗中，由此他换来了无数的创伤和苦痛，也取得了丰富的感觉和经验。他抚摸着满身创伤，针对着他所生活过来、战斗过来的中国现实，经过了认真而沉重的思索，他才体认到新的真理。当他一旦把握新的真理的时候，就像农民对所分得的土地一样地忠诚不贰，生死如一地为保卫它而作战了。他把无产阶级的思想方法和他在旧社会战斗中积蓄起来的丰富经验结合了起来，就使得他能够立刻把这新的武器运用得如此地好，如此地熟练；也使得他所有的旧经验都提炼而上升到了无产阶级的科学水平。

从 1930 年起，不足 7 年的时间中鲁迅作品具见于从《二心集》到《且介亭杂文》8 部杂文集中。这时期的作品和以前的，在风格上，在思想内容上有着显然的区别。在战斗进行中的怀疑、犹豫、彷徨、悲凉的情绪已经绝迹，我们所能接触到的是沉着稳定的坚毅的进军，是对于通过一切阻难妨害而必将达到的前途的巨大信心，是与科学的分析与批判相结合着的分明而热烈的是非爱憎。

"从《二心集》起以后八部杂文集中，他记录了大地主大买办集团的媚外独裁的历史：可耻的不抵抗主义，替日本侵略者作

---

① 《三闲集》序言，1927 年。

前驱的内战，残酷的文化屠杀。同时他也描画出来了各种奴才的嘴脸：自称还不知道主子是谁，然而却已判断'攻击资产制度即是反抗文明'的教授，向日本法西斯献上'征心'策的学者，捧异族侵略者为老祖宗的'民族主义'文学家，'徙倚华洋之间，往来主奴之界'的西崽相名人。鲁迅先生在文化思想领域内的反帝反封建精神，到了后期更达到了异常辉煌而完全合乎科学的高度。"①

然而，这所说的还只是鲁迅后期思想的具体表现的一方面。

在另一方面，"他对于中国人民充满了信心。他有着满腔保护人民的热忱，而且他真是为中国人民做到了鞠躬尽瘁，死而后已。"② ——这也是后期鲁迅作品中所表现着的鲜明色彩。这和以前他对人民大众的看法有了巨大的跃进。

这并不是说，后期的鲁迅不再指出中国人民的精神创伤，但他明确指出，这所谓"国民性"的来源，正是统治者的罪恶。例如他说，"近来的读书人，常常叹中国人好像一盘散沙，无法可想，将倒楣的责任，归之于大家。其实这是冤枉了大部分中国人的。小民虽然不学，见事也许不明，但知道关于本身利害时，何尝不会团结。先前有跪香，民变，造反；现在也还有请愿之类。他们的像沙，是被统治者'治'成功的。用文言来说，就是'治绩'。"③ 如果人民的创伤乃是统治者的治绩，那么和旧中国斗争当然不是和人民的创伤斗争，而是向统治者斗争了；那么"改造国民性"的事情也就一定是在向统治者决斗过程中去实现的了。——前期的思想在这里是经过扬弃而提高了。

---

① 《新华日报》1946 年 10 月 19 日纪念鲁迅的社论。
② 同上。
③ 《南腔北调集》:《沙》，1933 年 7 月。

后期的鲁迅思想中，文艺大众化的问题占了主要位置。关于旧形式的采用问题最足以表现他的为大众的观点和辩证唯物论的思想方法。例如他说："旧形式为什么只是'采用'……就是为了新形式的探求……以为艺术是艺术家的'灵感'的爆发，像鼻子发痒的人，只要打出喷嚏来就浑身舒服，一了百了的时候已经过去了，现在想到，而且关心了大众。这是一个新思想（内容），由此而在探求新形式，首先提出的是旧形式的采取，这采取的主张，正是新形式的发端，也就是旧形式的蜕变。"① 把这些意见和以前他的看法相比较，距离可说是已十分远的了。

在鲁迅后期思想中，还有一重要方面是值得重视的，那就是他在无产阶级文艺运动由小资产阶级出身的作家支持的时候，向革命作家们经常提出了及时而有力的诤戒和策励。试读《二心集》中的《对于左翼作家联盟的意见》、《上海文艺的一瞥》、《南腔北调集》中的《辱骂和恐吓决不是战斗》以及其他许多文章，那里面所包含着的思想原则，至今仍应承认是前导的指引。

"我们的战线不能统一，就证明我们的目的不能一致，或者只为了小团体，或者还其实只为了个人，如果目的都在工农大众，那当然战线也就统一了。"②

"在左联结成的前后，有些所谓革命作家，其实是破落户的漂零子弟。他也有不平，有反抗，有战斗，而往往不过是将败落家族的妇姑勃谿，叔嫂斗法的手段，移到文坛上。嗷嗷喳喳，招是生非，搬弄口舌，决不在大处着眼。这衣钵流转不绝。"③

针对着小资产阶级革命作家，这样的批评和提示是有益

① 《且介亭杂文》:《论旧形式的采用》。
② 《对于左翼作家联盟的意见》。
③ 《且介亭末编》:《答徐懋庸并关于抗日统一战线问题》。

处的。

鲁迅这时又明确指出过："革命文学家，至少是必须和革命共同着生命，或深切地感觉着革命的脉搏的。最近左联提出了'作家的无产阶级化'的口号，就是对于这一点的很正确的理解。"[①] 意思很明白，这说的是作家要"和革命共同着生命"，就要努力在生活上"无产阶级化"。——这里用了"生命"的字眼，然而并不是唯心论，就因为这字眼在这里包含着具体内容。（只有胡风先生才会"神经质"到担心别人，一看见生命二字就要想到唯心论。）

不要以为鲁迅对左翼文坛的批评和诤戒都已过时了。不。鲁迅的话应该永远震荡在革命作家的耳边："左翼作家是很容易成为右翼作家的"[②]，"革命文学者若不想以他的文学，助革命更加深化，展开，却藉革命来推销他自己的'文学'，则革命高扬的时候，他正是狮子身中的害虫"[③]。

以上算是就我的理解描画出鲁迅思想发展的主要线索。

虽然我自知这样的描画还远不能包括鲁迅所留下的宝贵思想遗产的全部内容，但我希望，由此至少可以指明流行着的一些对鲁迅思想片面的、错误的观点，是如何地有害于我们来接受中国新文艺中的这一份最可宝贵的遗产。

这一种片面的、错误的观点有着种种的表现形式：

或者是片面地强调鲁迅一生中保持着首尾一贯坚持不移的精神，却忘记了鲁迅的伟大更在于他敢于以新的立场来冲破他在旧

---

① 《上海文艺之一瞥》。

② 《对于左翼作家联盟的意见》。

③ 《伪自由书》后记。

的立场上的局限性。也有人把鲁迅思想的发展描写为只有量的扩充，却不愿承认其间有质的转变。在某种意义上说，鲁迅有着前后一贯的精神（例如他始终热切地追求中国民族的进步），这是我们不否认的，但如果不看出他曾经在怎样严肃的自我解剖下，使自己从小资产阶级的思想立场转向无产阶级的立场，那么就无法了解这"一贯精神"是怎样发展下来的。

或者是片面地强调鲁迅的主观战斗精神，好像鲁迅是天生就有着超人的坚强的主观力似的。但这种"主观力"当然并不是天生的，不是不可理解的。鲁迅的主观力量是由于他和实际的社会斗争相接触而来的。因为他和辛亥以来每一中国历史上的重大事变紧相接触，而且终于使自己和中国无产阶级政治运动相结合，所以他才能代表了中国人民中最强的骨头，最强的主观力量。

或者是片面地强调鲁迅思想由于生活的直觉经验出发的特点，却不愿意去看出，鲁迅并不单靠直觉经验而达到他的思想的最高度，而是通过直觉经验更上升到无产阶级的集体主义的思想。经过马列主义的科学思想的锻炼，这些生活经验的结论才显得无比的光辉。

或者是单纯歌颂鲁迅前期的个性主义思想；或者以为，鲁迅的伟大就在于他有着独往独来，孤身作战的精神；或者以为，鲁迅的战斗力量只在于暴露黑暗，怀疑一切。然而鲁迅的伟大固然在于当周围毫无响应之时，敢于孤身作战，但更在于从不放弃组成一反对旧社会的"联合阵线"的想法①，而且终于在人民大众中发现了他所全心全力与之相结合的力量。鲁迅的伟大固然表现于他以最大的执拗攻打敌人，揭破虚伪，暴露黑暗；但又表现于

———————

① 见《两地书》。

他以同样程度的执拗守卫真实的光明，并以严肃而宽容的态度对待一条阵线上的朋友和同志。这一面与那一面紧相结合，才构成了完全的鲁迅的战斗人格。

总之，这一类的观点之产生就是由于只能认识，只能亲近鲁迅前期思想中的个性论、进化论，和唯心论倾向的因素的结果。

这就因为，鲁迅后期的思想虽然是发展到更高的历史水平，然而人们若从小资产阶级的革命家的立场上去看，却终究会觉得前期的思想较为合胃口，易亲近，反而觉得后期思想是有些格格不相入的。例如，鲁迅在《南腔北调集》中劝青年艺术学徒应"注意于中国旧书上的绣像与画本，以及新的单张的花纸"，由此而从事创作，"我敢相信，对于这，大众是要看的，大众是感激的！"——对于这样诚挚的话，小资产阶级知识分子读了，纵不发生反感，怕也不易引起感动；而宁愿只去反复地读"生命不怕死，在死的面前笑着跳着，跨过了灭亡的人们向前进"① 那样的在鲁迅早期所写的比较抽象的句子。〔注〕（见本书 129 页）

比了鲁迅活着的时代，旧社会是在人民大众的力量撼摇下更急切地瓦解着，从这里面更多地抛出了无数的"破落户的漂零子弟"。他们在"不平，反抗，战斗"中接触到鲁迅的光，然而他们往往只能从一个片面去接近鲁迅前期的思想。他们自以为是和当年鲁迅一样处身在周围一切无非是黑暗与虚伪的世界中，"惟黑暗与虚无乃是实有，却偏要向这些作绝望的抗战"②，依然是他们的基本情调。他们总以为鲁迅的伟大就在于敢把别人所认为光明和希望看出其实只是虚妄，就在于敢说："绝望之为虚妄正与希望相同"，他们却不承认鲁迅的伟大更在于他终于从人民

---

① 《热风》。

② 《两地书》。

大众中发现了值得信任的力量，全心全力献身于人民大众中的真实与光明。他们一天脱不出"破落户的漂零子弟"的身分，就一天不能够到达鲁迅后期的"热烈地拥抱着所是，也热烈地拥抱着所非"的那种更博大，更提高的战斗精神。——曾在《希望》上发表的舒芜先生的《鲁迅的中国与中国的鲁迅》，就正是这种"破落户漂零子弟"式的对鲁迅的赞歌式的代表。

而且如果站在这样的立场上，甚至于鲁迅初期的思想都还不可能完全了解。例如"有一分热，发一分光"，这是人们惯于引用的话。在那里，鲁迅甚至说了，"此后如竟没有炬火：我便是唯一的光。"然而接下去的话却常常被忽略了："倘若有了炬火，出了太阳，我们自然心悦诚服的消失，不但毫无不平，而且还要随喜赞美这炬火或太阳；因为他照了人类，连我都在内。"①

在周围都是黑暗的时候，敢于做"唯一的光"；但又准备着一旦有了太阳的时候，就情愿接受光明的普照。——这才是鲁迅的真精神。

从初期的这种宣告到他一生最后时期所说："为着现在中国人的生存而流血奋斗者（按：这里是指以毛泽东为领导的中国无产阶级革命力量），我得引为同志，是自以为光荣的。"②——其间固然有一贯之处。然而在初期，这种精神只能表达在那种抽象的形式下，由这里开始，到那"足踏在地面上"的"切切实实"的语言，其间并不是没有迂回曲折，没有质的飞跃，没有艰难、苦斗的历程的。——懂得这，才懂得中国人民的伟大先驱者——鲁迅的道路。

---

① 《热风》。
② 《且介亭末编》：《答托洛斯基派的信》。

〔注〕 胡风先生在最近一篇主客对话体的文章中引录了《热风》上这一段话后，因为上文还有"人类的渴仰完全的潜力，总是踏了这些铁蒺藜向前进"，便很得意地向"客"说"老兄，不要太大意了。潜力啦，生命啦，照现在的行情，在诗里也是用不得的，用了就会被套上一顶你所痛恨的'唯心论'的帽子，那可算不得什么'人生意义'呵！"

30 年前《热风》的作者用"人类的渴仰完全的潜力"来说明"生命"的自然进步发展，表现了唯心论的倾向，我们却并不能因而贬抑其历史的进步作用。可是三十年后的胡风先生在并不是"诗"里为之解释说："革命的思想总是现实存在，或人生渴望的反映"，却使人无法可想，只能用"现在的行情"来估量一下了。请问胡风先生：真正的唯物论者会用"人生渴望的反映"来说明"革命思想"么？——"主客"相对大笑三声"哈哈哈"是解决不了问题的。(胡风先生文见文协总会出版《五四谈文艺》)

(原载 1948 年 9 月《大众文艺丛刊》香港，第 4 辑)

下　篇

中国近代历史的分期问题

中国近代历史的分期问题是指，从鸦片战争到五四运动约80年间的历史应如何细分为若干阶段、若干时期的问题。

本文中对这个问题的建议是把中国近代史分成七个阶段：在太平天国起义发动前为第一个阶段，太平天国革命运动时期为第二个阶段，此后直到中日战争为第三个阶段，中日战争后到义和团起义与八国联军之役为第四个阶段，第五个阶段是同盟会成立前的几年，由同盟会成立到辛亥革命是第六个阶段，最后在辛亥革命与五四运动间就是第七个阶段。

为什么要进行分期？为什么要这样分期？以下将提出一些说明。这些说明和这个建议本身是否恰当，都希望能得到大家的指教。

问 题 的 提 出

我所看到的较早出版的一部近代历史教科书①把辛亥革命以

---

① 李泰芬：《新著中国近百年史》，1924年。

前的历史按照皇位的更迭而分成"道光时代"、"咸丰时代"、"同治时代"等，对于辛亥革命以后的历史也同样依照北洋军阀的当权者的更换来划分时期。——当然，这样的分期是毫无意义的，并不能说明任何问题。

也有别的书用另外的办法来分期。例如有一种旧的教科书①把鸦片战争到戊戌维新前称为"积弱时期"，把戊戌维新到辛亥革命称为"变政时期"，而把辛亥革命以后称为"共和时期"。这种分期方法也是不足取的。这样地划分时期，并没有反映出社会历史发展中的本质的东西。

用资产阶级的观点和方法不能正确地说明近代历史，往往只是看到历史发展中某一片面，而忽略了许多带有重大意义的历史现象。例如上述的那种把鸦片战争至戊戌维新前的时期称为"积弱时期"的看法，很分明地，是把发生于这一期间的太平天国革命运动和资本主义经济因素的成长等看做是不关重要的事情。

许多关于中国近代史的书（包括企图用马克思主义的阶级分析的方法来说明历史的书在内）放弃了分期的办法。它们逐一地叙述中国近代史中的若干突出的主要大事件，而在叙述每一大事时，附带述及与之有关的前后各方面的事情。这种叙述方法大致上可说是类似于"纪事本末体"的方法。

不进行分期，而采取这种类似"纪事本末体"的叙述方法，往往会错乱了各个历史事件的先后次序，拆散了许多本来是互相关联的历史现象，并使历史发展中的基本线索模糊不清。

例如，有不少书只是为叙述方便，而将鸦片战争和英法联军

---

① 孟世杰：《中国最近世史》，1926 年。

之役（第二次鸦片战争）合在一起叙述①。这样写虽然表示出了这两次战争间的关联，但却几乎完全没有表明第二次鸦片战争和太平天国革命的关系。在两次鸦片战争之间，中国内部已发生了惊天动地的农民大革命，而第二次鸦片战争发生时，正是革命与反革命的斗争十分激烈的时候，关于这点，不给以足够的注意是不对的。

从华岗同志的著作②和范文澜同志的著作③中也可看到类似的缺点。例如，华岗同志的著作在第五章《中法战争与甲午战争》中有《甲午战争前中日经济政治状况与两国的外交关系》一节，在这一节中述及了中国在甲午战争前工业开始萌芽的状况；到了第六章《戊戌政变与义和团运动》，为叙述"维新变法运动的产生和发展"，才又附带叙述到甲午战争前带有资产阶级倾向的变法维新思想的发展。甲午战争前中国资本主义的初步萌芽和当时资产阶级倾向的思想的发展，很明显地是密切关联的，把二者分拆开来说并没有什么好处。同样的，范文澜同志的著作也把这二者分别在第五章和第七章中叙述：在标题为《洋务派的"自强"与第一次割地狂潮》的第五章中述及了当时工业发展的状况，到了以《戊戌变法》为题的第七章中才又追溯到"甲午战争前改良思想的酝酿"。

在近代史中，政治史内容占了极大的比重，而关于社会生活、经济生活和文化的叙述分量很小，不能得到适当的地位，这种缺点的产生虽有种种原因，但与类似于"纪事本末体"的体裁也是有关系的。因为在近代史中，如果只选取突出的大事件来

---

① 曹伯韩：《中国近百年史十讲》，1942 年。
② 华岗：《中国民族解放运动史》第 1 卷增订本，1951 年。
③ 范文澜：《中国近代史》上编第 1 分册，1947 年。

做叙述的主题，就会很容易弄到眼前只看见某一些政治事件。

当然，中国近代史教科书的内容结构方面的各个问题，不会因为分期问题解决而全部解决。但是正确地解决了分期问题，就是从中国近代历史的复杂的事实中找到了一条线索，循此线索即可按照发展程序把各方面的历史现象根据其本身的逻辑而串连起来。因此分期问题可以看做是解决结构问题的关键。

中国近代史中划分时期的标准

要解决分期的问题必先确定划分时期的标准。这也就要确定，我们在叙述中国近代史时，主要的任务是说明什么，以什么来作基本的线索。

可否拿帝国主义的侵略的形态作划分时期的标准呢？例如说，拿西欧各国尚未进入帝国主义阶段时作一个时期，而在进入帝国主义后作为另一时期？——这样做是不恰当的。诚然，在半殖民地半封建的中国，外国帝国主义的侵略对于中国社会历史进程起了很大的作用，但是当我们考察中国社会历史的发展时，不仅要注意外国势力怎样来侵略，而且更重要的是注意中华民族对于外国势力的侵略表现了怎样的反应。几乎只看到侵略的那一面，而看不到或不重视对侵略的反应这一面，正是历来资产阶级观点的近代史著作中的主要缺点之一。

可否单纯用社会经济生活的变化来作划分时期的标准呢？那样也是不完全恰当的。中国近代历史中，随着生产力方面的变化，生产关系发生了一系列的变化，这种变化是当时社会发展的基础。但是上层建筑的变化，并不是亦步亦趋地随着经济基础的变化。特别是因为半殖民地半封建社会是一种过渡性的社会，上层建筑的某些方面的变化要比经济基础的变化更为激烈一些。因而如果我们不是全面地考察当时社会的经济基础与上层建筑，我们就不可能恰当地进行分期。

苏联历史学界曾对于俄国封建时代的历史和资本主义时代历史中的分期问题进行过长久的讨论，其收获可以供我们参考。这个讨论结束于1951年3月间，当时《历史问题》编辑部所作的讨论总结①中说："参加讨论的人一致反对根据纯然经济性、基础性的现象来在社会经济形态以内划分时期的企图，本志编辑部认为这是讨论本问题时所得到的最重要的成绩。把历史分期建基在纯经济性的现象上，便必然会走到经济唯物论的立场上去。"

《历史问题》的结论中又说："德鲁任林把预示着社会经济关系方面各项变化的阶级斗争之最重要表现，视作封建时代及资本主义时代分期的主要标志，这项建议为大多数参加讨论的人所支持。阶级斗争乃是'历史的真正动力'（列宁），它的诸阶段和它的长足进展，它的高涨和它的爆发，系反映着整个生产力和生产方式的变化，无疑地正构成每一阶级社会形态内部历史过程的最重要标志，没有这种标志则马克思主义的历史分期即无从着手。"

"但历史家们切不可把阶级斗争的表现视作社会经济形态内部历史过程之惟一的和普遍的界标。——《历史问题》编辑部接着说，——在本国历史进程中，在其各种不同阶段中，生产力和生产关系的发展有其各种不同的具体表现。有时其表现为阶级斗争的高涨和爆发；有时则为这斗争的结果被巩固于国家形态、法律和宪法之中；有时则为社会经济诸过程在人们意识中的反映。"

---

① 中译本见石父辑译：《苏联历史分期问题讨论》，中华书局版。这里的引文见该书第8—10页。

由于我们现在所处理的也是在同一个社会经济形态内的划分时期的问题，所以苏联历史学界的讨论所达到的上述结论是对我们很有益的。

要为中国近代史分期，就须要具体地考察中国近代历史的特征，当时社会生产力与生产关系的发展的具体表现主要是在哪一方面。

毛泽东同志关于中国近代历史曾有这样的说明："自从一八四〇年的鸦片战争以后，中国一步一步地变成了一个半殖民地半封建的社会。""帝国主义和中国封建主义相结合，把中国变为半殖民地和殖民地的过程，也就是中国人民反抗帝国主义及其走狗的过程。"①

中国近代史是充满了阶级斗争的历史。中国从封建社会一步一步地变成半殖民地半封建社会，这不仅是说，外国帝国主义侵略势力成为中国社会内部生活中的一个恶毒的因素，而且表示中国社会内部渐渐产生了新的阶级（资产阶级和无产阶级），引起了中国社会力量的重新配备，在中国社会各阶级相互间以及它们和外国帝国主义侵略势力间出现了错综复杂的关系，并由于中国人民反抗帝国主义及其走狗而出现了激烈的和复杂的阶级斗争（反帝国主义斗争本身也是一种阶级斗争）。

这样说来，中国近代史著作的基本任务就是要通过具体历史事实的分析来说明在外国帝国主义侵略中国的条件下，中国社会内部怎样产生了新的阶级，各个阶级间的关系发生了些什么变化，阶级斗争的形势是怎样地发展的。

如果在历史教书中，把近代史中每一次战争作了极详尽的叙述，不漏掉任何一个发生小的战役的地名，但是并不能使读者清

---

① 《毛泽东选集》第 2 版第 2 卷，第 626、632 页。

楚地看到阶级关系的变化和阶级斗争形势的发展，不能承认这样的历史教科书是足够地给了人以有意义的历史知识。

马克思主义对中国近代史研究的要求，不是在于给各个事变、各个人物一一简单地标上这个阶级或那阶级、进步或革命的符号。如果在一本近代史著作中不过是复述资产阶级观点的书中的材料，只是多了这一些符号，那并不就是完成了马克思主义研究的任务。要使历史研究真正渗透着马克思主义的思想力量，就要善于通过经济、政治和文化现象而表明在中国近代历史舞台上的各种社会力量的面貌和实质，它们的来历，它们的相互关系和相互斗争，它们的发展趋势。

由此可见，按照中国近代史的具体特征，我们可以在基本上用阶级斗争的表现来做划分时期的标志。

中国近代史中的三次革命运动的高涨

如果用阶级斗争为标志来划分时期，那就要注意到中国近代史中三个革命运动高涨的时期。革命运动高涨的时期，乃是社会力量的新的配备通过激烈的阶级斗争而充分地表露出来的时期。

太平天国的革命运动是中国近代史中第一次革命运动的高涨。

在太平天国革命中，地主阶级和农民阶级的矛盾展开为巨大的爆发。太平天国起义的发动上距鸦片战争 8 年。由于半殖民地半封建社会是逐步地形成的，在这时中国社会内部还没有形成资本主义的生产关系，所以历史的推动力量仍只能是农民这一个阶级。

但农民不可能自发地接受资本主义的政治理想，而利用农民革命以实现这种理想的意图在当时中国还没有比较强的社会基础。

结果是太平天国的失败，这个革命没有能挽救中国免于坠入半殖民地半封建的深坑。地主阶级统治集团中有一部分人趋向于更密切地和外国资本主义势力建立经济和政治的联系，他们在不损害封建统治势力的范围内接受某一些资本主义的外壳。

这些就是近代史中第一次革命运动高涨时期的特征。

在甲午战争（1894 年至 1895 年的中日战争）以后出现了中国近代史中第二次革命运动的高涨。

如果把第二次革命运动的高涨仅看做是 1899 年到 1900 年的义和团的发动是不完全的。义和团的发动乃是甲午战争以后在全国范围内高涨起来的革命危机的爆发。

在第二次革命运动高涨期间，欧美资本主义已经开始进入帝国主义阶段，中国国内已有一部分商人、地主和官僚投资于新式工业。

封建关系下的地主与农民的矛盾并未解除，而且农民群众，特别是在沿海沿江各省，直接感受到帝国主义的压力。城市手工业者及各种城乡贫民也都同样感受到这种压力。因此，在受到中日战争中失败的刺激后，立即在全国许多地区都从社会底层群众中出现了骚动不安的严重状况。这种群众的自发斗争和太平天国运动初期不同，其锋芒主要针对着外国侵略者。

外国帝国主义者曾企图利用这种革命危机来加强对中国的控制，他们要清朝的中央政府和各地方政府接受他们在军事上和经济上的种种支援。

这时，不但已经有资产阶级倾向的思想，而且有了资产阶级倾向的政治运动。这种政治运动的社会基础是地主阶级中的一部分走资产阶级道路的力量。民族资产阶级的独立的政治力量这时还没有。受到革命危机的震动，这种资产阶级倾向的政治运动甚至表现得很激烈，但其实质则是用从上到下的改良办法来抵制农民革命。

农民革命——这是中国社会当时主要的革命力量；资本主义思想——这是中国社会当时带有进步性的理想。二者在第二次革命高涨期间虽然都存在着，但二者是完全各不相关的。追求资本主义理想的改良主义运动表现为短命的"戊戌维新"。以农民群众为主的自发的斗争则在悲惨地失败了的义和团运动中取得歪曲的表现。

这些就是近代史中第二次革命运动高涨时期的特征。

义和团失败后5年，开始了第三次革命运动的高涨。这一次革命运动的高涨归结为辛亥革命。

把1905年作为这一次革命运动的高涨的开始，不仅因为孙中山为首的同盟会在这一年成立，而且因为资产阶级民主革命派与资产阶级君主立宪派的分裂是在这时开始确定的。俄国1905年革命的影响也是应该估计到的。

毛泽东同志曾指出，在19世纪末年和20世纪初年，"中国民族资本主义便开始了初步的发展"[①]。这是形成资产阶级民主革命派的基础。大量的城市小资产阶级知识分子参加民主革命派，成为革命派中激进的一翼。

资产阶级革命派一般地缺乏彻底的反帝国主义、反封建主义的纲领，表现了它的先天的软弱性，但它当时不但提出了资本主义的革命理想，而且为实行革命，在一定程度内进行了对工人、农民力量的发动。因此历史发展的动力在这时期是集中到了资产阶级革命派手里。

这时中国已有无产阶级，但它"还没有当作一个觉悟了的

---

① 《毛泽东选集》第2版第2卷，第627页。

独立的阶级力量登上政治的舞台，还是当作小资产阶级和资产阶级的追随者参加了革命。"①

外国帝国主义利用资产阶级革命派的弱点，竭力使这个革命限制在不损伤中国既存的半殖民地半封建秩序的范围内，并促使革命的结果只是这种秩序的重建。

资产阶级君主立宪派（代表资产阶级化的地主阶级）不但曾以在野派的身份起了阻挠革命的作用，而且在革命发展中混入革命，篡得领导权，成为外国帝国主义及其走狗——中国的大地主大资产阶级的有力的同盟军。

民主革命派的小资产阶级知识分子在发动武装起义中表现了很大的积极性，但他们没有能力建立和保持革命的政权。革命派中的民族资产阶级则在起义一开始后就为企图迅速结束革命以建立"安定的秩序"而与君主立宪派混成一片。

因此，1911 年到 1912 年的革命（辛亥革命）的结局就是小资产阶级革命分子给自由资产阶级牵着走，自由资产阶级又让自己为资产阶级化的地主阶级所同化，而后者则把革命带到了向大地主大资产阶级及其后台——外国帝国主义投降的路上去。

为这次革命而付出很大的热情、希望与力量的下层人民群众，没有能从这次革命中得到任何东西。

这就是在资产阶级领导下的这一次革命运动的基本形势。

中国近代史可以划做七个时期

根据以上的简单叙述，可以看到，在中国近代史上这三次革命高潮中阶级力量的配备和关系是各不相同的。这正是中国近代

---

① 同上，第 672 页。

社会经济结构的发展过程中的各个不同阶段的集中反映。也正因此，虽然自鸦片战争后中国人民的革命斗争可以说是一天也没有中止过，但我们有必要特别提出这三次革命运动高涨的时期。

中国革命中的阶级力量的配备到了十月革命和五四运动后起了一个大的变化。无产阶级作为一个独立的自觉的力量登上历史舞台并成为革命的领导力量，这就给中国革命打开了一个新的局面，从此开始了新民主主义革命的时期。

把中国现代史和中国近代史划分开来，就是以这点为根据。我们对现代史中的分期也是以在无产阶级领导下的新民主主义革命的各个阶段为根据的。

以中国近代史中三次革命运动的高涨来作划分时期的标准，我们就可以把中国近代历史，即从鸦片战争到五四运动，细分为这样的七个时期或七个阶段。

一、从 1840 年（道光二十年）到 1850 年（道光三十年），即从鸦片战争到太平天国起义前。这是中国由封建社会开始转变为半殖民地半封建社会的时期。这时期的主要历史内容是：鸦片战争与"五口通商"，广东人民的反英斗争，买办商人的出现，知识分子开始寻求有关资本主义世界的知识。

二、从 1851 年（咸丰元年）到 1864 年（同治三年），即太平天国革命运动从金田起义到南京陷落。围绕太平天国革命的各种斗争是这一期间的主要历史内容。第二次鸦片战争属于这一时期。

三、从 1864 年（同治三年）到 1895 年（光绪二十一年），即从太平天国失败到甲午中日战争，是半殖民地半封建的社会和政治形成的时期。在这期间，中法战争和中日战争先后发生。主要的历史内容是：外国资本主义在中国的经济势力和政治势力的各方面的发展，中国的一部分商人、地主、官僚开始投资新式工业，此伏彼起的反对外国教会的群众自发斗争，资产阶级倾向的改良主义思想的发展。

四、从1895年（光绪二十一年）到1900年（光绪二十六年），即从中日战争后到义和团的失败。这就是上述中国近代史第二个革命运动高涨的时期。中日战争在中国社会中引起的强烈反应，帝国主义列强瓜分中国的危机和美帝国主义的恶毒的"门户开放政策"，私营企业的初步发展——这些就是这一次革命高涨形势的背景。百日维新和义和团运动在这种形势中出现。

五、从1901年（光绪二十七年）到1905年（光绪三十一年），即从《辛丑条约》订立到同盟会成立前。这是资产阶级的民主革命派渐次成立的时期。在这期间，外国帝国主义和中国封建统治政权进一步结合，小资产阶级知识分子渐渐趋向革命，孙中山的革命活动开始。

六、从1905年（光绪三十一年）到1912年（民国元年），即从同盟会成立到辛亥革命中产生的南京政权让位于袁世凯。这就是上述中国近代史中第三次革命高涨的时期。同盟会成立后革命派向立宪派进行了划清界线的论战，连续地组织了多次的武装起义，当时在各种小资产阶级群众中相当广泛地展开了爱国的运动和思想解放的热潮，资产阶级君主立宪派的宪法运动，外国帝国主义为争夺中国进行激烈的斗争。——终于是辛亥革命的爆发。在武昌起义后5个月，1912年3月10日，袁世凯接受了南京政府所授予的大总统职，标志着这一次革命以失败而结束。

七、从1912年到1919年，即从辛亥革命失败后到五四运动。这是由资产阶级领导的革命过渡到无产阶级领导的革命的时期。孙中山在袁世凯统治下发动的反袁的斗争，和在段祺瑞政权下进行的所谓护法运动，不过更加证明了旧民主主义革命的绝望。随着帝国主义世界大战期间中国民族工业的发展，中国无产阶级有了大的发展，伟大的十月社会主义革命给予中国以巨大的影响，科学的社会主义思想开始在中国传播，反对帝国主义和封建主义的政治运动和文化运动表现了从未有过的彻底性。这样，旧民主主义革命时代不能不结束，新民主主义时代不能不开始。

这就是本文所建议的对中国近代史的分期。

在此要附带说明两点：

一、历史的分期并不等于历史教科书中的分章分节。因此这里提出中国近代史的分期的建议，并不是主张中国近代历史教科书必须这样地分成若干章。

二、把近代历史看做是从鸦片战争开始，并不认为，中国社会在鸦片战争前一直是停滞不变的封建社会，只因为外来了侵略势力，才开始发生变化。为了说明中国近代历史的发展，很有必要对鸦片战争前相当久以来即在中国社会内部酝酿着的资本主义萌芽做专门的研究。毛泽东同志关于这点的指示是值得注意的。毛泽东同志说："中国封建社会内的商品经济的发展，已经孕育着资本主义的萌芽，如果没有外国资本主义的影响，中国也将缓慢地发展到资本主义社会。外国资本主义的侵入，促进了这种发展。"[①]

（原载 1954 年 2 月《历史研究》1954 年第 1 期）

---

① 《毛泽东选集》第 2 版第 2 卷，第 626 页。

社会历史的研究怎样成为科学

——论现代中国资产阶级唯心主义历史学在这个问题上的混乱观念

　　马克思主义把辩证唯物主义的观点和方法应用到社会历史的研究上来，从错综复杂的历史现象中发现客观规律，并按照客观规律来说明社会历史的发展过程。这样，就使得社会历史的研究真正成为一门科学。

　　马克思主义历史科学不是凭空产生的。在马克思主义产生以前，过去有许多历史学家虽然不能建立完整的历史科学，却也提供了具有科学性的研究成果。无论在中国和外国，资产阶级的历史学在历史科学的发展中都有重要的贡献。但是处于资本主义没落时期的资产阶级越来越丧失了科学地认识历史发展真相的自信，越来越趋向于粉饰和捏造事实来维护自己的利益。现代欧美资产阶级历史学制造了许多混乱观念，这些混乱观念也反映到了现代中国的资产阶级历史学中。为了推进马克思主义的历史科学，就应当一方面很好地继承和吸收以往一切历史学家的工作中的有益成果，一方面要批判和扫除足以妨害历史科学发展的混乱观念。

　　很多现代中国资产阶级的历史学著作试图答复历史学是不是一种科学和怎样才能成为科学的问题，但是找不到正确的答案。我们可以看到下面这几种错误的观点：一种是根本否认在社会历史的发展中有客观的规律，因而否认历史研究能够成为科学；一种是把历史学说成就是史料学，从而取消对历史发展规律的探求；还有一种是认为历史学乃是一种"主观"的学问，是没有客观标准的"科学"；最后还有一种观点是企图把生物学引导到社会历史的研究上来，以为这样就有了历史科学，但实际上却是破坏了历史科学。——在这篇文章中将对这几种观点进行一些分析。

一

社会历史发展中有没有客观规律，我们能不能发现这种客观规律，这是决定历史研究能否成为科学的根本问题。中国资产阶级历史学的创始人之一梁启超曾经在这个问题上表示动摇和苦恼，而终于达到否认客观规律的结论。

梁启超早在 1904 年（光绪三十年）发表过《新史学》[①] 一文。在那时，他对于历史有没有客观规律的问题，态度虽然不很明确，但基本上是承认有客观规律的。他说："历史者，叙述人群进化之现象而求得其公理公例者也。"[②] 可是 17 年后，他在 1921 年发表的《中国历史研究法》[③] 中用了极其犹疑不定的口气谈到历史中的"因果律"问题。他说："说明事实之原因结果，为史家诸种职责中之最重要者。近世治斯学之人多能言之。虽然，兹事未易言也。……严格论之，若欲以因果律绝对的适用于历史，或竟为不可能的，而且有害的，亦未可知。……然则吾

---

① 梁启超的《新史学》最初在《新民丛报》上连载，兹据中华书局刊行的《饮冰室文集》第 9 册。
② 第 10 页。
③ 梁启超的《中国历史研究法》，据中华书局刊行的《饮冰室专集》第 15 册。

侪竟不谈因果可乎？曰断断不可。不谈因果，则无量数繁颐变幻之史迹，不能寻出一系统，而整理之术穷。不谈因果，则无以为鉴往知来之资，而史学之目的消灭。……"① 这段话中的模棱两可，自相矛盾是很明显的。

果然，只隔了两年，他就来修正自己的这段话了。在 1923 年，他在《研究文化史的几个重要问题》② 的演讲中重新提出了"历史里头是否有因果律"这个问题，干脆做了否定的答复。他说："当我著《历史研究法》时，为这个问题着实恼乱了我的头脑。我对于史的因果很怀疑，我又不敢拨弃他。……我现在回看这篇旧著，觉得有点可笑。既说'以因果律驭历史，不可能而且有害'，何以又说'不谈因果断断不可'。我那时候的病根，因为认定因果律是科学万不容缺的属性，不敢碰他，所以有这种矛盾不彻底的见解。"③ 应当承认，梁启超是如实地描写了他在这个问题上的历程。像他所说的，他原来是"因为想令自己所爱的学问取得科学资格，便努力要发明史中因果"④，但又因为感到从社会历史中找不到客观的必然的规律，所以终于认为"把自然科学所用的工具扯来装自己门面，非唯不必，抑且不可"⑤。这就是说，他为摆脱那种"矛盾不彻底的见解"而找到的出路就是放弃使历史学成为科学的打算。

由此可见，梁启超在这个问题上是走着一步步后退的路，否认历史研究的科学性质就是这条路的终点。

表示否认社会历史的客观规律的，不只是梁启超一个人。我

---

① 第 110—111 页。
② 《饮冰室文集》第 40 册。
③ 第 3 页。
④ 第 2 页。
⑤ 第 2 页。

们还可以拿何炳松做个例子。何炳松在《历史研究法》① 这个小册子中说："自现代自然科学及社会学发达以来，史学一门颇受影响。世之习史者不谙史学之性质及其困难，妄欲以自然科学之方法施诸史学，以求人群活动之因果，或欲以社会学之方法施诸史学，以求人群活动之常规。其言似是，其理实非。"②

　　为什么他们认为在社会历史中找不到客观的规律？梁启超的理由是："历史为人类心力所造成，而人类心力之动，乃极自由而不可方物。心力既非物理的或数理的因果律所能完全支配，则其所产生之历史，自亦与之同一性质。"这是他在《中国历史研究法》③ 中的说法，两年以后在《研究文化史的几个重要问题》中说得更明确了："因果律也叫必然的法则。'必然'与'自由'是两极端。既必然便没有自由，既自由便没有必然。我们既承认历史为人类自由意志的创造品，当然不能又认他受因果必然法则的支配，其理甚明。"④ 同样，何炳松也认为，人心是历史发展的动力。《通史新义》⑤ 的《自序》中说：社会演化之"真因维何？即人类内心之动机是已。"⑥ 由于认为内心动机是变化莫测的，所以在这本《通史新义》中说："……历史性质极其混乱……此种混乱盖足以取消史家提高历史为科学之要求，而阻止历史模仿他种科学而现出科学上之外貌也。"⑦

---

　　① 何炳松：《历史研究法》，商务印书馆 1927 年版。
　　② 第 2 页。
　　③ 第 111 页。
　　④ 第 3 页。
　　⑤ 何炳松：《通史新义》，商务印书馆 1929 年初版。这本书标明为"何炳松著"，实际上是法国人赛诺波（Seignobos）所著《应用于社会科学上的历史研究法》（1905 年）一书的译本，但"自序"则是何炳松的作品。
　　⑥ 《自序》，第 11 页。
　　⑦ 第 96 页。

很明显的，否认历史发展中的客观规律，从而否认历史研究能够成为科学，正是历史唯心主义观点的不可避免的结论。当人们把历史发展的最后根源归结于"心力"、"意志"、"内心动机"等等的时候，人们就只能在纷繁复杂的历史事实面前感到惶惑，只好承认他们对于历史的真相其实是无所知的。

"心"和"意志"究竟是怎样决定历史发展的呢？在阐明他的论点时，梁启超提出了带有神秘色彩的所谓"民族意力"，并且走到了个别历史人物决定历史命运的结论上去。梁启超说："史迹有以数千年或数百年为起讫者，其迹每度之发生，恒在若有意识若无意识之间，并不见其有何等公共一贯之目的，及综若干年之波澜起伏而观之，则俨然若有所谓民族意力者在其背后。"[①] 用这"俨然若有"的所谓民族意力来解释自己所解释不了的历史现象，这同不了解自然现象的人把自然现象的变化归因于冥冥中的天神的意志其实是一样的。

"民族意力"既然渺茫难寻，那么个别人物的心理状况能否捉摸到呢？梁启超说："心理之发动，极自由不可方物，无论若何固定之社会，殊不能预料或限制其中之任何时任何人忽然起一奇异之感想，此感想一度爆发，视其人之心力之强度如何，可以蔓延及于全社会。"[②] 这真是可怕的事。任何人的任何"奇异之感想"，只要他"心力"很强，就可以影响和改变整个社会历史的进程！"心力"最强的人大概就是所谓"伟人"了。照梁启超的说法，像在中国近代史中的曾国藩、袁世凯这样的人是对历史起决定作用的。"此若干人者心理之动进稍易其轨，而全部历史

---

① 《中国历史研究法》，第 100 页。
② 同上，第 116 页。

可以改观"①。"如袁世凯，倘使其性格稍正直或庸懦，则十年来之民国局面或全异于今日亦未可知"②。根据这种观点，谁能知道那些"伟人"的任何时候的任何一个奇异的感想呢？因此梁启超只好说，"史迹"是"诡异而不易测断"的③。

在这里，我们想起了列宁说过的话："以往的历史理论至多只是考察了人们历史活动的思想动机，而没有研究产生这些动机的原因，没有探索社会关系体系发展的客观规律性，没有把物质生产发展程度看做这些关系的根源。"④ 历史唯物主义者当然不否认人们在历史活动中的思想动机，但是决不能满足于用思想动机来解释历史发展过程。如果说，历史发展中的某种结果就是由于某个人或某些人具有这种愿望的缘故，这其实是对于事情并没有做任何解释。我们所需要知道的是：为什么某种思想动机在一定时期会成为千百万人的集中的意志并使得千百万人行动起来；为什么这一种思想动机在历史发展中能够起显著的作用，而另一种思想动机则并不起什么作用；为什么在社会生活中，虽然有无数的互相抵触、互相冲突的思想动机，但是历史发展的总的趋势仍然循着确定的轨道前进；为什么某些历史人物的个性虽然能够对于历史发展过程中的个别事件的面貌起一定的影响，但是他们远不能决定历史发展的根本趋势，等等。只有做这样的深入的分析，才有可能对历史做出正确的，也就是科学的解释。

自然界和社会历史的客观规律都隐藏在错综复杂的现象中间，要发现它们并不是很容易的事情。由于社会历史现象是由有意识的人参加在内的，历史发展的规律是通过人们的错综复杂的

---

① 第 116 页。
② 第 120 页。
③ 第 116 页。
④ 《卡尔·马克思》，《列宁全集》第 2 版第 26 卷，第 59 页。

有意识的活动而表现出来的，所以在社会历史领域内的科学规律的发现，甚至更难一些。人们在无力克服这种困难的时候就很容易堕入历史唯心主义的观点。而许多建立唯心主义的历史学理论体系的人正是利用这种困难，片面性地极度夸大思想动机在历史上的作用，从而在根本上否认历史研究成为科学的可能。

梁启超、何炳松等人为了否认历史发展中有科学规律，还提出了另一条理由，那是说，在社会历史中，和在自然界中不同，同样的现象不会反复出现，只有一个个特殊的事物，没有共相，所以说不上有什么规律。梁启超说："自然科学的事项，常为反复的、完成的，历史事项反是，常为一度的、不完成的。……天下从无同铸一型的史迹。……故自然科学可以有万人公认之纯客观的因果律，而历史盖难言之矣。"① 何炳松的说法则是："……史家所致意者即此种空前绝后之变化也，非重复之事实也。故历史者，研究人群活动特异演化之学也，即人类特异生活之记载也。夫人类之特异生活，日新月异，变化无穷。故凡属前言往行，莫不此往彼来，新陈代谢。此历史上所以不能有所谓定律也。盖定律以通概为本，通概以重复为基。已往人事，既无复现之情，古今状况，又无一辙之理，通概难施，何来定律乎？"②

这个论点不是中国资产阶级历史学者独创的。属于新康德学派的德国主观唯心主义哲学家里凯尔特（Rickert）就曾在历史学上发挥了这个论点。梁启超承认他受了这个新康德主义者的影响③。为何炳松所依据的赛诺波（Seignobos）也抱同样的见解。

① 《中国历史研究法》，第 111 页。
② 《历史研究法》，第 2 页。
③ 《研究文化史的几个重要问题》，第 2 页。

在赛诺波和另一个法国史学家合著的《史学原论》① 中说："研究此各个不同的事实的必要，使历史学不能成为一种科学，因为任何科学都是以普遍性为对象的。"②

这种说法同样也是历史唯心主义者片面地夸大和歪曲了社会历史现象的一个特点而达到的错误结论。在社会历史中，不会有两个现象完全相同，分毫不差，因此，可以说，历史不会重复。但是，在某些各有特点的现象之间存在着本质上的共同性，因此，又应当说，历史是会重复的，而且重复的现象是常常有的。何炳松认为，只有对于完全同样、反复出现的现象，才能进行概括（即所谓"通概"），这是完全错误的。进行科学的概括，就是把许多个别事物所具有的互相不同的非本质的特性抽象掉，而根据它们的本质上的共同点建立各种概念和法则。如果只是积累许多完全相同的现象，那就反而不需要什么"通概"。就适用科学的概括这一点而言，社会科学和自然科学是一样的；这就是说，我们对于自然现象和社会现象都要从特殊性中找到一般性，从似乎杂乱无章的现象中找到规律，这才有科学研究。当然，在历史研究中，又需要特别注意一般性的特殊表现，需要阐明一般的规律怎样表现为具有特殊性的现象，但是决不能认为历史研究只注意特殊性而不注意一般性。以为历史现象中只有特殊性而没有一般性的这种观点，就会使得历史研究的任务最多只是把历史现象一件件地按照表面状况记录下来，因而排除了历史研究的科学性质。

庸俗资产阶级学者又常喜欢说，在历史研究中，不能做自然

---

① 朗格诺瓦 Langlois 和赛诺波合著：《史学原论》，1897 年出版，李思纯译，商务印书馆 1926 年初版。这里的引文不是完全依照这个译本，但所记页码是这个译本的。

② 第 208 页。

科学的实验室工作，所以社会历史的规律即使有，也无法证明。何炳松说："史学家所根据之史料断不能应用实验工夫。史家才学虽极高博，终无力可以生死人而肉白骨，使之重演已往之大事，则断然也。……与自然科学家之常能目睹事变而再三实验之者，真有天渊之别也。"就因此，他认为对社会历史不像在自然科学中那样"凡是遇有某种原因即能预断其有某种结果"①。

当然不能用实验室里的工作来研究历史，但这只足以表明历史学家需要用不同于自然科学的方法来进行科学研究。人们必须根据各种研究对象的不同特点而采取不同的研究方法；用一种方法局限自己，以为在这以外寸步难行，这在自然科学上也是不许可的。而且实验室中的工作其实是实践的一种形式。科学研究需要依靠实践，这在自然科学和社会科学上都是同样的。我们当然不能使历史的事实"重演"，但是我们从历史中发现的规律却可以放到实践中去考验。中国人民所进行的人民民主革命和社会主义革命，正是对于我们所掌握到的历史规律的大规模的考验。我们能够对社会历史做出科学的预见，并且在实践中检验这种预见，这是以为在实验室工作以外没有科学方法的人所不能设想的事。

二

资产阶级历史学界中有很多人说，历史学虽然不能成为研究社会历史发展的客观规律的科学，但仍旧可以是一种科学，它之所以成为科学就因为它用科学的方法进行史料的考订。梁启超、何炳松的书中一方面说，史学不能成为自然科学那样的科学，一

① 《历史研究法》，第4页。

方面又常常用"科学的史学"一类的说法，这所谓科学就是指史料的搜集、校勘、考订等等。例如梁启超在《中国历史研究法》中说："须知近百年来欧美史学之进步，则彼辈能用科学的方法以审查史料，实其发轫也。……我国治史者，惟未尝以科学方法驭史料，故不知而作，非愚即诬之弊，往往而有。"①

史料考订工作是不是在历史研究中的一个很重要的工作？毫无疑问，这是一个很重要的工作。无论研究什么历史问题，研究者必须掌握大量的，而且可靠的资料，清除掉前人留下来的许多史料中的蒙蔽史实真相的迷雾，使有关的历史事实的本来面目显露出来。史料（实物或文献）的考订工作可以分为两个方面，"外形"的考订是区别史料的真伪，确定其时代和作者，对历史文献的版本文字进行研究，使其尽可能恢复原来的面目。"内部"的考订就是辨明史料的实际价值，把有价值的史料和价值不大的史料区别开来，把错误的记载和正确的记载区别开来。这两个方面的考订工作都是必要的，都需要用科学的态度和科学的方法去进行。近代西方的和中国的资产阶级史学都着重地在这些方面做了工作。许多中国的史学家们继承了清朝的汉学家们的工作，并且利用从现代欧美传来的各种科学知识和比较精密的逻辑观念，在史料的考订上，取得了不少成绩。他们的工作成绩和工作经验不应当被抹煞而应当加以接受，加以发扬。今后我们还应当有计划地进行史料的搜集、整理、考订、注疏、翻译（译成现代普通话）等等工作，并且使史料学成为有系统的科学。由于史料工作的繁重和需要各种辅助性的专门知识（如古文字学、年代学、古文书学、古文献学、历史地理学、版本学、印鉴学等等），所以有一批专门的人来担负这些工作是必要的，他们就是

---

① 第 99 页。

史料学家。史料学家是整个史学家队伍中一个重要的组成部分。

轻视史料学家的工作是错误的。因为历史发展的科学规律的认识必须建立在丰富的确实的史料的基础上，所以在有的情况下，史料学的研究成果，甚至对于解决某个历史问题起着决定性的作用。决不能把马克思主义的历史研究和史料工作看做是互相对立的。史料学家也需要学习马克思主义，把辩证唯物主义和历史唯物主义的观点和方法同史料学上的专门知识结合起来，那就能够更加提高史料工作的水平。但是如果以为，不懂得和不能应用马克思主义的史料学家所做的工作都是没有价值的，都不能有助于马克思主义的科学研究，那是不合乎事实的。如果以为只要根据历史规律的认识，就可以任意地选用史料，任意地判定这种史料和那种史料的价值，而无须倾听一些史料学专家的意见，这更是违反马克思主义的主观主义的态度，这种态度是我们不赞成的。但是在另一方面，也必须指出，史料工作不应当孤立地进行，更不能代替历史规律的科学研究。

片面地夸大史料学的意义，以为历史学之所以能成为科学只是在史料的考订工作上，这种错误观点在中外资产阶级历史学者中都是很流行的。法国史学家赛诺波这样解释历史研究法的意义：因为我们不能亲眼看到已经过去的历史事实，只能通过它的遗迹（实物或文献）来知道过去的事实，而史料又往往残缺不全，所以才产生历史研究法。"历史研究法即研究此种史料之方法，目的在于决定此种留有遗迹之古代事实为何。"① 这就是在实际上把历史研究法看做只是史料的考订方法，从而在实际上使历史学成为史料学。中国的历史学者中也有人虽然不愿意承认历史学就是史料学，但又说："近代史学所以能成为科学的缘故，

---

① 《通史新义》，第3页，参看第123页。

就在于它的方法纯然是属于科学的，……现在历史学家的注意大部分都向到'材料的性质'、'材料的正确'和'材料的缺点'方面去。"① 这还是承认，史学之所以成为科学，就是依靠史料学方面的工作。明白主张历史学就是史料学，宣传这个论点，使它在中国史学界中起了很大恶劣影响的人，乃是曾主持国民党的中央研究院历史语言研究所的傅斯年。傅斯年在《历史语言研究所工作的旨趣》②。一文中说："近代的历史学只是史料学；利用自然科学供给我们的一切工具，整理一切可逢着的史料。"他在1930年左右在北京大学的讲义稿《史学方法导论》中也下了这样的断语："史学的对象是史料，史学的工作是整理史料"，"史学便是史料学"。

　　照傅斯年说起来，历史学是能够"变做如生物学、地质学一般的事业"的，也就是说，是能够成为科学的。但是傅斯年把使梁启超困恼的问题简单地撇到了一边，他根本不管要不要和能不能发现历史发展规律的问题，因为在他看来，历史学并不是以历史事实本身为研究对象，而只是以前人留下来的史料为研究对象。看一看傅斯年所说历史学为什么能够成为科学的原因是很有趣味的。他说："假如一件事只有一个记载，而这个记载和天地间一切其他记载不相干，则对这件事只好姑信姑疑，我们没有法子去对他做任何史学的工夫。假如天地间事都是这样，便没有一切科学了。史学也是其一。"所幸的是"历史的事件虽然一件事只有一次，但一个事件既不尽止有一个记载"，于是就可以把这个记载和那个记载互相比较，于是就有了历史科学。这就叫做

<hr />

① 杨鸿烈：《史学通论》，商务印书馆1939年初版。这个引文见该书第70页。该书第68页上说："有的人说近代史学只是史料学，未免武断。"
② 《历史语言研究所集刊》第1期（1928年）。

"史学的方法是以科学的比较为手段，去处理不同的记载"①。如果按照这种观点来研究某一时期的历史，那么研究者所针对的并不是这一时期的经济、政治、文化状况，研究任务并不是通过有关史料来认识当时的社会历史，而只是把有关的各种史料互相对照比较。经过这种研究，至多只是从各种分歧矛盾的记载中辨明哪一种记载是比较可靠的，他们的研究就到此为止了。即使这种研究工作做得很好，他们也只是停止在应当开始进行历史研究的地方。如果他们遇到的某种历史现象并没有不同的记载，他们就认为这里并没有什么历史研究工作可做。很明显的，傅斯年所说的历史学乃是没有历史的"历史学"，是在史料研究的名义下取消了历史学。

用史料学代替历史学，既破坏了历史科学，也会把史料学工作引导到错误的路上去。无论是史料的"内部"的考证还是"外部"的考证，目的都应当是提供对历史的科学认识的可靠基础；如果脱离整个史学的科学研究而孤立地进行，就会迷失方向，无目的地沉溺在史料的海洋中。诱使史学家走到这条路上去是反动史学观点的目的。傅斯年在《历史语言研究所工作的旨趣》中说，历史学和语言学"都不见得即是什么经国之大业，不朽之盛事，只要有十几个书院的学究肯把他们的一生消耗到这些不生利的事物上，也就足以点缀国家之崇尚学术了。"这种观点受到国民党反动统治者的支持，当然不是偶然的。

傅斯年自己所做的一个考据可以作为极端无聊的史料工作的代表。1932 年傅斯年发表了一篇文章叫做《明成祖生母记疑》。谁是明成祖的生母，这问题有什么意义，这是傅斯年自己也说不出来的。但是因为这件事在不同的文献中有不同的记载，于是好

---

① 《史学方法导论》。

像就有"科学"工作好做了。据傅斯年的考证，说明成祖是马后所生的记载是不对的，他的真正的生母是像别的记载所说的啰妃。对于这个结论，又有别的学者不同意，一场热烈的"学术争论"至少延续了5年之久。我所看到的傅斯年关于这问题的最后一篇文章发表在1936年。——从1932年到1936年，这是关系中华民族存亡的一个极端严重的时期，而这样的"学者"竟以这样的"科学工作"来为反动统治者"点缀"升平！

在过去的时期，勤恳地认真地从事考据工作的学者们，他们的工作对于历史科学的发展有着或大或小的帮助，因而至今仍受到人们的尊重。但是像这种引人走入歧途的史料学观点及其具体表现却只能受到唾弃。

我想在这里提一下由顾颉刚提出的"层累地造成的古史"这一命题，这个命题曾经在历史学者中引起过很多争论。我以为，在1925年左右顾颉刚先生在"古史辨"的名义下进行的一些工作是不应当被抹煞的，在这些工作中表现着的所谓"疑古"精神是当时的反封建的思潮的一个侧面。但是我们现在来读《古史辨》①的第一册和第二册，可以很明显地看出，在许多地方，史料（记载古代历史的文献）和历史（古代历史本身）是被混淆起来了。所谓"古史辨"的工作本是从"辨伪"开始，乃是一种史料考订工作。所谓"层累地造成的古史"只能是史料学范畴内的一个命题，用意在使人不要盲目地信从前人关于古史的各种记载。这个命题对于整理周秦两汉时代的记载古史的文献是有用的。虽然整理文献的结果会有助于了解古代历史，但是当然不能把上述命题当做古代历史本身的规律。《古史辨》的编者说："我对于古史的

---

① 顾颉刚编著：《古史辨》第一册（1926年初版）、第二册（1930年初版）。

主要观点，不在它的真相而在它的变化。"① 如果这是说，古代史的研究不在于研究古代历史的真相，而只是研究关于古代历史的传说的变化，那我们当然是不能同意的。固然这样的研究也是需要的，但是如果排斥了对历史本身的研究，研究史料难道会有什么意义么？《古史辨》第三册顾颉刚先生自序中指出，人们有理由认为他的书其实是"古书辨"，而不是"古史辨"，这只是"研究古史的初步工作"。这个意思我们以为是对的。

胡适和傅斯年当时十分恭维"层累地造成的古史"这说法。一个说，这是"史学的中央题目"，一个说，"这一个中心学说已替中国史学界开了一个新纪元了"②。原来这两个人心目中的历史学就是史料的考订学。他们把整理某一部分史料而得到的史料学上的个别结论夸大为历史学上的根本问题，这种夸大只足以损害历史科学，并且也使得像"古史辨"这样的工作反而不易于得到应有的公正估价。

三

用史料学来代替历史学的学者中，有的人忠实地进行着史料工作，并且很谨慎地把自己的工作限制在史料考订的范围以内。他们能够提供出某些有价值的研究成果，他们的缺点是繁琐，不得要领。但是还必须指出，他们只是在个别史料和个别历史事实的考订中采取实事求是的态度，而一到必须提出对历史发展的根本看法的时候，他们就抵抗不了，并且往往会接受主观主义的影响。还有些人则是在重视史料工作的掩护下公开宣扬历史学上的

---

① 《古史辨》第一册，第273页。
② 同上，第297、338页。

主观主义。他们一方面用繁琐的史料考订工作使人相信他们的态度是真正实事求是的态度；另一方面又告诉人，历史的真相是不可能通过科学的方法而认识到的，在历史研究中可以任意地进行纯主观的猜度和想象。在这里，我们可以看到，一方面是经验主义倾向的史料工作，一方面是主观唯心主义的方法论，这二者是密切地结合起来了。恩格斯在论到自然科学家中的唯心主义观点时曾指出："到那种单凭经验，非常蔑视思维，实际上走到了极端缺乏思想的地步的派别中去寻找"，就可以找到"极端的幻想、盲从和迷信"①。在历史学界中也有这种情形。

就拿梁启超和何炳松的书来看吧。他们用很多的篇幅来讨论史料考订的问题，在这范围内他们能够有自信地说出些具体的东西；特别是梁启超的《中国历史研究法》，应当承认是一部在史料学上有价值的著作。但是一到史学研究的更广阔的范围内，他们遇到了这样的问题：除了史料考订以外，在史学研究中究竟还有什么工作要做？在这问题前面，他们就只能用一些空洞的、玄妙的说法来搪塞了。

症结还在历史发展的客观规律问题上。通过史料的考据工作，至多只能把一个个的个别历史事实弄清楚，如果停留在这里，那就连任何一本通史都写不出来。要进一步，就不能不注意各个历史事实的相互关系。所以梁启超和何炳松在确定地否认历史发展规律的时候，仍旧说要承认历史现象中的相互关系。梁启超把这种相互关系叫做"互缘"。他说："历史现象最多只能说是互缘，不能说是因果。"②何炳松则称之为"因果关系"，照他的说法，在历史现象中可以有因果关系，但没有因果规律。他

---

① 《自然辩证法》，人民出版社1957年版，第29页。
② 《研究文化史的几个重要问题》，第4页。

说："历史与自然科学同，不能有无因之果。然自然科学中之因果本有定律，因果范围必两相等。……探求定律，非史家之责也。史家所求者，因果关系而已。只叙明诸事之前后相生，并依前后相生之理而编比之，即为已足。总期篇中无孤立之事迹，各事有相互之关系，斯则可矣。"否认规律性，而又承认"互缘"，承认"因果关系"，这究竟是怎样回事呢？如果根本否认客观存在的因果关系，那就一定是否认客观规律，但是承认因果关系却并不等于承认客观规律。唯心主义者所不承认的是不以人们的意志为转移的、内在于事物本质中的客观的必然的规律性。在排斥客观规律性的前提下承认各种因果关系，那就只能是沉溺在事物表面现象上的，带有偶然性的，分歧错杂的无穷联系中间，并且只能是用唯心主义的观点来解释因果关系：不是认为客观的因果关系反映到人们的头脑里面来，而是认为人们把因果关系带到客观现象中去。由这里就产生了主观主义的历史方法论。

关于这一点，何炳松是说得很清楚的。他不是说要"叙明诸事之前后相生，并依前后相生之理而编比之"么？如果所谓"前后相生之理"是指客观事实本身的理，那么他就是用唯物主义的态度来进行"编比"，但他的意思并不是这样，它用"前后相生，因果初不相等"这种暧昧的说法来解释他所谓历史上的"因果关系"，意思实际上是说，历史上的因果关系是带有任意性的，是不确定的，不可捉摸的，天大的事情可以由一个无足重轻不相干的小事促成，重大的因也可以"影响杳然"。因此，人们当然不可能按照客观历史本身的规律来进行"编比"了。照他说来，在研究一段历史时，"自何时始，至何时终，去取之权，握诸学者"[1]。"学者"愿意怎样办就怎样办。在进行"编

---

[1]《历史研究法》，第57页。

比"时，应当编进去什么材料，在这些材料中，"孰重孰轻乎？何者应详，何者应略乎？何以某事较重，且应详述乎？凡此皆形而上学中之问题也"①。原来这叫做"形而上学"的问题，所以是并没有客观标准的。"是故世界史之如何编比，当以著者所抱之人生哲学为标准。……史家所抱之价值观念，当然影响其全部历史之编比"②。你有怎样的"人生哲学"，你就怎样去"编比"，愿意怎样办，就怎样办，这就是何炳松的"编比"的理论。在这里主观主义的臭味是掩盖不了的。凡是坚持否认历史发展的客观规律，而又觉得不能把历史研究工作仅限于史料考订工作的人，都必然走到这条主观主义的路上来。

主观主义者不是深入历史现象的本质进行艰苦的研究以发现各种现象之间的内在的联系，而是任意地根据表面现象的某一侧面把各个历史事实联结起来，他们所发现的相互联系往往只好算是胡扯。有些评论者认为梁启超的《中国历史研究法》这本书的最大优点是承认历史事实的相互联系，承认历史的整体性，反对把一个个历史事实割裂开来叙述。的确，在这本书中这一类说法是很多的。梁启超用他的善于渲染的文笔说："史之为态，若激水然，一波才动万波随。旧金山金门之午潮与上海吴淞口之夜汐，鳞鳞相衔，如环无端也。"③但是问题是梁启超所说的相互联系（也就是他所说的"互缘"），究竟是指什么呢？在他的书中有这样的例子："刘项之争与中亚细亚及印度诸国之兴亡有关系，而影响及于希腊人之东陆领土。""汉攘匈奴与西罗马之灭亡及欧洲现代诸国家之建设有关"，甚至"汉攘匈奴"一直影响

① 《历史研究法》，第60页。
② 同上书，第61页。
③ 第10页。

到第一次世界大战的爆发，等等①。按照梁启超的这种"互缘"的说法，人们可以把任何两件相隔数千年风马牛不相及的事情经过若干中间的连锁而联结起来，只要人们愿意这样做。这只能叫做主观主义的游戏，是没有什么科学意义的。

主观主义者无法说清楚他们究竟用什么方法来看出历史现象中的相互联系，他们只好承认他们所用的方法并不是科学的方法。梁启超说："一群史迹，合之成为一个生命——活的、整个的，治史者须将此'整个而活'的全体相，摄取于吾心目中。然兹事至不易，除分析研究外，盖尚有待于直觉也。"② 这所谓"直觉"，就是许多主观唯心主义者用来同科学认识相对抗的据说是超乎理性以上的本领。在他的另一篇文章中说得更清楚一些。他说的是，"我想归纳研究法之在史学界，其效率只到整理史料而止，不能更进一步。然则……我们常说历史是整个的，又作何解呢？你根问到这一点吗？依我看，什有九要从直觉得来，不是什么归纳演绎的问题。"③

在自称有"历史癖"的实用主义者胡适的身上也可以看到同样的情形。当胡适说到史料的整理考订的时候，他尽力用"科学"、"实事求是"等字眼来装点自己，但在这范围以外，他就不敢承认还有什么科学方法。他说："史学有两方面：一方面是科学的，重在史料的搜集与整理；一方面是艺术的，重在史实的叙述与解释。"④ 他又说："历史家须要有两种必不可少的能力：一是精密的功力，一是高远的想象力。没有精密的功力，不能做搜求和评判史料的工夫；没有高远的想象力不能构造历史的

---

① 第101—104页。
② 《中国历史研究法》，第118页。
③ 《研究文化史的几个重要问题》，第2页。
④ 《古史辨》第2册，第338页。

系统。"① 这很明显地是说，在叙述和解释历史时是不依靠科学方法的，人们可以靠"想象力"，靠"艺术"的能力来把各种史料组织成为所谓"历史的系统"。

主观主义者尽管天花乱坠地描写历史，但是在他们看来，历史的真相其实是不可知的，因为人人可以按照自己的直觉和想象力来描写历史，谁对谁错，并没有客观的标准。有一本讨论史学方法问题的书②中这样说："凡解释历史，如自谓能得某种史事之真相，任何历史家皆不能自信。历史家所敢自信者，不过告人以某种史事经过研究之后，在其个人脑中发生之现象如此而已。……考证固为客观的工作，而解释不能不多少带主观的色彩，此实为无可如何之事。"③

这种主观主义者认为，历史知识并不是客观事实的反映，而是从历史家所抱的"哲学"引申出来的。这就是何炳松所说的"……以著者所抱之人生哲学为标准，……史家所抱之价值观念当然影响其全部历史之编比"。另一个历史学者④曾这样说："应该注意到人类生活的全面要点，提纲挈领地构成骨干，以支配这许多史料，使之适合于史学家自己的史意。"⑤ 这就是说：不是从历史事实中得到"史意"，而是以客观事实来凑合史学家自己的"史意"。所以这个作者说："历史学是介于科学同艺术之间的一种学问。考证史料是一种科学，排比史料却与艺术有莫大的关系。"⑥ 然后又说："历史家应该自己造成一套哲学系统，

---

① 《胡适文存》第二集卷一，第2页。
② 陆懋德：《史学方法大纲》，独立出版社1945年11月初版。
③ 第77页。
④ 刘节：《历史论》，正中书店1949年5月初版。
⑤ 第34页。
⑥ 第47页。

从这套系统以内产生一种历史上的独到见解。……所以历史学是一种科学，也是一种艺术，而总其成者，还是一种哲学呢。"①

每一个历史研究者所抱着的世界观、哲学观点必然影响到他对于历史事实的解释方法。因此，我们认为，历史学者为了能够正确地按照历史事实的本来面目来研究和解释历史，就应当建立科学的世界观，这种科学的世界观是对自然界和社会历史的科学认识的综合。但是历史学上的主观主义者却认为，既然如此，历史家就可以自己去"制造"哲学系统；按照自己的"人生哲学"，自己的愿望和好恶（"价值观念"）来解释历史。他们的哲学只能是唯心主义的哲学，他们的历史方法论也只能是主观主义的方法论。

人们往往这样想，实际从事历史研究的人无论如何总是在探求事实，是不容易接受唯心主义的玄论的。但是事实上，探求事实的历史学家失足落到唯心主义泥坑中的情形是常常有的。这里可以举历史学家吕思勉为例。吕思勉先生早年所作《白话本国史》中说："历史者，研究人类进化之沿革，而认识其变迁进化之因果关系者也。"② 这是朴素的正确的说法。他在 1945 年发表的一本关于历史研究法的小册子③中，对于马克思主义的基本观点表示了赞成的态度。他说："马克思以经济为社会的基础之说，不可以不知道。……以物质为基础，以经济现象为社会最重要的条件，而把他种现象看作依附于其上的上层建筑，对于史事的了解，实在是有很大帮助的。但能平心观察，其理自明。"④但是就在这本小册子中的有些地方，他又表现了无力抵抗唯心主

① 第 64 页。
② 吕思勉：《白话本国史》，商务印书馆 1922 年初版，1935 年订正四版。
③ 吕思勉：《历史研究法》，永祥印书馆 1945 年初版。
④ 第 67 页。

义的引诱。这主要是因为他不能正确解释各个历史家为什么会对同一历史现象得到不同的认识，又为什么对同一历史事实的认识会不断地有所发展，似乎永远不能达到真相。这种情形其实正足以证明历史学家必须有正确的观点和方法，并且付出艰苦的努力，才能达到对历史事实的正确认识，但唯心主义却根据这种情形宣布客观事实本来是没有的。这本小册子接受了唯心主义的解释，所以说："一物有多少相，是没有一定的，有多少人看就有多少相，看的人没有了，相也就没有了。"① "真正客观的事实是世界上所没有的。真正客观的事实只是一个一个绝不相联属之感觉，和做成影戏所用的片子一般；不把他联属起来，试问有何意义？岂复成为事实？……其能成为事实，总是我们用主观的意见，把他联属起来的。如此，世界上安有真客观的事实？"②

这里又一次证明了，唯心主义正是利用科学工作进行中遇到的困难而来俘虏科学工作者的。

历史学上的主观主义方法也不是中国资产阶级历史学者独创的。我们在这里不来引证专门阐扬唯心主义历史哲学的欧美资产阶级学者的著作，但是需要谈一下德国史学家伯伦汉（E. Bernbeim）和前面提到过的法国史学家朗格诺瓦和赛诺波的著作。他们的主要著作有中文译本，常被中国有些历史学者所称引。这些著作的主要篇幅是史料考据学，在这方面，它们是有科学内容的，但它们的科学性至多只是在这范围内。

伯伦汉的《史学方法论》③ 在欧美资产阶级史学界中差不多

---

① 第 50 页。

② 第 51 页。

③ 原书名《历史方法和历史哲学读本》，1890 年初版，1908 年修订第六版。中文译本题作《史学方法论》，陈韬译，商务印书馆 1937 年版。这里的引文不是完全依照这个译本，但所记页码是这个译本的。

被看做是关于历史研究方法的一部经典著作，并且被认为是真正系统论述了科学的研究方法。在这本书中的确肯定了历史学是科学，并且表示反对那种认为只有考证是科学工作，而进一步的工作就不能用科学方法的说法。伯伦汉认为史学方法有两方面：一是考证，另一叫做"综观"。据他说，考证是用科学方法，而"综观"是同考证结合着的，所以也是科学方法。他说："如果人们否认综观、考证和史料学之间的密切关系，那就是否认了历史学的科学性质。"① 但是我们应当来看一下，伯伦汉对于历史科学的了解究竟是怎样的，他所说的"综观"究竟是怎么一回事。

伯伦汉否认历史现象的客观规律。他说："史学的目标决不是探求一般的典型或因素，尤其不是探求发展的规律。"② 他以为历史主要由"心理的因果性"所决定，而且充满了偶然性，所以没有客观的必然的规律。因此他说："历史并不是自然科学或规律的科学，不是所谓精确的科学。"③ 但是他认为历史学仍旧可以算是科学，那就因为历史不应当把罗列的事实不相连贯地加以叙述，而要"把个别事实连贯在因果关系之下"，这种因果关系是以所谓"心理的因果性"为基础的④。——在这里，我们可以看到何炳松的否认因果规律而承认因果关系的说法的娘家。

照伯伦汉说来，看出个别事实在整体中的联系就是在史学工作中继"考证"以后的"综观"这一步骤的任务。如果是根据客观现象本身的规律而看出它们的联系，那当然是科学性的；但是伯伦汉既然否认客观规律，他就不能不把"综观"这一步骤

① 第273页。
② 第72页。
③ 第123页。
④ 第114—115页。

说得非常神妙了。他说："在这方面所用的机能是不同于一般的理解能力的一种难以说明的精神禀赋，那就是'综合的天才'。……这种才能和幻想很相近，而且有相似处。"[①] 虽然他又再三声明"综观"并不是完全靠幻想，但同时又再三声明这是要靠"想象力"，靠"直觉力"的，所谓直觉力"不是从学习中得来的，而是出于天赋的"。[②] ——很明显的，伯伦汉在这里所说的意思已经被前面提到的一些中国历史学者接受下来了。从伯伦汉的"综观"中其实是不能令人嗅到科学的气味的。

法国人朗格诺瓦和赛诺波合著的《史学原论》的基本精神和伯伦汉没有什么不同。值得指出一下的是他们着重地企图从历史研究的对象的特点来证明历史学其实只能是一种主观的学问。据他们说，在历史家面前并没有什么"真实"的东西，所有的不是事实本身而只是史料，而史料又是前人思想的产物。"由于历史材料的这种性质，所以历史终不免是一种主观的科学。如果把分析真实对象的真实分析方法，用到对于主观印象的内心分析上去，那是不合理的。"[③] 这真是一种唯心主义的诡辩。历史学家当然不能像动物学家一样在实验室中把一只青蛙摆在面前加以解剖，历史学家不能不透过掺杂着前人的主观的史料来研究过去的历史，他在研究工作中必须更多地运用思维能力，因此历史学家必须善于排斥前人粉饰和歪曲事实的主观，严格地从客观事实出发来运用思维能力，否则就不能够使历史学成为科学。所谓"主观的科学"势必会变成只是任意的想象。这两个法国历史学家断言说："几乎一切历史学家都不自觉地，自认为能观察'真

---

① 第 402 页。
② 第 403—404 页。
③ 第 176 页。

实'，其实一切历史家，唯一所具有者，只是想象而已。"① "历史学家不能不用一种主观的方法。他想象出一个社会整体或一种进化过程，他把由历史所提供的个别因素排列到这个想象的结构中，所以生物学的分析是由对真实物体的客观分析而来，而历史的分析只能由存在于想象中的主观物而成。"②

拜这样的欧洲资产阶级学者做老师的人当然跳不出主观主义的迷魂阵。让我们再引一段何炳松的《历史研究法》中的话，这段话几乎就是赛诺波的话的翻译："……人群活动，史家所知者亦仅属主观之印象而非活动之实情。……凡此皆由臆度而来，非直接观察可得。故史之为学，纯属主观，殆无疑义。"③ ——既然如此，我们断不能把这些先生们所说的 "史学" 看成是一种科学，也确是 "殆无疑义" 的了。

四

在现代资产阶级历史学说中还有一种表面上是维护历史科学，而实际上是破坏历史科学的学说。主张这种学说的人宣称，他们能够发现历史发展的根本规律，从而使历史研究成为像自然科学一样准确的科学。但他们不是从社会历史的发展中寻求规律，而是搬用属于自然科学范畴的某种规律来解释社会历史。他们中有的人说，因为人心是社会历史发展的动力，所以应当用心理学来解释历史，这样就能够使历史成为科学；有的人说，因为人是一种生物，所以为了科学地解释历史，就应当把生物学的规

---

① 第 178 页。
② 第 183 页。
③ 第 5 页。

律用在历史学中。这里，我们将着重讨论这种在历史学中的生物学观点，因为这种观点在中国的资产阶级历史学界中曾有较多的影响。所谓用心理学解释历史，实际上也是把社会历史现象当成生物现象的一种观点。

一般说来，把生物学的观点搬到社会历史中来总是会损害社会历史的科学研究的。社会历史科学的研究对象不是作为生物的人，不是人的生理自然现象，而是人的社会生活。社会生活的规律不是生物学的规律所能包括的。在 50 年前，达尔文的生物进化学说最初传到中国，当时新派的人曾利用"物竞天择"、"适者生存"等等说法来解释社会历史现象，他们用这种观点来反对封建主义的崇拜古老、否认社会的不断进步、否认社会变革的必要的思想；虽然这种观点在当时起了一定程度的进步作用，但是生物进化论的观点毕竟不能帮助人们真正理解社会历史。现代欧美腐败的唯心主义历史哲学中的生物学观点却并不是把达尔文学说简单地搬到社会历史上来，而是要比这"深奥"得多。那就是先把生物学放在主观唯心主义的臭水缸里浸透过，然后再拿来同唯心主义历史观相结合。在近二三十年来中国资产阶级学术界中宣扬什么"生物观"、"生机史观"的人就是西方这种"时髦"风气的追随者。国民党反动派所制造的极端反动的"唯生史观"也利用了所谓生机主义的生物学观点，但在这里我们不准备谈当时国民党官方的"理论"。为了分析这一类观点，下面要提到一个属于反动的国家主义派的"理论家"叫做常乃德的议论[1]。在中国较早宣传这一类观点的还有朱谦之的两本书[2]。

---

① 常乃德：《历史哲学论丛》，商务印书馆 1944 年重庆初版。这是一本论文集，其中绝大多数文章均作于抗日战争期间。

② 朱谦之：《历史哲学》，泰东书局 1926 年初版；《历史哲学史大纲》，民智书局 1933 年初版。

朱谦之先生大概早已放弃了这种观点，但为了说明问题，这两本书也是需要提到的。

常乃德的书中说："在本文作者所拥护的生物史观的立场看来，人类历史与整个生物的历史是离不开的，所以我们讨论人类的历史，不能不牵涉到人类以外的生物学的知识。"① "文化是一种生物的事实，……要了解文化的根底，必须溯源于生物学。"② 朱谦之的书中说："历史之意义应该从生物学之进化的解释。"③ "历史哲学应该以新生机主义的生物学说为依据。"④ 很明显，他们都是拿生物学做武器。他们的所谓生物学其实并不是真正的生物科学，这是首先应当指出的。朱谦之的书中特别声明，他认为，历史的进化"决不是达尔文主义所能解释，而应该把柏格森、杜里舒的新生机主义来讲明"⑤。杜里舒的思想尤其被当做这种历史哲学的依据⑥。德国人杜里舒在生物学上发展了一种彻底的唯心主义观点。照他说起来，生物的进化是由一种内在的目的所决定的。朱谦之的书中给以解释说："新生机主义……以为生物之自体就有一种动力，由这动力向上自由发展，自创新的形状，这就是进化的根本原因。"这种神秘的动力就被称为生机力。据说，"这生机力，凡是生物个个都有，生物即因这生机力的冲迫而分途进行，各有一定的自主律，是万不能用机械的原则

---

① 第 14 页。
② 第 49 页。
③ 《历史哲学》，第 6 页。
④ 第 4 页。
⑤ 第 8 页。
⑥ 杜里舒（Hans Dreicsh, 1867—1941）德国的哲学家，曾于 1922 年到中国讲学。朱谦之先生那时曾说："杜里舒在南开大学讲演，实在给我许多教训，使我知道历史之疑义应该从生物学之进化的解释。"（《历史哲学》，第 6 页；又见《历史哲学史大纲》，第 350 页）

说明的"。① 这种生物学观点是完全反科学的，它其实不过是假想生物自身具有一种神秘的意志力量，而把生物进化的根源归于这种意志力量。常乃德虽然没有讲什么生机主义，但他也是把社会历史混同在生物现象中，而且用唯心主义的目的论来解释生物的进化。他说："人生与国际皆为生物演变之一大阶段，生物之演化通古到今，通万物以至于人，实依一大方向而进行。"② 他又说："夫生命进化之意义在于扩大其生命力，……宇宙之进化如有目的，似即向此一大目的而进行。"③ 这就甚至是想把整个宇宙都说成具有目的、有意识的活动了。

难道可以设想，依靠这种对生物进化的唯心主义的解释，能够建立社会历史的科学么？但是主张"生物史观"、"生机史观"的人却宣布，他们承认社会历史中有科学法则，而他们是能够找到这种法则的。常乃德说："所谓史观，当然不仅是要了解历史事实的真相，并且要就此众多事实上建立起正确的因果和法则来。"④ 朱谦之说："我们要问历史是不是科学，应该先问历史是不是与一切科学同样的有一个法则。……须知宇宙间一切的学问不讲便罢，要讲便都是以事实做基础，而寻求他的法则的，不然便不得以 Wissenschaft（科学）看待。"⑤ 这种字面上的诺言和他们实际拿出来的货色实在相差得太远了。比较起来，像梁启超那样的承认他不能使历史研究成为发现客观法则的科学，倒应该算是一种老实的唯心主义了。

拿这种生物史观、生机史观所提供的货色来看，其实是没有

---

① 第 9 页。
② 第 71 页。
③ 第 80 页。
④ 《历史哲学论丛》，第 18 页。
⑤ 《历史哲学大纲》，第 13 页。

什么新鲜的东西的。他们其实跳不出梁启超所说的历史由人的自由意志所创造，或者民族意力决定着历史发展这一类的说法。生机史观者说："人类继续不断的历史发展都是从人类的'生机力'做出来的，有这普遍生力，故常不满意于现在境界，而别求创造其他的新生活形式。……这就是历史进化的原因了。"①生物史观者说："生物史观者以国民性为一切政治社会活动的总动因。"② 很明显的，这不过是在字面上用"生机力"来代替了"自由意志"，用"国民性"来代替了"民族意力"而已，这不过是用生物学的术语来给陈腐的唯心主义观点加上了新的招贴而已。

如果说他们有什么和老式的唯心主义不同的新东西的话，那么有一点倒是可以提到的。老式的历史唯心主义往往以为历史的动力在于人的理性和知识。这种历史观点虽然在根本上是错误的，但还表示了对理性和知识的重视。现代欧美的彻底代表帝国主义时期的腐朽资产阶级的历史唯心主义却公然抹煞理性和知识，把某种动物性的本能看做历史发展的动力。从上述讲生机主义的书中可以看到这种影响。在这书中的许多地方把所谓"生机力"和"本能"等同起来，并且说："本能在人类历史中是头等的重要的原动力。"③ "历史上的种种变动莫不是本能变动的结果，换句话说，只有本能支配历史行为。"④ 这种用本能来解释历史的观点更完全杜绝了科学地说明历史的可能。

主张历史学不能成为科学的历史唯心主义者常常起来反对把生物学应用到历史上来。例如何炳松说："世之学者……将生物

① 《历史哲学》，第59页。
② 《历史哲学论丛》，第75页。
③ 《历史哲学》，第147页。
④ 第172页。

学上之方法与定律依据比论而引入历史研究中。殊不知社会与生物间有根本不同之一点焉，即前者具有心理上之性质，而后者则具有生理上之性质是也。"① 这很明显地是为了卫护历史唯心主义而反对生物学观点。但是现在我们看到，上述的生物史观和生机史观，在形式上看来，好像是同何炳松的主张相反，实际上却是一致的。可以设想，这种生物史观者说：请放心吧！按照我们的生物学看来，连生物进化过程也是一种心理现象；因此，把生物学用到历史上来，只是为了给历史学以科学的外观，历史唯心主义观点是一点也不会受到损失的。

正因为实际上是完全站在唯心主义立场上，所以生物史观者虽然装成是历史科学的拥护者，但终于不能不宣布他所说的历史其实不是客观事实的反映。而只是历史家主观的创造物。常乃德说："要将零碎的史料排比成史实乃至历史，必须加上点选择组织的作用，而这些作用便是新加上去的。所以新组织成的历史，其中所含的精神不但不能从零碎的史料中求得出来，也未必与原始事实真正相符，因为他已经是一件新产品了。""历史家永远不会看到事实的真相，等他们将这些史料排比成一部像样的历史的时候，他们不是发现过去的事实真相，而是创造他自己以及他的时代和民族的哲学了。"② "根据既成的诸多史实，以其天才加以联系，组成一完整的系统，使史实与史实间配合成一周密的体系，由此体系表现一种意义，能如此者谓之历史家。"③ 这哪里是科学地研究历史？在这里我们又看到了前面说到过的主观主义的历史方法论的宣扬。

---

① 《通史新义》自序，第 12 页。
② 《历史哲学论丛》，第 12 页。
③ 第 26 页。

在另一种形式下企图用生物学来解释社会历史现象的还有以所谓优生学为基础的"人文史观"。潘光旦曾经宣传过这种"理论",这里不打算详细评论,只介绍一下所谓"人文史观"在中国问题上达到的结论大概就够了。潘光旦的"人文史观"的基本原理是说,优秀的人生出来的子孙是优秀的人,劣等的人生出来的子孙是劣等的人,因此一个国家的文化发达不发达要看这个国家中的优秀分子生育的机会多不多。这叫做决定文化盛衰的"生物的原因"。据说,中国的积弱,是"有很严重的生物原因在后面活动的"。解决办法就是"借重目下种种社会制裁的势力,例如教育、宗教、舆论、法律等等,使人口比较优秀的部分可以提早几年结婚,多生几个儿女,同时使比较不优秀的部分减少他们的婚姻率与生育率"①。——这大概可以叫做生物学救国论。需要补充一下的,据美国学者的"优生学理论"说,所谓"人口中比较优秀的部分"其实就是"上层社会经济阶级",所谓"人口中比较不优秀的部分"就是"下层"的社会阶级②。让老爷们多子多孙,中国就能得救,这种奇谈虽在中国也不能使多少人相信,是可以理解的。

总之,各种不同形式的"生物史观"其实都只是反映了历史唯心主义的破产。因为公开否认社会历史科学的唯心主义观点不能立足了,所以有些人竭力用生物学的名义来给它加上一些装点。因为想使人相信他们也是从物质条件出发来给与社会历史以科学的解释,所以他们拿生育、遗传的现象来说明社会的发展。

---

① 潘光旦:《人文史观》,商务印书馆 1937 年 5 月初版。这是一本论文集,见该书第 6、116、122 等页。

② 见《优生原理》第 6、19 等页。这本书是潘光旦根据美国的普本拿(Popenoe)和约翰生(R. H. Johnson)合著的《应用优生学》编译的,观察社 1949 年 4 月在上海出版。

在他们手里的生物学（生机主义的、目的论的生物学）和所谓
优生学本身都只是假科学；和这种假科学结合在一起，社会历史
的研究是一步也不能前进的。

五

　　关于资产阶级历史学在历史研究能否成为科学的问题上的错
误观点的分析就说到这里。这些错误观点在现代中国历史学研究
工作中起了很多坏影响，但是应当指出，有许多诚恳地做学问的
历史学者，虽然沾染到这种坏影响，但是他们的实际研究工作并
不是完全在这些错误观点的支配下面进行的。前面曾说过，资产
阶级的历史学对于历史科学的发展是有过重要贡献的。中国的资
产阶级历史学至少在下列几点上比封建时代的历史学有进步：第
一，打破了越是古代社会政治各方面越好，把远古当成黄金时代
的迷信；第二，扩大了历史研究领域，改变了历史只是"帝王
家谱"的状况，使社会经济生活和意识形态的各个方面都成为
历史研究的内容；第三，注重叙述的真实性，否定了那种认为历
史家为了进行"褒贬"，可以在叙述中修正事实的看法；第四，
因为扩大了历史的领域，注重真实性的缘故，就提高了对史料
（文献和实物）的收集、整理和考订工作的重视。在这几点上的
进步，固然在封建时代某些先进的历史学家的工作中已经可以看
到，但是真正确立这些观念，使之成为公认的准则，则是资产阶
级历史学出现了的时候。

　　马克思主义的历史学吸收了资产阶级的历史学以及封建时代
的历史学中的一切积极的因素，并且克服了以往历史学中的唯心
主义的反科学的性质。马克思主义历史学代表历史上最进步的阶
级无产阶级的利益，以辩证唯物主义的科学世界观为基础，所以

能够彻底地揭露历史发展过程的本质及其发展规律。在马克思主义产生以前，也有人看出了物质生产条件对于整个社会生活的决定作用，也有人看出了社会划分为阶级的事实，但是他们总是不能在全部研究工作中正确地贯彻这种观点。只有在马克思主义的指导下，才能全面地建立关于社会发展的科学的理论，制定科学的研究社会历史的完整的方法。

马克思主义传播到中国以后，开始有了对中国社会历史的真正科学的研究。当然，这决不是说，一切历史问题因此立刻都得到了解决。由于中国历史的庞大和复杂，由于史料工作的不充分，还由于马克思主义的历史研究工作中的缺点，对于许多历史问题还远没有达到成熟的科学结论。但是马克思主义的理论和方法已经表明只有它能够引导人们走向正确的结论。在革命胜利以前的中国学术界中，马克思主义的影响不断地扩展着。有不少历史学者，虽然因为没有摆脱资产阶级历史学的偏见，对马克思主义抱着怀疑的态度，但是在他们的工作中也可以看到不同程度的马克思主义的影响。例如，他们在解释历史现象时较多地考虑社会经济条件，考虑由经济地位而形成的阶级关系等等。在中国革命胜利以后，更多的历史学者接受了马克思主义不是偶然的。

在这里，讨论一下对于马克思主义历史学是科学的历史学的一些怀疑，我想是必要的。

攻击历史唯物主义的人常常说，马克思主义的历史研究是和一定的政治立场相联结着的，而抱着政治的立场，那就必然使科学性受到损害。下列这个论调可以举出来做代表："新史学的开宗明义第一章，要告诉我们的，就是历史不是附属的，它是浩然独立，无所偏党的历史科学。……马克思学派亦欲借重历史为阶级斗争的宣传利器，倡所谓一元论的史学，皆不是史学的真面目，都足以蒙蔽史学的独立精神。"① 这一类看法在历史学界中曾是颇有影响的。

对于这类看法，我们首先要指出的是，有些资产阶级历史学者所标榜的"浩然独立，无所偏党"的态度事实上只是欺人自欺之谈。可以举梁启超的话做证明。梁启超的《中国历史研究法》中提出了"为历史而历史"的口号，认为不应当再有其他"更高更美之目的"。但是他说："欲为客观的史，是否事实上所能办到，吾犹未敢言。虽然，吾侪有志史学者，终不可不以此自勉。……故吾以为今后作史者，宜于可能的范围内，裁抑其主观而忠实于客观，以史为目的而不以为手段，夫然后有信史，有信史然后有良史也。"② 很明显的，梁启超在这里也是陷入了一种困境：一方面，他认为，历史研究者必须没有什么主观态度，不抱任何目的，以求"纯客观的史"；另一方面，他又认为，人们对于历史不可能没有一定的态度，所以只能要求"在可能范围内裁抑其主观"，因此事实上能否达到"纯客观的史"，"吾未敢断言"③。

人们在研究社会历史中的各种矛盾和斗争的时候，总是有他自己的态度的，总是赞成什么，反对什么；喜欢什么，不喜欢什么的。在这点上，以"人事"为对象的科学研究和以自然为对象的科学研究是有所不同的。关于这一点，清朝的史学家章学诚说得好："夫史所载者事也。……事不能无得失是非，一有得失

---

① 胡哲敷：《史学概论》，中华书局1935年版，第66页。

② 第32页。

③ 梁启超又在1926年的《中国历史研究法补编》（《饮冰室专集》第23册）中说："无论研究任何学问，都要有目的"（第5页）。"现在人很喜欢倡'为学问而学问'的高调，其实'学以致用'四字也不能看轻。……学问是拿来致用的，不单是为学问而学问而已"（第10页）。这更是回过头来打了自己一棒。

是非，则出入予夺相奋摩矣，奋摩不已，而气积焉。事不能无盛衰消息，一有盛衰消息，则往复凭吊，生流连矣，流连不已，而情深焉"①。人们在研究过去的历史时，又总是要着眼于当前的社会政治问题的，如果不是有助于当前的社会政治生活，对过去的研究就不可能吸引人们去从事，这正好像如果不是有助于利用厚生，人们不会建立对自然的科学研究一样。我们不是无所选择地去研究一切自然现象，而总是按照实际生活的各种需要来确定研究什么。同样的，以往的社会历史中包含着无限复杂的内容，我们也只有从现实生活中的需要出发才能确定哪些方面、哪些问题是应当着重研究的。从来的历史学家都是抱着一定的态度和目的来进行历史研究，不同的是有的公开表示出来，有的隐藏起来，有的甚至自己不自觉其态度和目的。自认为消除了主观，"浩然独立，无所偏党"，自以为是"为历史而历史"的人，其实往往也还是抱着某种历史和目的的。

是的，科学研究是要求客观的态度的，就是要求严格地按照事物的本来面目来说明事物的。那么，在社会历史研究中人们站在一定的历史上并抱着一定的目的，是不是就必然不会有科学的客观态度呢？梁启超以医生诊病为喻，他说，医生应当只是认真医病"而无所谓恻隐之心扰我心曲也"。但是事实上，一个医生抱着对病人的同情，对社会健康负责的态度，当然不会妨碍一个医生的工作，而只会使他更加认真。反之，如果是一心一意只为自己的名誉地位着想的医生有时就不会认真地对待他的工作。重要的是要分别出怎样的立场和目的推动人们去科学地客观地研究历史，怎样的立场和目的使人们粉饰、曲解和修改历史。为了达到客观的科学的研究，应当"裁抑"的是那种使人们走向片面

---

① 《文史通义》。

化的观察和武断的"主观"，而不是任何"主观"都要"裁抑"。

在历史研究中的主观和客观的关系问题是资产阶级历史学所无力解决的。它在有的时候，像前面所指出的，公然宣扬主观主义，而有的时候，又高谈什么纯客观的态度。它往往用主观主义来为自己的非科学性辩护，而用所谓纯客观态度来反对马克思主义。但是实际上，只有马克思主义才能真正解决这个主观和客观关系的问题。

马克思主义用辩证唯物主义的认识论的武器来指出历史学上的主观主义的论点是站不住的。历史科学的任务是要通过现象（史料工作提供了历史现象的知识）来认识本质，这不是一个很轻易地就能完成的过程；由于对研究对象不能直接观察而需要间接地通过史料来认识，这个认识过程就更显得复杂。对某一历史现象的科学研究，常常会有新的判断来代替旧的判断，这正是表明认识的逐步深入和逐步完备，而不应当因此得到真实是永不可知或者根本无所谓客观事实的结论。

马克思主义使高度科学性和高度革命性结合起来，从而指出了必须清除一切主观才会有科学研究的说法是站不住的。马克思主义历史学站在革命的无产阶级的立场上并且明确地宣布，我们之所以研究历史，阐明历史的规律，是为了一定的目的，即为了无产阶级自求解放和解放全人类的伟大目的。这样的立场和目的不同于各种以狭隘的阶级利益为基础的主观；从这样的立场和目的出发，我们无所顾忌地揭开一切历史事实的真面目，而且一定要做严肃的科学工作，来透彻地揭露历史过程的本质。所谓主观妨害科学的客观性，无非是指，把客观事实按照自己的主观愿望来描写，或者是不愿揭露自己所赞成和喜欢的某种对象的短处和缺点。站在革命无产阶级立场上，我们连自己的短处和缺点都不怕揭露，当然更用不着为历史上的某种现象做不合事实的辩护；我们在现实生活中的一切愿望都要以客观的发展规律为依据，而摒弃那种违反客观规律的愿望，当然更必须按照事实的本来面目去说明过去的历史。我们常常要由于适应当前的实际生活的需要而在不同的时候着重研究历史现象中的不同方面和不同问题，但这绝不是说，容许按照主观愿望来曲解历史和做出片面性的结论。在马克思主义历史科学中，革命性和科学性是完全一致的。以为了科学性必须牺牲革命性，或者以为既保持革命性就必然丧失科学性，都是完全错误的。

　　这里应当指出，学习运用马克思主义来从事历史研究的时候，必须充分注意科学性和革命性相一致的问题。有人好像以为，历史研究的任务只在于收集一些美丽的字眼来歌颂在历史上各个时期起进步作用的力量，同时把一些辱骂的词句加于起反动作用的力量，越歌颂的响亮，越辱骂得有劲，就越能显出马克思主义的战斗性。实际上，这种看法将只会引导人们离开马克思主义。马克思主义者对于历史上的进步力量和反动力量，赞成谁和反对谁的态度应当是很明确的，但空洞的歌颂和辱骂并不能表明马克思主义者的立场。在这里宋朝史学家郑樵的话不妨引用一下："史册以详文该事，善恶已彰，无待美刺。读萧曹之行事，岂不知其忠良；见莽卓之行为，岂不知其凶逆？夫史者，国之大典也，而当职之人，不知留意于宪章，徒相尚于言语，正犹当家之妇，不事饔飧，专鼓唇舌，纵然得胜，岂能肥家？"① 我们也可以说，马克思主义者如果不认真地收集材料，进行科学的研究，不是通过具体的全面的分析来使人心服地表明我们对历史的判断，而是使歌颂和反对都成为空话，那是一点好处也没有的。

---

　　① 《通志》总序。

如果为了表现立场的鲜明，甚至走到了曲解事实的地步，使歌颂和反对都达到夸大的程度，那就更是彻底违反马克思主义的实事求是的精神了。这样做，不但没有马克思主义所要求的科学性，同时也就丧失了马克思主义所要求的革命性。所以马克思在《拿破仑第三政变记》一书的序言中批评雨果的著作《小拿破仑》说："雨果只是对政变负责的发动人作了辛辣的诙谐的詈骂。事件本身，在他的著作中，好像是晴天霹雳。"雨果不能给事变以科学的说明，他的詈骂也就不能达到他所想要达到的结果，"他没有看到，他赐予这个个人以世界历史上空前的个人发动力，并不使这个个人成为渺小的，反而使这个个人伟大起来。"同时，马克思也批评了蒲鲁东在这个问题上陷入的"客观历史家所犯的错误"，因为"他想要把政变叙述成为以前的历史发展的结果，可是，在不知不觉之间，政变的历史的说明，却转化成为对于政变主人公的历史的辩护了。"马克思的这种批评生动地表明了马克思主义的科学性和革命性相一致的要求。

对于马克思主义的历史科学，还有人从另一方面来提出怀疑。他们说，马克思主义是把理论和方法混淆起来了。在他们看来，历史唯物主义的原理只好算是从研究历史中达到的一种结论，但决不是方法。以结论为方法，那就是"本末倒置"，因而是不科学的。

这种论调排除了历史唯物主义作为研究方法的意义，其用意仍然在于把史料的收集、鉴别、考订的方法当作全部的科学研究方法。我们前面已经说过，马克思主义是重视史料工作的，但是在历史研究工作中间，史料考订工作终究只是一部分的辅助性的工作。要从庞杂的史料所表现的历史现象中发现规律性，并使一切历史现象得到本质性的说明，就必须有进一步的研究工作。

历史唯物主义的各个原理是从研究历史中所达到的一般的结

论，这样的结论反过来就成为指导人们进行具体研究的方法。一切部门的科学研究总是如此的。在科学上总是依靠已经达到的理论成就来指导对新的事物的研究，而研究新的事物的结果反过来又使一般的原理更加丰富起来。

当然不能用教条主义的态度来了解理论和方法的关系。恩格斯说："至于谈到您用唯物主义方法处理问题的尝试，那末，首先我必须说明：如果不把唯物主义方法当作研究历史的指南，而把它当作现成的公式，按照它来剪裁各种历史事实，那末它就会转变为自己的对立物。"① 教条主义只足以破坏马克思主义的科学性，这也是我们应当警惕的。

在资产阶级历史学者中又曾经有过种种对马克思主义的历史唯物主义理论内容的误解或曲解，这就是把历史唯物主义说成是一种片面性的理论，似乎它在从社会物质条件来说明社会历史发展的时候，完全否认人在历史中的作用；似乎它在指明生产方式在社会中的决定作用的时候，完全否认其他因素的作用。如果历史唯物主义具有很大的片面性，它当然就不能成为科学研究的指导原理。

社会历史是人的活动的历史，如果以为马克思主义者竟否认人在历史中的积极作用，那么未免太可笑了。马克思主义所反对的是那种以为历史是由个别"英雄人物"的意志所决定的观点。自梁启超的"历史研究法"以来的不少讲历史学的书都喜欢引用据说是英国现代唯心主义哲学家罗素的话："一部世界史，试将其中十余人抽出，恐局面或将全变。"这只是对于历史发展的一种极其肤浅的观察。马克思主义由于阐明了历史首先是生产方式的历史，因而从根本上阐明了作为劳动生产者的人民群众在历史上的作用，并且也阐明了个别伟大人物为什么能够起显著的作

---

① 《致保尔·恩斯特的信》，《马克思恩格斯全集》第37卷，第410页。

用。马克思主义并不否认个人在历史中的作用，而是给与这种作用以科学的说明。

庸俗的资产阶级历史学者常常由于无力进行科学分析的缘故，为了想说明某种历史现象，就只好把一切似乎起着一定作用的大大小小的因素全部平列起来，表面上好像说得很完备，实际上和不说没有什么不同。马克思主义既要反对任意地把某种因素当成决定因素，也反对这种平列一切因素不加分析的做法。马克思主义从复杂的社会现象中指出了生产方式的决定作用，并且在此基础上要求按照事实来指明地理条件、人口条件、种族等等因素在社会生活中所起的一定的作用，也要求按照事实指明政治关系和思想意识对于经济关系的反作用。马克思主义和片面的经济决定论是没有相同之处的。

马克思主义之所以能够使历史研究真正成为科学，就因为它是彻底消除在历史研究中的主观性和片面性的理论。但是马克思主义并不是保障人们无病无灾的灵符，而是引导人们克服各种困难而正确地前进的指针。我们已经看到，在历史研究中的各种困难曾经使得以往历史学者跳不出唯心主义的迷障，唯心主义历史学利用这些困难来构成他们的"理论"。应当知道，这些困难同样也横在马克思主义者的前进的道路上。这些困难不是不可征服的，但是如果我们"掉以轻心"，也同样会失足落到主观性和片面性的陷阱中去。因此，我们必须不断地克服唯心主义理论和主观主义方法的影响，不断地克服离开马克思主义的各种偏向，在马克思主义的原理的指导下进行艰苦的科学工作，才能真正保证历史科学健康地向前发展。

（原载 1956 年 11 月《历史研究》1956 年第 11 期）

马克思主义和中国国情

　　六十多年前，马克思主义开始传播到中国，并且迅速地和中国的工人运动、革命运动结合起来。中国共产党以马克思主义为武器，在它的幼年时期，就显示了在中国的思想界和政治舞台上前所未有的新的活力。

　　在那时，以建立资产阶级共和国为目的的中国资产阶级革命运动已经陷入绝境，看不到成功的希望。马克思主义和俄国十月革命的先例打开了中国人民（首先是他们中的先进分子）的眼界。他们逐渐懂得，中国民族的命运，和全世界被压迫人民的命运一样，惟一的前途就是社会主义、共产主义。

　　最早期的中国马克思主义者曾经以为，只要把西方国家中无产阶级的社会主义革命的办法搬到中国来，就能够解决中国问题。不久，他们通过实际经验看到这样做是不行的。在中国这样一个半殖民地半封建的东方大国中，革命的对象不是一般的资产阶级，而是帝国主义、封建主义以及和它们结合在一起的买办官僚资产阶级。中国的政治经济发展很不平衡，资本主义很不发达。无产阶级的队伍不大，但是能够发动起来的农民的力量是无穷无尽的。除了城市小资产阶级群众能够成为无产阶级的同盟者以外，特别在反对帝国主义的斗争中，无产阶级还能够从其他一些阶级和阶层中找到同盟者。在这样的社会历史条件下，如何发展中国革命运动，直到进入社会主义的门户，不能不走一条独特的道路。

中国的马克思主义者曾经必须反对这样一种观点，即认为中国自古以来就没有阶级和阶级斗争，中国近代社会的发展也不能用阶级斗争的观点来解释，中国的国情是如此的"特殊"，以至马克思主义的历史唯物主义、阶级斗争学说和社会主义理论对中国是完全不适用的。马克思主义者用对中国历史和中国现实的科学分析证明，这种中国特殊论是站不住脚的。

但是，中国的历史发展确有自己的特点。在运用马克思主义的观点和方法来观察中国历史时，必须注意这种特点。为了使中华民族摆脱半殖民地半封建的悲惨命运，中国马克思主义者必须通过自己的经验，深刻地认识中国的国情，独立地运用马克思主义的普遍原理，找到适合中国国情的革命道路。

一国的国情不是一成不变的。革命就是要把旧世界改造成新世界。但人们只凭头脑里设想一个新世界的方案，是不能实现这种改造的；必须从旧世界的实际出发，合乎客观世界发展规律地进行改造事业。这是马克思主义的科学社会主义和一切空想社会主义的区别。对国情也是这样。人们必须从国情的实际出发，才能改造落后的国情。

一般地说，每一个国家的马克思主义者都要从本国的国情出发来运用一般的原理。特殊地说，在中国这一点就尤其重要了。马克思主义在中国发展的历史，就是马克思主义普遍真理和中国革命具体实践相结合的历史。能够处理好这种结合，马克思主义才能在中国生根，才能正确地指导中国的革命事业，也才能彻底驳倒那种认为马克思主义不合乎中国国情的论调。反之，不能够和中国具体实践相结合，马克思主义就只能成为空谈，用以指导中国革命，只能得出错误的方针。

1930年，毛泽东同志提出"反对本本主义"的口号，这是我们党第一次自觉地提出必须反对把马克思主义教条化的倾向。所谓"本本主义"是指脱离中国的具体实际，搬弄马克思主义的个别结论或者套用外国来的某种模式和公式，也就是指教条主义。为了反对本本主义，毛泽东说："中国革命斗争的胜利要靠中国同志了解中国情况"①。

马克思主义学说不是教条，不是一成不变的公式，而是行动的指南。这是马克思和恩格斯反复强调的观点。年轻时的马克思已经这样说过："正确的理论必须结合具体情况并根据现存条件加以阐明和发挥。"② 毛泽东反对本本主义的论述，完全符合马克思主义的根本精神。

中国革命必须分两步走，必须经过民主革命的胜利才能实行社会主义革命，这是中国半殖民地半封建的国情决定的。正是由这种国情出发，产生了无产阶级必须争得，也能够争得民主革命领导权的问题；产生了无产阶级领导的民主革命必须以武装斗争为主要形式，而配合以其他各种形式的斗争的问题；产生了必须建立农村革命根据地，发展无产阶级领导的农民革命战争，以农村包围城市的问题；产生了无产阶级能够在一定条件下和资产阶级建立统一战线的问题，等等。

中国共产党人经历了许多曲折和艰难（包括挫折和失败），才完全掌握了中国革命发展的规律。30年代初期，使中国革命陷入了严重危机的"左"倾冒险主义的错误，就在于不了解中

---

① 《毛泽东农村调查文集》，第7页。
② 《马克思恩格斯全集》第27卷，433页。

国半殖民地半封建社会的特点，不了解中国社会各阶级的具体状况，特别不了解中国资产阶级划分为民族资产阶级和买办官僚资产阶级这两部分的事实，不了解无产阶级领导的以农民为主体的革命战争的特点。他们不是从中国具体情况出发来运用马克思主义指导中国革命，而只是照抄照搬什么"本本"上的"公式"。这些"公式"有的可能是有普遍意义的，但由于没有同具体情况相结合，变得毫无用处；有的只是从别国的经验中得出的，全不适合中国的尺寸。

以毛泽东为代表的中国共产党人，在实践中和理论上清除了30年代"左"倾教条主义的错误。毛泽东同志把对教条主义的批判提升到哲学认识论的高度，他说：

我们的教条主义者是懒汉，他们拒绝对于具体事物做任何艰苦的研究工作，他们把一般真理看成是凭空出现的东西，把它变成为人们所不能够捉摸的纯粹抽象的公式……

教条主义者……不了解诸种革命情况的区别，因而也不了解应当用不同的方法去解决不同的矛盾，而只是千篇一律地使用一种自以为不可改变的公式到处硬套，这就只能使革命遭受挫折，或者将本来做得好的事情弄得很坏。①

1949年新民主主义革命的胜利，完全证明了中国共产党领导中国人民所走过的革命道路是正确的。这条道路是符合中国国情的，具有中国特色的马克思主义道路。

在1949年胜利后，我国以不长的时间实现了从新民主主义到社会主义的转变，这就又一次证明了马克思主义的普遍原理和中国的具体实践相结合的伟大力量。中国的半殖民地半封建时代虽然由于1949年的胜利而结束，但是对生产资料私有制进行社

---

① 《毛泽东选集》第1卷，第285、286页。

会主义改造的方法和步骤，仍然充分考虑到半殖民地半封建社会留下来的许多特点，因而才能够总的说来进行得如此顺利。

那么，在基本上完成了生产资料私有制的社会主义改造，即在基本上建立了社会主义制度以后，中国社会发展的道路是否仍有自己的特点？它所具有的特点除了其他因素以外，是否同中国曾是一个半殖民地半封建的社会有关？这可以说是关系到社会主义在中国成败的一个重要问题。

马克思和恩格斯科学地论证了资本主义社会终将因自身不能解决的矛盾而崩溃，为社会主义社会所取代。无产阶级的历史使命就是通过革命取得统治权力，以社会主义公有制来代替资本主义私有制，从而过渡到消灭一切阶级和进入无阶级社会。马克思和恩格斯曾预计，无产阶级革命将在资本主义比较成熟的国家，而且是在几个国家同时取得胜利。他们概括地指出"最先进的国家"的无产阶级在掌握政权后可以采取的措施，并且认为，"这些措施在不同的国家里当然会是不同的"①。对于未来社会的具体结构及其发展进程，他们的态度是很谨慎的，只限于做出一些原则性的论述。例如恩格斯在1890年评论一个德国刊物关于未来社会中的产品分配问题的辩论时说：

奇怪的是谁也没有想到，分配方式本质上毕竟要取决于可分配的产品的数量，而这个数量当然随着生产和社会组织的进步而改变，从而分配方式也应当改变。但是，在所有参加辩论的人看来，"社会主义社会"并不是不断改变、不断进步的东西，而是稳定的、一成不变的东西，所以它应当也有个一成不变的分配的方式。但是，合理的辩论只能是：（1）设法发现将来由以开始的分配方式，（2）尽力找出进

① 《马克思恩格斯选集》第1卷，第272页。

一步的发展将循以进行的总方向。①

1875 年马克思在《哥达纲领批判》中固然比较细致地谈到了社会主义社会的分配原则，但是他的立论是在恩格斯所说的"合理的辩论"的范围之内的。而且他是针对拉萨尔派的所谓"公平分配劳动所得"和"劳动所得应当不折不扣和按照平等权利属于社会一切成员"这些空话而讨论这个问题的。正是为了驳斥这些空话，马克思除了指出其他各点以外，还指出，在社会主义社会中，消费资料的分配不能不实行等量劳动相交换的原则，即"商品等价物交换中也通行的同一原则"。因此，"在这里平等的权利按照原则仍然是资产阶级的权利"，"这种平等的权利，对不同的劳动者来说是不平等的权利"。这些虽然可说是"弊病"，但"这种弊病在共产主义社会第一阶段……是不可避免的"。从这些论述中，我们可以学到的是，决不可以从抽象的平等观念、公平观念出发来考虑问题。马克思不可能具体地解答未来社会中的分配方式问题。在我们已经进入社会主义社会时，当然不能不顾具体的社会历史条件，而直接从马克思的论述中得出解决现实问题的方案，更不能把马克思的话误解为号召我们立即着手消除这种"弊病"。马克思强调的是不可以从抽象的公平原则出发。如果以为，既然这里还有不公平，就要加以"限制"，求得"公平"，这不是马克思，而恰恰是回到了拉萨尔。

总之，马克思和恩格斯在他们的时代对于社会主义社会只可能做出原则性的设想，只可能从理论上探讨未来社会的出发点和进一步发展的总方向。在分配问题上是如此，其他问题上也是如此。社会主义社会在不同国家中的具体发展规律，还有待于后人通过实践去探索。

---

① 《马克思恩格斯全集》第 37 卷，第 432 页。

列宁领导的布尔什维克党在十月革命后，曾企图"用简单、迅速、直接的办法来实行社会主义的生产和分配原则"①。但这种尝试失败了。他们改而采取符合俄国社会历史条件特点的办法来达到这个目的。列宁还曾考虑到一切民族都将走到社会主义，但走法不完全一样，会具有各自的特点。他考虑到殖民地和落后国家有可能避免资本主义发展阶段，经过一定的革命阶段而过渡到社会主义。他认为就是"在全世界无产阶级专政实现以后"，各个民族、各个国家之间的差别"还要保留一个很长很长的时期"，因此就应当：

> 要求运用共产党人的基本原则（苏维埃政权和无产阶级专政）时，把这些原则在某些细节上正确地加以改变，使之正确地适应于民族的和民族国家的差别，针对这些差别正确地加以运用。②

列宁的这些论述是很值得重视的。一切民族、国家都将走到社会主义，这是相同的。但"世界大同"还在遥远的将来。不但走向社会主义的道路，各国会有自己的特点，而且社会主义社会的发展过程也会因国情的不同而有同有异，或者在大同中有小异。所以在社会主义建设中，也仍然有把马克思主义的普遍原理与本国的具体实际相结合的问题。在中国这样一个经过特殊的道路从半殖民地半封建社会走到社会主义的国家中，不能不特别注意这一点。

社会主义社会在人类历史上不是凭空产生的，它是在人类几千年来创造的文明，特别是在资本主义所创造的大大高过以前时代的文明的基础上建立起来的。资本主义不仅创造了巨大的生产

---

① 《列宁全集》第42卷，第225页。
② 《列宁全集》第39卷，第71页。

力，而且具备相应于这种生产力的发达的国民教育、国民文化、科学技术、经营管理方法，等等。在资本主义发达的国家，一旦政权转到无产阶级手里，社会主义公有制建立以后，这一切就成为建设社会主义的"材料"。但是，中国的情况不是这样，我们的社会主义社会的前身是半殖民地半封建社会。在这社会里虽然有资本主义，但很不发达。我们没有经过发达的资本主义社会阶段。我们从旧社会得到的"遗产"中，几乎完全没有资本主义社会所能提供的一切。因此，在我们的社会主义建设中，不可能不在经济、政治、文化等方面遇到许多特殊的问题和特殊的困难。我们一定要在社会主义制度下认真地解决这些问题，学会别的民族在资本主义制度下学会的一切为社会主义所需要的东西。中国的社会主义道路必须考虑到这个实际，正如同民主革命必须从中国是半殖民地半封建社会的实际出发一样。

也许有人说，既然中国的社会主义建设有特殊困难，为什么不先经过资本主义社会再到社会主义呢？这个问题，是值得回答的。中国从封建社会变成了半殖民地半封建社会之后，如果不是无产阶级领导的新民主主义革命的胜利，中国将只会继续沉沦在半殖民地半封建的状态中，或者变成这一个或那一个帝国主义国家的殖民地、附属国。中国的社会历史条件（包括国际条件）使中国没有成为，也不可能成为一个独立的资本主义国家。从历史唯物主义的观点来看，必须首先指出这一点：即使经过资本主义再到社会主义是一条"近路"，中国也没有条件走这条路。何况这决不是一条近路！经过资本主义，对于广大劳动人民说来，是经过一条漫长而痛苦的路。无产阶级和劳动人民既然在一种特殊的历史条件下，能够经过新民主主义而直接取得社会主义的胜利，怎么会由于害怕社会主义建设的困难，而选择那条漫长而痛苦的路呢？

中国没有能从封建社会转成资本主义社会，近代的中国不但在世界上成为落后的国家，而且遭到世界上所有帝国主义国家的蹂躏，这是历史的不幸。但是经过一百多年的半殖民地半封建社会后，中国人民能够在马克思主义的指导下走上社会主义的道路，这又是历史的幸运，尽管这条道路上有许多注定要遇到的特殊困难。

我们没有经过发达资本主义阶段，固然形成一些特有的困难，但同时也带来另外一些特点。经过长期的民族苦难和革命斗争，锻炼出了中国人民在爱国主义旗帜下的团结和艰苦奋斗的传统，这是很突出的；我国工人阶级从来很少受社会改良主义的影响，资本主义国家中的"工人贵族"阶层在我国是没有的；我国的农民经过长期革命战争、土地改革运动和合作化运动，同工人阶级结成亲密联盟，对共产党的领导有高度的信任；我国从旧社会来的知识分子虽然受的是资产阶级教育，但是一般的具有强烈的爱国心，他们根据旧社会和新社会的实际生活经验，承认只有社会主义制度才能使国家富强；我国的资产阶级分子在经过生产资料私有制的社会主义改造（这种改造是通过赎买方式和平地进行的）后，绝大多数人都能自觉地改造成为自食其力的劳动者，自愿把自己的经验和能力奉献于社会主义祖国，旧社会的其他社会上层分子也是类似的情况，等等。这些特点对于社会主义建设又是有利的条件。充分利用这些条件，当然有助于我们克服那些弱点，但是我们如果不注意克服那些弱点，也不可能充分利用这些优点。

一般说来，建设社会主义是一个艰难的事业。我们在进入社会主义时不能不面临的有些问题，又是一个发达的资本主义国家在转入社会主义社会时所不会遇到的问题（在那些国家里也会有一些我们所没有的问题）。我们所遇到的特殊问题是些什么呢？举例来说，就是在全社会，特别在广大农村，生产社会化的程度很低，商品经济很不发达；文盲大量存在，国民教育很不普及，社会教育设施很少；科学技术落后，知识分子数量少，有较高水平的知识分子更少；非常缺乏大生产和大商业的经验，因而经营管理方法很落后，如此等等。

就政治上来说，资产阶级民主制度在我国从来没有过。资产阶级的民主和法制是以资本对劳动的剥削为基础，对于广大劳动人民来说是一种欺骗。但马克思主义者从来在揭露资产阶级民主制度的实质时，同时又指出，它取代了封建主义制度，是人类历史上的一个具有重大意义的进步。固然社会主义不能像从资本主义社会接受社会化的大生产和各种文化教育设施等"遗产"（这些"遗产"几乎一转手就可为社会主义所用）那样的接受政治制度方面的"遗产"，但是一个民族有没有资产阶级民主和资产阶级法制的经验，对于社会主义民主的建设是很有关系的。在我们这里，是没有这种经验的。我们只有通过长期的革命战争在革命军队和革命根据地内建立起来的民主传统，这种传统无疑是非常可贵的。但是就全社会来说，我们必须从清除封建制度的上层建筑废墟开始，来建设社会主义民主和社会主义法制。

在我国生产资料私有制的社会主义改造基本完成的时候，1956 年 8 月党的第八次全国代表大会指出，今后全国人民的最主要的任务是集中力量发展社会生产力，实现国家工业化，逐步满足人民日益增长的物质和文化需要。这个方针是从社会主义制度已经基本上建立起来，而社会生产力仍处于落后状况的实际出发的。一个资本主义国家（除非是世界上最发达的）在转入社会主义社会时，也可能比别的某些国家的社会生产力相对落后，但是说我国的社会生产力落后并不只是和外国相比而言。为了巩固和发展已经建立起来的社会主义制度，既有的社会生产力是远远不够的。这是我国的特殊的历史条件造成的状况。一般说来，社会主义制度在开始建立时，不可能已经是健全和完善的。在社会生产力落后的情况下，当然更加不可能。因此，在发展社会生产力的同时，也还继续要使社会主义的生产关系和上层建筑，按照我国的国情完善起来。八大虽然没有全面地说明一切问题，但是把发展社会生产力当作中心任务是正确的。

社会主义制度确实使我国社会生产力有了历史上从未有过的巨大发展。党中央 1981 年 6 月的《关于建国以来党的若干历史问题的决议》，总结建国 32 年我们取得的成就，指出，"在工业建设中取得重大成就，逐步建立了独立的比较完整的工业体系和国民经济体系"，"农业生产条件发生显著改变，生产水平有了很大提高"，"城乡商业和对外贸易都有很大增长"，"教育、科学、文化、卫生、体育事业有很大发展"。这样，我国的经济文化状况，和建国初年，和社会主义改造刚刚完成时相比，显然已经有了巨大的改变。我们的社会主义建设所走过的道路虽然并不是一帆风顺的，由于"左"倾错误经历了曲折，遭受过挫折，但是我们所取得的成就是无可否认的。

党在社会主义建设的前进过程中之所以犯了"左"倾错误，以致造成"文化大革命"这样的全局性的长时间的错误，当然有复杂的社会历史因素，这些在《关于建国以来党的若干历史问题的决议》中作了深刻的分析和论证。从这种"左"倾错误中应该得到的重要教训之一是，不从中国的具体情况出发，而只凭一些"公式"（这种"公式"往往是片面地解释马克思主义而形成的），如同不能正确地指导革命一样，也决不能正确地指导社会主义建设。

由于中国没有经过发达的资本主义社会，我们在进入社会主义社会后所要解决的问题，所要学习的东西，所要做的工作，不免特别地繁多、复杂，需要用很长的时期。看不到这一点，以为很快地就能完成社会主义时期的任务而过渡到共产主义，甚至以为只要靠一两次群众运动就能解决问题，那当然会犯大错误。

社会主义社会仍然有生产关系和生产力的矛盾、上层建筑和经济基础的矛盾，这当然是对的。指出这一点，对于探索社会主义社会发展的规律有重要的意义。但是这毕竟只是最一般的规律。如果不从中国的具体实际出发，那就不可能准确地看出究竟在上层建筑和生产关系上有哪些东西需要改革。从"越大越公越好"之类的抽象观念出发去进行"改革"，反而滋长吃"大锅饭"那样妨碍生产力发展的现象。"一个阶级推翻一个阶级的革命"，是人类有史以来以阶级剥削为基础的社会中的规律，把这个公式用到消灭了剥削制度的社会主义社会，只能起破坏社会主义上层建筑和生产关系的作用。

"社会主义一定要和资产阶级斗"，这个公式是所谓"无产阶级专政下的继续革命"的灵魂。在这个公式下，既不区别向社会主义过渡的时期和社会主义制度已经确立的时期，也不对于似乎可以加上资产阶级帽子的种种事物进行具体分析，甚至乱戴这个帽子，其恶果是我们已经看到的了。在社会主义时期，对于资产阶级腐朽思想和破坏社会主义的资产阶级势力，当然必须打击。但是，要建设社会主义，我们必须学会资本主义制度下一切对我们有用的东西，其中有些东西（如自然科学和技术）是没有阶级性的，有些东西（如大生产的经营管理方法）虽然有阶级的烙印，但也必须仔细地鉴别、分析、吸取和改造。这一点在中国的历史条件下有特别重要的意义。

商品生产是在资本主义社会中发展到最高度（比起以往的社会来），马克思、恩格斯曾经设想过在未来的社会中将消除商品生产。但是中国的实际并不是商品生产已经很发达，而是还很不发达。脱离这种实际，把商品生产和资本主义等同起来，把马克思主义创始人的设想当成可以任意套用的公式，只能起妨碍我国社会主义生产发展的作用。

"打倒资产阶级反动学术权威"是没有一点马克思主义气味的口号。其错误固然是在于事实上所打倒的并不是什么"资产阶级"的权威，正如同在"走资派"的帽子下并不是什么"资产阶级"一样。但还可以设想，如果真是有一个坚持资产阶级世界观的学术权威，那么无产阶级应该对他采取什么态度呢？应该防止他的世界观发生影响，用适当的方法帮助他改造，而同时认真地向他学习，把他的学术学过来，或者批判地吸收下来。既然他是权威，为什么不应该向他学习呢？可以用革命的群众运动来打倒资产阶级反动政权，但在任何情况下不可以也不可能用同样的方法打倒"学术权威"。考虑到中国的知识分子不是很多，而是太少，学术权威不是很多，而是太少，这样的口号就更显得荒谬了。

生产资料的公有制、按劳分配、国民经济有计划按比例地发展，这些可以说是社会主义制度的一般规律。只靠这种一般规律，人们所能知道的至多也只是如同前引恩格斯所说的前进的出发点和进一步发展的总方向。不把一般规律和具体情况结合起来，是办不了事的。如果根据一般规律而设想出"纯洁"的、"完美"的社会主义，从"纯洁""完美"的抽象概念出发，就只能得出脱离实际的指导方针，就只能把本来可以做好的事做坏。"文化大革命"既对现状作了错误的估计（似乎到处都是资产阶级反动势力），又似乎以为，只要靠群众斗争的一次两次冲锋就能全部改变现状，创造出最"纯洁"、最"完美"的社会主义社会，这当然是有百害而无一利的空想。

马克思在 1877 年的一封信中，提到当时德国党受到一些人的影响：

> 这些人想使社会主义有一个"更高的、理想的"转变，就是说，想用关于正义、自由、平等和博爱的女神的现代神话来代替它的唯物主义的基础（这种基础要求一个人在运用它以前认真地、客观地研究它）。

为此，马克思慨叹地说：

> 几十年来我们花费了许多劳动和精力才把空想社会主义，把对未来社会结构的一整套幻想从德国工人的头脑中清除出去，从而使他们在理论上（因而也在实践上）比法国人和英国人优越。但是，现在这些东西又流行起来。①

我们这里说的"左"倾错误也供奉了一些"女神"。它所供奉的虽然不是资产阶级自由、平等、博爱的女神，而是"最革命"的、"最纯洁"的、"公平"的社会主义的女神，但这二者同样使社会主义丧失了它必须具有的唯物主义的基础。

毛泽东同志为使中国革命的理论建筑在唯物主义的基础上，曾进行了几十年的斗争，取得了巨大的成就。把马克思主义的普遍原理运用于中国的具体的历史条件，总结中国革命实践中的独创性的经验，由此形成的毛泽东思想，虽然是中国共产党人的集体智慧的产物，但毛泽东同志所起的作用是特别重要的。长期的实践证明，毛泽东同志是富有创造精神的伟大的马克思主义者。具体经验，较少去认真地研究中国进入社会主义时期后出现的新情况、新问题，因而逐渐背离他历来提倡的理论和实践相结合的原则。由于背离这个原则，当他自以为是开辟一条社会主义的新道路的时候，实质上却是被束缚在一些脱离实际的抽象的观念和公式中。从这里，后人可以得到极其深刻的教训。

---

① 《马克思恩格斯全集》第34卷，第281页。

要纠正这些"左"倾的错误，使中国的社会主义建设走上正确的道路，很明显的，就是要恢复毛泽东思想的传统，也就是要恢复把马克思主义的普遍原理和中国的革命具体实践相结合的传统。要坚决地捍卫社会主义的唯物主义基础，同时又要敢于创造性地运用马克思主义来解决中国问题。

1978 年 12 月的十一届三中全会就是这样做的。从三中全会以来，党在指导思想上逐步完成了拨乱反正的艰巨任务，党和国家在各方面工作中所实行的方针、政策都取得了显著的成就，使我国在经济上、政治上、文化上都出现了从未有过的好形势。党和国家的工作重点已经坚定不移地转到社会主义经济建设上来，这不是简单地回到 1956 年八大的方针。三十多年的经验使我们深切地认识到，在社会主义革命和社会主义建设中都必须运用马克思主义的立场、观点和方法来认识中国的国情，据以确定各项方针、政策和措施，而决不能套用什么普遍的公式；别国的经验应该参考，但决不能简单地袭用什么外国的模式。我们党对社会主义建设的认识和实践，显然大大超过了建国以来任何一个时期。

现在的中国国情，当然和 1956 年刚建立社会主义制度时有了很大不同。在近三十年间，我国的社会主义制度经历了风风雨雨的严峻考验屹立在中国大地上，我国的社会主义建设已经取得了巨大的成就，工人、农民、知识分子的面貌已经有了巨大的改变，这些当然是我们据以出发的根本国情。对于在社会主义道路上已经取得的成就和已经发生的变化，要进行认真的分析和研究。在这里，由于我国社会主义社会的前身是半殖民地半封建社会，中国没有经过发达的资本主义阶段，由此产生的困难和弱点，仍然是必须充分注意的。此外，像中国人口众多，可耕地相对说来很少；中国的资源虽然丰富，但多数还未经开发和利用等，这些当然也仍是在考虑我国国情时所不可忽略的。

在农村中实行各种形式的联产计酬、专业承包的责任制，发展农村副业和多种经营，发展商品生产和商品交换；在经济领域的各个方面以提高经济效益为中心实行体制改革，特别注意经营管理制度的改革；把教育、科学当作发展经济的战略重点之一，充分发挥知识分子的作用，大力培养更多的知识分子；加强社会主义民主，健全社会主义法制；在自力更生的原则下，开展对外经济合作和技术交流，等等，所有这些，都是有利于进一步发展在我国已经建立的社会主义制度和已经取得的社会主义建设成就，有利于我们克服我国没有经过资本主义阶段而存在的弱点。

全面地考察和认识我国的国情，从这种国情出发运用马克思主义的一般原理来建设我国的社会主义物质文明和精神文明，我们就一定能够战胜社会历史条件所造成的特殊困难，我国的社会主义建设也就必然会具有自己的特色。

中国在脱离半殖民地半封建社会以后，又经过 30 多年，现在的经济文化发展水平虽然有很大提高，但和发达的资本主义国家相比，还是落后的。是不是因此感到泄气，感到社会主义制度不灵、马克思主义不灵呢？当然不应该。为此而泄气的人，是完全不懂得历史条件本来注定了要我们在社会主义制度下，完成别的国家在资本主义制度下完成的经济文化发展过程。三十多年在历史上不过是一个短时期。西方资本主义国家是经过两三百年才达到今天的现代化程度。依靠马克思主义和中国实际相结合，依靠社会主义制度，我们不仅能够不以广大劳动人民在剥削制度下受熬煎的辛酸和痛苦为代价实现这个过程，而且我们能够，总起来说，用较短的时间实现这个过程。这就是我们现在要努力做的事，也是只要我们努力得好，就能够做到的事。

三中全会以来，我们科学地总结了过去 30 多年的正面反面的经验，我们已经为我国的社会主义建设开始找到了符合我国国情的道路。我们正在按照党的十二大提出的纲领，为全面开创社会主义现代化建设的新局面而奋斗。这条道路当然还要在实践中更加充分和完善起来。我们在民主革命中按照中国的具体历史条件走出了具有自己的特点的马克思主义道路，使马克思主义得到了新的发展。同样的，我们也将在社会主义建设中走出一条具有自己特点的马克思主义道路，成功地建设有中国特色的社会主义。

（原载《红旗》1983 年第 6 期，3 月 16 日出版）

社会主义和资本主义的关系

——读书笔记

空想社会主义的想法

建立一个消灭剥削制度，人人平等的社会的理想，在世界许多民族中都是一个古老的理想。这就是社会主义、共产主义的理想。不过古代人并没有用这样的名词，例如中国古代有过"大同"的思想。在人类社会还没有发展到资本主义社会时，这类不能实现的向望当然与资本主义无关。到了近代西欧资本主义开始发展起来的时候，出现了种种更成形的空想社会主义思想。马克思、恩格斯指出，这些空想社会主义思想产生于无产阶级和资产阶级的斗争还不发展的时期，是还没有成熟的无产阶级所进行的革命斗争的理论表现。但是，空想社会主义者自己并没有意识到这一点，他们也不认为他们的理想社会和资本主义社会有任何瓜葛。

十七八世纪直到 19 世纪初期的西欧的空想社会主义者的共同点是：把社会主义、共产主义的社会的理想建筑在人类的理性和正义的基础上。在他们看来，这种社会之所以至今还没有能出现，只是因为理性和正义未被人们所认识和承认的缘故。一旦有先知的天才掌握了这种认识，并使这种认识推广开来，那么一个消灭剥削、消灭私有制的最合理的社会就能实现。这就是说，什么时候能实现社会主义、共产主义，只取决于有无这样的先知的天才，而不受任何历史条件的限制。所以恩格斯说：按照这些空想社会主义者的想法，"真正的理性和正义至今还没有统治世界，这只是因为它们没有被人们正确地认识。所缺少的只是个别的天才人物，现在这种人物已经出现而且已经认识了真理；至于天才人物是在现在出现，真理正是在现在被认识到，这并不是历史发展的进程所必然产生的、不可避免的事情，而只是一种侥幸的偶然现象。这种天才人物在五百年前也同样可能诞生，这样他就能使人类免去五百年的迷误、斗争和痛苦"①。

这些空想社会主义者反对资本主义，但完全不理解资本主义制度。在他们看来，资本主义剥削制度以及以往的各种剥削制度，其所以产生，是由于人类在道德和法律上走入迷途，背离了人类的本性的缘故，或者简单地说，是由于人类犯了错误的缘故。因此，他们的任务就是清除这种错误。恩格斯在《社会主义从空想到科学的发展》中，以摩莱里和马布利作为 18 世纪提出"直接共产主义理论"的代表②。摩莱里（法国人，生世不详，其著作写于 1747—1755 年间）在他所著《自然法典》中，向"治理人民的凡人"说教道："你们要按照自然规律去纠正政治和道德的缺点。为了在这方面获得胜利，你们一开始就要使真正英明的人士具有充分的自由，以便与支持私有制精神的谬见和偏见做斗争，当私有制这个怪物被打倒以后，你们就通过教育来

---

① 恩格斯《社会主义从空想到科学的发展》，《马克思恩格斯全集》第 19 卷，第 207—208 页。

② 同上书，第 207 页。

巩固这个幸福的改革制度。然后，你们就不难使你们的人民采纳类似我所拟订的法律"①。他的书中写出了他所拟订的公有制社会的"法律"。这位空想家所设计的新社会，和正在开始形成并将发展起来的资本主义社会是毫无关系的。恩格斯所提到的另一个 18 世纪提出共产主义理论的人马布利（法国人，1709—1785），在他的一篇论文中表示了这样的愿望：在一个气候宜人，水流清洁的"荒岛"上"建立一个共和国，在这里，人人都是富人，人人都是穷人，人人平等，人人自由，人人是兄弟，这个共和国的第一条法律就是禁止财产私有"②。为什么要选择一个荒岛？当然是为了同"走错了路"的社会割断关系。

但是，人们的想象终究不过是现实的某种影子。这些空想社会主义者，为了避免资本主义的祸害，其实是借鉴资本主义以前的社会来设计他们的理想社会。摩莱里的"法律"所规定的理想社会，是以由同样数目（10 或 10 的倍数）的家庭构成的"部族"作为社会结构的基本单位（又以多少个部族构成城市，构成省，构成民族）。凡 20 岁到 25 岁的公民都从事农业，25 岁以上的一定数量的人成为各业的工人（手工业工人）。人们的产品都交到公共仓库，生活用品和生产中所有的原料都从公共仓库中领取。公民之间的买卖或交换绝对禁止……这实际上不过是个小生产的自给自足的社会，是贫穷的"社会主义"。所以摩莱里强调，在一切公民的衣食住方面都严格禁止奢侈③。

产生于资本主义初起时期的这些空想，在人类思想史中具有重要价值，然而它们只是不能结出果实的花。这些空想家猜到了

---

① 摩莱里：《自然法典》中译本，第 121 页。
② 《马布利选集》中文版，第 170 页。
③ 摩莱里：《自然法典》中译本，第 120—122 页。

私有制的社会终将为社会主义、共产主义社会所代替，但是他们并不懂得为什么私有制必然会转变为公有制，不知道到达公有制的现实的道路。他们所设想的新社会是和资本主义社会绝无关系的。他们越是精心地周到地设计新社会的图样，越是表明他们和历史发展的实际相脱节。

马克思、恩格斯的科学社会主义

马克思和恩格斯作为科学社会主义的创始人，第一次从人类社会发展的客观规律看出，社会主义、共产主义社会取代以私有制为基础的阶级剥削社会，是不可避免的事情。

从没有私有制、没有阶级分化的原始社会演变为阶级社会，这并不是由于人类犯了什么背离人类本性的错误，而是社会生产力发展到一定程度的结果。不同的剥削制度的嬗变，直到资本主义社会，也是随着社会生产力不断发展而必然出现的过程。科学的社会主义理想，并不是建筑在对资本主义制度憎恶、厌弃的态度上。恰恰相反，马克思主义者充分估计资产阶级和资本主义制度在社会发展史上的进步作用。马克思和恩格斯在 1848 年写的《共产党宣言》中说："资产阶级在历史上曾经起过非常革命的作用。"这就是说，它打破了束缚生产力发展的封建主义桎梏。结果是，"资产阶级争得自己的阶级统治地位还不到一百年，它所造成的生产力却比过去世世代代总共造成的生产力还要大，还要多。"① 资本主义社会创造了以往历史上从未有过的社会化的大生产和与此相适应的整个社会文明。这就使资本主义社会达到阶级社会发展中的最高水平。

---

① 《马克思恩格斯全集》第 4 卷，第 468、471 页。

马克思和恩格斯从资本主义社会无法避免的周期发生的危机中，看出了资产阶级私有制和社会化大生产之间的矛盾。这是资本主义制度自己所不能解决的矛盾。《共产党宣言》中说："现代的资产阶级社会，连同它的资产阶级的生产和交换关系，连同它的资产阶级所有制关系，曾经像魔术一样造成了极其庞大的生产和交换资料，现在它却像一个魔术士那样不能再对付他自己用符咒呼唤出来的魔鬼了。"① 从一个长的历史时期来说，这个判断仍然是正确的。

资产阶级的社会关系终于成为它自己所产生的社会化大生产的桎梏。社会的更进一步的发展，就不可能不是社会主义、共产主义社会代替资本主义社会，因为社会主义、共产主义的公有制适合于社会化大生产的更大发展。

义生产关系，而这种革命之所以可能发生和可能胜利，就因为资本主义社会为它准备了必要的物质前提。没有这个物质前提，不可能有社会主义革命，也不可能有社会主义公有制。马克思主义以前的一切空想社会主义者都不懂得这一点，所以只能陷入空想中。

以无产阶级的政治统治取代资产阶级的政治统治，以社会主义的公有制取代资产阶级的私有制，这就是无产阶级社会主义革命。就这个意义说，社会主义社会和资本主义社会是根本对立的关系。

但是，仅仅看到这种对立关系是不够的。在无产阶级革命中，毫无疑问，无产阶级及其国家要把资本主义社会所创造的全部生产力继承下来。如果不继承这种社会化的大生产，就不能达到消灭私有制的目的。这就是说，社会主义社会对于资本主义社会，不仅是对立的关系，而且是继承的关系。不妨简单地说，在

---

① 《马克思恩格斯全集》第 4 卷，第 471 页。

生产关系以及保护生产关系的国家政权方面，是对立的关系；在生产力方面，是继承的关系。

为什么必须经过资本主义才能达到社会主义？就因为：没有资本主义，第一，就没有足以最终消灭私有制的物质基础——这就是社会化的大生产；第二，当然也没有无产阶级。只有后一点而没有前一点还是不行的。无产阶级是在资本主义开始萌芽时就产生了，而仅仅有无产阶级并不就能保证社会主义的实现。列宁曾经这样论述18世纪法国革命中的雅各宾党人——他们是现代无产者的最早的代表人物："雅各宾党人未能取得完全的胜利，主要是因为18世纪法国在大陆上被极端落后的国家所包围，同时法国本身也没有实行社会主义的物质基础，没有银行，没有资本家的辛迪加，没有机器工业，没有铁路。"①

对于马克思和恩格斯来说，社会主义社会继承资本主义社会所创造的一切生产力，是不言自明的。他们早在青年时期的著作中就说过："历史不外是各个世代的依次交替。每一代都利用以前各代遗留下来的材料、资金和生产力；由于这个缘故，每一代一方面在完全改变了的条件下继续从事先辈的活动，另一方面又通过完全改变了的活动来改变旧的条件。"② 在一代代阶级社会间是如此，从阶级社会的最高发展阶段资本主义社会到社会主义、共产主义社会，也是如此。

十月革命时期的列宁

列宁直接面临社会主义革命的任务，并且开始着手社会主义

---

① 《列宁全集》第30卷，第347页。
② 《德意志意识形态》，《马克思恩格斯全集》第3卷，第51页。

建设。他对于社会主义和资本主义的继承关系不能不予以较大的注意。

十月革命前夕，1917年8月到9月，列宁写了他的重要著作《国家与革命》。列宁在这本书中主要论述了无产阶级的社会主义革命一定要打碎资产阶级的国家机器，而代之以无产阶级专政。就在这篇论著中，列宁也谈到社会主义要以资本主义的成就为基础。他说："资本主义文化创立了大生产——工厂、铁路、邮政、电话等等"，他要求"在这个基础上"考虑国家的职能①。他又说，"我们工人自己将以资本主义创造的成果为基础，依靠自己的工人的经验，建立由武装工人的国家政权维护的最严格的铁的纪律，来组织大生产"，等等②。

1917年9月底，列宁又写了题为《布尔什维克能保持国家政权吗?》的论文，其中驳斥了"无产阶级不能在技术上掌握国家机构"的说法。他重述《国家与革命》中的论点。他说：无产阶级"能够打碎旧国家机构中一切具有压迫性的、因循守旧的、资产阶级的性质不可更改的东西，而用自己的新机构来代替它。这个机构就是工兵农代表苏维埃"③。然后他又谈到"国家机构问题的另一个方面"："在现代国家中，除常备军、警察、官吏这种主要是'压迫性'的机构以外，还有一种同银行和辛迪加关系非常密切的机构，它执行着大量计算登记工作（如果可以这样说的话）。这种机构不能打碎，也用不着打碎。应当使它摆脱资本家的控制，应当割去、砍掉、斩断资本家影响它的线索，应当使它服从无产阶级的苏维埃，使它成为更广泛、更包罗

① 《列宁全集》第31卷，第41页。
② 同上书，第46页。
③ 《列宁全集》第32卷，第296页。

万象、更具有全民性的机构。只要依靠大资本主义所取得的成就（一般说来，无产阶级革命只有依靠这种成就，才能达到自己的目的），这些都是可以做到的"。"资本主义建立了银行、辛迪加、邮局、消费合作社和职员联合会等这样一些计算机构。没有大银行，社会主义是不能实现的。大银行是我们实现社会主义所必需的'国家机构'，我们可以把它当作现成的机构从资本主义那里拿过来，而我们在这方面的任务只是砍掉使这个极好机构资本主义畸形化的东西，使它成为更巨大、更民主、更包罗万象的机构"①。

可见，列宁是把如何对待资产阶级的国家机构的问题分成了两个方面：压迫性的资产阶级国家机构——必须"打碎"它；而组织大生产的国家机构，以银行为代表（不过列宁说明，它在资本主义制度下不完全是国家机构），则把它当作现成的机构拿过来，在割断它和资产阶级的关系以后，它就可以为社会主义所用。

在十月革命胜利后的最初几年间，俄国有过一些"左派共产主义者"。他们所提出的错误观点之一，就是把凡是沾染上资产阶级的一切东西都看做是和社会主义不能相容的，都是在建设社会主义中必须抛弃的。列宁为克服这种幼稚的观点做了很大的努力。领导世界上第一个无产阶级国家的建立和建设的列宁，的确可说是国际资产阶级的无情的敌人，但是他充分肯定资本主义社会在历史上所起的进步作用，反复论证为了建设社会主义就必须利用资本主义社会所"遗留"下的一切"材料"。"左派共产主义者"反对列宁所说的"向托拉斯组织者学习社会主义"这句话，认为这是很可笑的，是把"组织和领导企业方面的全部

---

① 《列宁全集》第 32 卷，第 299—300 页。

主动权"交给了"托拉斯的组织者"。对此，列宁批驳说：如果这种言论出于 15 岁的孩子口中，"那是没有什么值得惊奇的。可是一个马克思主义者，学习过不利用大资本主义所达到的技术和文化成就便不可能实现社会主义这个道理，竟讲出这种话，这就未免叫人有些奇怪了。这里已经没有一点马克思主义"①。

列宁在 1919 年俄共第八次全国代表大会上说："没有资本主义文化的遗产，我们建不成社会主义。除了用资本主义遗留给我们的东西以外，没有别的东西可以用来建设共产主义。"②

在 1919 年的另一次会议上列宁又这样说："如果你们不能利用资产阶级世界留给我们的材料来建设大厦，你们就根本建不成它，你们也就不是共产党人，而是空谈家。要进行社会主义建设，必须充分利用科学、技术和资本主义俄国给我们留下来的一切东西。"③

列宁之所以着重论述马克思主义的这个内容，当然是因为他已面临着社会主义建设的现实任务的缘故，而这又是和俄国资本主义并不发达有关的。

人们通常说：社会主义制度比资本主义制度优越。但脱离了具体历史条件一般地这样说，却未必正确。例如，如果是在西欧 17、18 世纪，社会主义制度并不具有现实的优越性。虽然那时，如前所述，已有空想社会主义者提出共产主义理想，但是代替封建制度的只能是资本主义制度。

人们通常还说：社会主义社会能够依靠自己制度的优越性，创造出比资本主义更高的生产力、更高的文明。这样的说法，也

① 《列宁全集》第 34 卷，第 289 页。
② 《列宁全集》第 36 卷，第 129 页。
③ 同上书，第 6 页。

需要补充。社会主义不是在一块"空地"上仅仅依靠这制度的优越性建立新的大厦，它必须继承资本主义社会所创造的巨大的生产力，充分利用资本主义社会的科学、技术和组织社会化大生产的手段和方法，吸取资本主义的全部对社会主义有益的文化（社会主义制度保证人们能很好地进行这样的继承、利用和吸取），然后社会主义的优越性才真正能发挥出来，才能够创造出比资本主义更高的社会生产力和更高的文明。

因为落后，更要学习

既然社会主义革命是产生于资本主义所提供的物质基础上的，那么逻辑的结论似乎应该是：资本主义最发达的国家最先发生社会主义革命。马克思和恩格斯曾是这样来考虑问题的。

但历史的发展比一般的预想要复杂得多。当资本主义制度已经统治全世界的时候，资本主义的世界链条首先在哪一个环节上（在哪一个国家中）被突破，不是简单地决定于这个国家的生产力水平。在这里起作用的既有国际条件，也有国内条件，包括阶级力量的对比形势和阶级斗争的发展状况，无产阶级政党的素质和领导能力，等等。

在十月革命胜利后，列宁指出，由于俄国历来是"欧洲一个最落后的国度"，革命后遇到特殊的困难。1919 年他说："我屡次说过：与各先进国家相比，俄国人开始伟大的无产阶级革命是比较容易的，但是把它继续到获得最终胜利，即完全组织起社会主义社会，就比较困难了"①。在本国没有比较丰富的资本主义"遗产"可以接受，这至少是造成困难的主要原因之一。正

① 《列宁全集》第 36 卷，第 293、294 页。

因此，列宁特别强调向资产阶级学习的问题。

十月革命胜利后几个月，列宁主张经过国家资本主义来实现社会主义。在1918年4月的全俄中央执行委员会会议报告中，他尖锐地提出了向资产阶级学习的思想。他说，资产阶级已经推翻，"我们现在要向他们学习，是因为我们的知识不够，因为我们没有这些知识。我们有社会主义的知识，但是没有组织千百万人的知识，没有组织和分配产品等等的知识。老布尔什维克领导者没有教给我们这些东西。在这方面，布尔什维克党的历史没有什么可以炫耀的。这门课程我们还没有学过。所以我们说，哪怕他是一个大骗子，只要他组织过托拉斯，只要他这个商人曾经搞过千百万人的生产和分配，只要他有经验，我们就应该向他学习。如果我们不从他们那里学会这些东西，我们就得不到社会主义，革命也就会在它已经达到的阶段上停滞不前"[①]。

列宁的这段话使人想起在中国革命胜利时毛泽东说过的话。毛泽东在1949年《论人民民主专政》中说："严重的经济建设任务摆在我们面前。我们熟习的东西有些快要闲起来了，我们不熟习的东西正在强迫我们去做。这就是困难。""我们必须克服困难。我们必须学会自己不懂的东西。我们必须向一切内行的人们（不管什么人）学经济工作。"[②]

前面已经说过，俄国当时的"左派共产主义者"嘲笑和反对列宁的这种说法。在反驳这些"左派"分子的空谈时，列宁说："我们无产阶级政党，如果不去向资本主义的第一流专家学习组织托拉斯式的即像托拉斯一样的大生产的本领，那便无从获得这种本领"。接着他又说：资产阶级知识分子"做为一个阶层

---

① 《列宁全集》第34卷，第238、239页。
② 《毛泽东选集》第4卷，第1480—1481页。

或集团应该服从苏维埃政权。而我们共产主义者如果不是年幼无知，就应该向他们学习，而且有东西可学，因为无产阶级政党和无产阶级先锋队在办理为千百万人服务的大企业方面没有独立工作的经验"①。

在 1918 年列宁虽然已经考虑经过国家资本主义来达到社会主义，但由于俄国资产阶级一般地不同新政权合作，而持反对态度，由于国际帝国主义的武装干涉，国家资本主义的设想没有能实现。俄国被迫实行战时共产主义。内战结束后，1920 年苏俄曾立法实行对外国资本家的租让制。在讨论租让制的报告中，列宁说："我们要挨着他们（指租让的企业——引者）开办自己的企业，学习他们如何经营模范的企业。……按照现在最新的技术成就进行装备，不是一项容易的任务，这需要学习，在实践中学习"。列宁也谈到租让企业"将带来资本主义习气"的问题。他说："应该加以注意，应该处处用自己的共产主义影响加以抵制"②。

列宁于 1921 年提出新经济政策。列宁的逝世使新经济政策过早地结束，这对于苏联后来的社会主义建设的道路起了什么影响，是值得研究的。在提出新经济政策的时候，列宁仍然强调向资产阶级学习。他在著名论文《论粮食税》的结论中说："不要害怕让共产党员去向资产阶级专家'学习'，其中也包括向商人，向办合作社的小资本家，向资本家'学习'。向他们学习，虽与我们过去向军事专家学习在形式上有所不同，但在实质上是一样的。'学习'成绩，只有靠实践经验来检查：要比自己身旁的资产阶级专家做得好，要会用各种办法振兴农业，振兴工业，

① 《列宁全集》第 34 卷，第 290 页。
② 《列宁全集》第 40 卷，第 77 页。

发展农业和工业间的流转。多花点'学费'并不可惜：为了学习要不惜破费，只要能学到东西就行"①。

说社会主义和资本主义除了对立的关系以外，还有一种继承的关系，说无产阶级在社会主义建设中要向资产阶级学习——如果用在"文化大革命"时期及其以前的"左"的观点来看，这是极其荒谬的，甚至是反动的，但这的确是马克思列宁主义的观点。这个观点正在我们的改革开放中得到验证。

（原载《人民日报》1992 年 4 月 10 日。这篇读书笔记是 1985 年 2 月写的，未发表过，但作者在 1987 年写的《中国为什么不能走资本主义道路》一文中曾提到这篇读书笔记中的基本观点，并且采用了其中一些材料）

① 《列宁全集》第 41 卷，第 232 页。

为什么中国不能走资本主义道路

　　中国走上社会主义的道路是一个客观的事实。但是，有人认为或主张，社会主义制度对中国是不可取的，中国本来应该实行资本主义制度。对这种错误的说法，应该进行一次认真的讨论。

　　中国为什么必须走社会主义道路，而且只能走社会主义道路？这个问题换一个说法就是：中国为什么不能走资本主义道路？如果说，其原因就在于社会主义制度比资本主义制度更先进，这不是完满的科学的答复。西欧资本主义初兴时，有些先进的思想家反对资本主义制度，认为社会主义、共产主义制度才合乎人类理性。他们的善良愿望并不能决定社会发展的进程，资本主义制度还是在西欧各国发展起来。马克思主义的科学社会主义学说论证了资本主义制度必然由于自己内部的矛盾而灭亡，社会主义制度必然代之而兴，社会主义制度能够在发展社会生产，使生产的结果造福于人类，并为一切人的自由发展创造条件等方面，显示出资本主义制度无法比拟的优越性。但是，为了回答中国为什么必须走社会主义道路而不走资本主义道路这个问题，我们不能靠抽象地、一般地比较社会主义制度与资本主义制度的优劣。我们要从中国具体的社会历史的发展来说明这个问题。

一

中国历史上经历了漫长的封建时代，直到 19 世纪 40 年代到 50 年代，西方国家先后两次发动鸦片战争，打败和侵入中国，中国内部又发生了历时 14 年终于失败的太平天国农民革命，中国社会才开始出现前所未有的变化。中国历史进入了它的近代时期。在近代中国，许多爱国的仁人志士曾经企图实行资本主义制度，以促进中国的进步，摆脱贫穷落后挨打的局面。一般说来，资本主义制度是能够使一个国家富强起来的。尽管资本主义制度是一种剥削劳动人民的制度，但以资本主义制度取代封建制度毕竟是一种进步。可是，在近代中国历史条件下，资本主义制度行不通。

近代机器工业（和轮船航运），最早在 19 世纪 50 年代出现于中国，但那是外国资本，开始时为数还很少（后来在 19 世纪末年较大地发展起来）。60 年代中国出现封建官僚控制下的主要供军事需要的工业。特别值得重视的是，六七十年代间开始出现私人资本的各种新式企业。这说明，在封建社会里已经产出了资本主义生产方式的婴儿。但这婴儿在近代中国一直是艰难地成长着，始终没有发展为独立的强大的力量。

在近代中国的广大农村中，封建的土地关系一直占绝对的统治地位。先后相继的统治政权无不以封建地主阶级为其主要基础（或主要基础之一），并且极力维护封建土地关系。中国社会虽然已经有了资本主义，但占统治地位的是封建主义，所以称为半封建社会。

在中国，为什么新生的资本主义经济和代表它的政治力量不能战胜封建主义呢？在十七八世纪的欧洲各国，这种新生力量在斗争中经过艰难曲折，终于取得了胜利。但是近代中国所经历的是一种特殊的历史过程，这就是中国在帝国主义侵略下成了半殖民地。

19世纪末年和20世纪初年，全世界被极少数帝国主义国家差不多瓜分完毕。这些帝国主义国家包括英国、沙皇俄国等欧洲诸国，加上北美洲的美国和在东方后起的日本。它们把世界上几乎一切经济落后的地区变成了它们的殖民地。从16世纪开始的西方殖民主义者的"开拓"的历史，是一部血和火的历史。殖民者所到之处，对落后的部落、民族进行野蛮的掠夺和剥削，甚至使他们失去生存条件，消灭殆尽；对于消灭不了的民族，就在那里实行殖民统治。资本主义侵略者按照自己的面貌来改造世界。为殖民统治的需要，他们向那里输入新的生产方式，同时也为殖民统治的需要，保存和维护那里的各种前资本主义的社会关系。在许多殖民地里，富人的天堂和穷人的地狱的对照特别鲜明。只在殖民者居住的少数城市和地区中有"繁荣"和"文明"的景象，而广大地区笼罩在贫穷和黑暗中，人民受着重重的剥削和压迫。所以到了第二次世界大战后，许多殖民地国家纷纷独立时，都处于极不发达的状态。

帝国主义列强用炮舰政策迫使中国的统治者向它们屈服，它们的政治和经济势力深深地渗入中国。它们强占中国沿海若干港湾，并在好些城市建立所谓"租界"，而且曾为如何"瓜分"中国而绞尽脑汁。它们没有能使中国完全沦为殖民地，这主要是由于：第一，在中国广大人民中蕴藏着反抗外国侵略的强大力量。这种力量在早期虽然只是以幼稚的、自发的形式爆发出来，但已经使侵略者感到，直接统治这成亿的生灵是它们难以胜任的。第二，如果由一国独占中国或几国"瓜分"中国，势必引起列强之间的激烈冲突。因此，各帝国主义国家宁愿保持中国的原状，各自按照自己的力量在中国划分势力范围，利益均沾，共同主宰中国的命运。中国形式上还是一个独立国家，实际上已丧失完整的独立主权。中国成为全世界几乎所有大小帝国主义国家都参加掠夺的半殖民地。到本世纪 30 年代，日本帝国主义尝试用武力来独吞中国，结果遭到彻底的失败。这是帝国主义侵略中国史上的第一次大失败。其所以失败，基本上也就是由于上述两个原因。

外国帝国主义垄断中国的对外贸易，在中国设立工矿企业、航运公司、银行等等，并不是要使中国变成资本主义国家。恰恰相反，帝国主义强大势力的排挤和压迫，是中国民族资本主义难以生长起来的主要原因。第一次世界大战（1914—1918）期间，除日本以外，各帝国主义国家都忙于欧战，无暇东顾。在这次战争时期和战后一二年间，中国民族工商业欣欣向荣，被称为"黄金时期"。但随着各帝国主义国家在战后重新向中国扩张势力，这个"黄金时期"迅速结束了。这种情形更证明，没有民族的独立，中国资本主义是无法自由发展的。在中国丧失独立主权的情况下，当然也谈不到按照本国的利益和需要，发展对外贸易，利用外资，等等。

各帝国主义国家在中国造成了一个为它们服务的买办阶级，又竭力维持中国的封建土地关系和相应的社会关系。以买办势力和封建地主阶级为基础的军阀、官僚、政党，是帝国主义所选中的统治中国的代理人。帝国主义从军事、财政各方面支持这些代理人，并通过这些代理人吮吸中国人民的血汗。当这些代理人中的这一个或一批倒下去时，帝国主义就以另一个或另一批取而代之。封建势力虽然腐朽落后，但依靠帝国主义的支持并同买办势力结合起来，就成了难以摧毁的堡垒。

近代中国之所以贫穷落后，之所以不能从封建制度发展到资本主义制度，基本原因就在于帝国主义的侵略和压迫。

二

半殖民地半封建的中国，要摆脱贫穷落后，进步起来，就必须从帝国主义的压迫下解放出来，成为独立的中国。不完成反帝国主义的任务，也不能完成反封建主义的任务。这二者是中国民主革命的基本任务。谁能完成这些任务？如果有一个能完成这些任务的资产阶级力量，中国就可能走上独立发展资本主义的道路。

1898年以康有为为首的维新派，是近代中国最早带有资产阶级性质的政治派别。他们深切感受帝国主义侵略压迫之苦，有强烈的爱国情绪，提出了在政治上和经济上资本主义化的纲领，并企图通过皇帝自上而下地实行这个纲领。但他们迅速地失败了。

1905年成立的以孙中山为首的同盟会，更完整地提出了以建立一个资产阶级民主共和国为目标的革命纲领，并且为实现这个纲领进行了许多斗争。孙中山已经看到西方国家的资本主义制度的弊病，并受到在西方已经兴起的社会主义运动的影响，企图使他提出的纲领带有某种社会主义的色彩，但他和他的同志们的目的还是在中国发展资本主义。同盟会领导取得了1911年辛亥革命的胜利。这次革命推翻了已经成为帝国主义工具的清王朝，成立了中华民国，所以是一个胜利。但是，帝国主义在中国的势力丝毫没有因这次革命而削弱，革命的果实落到了帝国主义所中意的袁世凯及其他北洋军阀的手里。中国仍然是半殖民地半封建社会，仍然处于极端贫穷落后的状态。辛亥革命没有能达到预期的目的。

辛亥革命后，出现过名目繁多的大大小小的政党，它们中许多是政客官僚的集团，旋生旋灭。一些标榜无政府主义或某种社会主义的小资产阶级党派或社团，因为脱离实际，脱离群众，也没有什么生命力。除同盟会扩大改组成的国民党外，在民国初年的政治舞台上，较有影响的是以曾参加戊戌维新的梁启超为精神领袖的进步党。梁启超和其他一些进步党人倾向于要在中国发展资本主义，但他们既不反对帝国主义，也不反对封建势力，反而依靠封建军阀势力。进步党屡经改变自己的名称，终于成为一个只是在官场中朝秦暮楚、追逐名利的小集团。

国民党在民国初年成立后，混入许多官僚、投机分子，失去了同盟会原有的革命性质。在袁世凯的高压下，国民党内部分裂，孙中山以其中一部分人建立中华革命党。他们的力量很小，没有能在反袁世凯斗争中起主导作用。袁世凯死后，孙中山取消中华革命党，1919 年 10 月重建中国国民党。这个党虽然号称有许多党员，但成分庞杂，组织涣散，党员各行其是，直到 1924 年前这个党实际上处于瘫痪状态，提不出足以动员广大人民的政治主张。只是由于它有辛亥革命的历史业绩，其核心孙中山和他的少数同志坚持反对北洋军阀，谋求中国的进步，并且经几度挫折失败后，在广东勉强建立了一个与北方军阀政府对峙的政权。所以国民党这时仍不失为中国政治生活中有进步性的一个重要力量。

1923 年，孙中山下决心接受苏联的援助，同新生的中国共产党合作，实行国民党的改组，这才使国民党有了新的生气。1924 年 1 月，举行有共产党人参加的国民党第一次全国代表大会。在此以前，从辛亥革命后的 13 年里，还从未举行过这样的大会。孙中山于 1925 年 3 月逝世。国共合作的局面暂时还保持着。因为有了国共合作，才有了两广革命根据地的统一，国民革

命军的建立，工农运动的兴起，才有了北伐战争，国民党才在全
国人民中有了信誉与威望。当时国共合作的国民革命如果能够进
行到底，取得胜利，中国将如何？国民党第一次全国代表大会的
宣言中提出的纲领，主要是取消帝国主义在中国的特权，打倒军
阀，使农民有自己的土地。实现这些纲领当然并不是使中国成为
社会主义国家，而是为民族资本主义的发展创造有利条件。纲领
中还有"节制资本"一项，就是说，中国将不像资本主义国家
那样，让少数资本家垄断国民经济。但这也还不是实行社会主
义。

国共合作的国民革命由于国民党右派的叛变半途而废。1927
年，国民党取得了全国政权。国民党是依靠国共合作的国民革命
的成果，又是通过屠杀共产党人和其他革命分子而取得全国政权
的。这里不讨论国民党当政 22 年的全部政绩，只来答复一个问
题：国民党政权有没有使中国的民族工商业、民族资本主义发展
起来？回答只能是否定的。

试以国民党统治下的第一个十年（1927—1936）内的棉纺
织工业情况为例来说明这个问题。其所以说这十年，因为 1937
年全国进入抗日战争时期。其所以说棉纺织业，因为那时重工业
根本谈不到（1933 年钢产量只有 3.5 万吨），而在轻工业中，棉
纺织业历来最称发达。

1927 年全国纱锭数量是 367.5 万，1936 年增到 510.3 万。
其中外国资本（绝大多数是日本的，有一小部分是英国的）在
中国的工厂所拥有的纱锭数，由 157.5 万增加到 235.6 万，增加
几乎达 50%，在全国总数所占份额由 42.9% 提高到 46.2%；中
国商人的工厂拥有的纱锭数，从 209.9 万增加到 274.6 万，只增
加 31%，在全国总数中所占份额由 57.1% 降到 53.8%。

布机的情况大致相同。1927 年总台数是 29788。1936 年总

台数是 58439。其中外国资本的台数由 16329 增加到 32936，增加一倍有余，在全国总数中所占份额由 54.8% 提高到 58.1%；华商数由 13459 增加到 25503，增加约 90%，而在总数中所占份额由 45.2% 降到 41.9%。[①]

熟悉当时情况的人说："我国棉纺业自民国二十一年（1932年）后，由于捐税繁重及花贵纱贱诸影响，深感无法支持。迄民国二十四年（1935年）下半年，59 家华商纱厂，完全停工者达 24 厂，而减工者复有 14 厂。固不能以纱锭布机数量之增加为衡量该业兴衰之标准也。"[②] 这就是说，实际情况比上述数字还要糟得多。在国民党统治时期的棉纺织业、民族资本是在衰落中挣扎，而兴旺起来的却是帝国主义在华的资本。

国民党政权不能解决中国摆脱帝国主义统治而独立的问题，它自己的生存就是靠帝国主义支持的。国民党政权也不能实现全国的统一，它内部派系林立，各实力派互争雄长，甚至导致大规模的内战。国民党政权不但不能实现孙中山所主张的"耕者有其田"，而且不能实行它自己提出过的"二五减租"，因而封建的土地关系丝毫没有改变。国民党政权不能改变中国的半殖民地半封建的地位，当然不能使中国资本主义化。国民党在掌握全国政权后，不仅背叛了国共合作的国民党第一次全国代表大会的宗旨，也背叛了国民党的前身同盟会的主张。

在国民党开始取得全国政权时，中产阶级曾经指望它能发展中国的资本主义经济，结果完全失望了。经过抗日战争和战后的时期，更加深了这种失望。

---

① 以上数字见 1948 年出版的《银行周报三十周年纪念刊》，第 335—336 页。
② 同上书，第 255 页。

三

中国共产党在 1921 年成立时，只是几十个人的小党。那时共产党人曾把社会主义革命当作当前的任务。但不久他们就懂得，为求中国进步，革命必须从反对帝国主义和封建主义做起。由于积极参加 1925 年到 1927 年的国民革命，共产党发展到近六万人。1927 年国民党的屠杀政策又使它大为缩小。共产党人以大无畏的精神，主要在农村地区发动群众，实行土地改革，建立红军，建立根据地。共产党和国民党是在什么问题上发生分歧呢？当时的问题并不是中国要不要实行社会主义。共产党的最终目的是实行社会主义和共产主义，但当时它所做的只是一件事，就是消灭封建土地关系。没有这种土地改革，就不可能有资本主义的发展，也不可能有下一步的社会主义。所以毛泽东说："两党的争论，就其社会性质说来，实质上是在农村关系的问题上。"① 中国的民主革命的另一个根本任务是反对帝国主义。当日本帝国主义的侵略使民族矛盾日益成为首要问题时，中国共产党主张停止内战，团结抗日，并且把没收地主土地的政策改为减租减息。这就促成了包括同意抗日的国民党统治集团在内的抗日民族统一战线的建立。国共第二次合作的抗日战争，虽然经历了许多曲折，毕竟坚持到取得最后胜利。由于共产党在最困难的条件下坚持敌后抗战，坚持团结全国最大多数人的抗日民族统一战线的政策，中国共产党在战争结束时成为一百二十多万人的大党。国民党和共产党成为决定中国命运的两大政党。

抗日战争结束后，国共两党间（并有其他民主党派参加）

---

① 《论联合政府》。

进行了一系列的谈判。共产党为了实现符合于全国人民愿望的国内和平和国家的民主进步，提出建立民主联合政府的主张。这个主张国民党曾经表示同意，但是它终于背弃诺言，在美帝国主义支持下发动全面内战。可以说，1927 年国民党实行反共，导致国民革命功败垂成，是使中国失去了一次为资本主义的发展创造有利条件的机会；在抗日战争结束后，国民党顽固地拒绝民主联合政府，使中国又一次丧失了这样的机会。

1945 年毛泽东在《论联合政府》中说："有些人不了解共产党人为什么不但不怕资本主义，反而在一定的条件下提倡它的发展。我们的回答是这样简单：拿资本主义的某种发展去代替外国帝国主义和本国封建主义的压迫，不但是一个进步，而且是一个不可避免的过程。它不但有利于资产阶级，同时也有利于无产阶级，或者说更有利于无产阶级。现在的中国是多了一个外国的帝国主义和一个本国的封建主义，而不是多了一个本国的资本主义，相反地，我们的资本主义是太少了。"这就是共产党当时愿意和国民党在合作抗日以后继续合作建国的根据。

共产党人所说的"资本主义的某种发展"，并不是说中国将成为一个资本主义国家。中国民主革命的先行者孙中山已经考虑过中国民主革命胜利后将成立怎样的国家的问题。一方面他要求发展资本主义，一方面他以为不应该重走西方资本主义的老路，因为他担心这将导致下一次流血的社会主义革命。中国共产党人也曾反复考虑这个问题，他们在 30 年代曾提出"非资本主义"发展前途的概念。既然资产阶级不能领导完成民主革命，无产阶级在这个革命中起着重大的、以至领导的作用，那么革命胜利后就不可能是建立资产阶级专政的国家。但是"非资本主义"是个模糊不清的概念。40 年代，毛泽东提出新民主主义革命和新民主主义共和国的概念，这是从中国的国情出发对这个问题的明确答复。毛泽东解释说，新民主主义的共和国就是"各革命阶级联合专政"的共和国。这个国家所实行的经济，概括地说，就是"大银行、大工业、大商业，归这个共和国的国家所有"。"这个共和国并不没收其他资本主义的私有财产，并不禁止'不能操纵国民生计'的资本主义生产的发展，这是因为中国经济还十分落后的缘故"①。当然，实现新民主主义共和国，不能不以完成反帝反封建的任务为前提。

但是，国民党领导集团并不认为中国多了一个外国帝国主义，相反地，他们欢迎美帝国主义来代替日本帝国主义在实际上统治中国，指望得到它的支持，也的确得到了它的大力支持。国民党领导集团也不认为中国多了一个封建主义，不愿意用民主的土地改革和民主政治来代替封建主义。国民党领导集团不能为民族资本主义的发展创造任何有利的条件，却在自己身上建立起一个庞大的官僚资本。这个官僚资本在战前已经形成，抗日战争期间大大发展起来。它利用抗战时机垄断金融，乘私人资本战时的困难而进行并吞，又从美国的财政援助中克扣私分。战后，通过接受沦陷区的敌伪财产，不择手段地掠夺人民的财富。官僚资本膨胀到了极点。1947年前后，国内人们估计，蒋宋孔陈四大家族所集中的私有财富共达100亿到200亿美元，全国产业资本的80%在他们手里。他们的财富并不都在国内，很大一部分散在美国、西欧、南美洲各处。美国作家西格雷夫说，在抗日战争将结束时，"孔家和宋家诸人在南美洲各处都有各自的财产，包括大家知道的在加拉加斯、布宜诺斯艾利斯和圣保罗银行的巨额存款。据说他们的财产还包括范围广泛的企业，如石油、矿产、海运和其他运输业中的股票，而投资重点在铁路和航空公司"。他

---

① 《新民主主义论》。

又说，据宋子文的一个朋友声称，到 1944 年，宋仅在美国的财产就超过 4700 万美元。1949 年，美国银行界向国会议员们指出，宋家和孔家在曼哈顿积蓄了 20 亿美元。美国联邦调查局曾进行调查，但没有公布调查结果。据已透露的材料，蒋介石夫人在大通国民银行、纽约花旗银行这两家银行或其中的一家存款 1.5 亿美元；孔祥熙夫人和宋子文分别在其中一家银行存款 8000 万美元和 7000 万美元。

"多一个外国帝国主义"，"多一个本国封建主义"，对国民党官僚资本不但无害，反而有利。为维护既得利益起见，国民党领导集团不愿意接受民主联合政府，宁可打内战。他们本来以为，依仗他们在军队数量、装备程度和战略形势上的优势，并得到美国的支持，他们能打赢这场战争。如果他们胜利了，中国就只能继续半殖民地半封建的地位。

为什么国民党在这场它自己挑起的内战中一败涂地？因为它失尽了人心。不仅工人群众、农民群众、青年学生反对它，而且知识界的上层人士，如大学教授中的多数、民族工商业者中的多数也反对它。可以这样说，许多本来指望中国走资本主义道路的人也抛弃了国民党，因为他们已看出，这样一个与封建地主阶级相结合、依靠外国帝国主义的官僚资本势力，是不可能使中国走上独立的自由的资本主义道路的。国民党在中国人民中彻底孤立，它不能不失败。这就最后确定了这样的历史格局：中国不可能由某种代表资产阶级的力量完成民主革命的任务。

四

中国没有走上资本主义道路，因为半殖民地半封建的中国，除了无产阶级政党中国共产党以外，没有哪个政党或政治力量能够解决中国的独立问题（从帝国主义的统治和压迫下解放出来）、土地问题（农民从封建的土地关系下解放出来）、民主和统一问题（这个问题是同前两个问题直接联系着的，不解决前两个问题，就不可能有国家的民主化，也不可能有真正的统一）。

除了共产党以外，旧中国的一切政治力量，或者是压迫工农群众，或者是害怕工农力量的充分发动，或者是没有能力发动工农力量。因此，这些政治力量或者只能依附于帝国主义，或者畏惧帝国主义力量。要战胜强大的帝国主义势力和得到帝国主义支持的国内反动势力，不发动广大工农群众和小资产阶级群众的力量，并且团结一切可以团结的力量，是做不到的。能够这样做的只有中国共产党。农民在全国人口中占最大多数，是迫切地要求革命的最大力量，但又由于他们的经济和文化条件而带有某些落后性。如何发动这个力量，引导他们走上正确的道路，是中国民主革命能否取得胜利的一个关键问题。这个问题只有共产党能够解决。

既然是在共产党领导下，以工人、农民和小资产阶级为主要力量取得民主革命的胜利，当然不可能是建立资产阶级统治的国家，不可能是在资产阶级统治下发展资本主义。

或许在回顾历史的时候，可以允许进行某种假设。如果在1949年革命胜利的关键时刻，共产党软弱动摇，放弃了领导，而由某种资产阶级力量来领导国家，结果会怎样呢？那就必然是尚未全部完成的民主革命任务不能继续彻底完成，必然是引起工人、农民以及小资产阶级群众的反对，根本不可能造成安定地发展资本主义的局面。更不用说，国民党势力会卷土重来，帝国主义势力会乘机侵入，中国就只能回到半殖民地半封建的地位。

　　共产党领导的新民主主义革命的胜利，也不可能直接实行社会主义。共产党清楚地了解，只凭主观愿望是不能实行社会主义的。按照当时的历史条件，经过新民主主义走向社会主义是惟一正确的道路。

　　在1949年胜利前夕，共产党明确宣布新民主主义的三大经济纲领：一、没收封建阶级的土地归农民所有；二、没收国民党反动统治者的垄断资本即官僚资本归新民主主义国家所有；三、保护民族工商业。新民主主义国家的国有经济就是最早产生的社会主义经济成分，它在整个国民经济中居于领导地位。毛泽东说：官僚资本"替新民主主义革命准备了充分的物质条件"。在解释保护民族工商业这条纲领时，毛泽东说："由于中国经济的落后性，广大的上层小资产阶级和中等资产阶级所代表的资本主义经济，即使革命在全国胜利以后，在一个长时期内，还是必须允许它们存在；并且按照国民经济的分工，还需要它们中一切有益于国民经济的部分有一个发展；它们在整个国民经济中，还是不可缺少的一部分"①。

　　帝国主义在中国的特权被取消，官僚资本主义的压迫不复存在，全国土地改革完成，因而民族资本的发展得到了在旧中国从来未有的有利条件。当然它不能像在资本主义国家中那样发展。中华人民共和国成立时的《人民政协纲领》明确规定："凡有利于国计民生的私营经济事业，人民政府应鼓励其经营的积极性并帮助其发展。""在必要与可能的条件下，应鼓励私人资本向国家资本主义方向发展。"这就是说，它的发展应在"有利于国计民生"的范围内，它的发展方向也和资本主义国家不同。

　　或许有人提出这样的问题：为什么不可以只实行新民主主

---

　　① 《目前形势和我们的任务》，1947年12月。

义，而不过渡到社会主义呢？

这是不可能的。新民主主义社会中已经存在着社会主义经济，这主要是国营经济（社会主义的合作社经济那时还很少）。私人资本主义经济不可能没有国家的支持，不可能不和国营经济发生各种联系；它转向国家和私人合作的国家资本主义是必然的趋势。1956年，随着农业、手工业和资本主义工商业的社会主义改造基本完成，实现了由新民主主义到社会主义的过渡，比在1952年至1953年大致估计的时间表快得多。这是由于客观形势造成了这样的可能性和必要性，不是任何人的意志所能决定的。这个过程进行得如此顺利，证明党和国家在这方面所实行的政策是完全符合于客观需要的。

或许有人说，中国既然没有经过资本主义社会，建立社会主义社会是不合宜的。

这种说法是错误的。中国的确没有经过独立发展的资本主义阶段，更没有经过发达的或比较发达的资本主义阶段，中国的具体历史条件决定了它不可能经过那样的阶段。但是，中国是以特殊的方式经过了资本主义。虽然不能把半殖民地半封建社会看成是资本主义社会，但在这个社会中已经有了资本主义（外国帝国主义的资本、官僚资本和民族资本），因此也就有了无产阶级、资产阶级和小资产阶级。否则就不可能有无产阶级领导的新民主主义革命，不可能经过新民主主义进入社会主义。

或许有人说，中国没有经过发达的资本主义阶段毕竟是吃了亏。在走上社会主义道路后，我们遇到了许多困难，又产生了许多失误，这些困难和失误都同原有的底子"一穷二白"（经济和文化落后）有关，而其所以"一穷二白"，就因为没有经过发达的资本主义阶段。

对此，我们要说，如果这是"吃亏"，那我们只能吃这个亏。历史没有容许我们经过一个发达的资本主义阶段，我们只能跳过这样的阶段，在"一穷二白"的底子上开始建立社会主义社会。

近代中国的历史条件留给中国人的可以说只有两条道路：一条道路是继续当帝国主义国家的殖民地、附属国（如果共产党不能领导人民进行坚决的斗争，或者斗争方法一贯错误，因而失败，那就会是这样）；另一条道路就是实际上我们所已经走过的，经过新民主主义达到社会主义的道路。

还有没有其他什么道路呢？即使说，还有变成一个独立的资本主义国家的可能，那也决不会是变成一个发达的资本主义国家，而只能是从极不发达的资本主义做起。且不论国际条件是否容许中国成为一个独立的不发达的资本主义国家，是否容许中国在资本主义制度下从不发达一步步走向发达；一个如此庞大的国家在经济和文化十分落后的底子上，蹒跚地走在资本主义的道路上，那将发生多少社会矛盾和阶级冲突，人民将为此付出多少痛苦和流血的代价，是可以想象出来的。在旧社会中成亿的人民流离失所，成百万的贫民在饥饿中死亡，成百万的妇女沦为娼妓，这些景象只会一一重演。

这样看来，摆脱半殖民地半封建的境地，经过新民主主义而走向社会主义，并不是走了一条"吃亏"的道路。如果走资本主义道路，那倒是几倍、几十倍地艰难而曲折，并且是看不到前途的（或者是可以预计到有大规模流血斗争和革命的）漫长的道路。

我们在社会主义道路上已经走了 30 年，的确遇到了许多困难，发生了许多失误，但是现在中国在经济和文化发展上已经达到的成就，决不是如果走资本主义道路所能够做到的。

人们在历史发展中是能够起主动作用的，但是并不能任意地选择前进的道路，而只能在历史所已经准备下的现实条件的范围内进行某种选择。中国人民所选择的道路，是在可能范围内所能找到的最好的道路。

五

有一种说法：因为中国没有经过发达的资本主义阶段，所以中国应该放弃社会主义而重走资本主义道路，"补这一课"。这种说法的谬误从以上所述可以概见。

但是，如果说，我们需要在建设社会主义中，补充学习许多别的民族在资本主义制度下学会的，对社会主义建设是必要的东西，那是对的。

这里要简单地说一下资本主义社会和社会主义社会的关系。只有消灭统治资本主义社会的资产阶级所有制，才能建立社会主义公有制。因此，社会主义制度和资本主义制度在根本上是对立的。但就另一方面看，最终消灭私有制的物质基础是社会化大生产，而社会化大生产是资本主义所准备下来的。无产阶级在推翻资产阶级的统治的时候，要继承和利用社会化大生产来建设社会主义。这就是说，社会主义社会和资本主义社会又有继承关系。必须经过资本主义才能有社会主义的根本原因就在这里。马克思、恩格斯说："历史不外是各个世代的依次交替。每一代都利用以前各代遗留下来的材料、资金和生产力。"① 社会主义社会对资本主义社会也不可能不是这样。

列宁曾谈到资本主义社会为社会主义准备了许多现成的东西。他说："资本主义建立了银行、辛迪加、邮局、消费合作社和职员联合会等这样一些计算机构。没有大银行，社会主义是不

---

① 《德意志意识形态》，《马克思恩格斯全集》第3卷，第51页。

能实现的。""我们可以把它（大银行——引者）当作现成的机构从资本主义那里拿过来，而我们在这方面的任务只是砍掉使这个极好机构资本主义畸形化的东西，使它成为更巨大、更民主、更包罗万象的机构。"[①]

社会主义公有制能够把从旧社会继承下来的社会化大生产，按照人民的利益而发展到资本主义制度所不能容许的更大程度，这是社会主义制度的优越性的根本所在。但使这种可能性成为现实，在不同的国家中需要经过不同的过程和不同的长时期才能真正做到。

对于社会主义的建设说来，从资本主义得到的"遗产"越丰盛，当然越有利。发达的资本主义国家，在无产阶级革命胜利后建设社会主义，从理论上说应该是比较容易的。但是，当资本主义制度已经统治全世界的时代，资本主义的整个链条首先在哪一个环节上被突破，不是简单地取决于各个国家的生产力水平。在这里起作用的既有国际条件，又有国内阶级力量的对比形势和阶级斗争的发展状况等等。事实上，从1917年十月革命以来，进入社会主义的并不是资本主义最发达的国家。

列宁指出，由于俄国原来是"欧洲一个最落后的国家"，革命后遇到特殊的困难。"与各先进国家相比，俄国人开始伟大的无产阶级革命是比较容易的，但是把它继续到获得最终胜利，即完全组织起社会主义社会，就比较困难了"[②]。对于中国，当然更可以这样说。

在俄国十月革命后曾经有过一些"左派共产主义者"。他们把凡是沾上资产阶级的一切东西都看做是同社会主义不相容的，都必须抛弃。针对这种幼稚的观点，列宁说："不利用大资本主

---

① 《列宁全集》第32卷，第300页。
② 《列宁全集》第36卷，第293—294页。

义所达到的技术和文化成就，便不可能实现社会主义"①。他又说："没有资本主义文化的遗产，我们建不成社会主义。除了用资本主义遗留给我们的东西以外，没有别的东西可以用来建设共产主义"②。

所以列宁反复强调，在社会主义革命的任务完成以后，就必须提出"向托拉斯的组织者学习"，向"有大生产的经验"的"实业家和商人"学习的任务。他说："我们现在要向他们学习，是因为我们的知识不够，因为我们没有这些知识。我们有社会主义的知识，但是没有组织千百万人的知识，没有组织和分配产品等等的知识。老布尔什维克领导者没有教给我们这些东西。在这方面，布尔什维克党的历史没有什么可以炫耀的。这门课程我们还没有学过。所以我们说，哪怕他是一个大骗子，只要他组织过托拉斯，只要他这个商人曾经搞过千百万人的生产和分配，只要他有经验，我们就应该向他学习。如果我们不从他们那里学会这些东西，我们就得不到社会主义，革命也就会在它已经达到的阶段上停滞不前"③。

在中国革命胜利时，毛泽东也曾类似地提出这项任务。他说："严重的经济建设任务摆在我们面前。我们熟习的东西有些快要闲起来了，我们不熟习的东西正在强迫我们去做。这就是困难"。接着他又说："我们必须克服困难，我们必须学会自己不懂的东西。我们必须向一切内行的人们（不管什么人）学经济工作。拜他们做老师，恭恭敬敬地学，老老实实地学。不懂就是

---

① 《列宁全集》第34卷，第289页。
② 《列宁全集》第36卷，第129页。引文中所说的"资本主义文化"是指广义的文化。
③ 《列宁全集》第34卷，第238—239页。

不懂，不要装懂。不要摆官僚架子"①。这些话毫无疑问是对的。

如前所述，中国的旧社会并不是一点没有留下资本主义的遗产，但的确是太少了。

在一个国家中，原有的经济基础虽然落后，但具体的历史条件使得无产阶级可以领导人民开始社会主义革命和社会主义建设的伟大事业，它就不应该退缩不前，——中国共产党这样做了。这是完全正确的。

但是，在开始社会主义事业以后，就必须充分估计到缺乏足够的资本主义"遗产"而产生的困难，因此就要善于使用各种过渡的经济形式来建设社会主义，并且十分重视学习资本主义生产的经验和知识，包括科学、技术、管理方法，等等。在我国的社会主义建设中，长期间忽略了这样做的必要，甚至以为，如果这样做就违反了社会主义的原则，那就完全错误了。

中国现在国家和社会的经济实力已经比 30 年前大大增强。但是我们如实地承认，我们还处于社会主义的初级阶段。1978年党的十一届三中全会以来，我们打破了在这以前一个时期中形成的对社会主义模式的僵化观念，实行了经济体制改革和搞活城乡经济的种种政策和措施。诸如在农村中实行联产承包责任制，在把计划经济和商品经济相结合的前提下，力求充分发展商品经济，利用个体经济和各种私有经济作为公有制经济的补充，等等。从这些做法中固然可以看到我们并不拒绝吸取以往的阶级社会，特别是资本主义社会中的经济生活的经验。但是，这并不是什么补资本主义的课，而是从我国的具体国情出发，适应社会主义初级阶段的形势而采取的社会主义的政策和措施。

在我国的社会主义初级阶段，对外开放也有特别重要的意

---

① 《论人民民主专政》。

义。《中共中央关于经济体制改革的决定》中说："必须吸收和借鉴当今世界各国包括资本主义发达国家的一切反映现代社会化生产规律的先进管理方法。"《中共中央关于社会主义精神文明指导方针的决议》中又说："必须下大决心用大力气，把当代世界各国包括资本主义发达国家的先进的科学技术、具有普遍适用性的经济行政管理经验和其他有益文化学到手，并在实践中加以检验和发展。"对外开放之所以重要，除了其他原因以外，就因为我们有必要向世界各国包括资本主义发达国家，学习许多为社会主义所必要的、而我们又缺乏的东西。

为了学习这些东西，我们不需要、也不可能重走资本主义道路，我们能够在社会主义制度下学得更快、更好。——这是本文的结论之一。

我们所要学习的是对社会主义建设有用的、必需的东西，对于维护剥削和压迫的资本主义社会制度和思想体系，资本主义的一切丑恶的腐朽的东西，如同《中共中央关于社会主义精神文明指导方针的决议》所说，我们必须坚决摒弃。——这是结论之二。

社会主义制度已经深深地扎根在中国大地中，虽然还是幼年的植株，但已显示出旺盛的生命力。社会主义制度是不会自发地生长壮大起来的。只要善于培养，它就一定能长成参天大树。——这是结论之三。

1987 年 2 月

（原载《人民日报》1987 年 3 月 1 日）

中华人民共和国成立四十周年

今年10月是中华人民共和国成立40周年。从1978年12月中国共产党十一届三中全会后开始进行改革，到现在已超过10年。我想就这40年来的经验教训说以下几点。

第一，中国走上社会主义道路对不对？

1949年我们取得新民主主义革命的胜利，但胜利的成果中已包含有社会主义的因素。这就是：工人阶级通过共产党领导的政权；国家由没收官僚资本主义企业而形成的全民所有制经济，它在国民经济中居于领导地位。中国的民族资产阶级力量很小；经过民主革命，党在农民中有巨大的威信。因此，在建国后五六年间，顺利地用和平方法实行了对民族资本主义工商业的社会主义改造，并且领导广大小生产者经过合作社的方法实行了对农业和手工业的个体经济的社会主义改造。历史地看来，新民主主义革命的彻底胜利，不可能不导致社会主义。

中国在走上社会主义道路后，经历了曲折的过程。但总的来说，经济社会的发展是旧社会所不可比的。1953年至1978年的26年中，国民生产总值年平均增长6%，钢产量从1952年的135万吨变为1978年的3178万吨，煤产量由0.66亿吨变为6.18亿吨，发电量由 73 亿度变为 2566 亿度，粮食产量由 16392 万吨变为 30477 万吨。

中国革命胜利后走社会主义道路是惟一正确的道路。对于这一点，在知识界中表示怀疑的人是有的。破除这种怀疑并不很容易。中国如果走资本主义道路，必然会重复旧中国的民族灾难和社会灾难，这样说虽然有一定的说服力，但这毕竟是个假设。人们看到的事实是：社会主义虽然有许多成就，但并没有把人民带进"天堂"，中国在世界上仍然处于经济落后的地位，而且在社会主义的道路上出现了许多预想不到的挫折，有的挫折甚至是灾难性的。

从历史发展的逻辑来看，一种新生的社会制度，不经过曲折而成长起来是不可能的。但我们必须检讨造成曲折的主观原因。

第二，为什么在长时期内犯"左"的错误？

1953 年至 1957 年的第一个五年计划取得很好的成就。那时年平均增长速度，工业是 18%，农业是 4.5%。1958 年的"大跃进"遭到严重挫败，迫使 1961 年起进行调整。虽然 1963 年至 1965 年情况好转（这三年的年平均增长速度，工业是 17.9%，农业是 11.1%），但 1966 年起发生了一场所谓"文化大革命"的风暴，而且延续 10 年之久，对经济、政治、文化造成极端严重的破坏。"文化大革命"结束后，又在 1977 年至 1978 年发生新的冒进。所以总的来看，像邓小平同志所说，我们是犯了 20 年（1958—1978）"左"倾错误。

"左"倾错误产生的原因，这里可以概括说几点：（一）由改变中国落后面貌的紧迫感而形成的急于求成的倾向。以为既然有了社会主义制度，就可以不顾一切地力求以比第一个五年计划更快得多的速度发展经济，结果"欲速则不达"。（二）错误地搬用民主革命时期的经验。第一个五年计划是按照苏联的计划经济模式来进行的。这种模式确有缺点，至少毛泽东并不满意这种模式。他企图用中国长期以农村为基础的革命战争中的经验和原则来改造这种模式，于是有了"以阶级斗争为纲"，不断革命，大搞群众运动，否定物质利益原则这一套做法。这套做法并不能矫正依靠行政命令、过度集中的那种经济模式（事实上继续保持），而且更造成了混乱。（三）追求某种空想的社会主义的典型。实际上取消商品经济，加强行政管理，实行自给自足、平均主义，但一度被认为是过渡到共产主义的最好形式。（四）脱离实际，不断地强求社会主义的"纯洁化"。这种倾向在社会主义改造中已经出现，那时表现为把个体经济和私营经济全部消灭掉，以后又总以为社会主义所有制愈单纯、统一，愈大愈公愈纯洁，就愈能促进生产力。当这种情形并未出现的时候，就致力于上层建筑的革命，要求意识形态上的纯洁，以为一切问题的症结在于革命觉悟不高，其结果就是把发展生产抛在一边，而只是追求革命化。

　　以上几点，虽不足以完全说明"左"的错误的表现及其原因，但这里确是包含了我们的痛苦的经验。我们的改革不能不针对这些弊端。

　　第三，为什么必须进行经济体制改革？改革的基本思路是什么？

　　1978 年 12 月党的十一届三中全会，果断地做出了把全党全国的工作重点转移到社会主义现代化建设上来的决策，开始全面纠正"文化大革命"及其以前的"左"倾错误，并且着手对于过去那种主要靠行政手段管理经济，过度中央集权的计划经济体制进行全面改革。与改革同时，实行开放政策。开放当然也可以说是一种改革。

　　改革 10 年的成绩是显著的。国民生产总值由 1978 年的 3482

亿元（人民币）增加到 1988 年的 13694 亿元，按可比价格计算，年平均增长 9.5%；居民实际消费水平，这 10 年内年平均增长 7.8%，增长的速度都是中国历史上前所未有的。应该说，这 10 年是中国在以往的历史中经济发展最旺盛，经济实力增长最快，人民得到实惠最多的时期。但是，改革也遇到了困难。这就是，社会总需求大大超过总供给，通货膨胀，物价上涨过快，经济秩序特别是流通秩序混乱。这些情形在去年年中突出地表现出来。因此，从去年第四季度起开始进行必要的调整，大约需要用两三年的时间。这种调整是为了巩固改革的已有成果，并为进一步深化改革创造有利的条件。

这里不打算讲经济体制改革中的种种具体问题，只就我们在改革中遇到的两种倾向谈一下看法。

一种倾向认为，这样的改革不行，中国需要的是"补资本主义的课"，或者说，实行全盘私有化，也就是重新走资本主义的路。知识界中抱这种主张的人只是极少数，但改革遇到困难时，这种看法就以各种形式较多地表现出来。

这种看法的主要根据是中国没有经过资本主义阶段。但是，在中国旧社会中，并不是没有资本主义，而是资本主义发展不起来，因而没有过发达的资本主义。社会主义在中国已经有了 30 年的生命，重新走资本主义的路既不可能，更不能为工人、农民、知识界的多数人所接受。

中国的社会主义的前身不是完全的资本主义社会，而是前资本主义生产方式占统治地位，这一事实是必须重视的。在过去"左"倾指导思想下，既没有重视这一历史事实，甚至还以为中国社会主义建设不但不因此而更困难，反而似乎容易一些，这种看法是错误的。纠正了这种错误看法后，我们肯定中国现在还处于社会主义初级阶段，具有自己的特点。改革 10 年来，从实际出发，至少明确了以下两点：

一、社会主义所有制以公有制为主体，但不能用国有制——全民所有制囊括一切。1988 年，在工业总产值中，国有制经济占 64%（1978 年是 80.8%），集体所有制经济占 32.6%（1978 年是 19.2%），其余 3.4% 是在 10 年中出现的个体经济、私营经济，中外合资企业和外商独资企业等。事实证明，非公有制经济成分的适当发展，是有利于社会生产力的提高的，并不妨碍公有制为主体。

二、中国不需要"补资本主义的课"，但必须补商品经济这一课。把商品经济和资本主义经济混为一谈，是"左"倾指导思想下的一种错误观念。改革 10 年来，我们逐步把商品经济引入原来由自然经济、半自然经济占统治地位的农村，逐步改变企业依附国家，带有垄断性，因而缺乏活力的状态，使企业作为自主的商品生产者和经营者经受市场的考验。除了扩大农村商品市场和工业消费品市场外，开始形成生产资料和各种生产要素的市场。政府对经济的管理不再是以直接的行政手段为主，逐渐转向以经济手段为主的通过市场而实行的间接调控。改革前我们的商品经济极不发达，市场机制极不完善，而如何把市场调节和计划调节结合起来并没有现成的经验。因此，在发展社会主义商品经济中遇到的困难和阻力是不小的。但是事实证明，为建立充满生机和活力的经济体制，就必须学会建立社会主义商品经济的新秩序。我们称之为：过商品经济关。当前所要进行的调整，不是在改革中退缩，而正是为了过好商品经济关。

在改革中出现的另一种倾向认为，一切困难和矛盾都是由于发展商品经济，建立市场机制，放弃依靠行政手段的高度集中的体制而来。因此不如还是回到老路上去。这种倾向并不明确表现为许多人的主张。但是，人们对改革的艰难性和长期性估计不足，缺乏为之付出必要的代价的准备，并且在改革的近期实惠预期值过高的情况下，一遇到困难和曲折，这种倾向就会若隐若现地浮出来。

改革，就其对全社会的深刻影响来说，可以说是一场革命。但它不是过去意义上的革命，不可能在一个早晨把旧的经济体制粉碎掉。许多矛盾和困难是由于新旧体制暂时并存的局面而来，有些则是从旧体制向新体制过渡中不可避免的，我们只能逐步使新体制健全地成长起来，最终代替旧体制。

回到老路上去，不可能为多数人认为是一种好的选择，而且实践已经证明此路不通。改革的道路是总结社会主义制度产生以来（在中国是近 40 年）的正面经验和反面经验而得到的结论。虽然走这条路会有风险，有困难，也难免有政策上的失误，但是要使社会主义优越性充分发挥出来，我们没有别的选择。抱残守阙，只会使社会主义制度失去在这世界上生存下去的权利，更谈不到扩大其影响。

第四，关于政治体制改革的问题

经济体制改革必须有与之相适应的政治体制改革。我们在党政分开，权力下放，加强人民代表大会制度，精简党政领导机构，克服官僚主义，制止贪污腐化等方面做了许多工作，采取了措施。但是，这些方面的问题还没有解决好。

政治体制改革的目标是发扬社会主义民主，调动广大人民的积极性。发扬民主又必须同时加强法制。中国社会缺乏民主和法制的传统。中国共产党虽然在民主革命时期在它领导的军队和地区中实行民主制度，但在革命战争的条件下，民主是有很大局限性的。全国解放后，我们又常满足于"社会主义在本质上是民主的"这类说法，忽略了实际民主制度的建设。毛泽东在"文化大革命"中发动所谓"大民主"，其本意是发动最广大群众，用群众运动的方式消除党和国家生活中的阴暗面，但是这种大民主只会造成自发的群众骚乱，只能起破坏作用。

我们的政治体制改革要能适应经济战线上的改革和发展的步骤，不能滞后，也不能超前，必须有领导地、稳妥地、逐步地推进。当然不能重复大民主的错误。在建立社会主义商品经济的新秩序的同时，要建立社会主义民主政治的新秩序，这可以说是我们要过的另一关。

社会的多元化是个事实。毛泽东提出正确处理人民内部矛盾的概念，至今仍应认为是有价值的。他的意思是，社会主义社会有许多人民内部矛盾，必须用不同于处理敌我矛盾的方法处理人民内部矛盾。学会如何在民主和法制的轨道上解决种种人民内部矛盾，确实是我们要学习的一个重要课题。

至于多党制问题，在中国共产党以外有 8 个民主党派。我们实行在共产党领导下的多党合作，不可能也不应当实行西方式的多党制。

我们坚持四项基本原则，其中心就是坚持党的领导和坚持社会主义。党的领导必须改善和改造。许多旧的领导方式不适用了，必须探求适合于新的条件的方式，否则党的领导就坚持不了。社会主义的旧模式必须通过改革开放而得到改造，否则社会主义制度也是坚持不了的。

坚持马克思主义是四项基本原则中的另一项。在中国一部分知识界中存在着不同程度地怀疑和否认马克思主义的倾向。不能靠法律和政治权威来消除这种倾向。我们以为，包括中国在内的世界形势的发展对马克思主义是一个挑战。我们应该勇于接受这种挑战，回答现实生活中提出的许多新问题，使马克思主义有新的大发展，否则我们就不能克服各种怀疑论和否定论，马克思主义将失去其战斗力和生命力。

　　中国现在存在文化水平低的问题，在许多人中还存在价值观念、生活态度等方面的混乱状态。这种混乱是"文化大革命"这场灾难的后遗症，也是在改革开放的条件下社会生活大变化的反映。党提出了社会主义精神文明建设的任务，但为实现这个任务所做的工作还远远不能适应客观的要求。在中国这样一个有11亿人口，经济和文化很落后的国家中，必须努力提高全民的文化素质和精神素质，这对于建立商品经济新秩序和民主政治新秩序是必要的条件和前提。这些当然是极为艰难的任务，但也是我们必须和能够完成的任务。

1989 年 5 月

（这是一篇没有发表过的文稿，原来准备给外国朋友讲的）

关于近代中国与世界的几个问题

　　这次国际学术讨论会的主题是"近代中国与世界"，这是包含宽广内容的主题。与会的学者们将从各个角度讨论有关这个主题的各方面的内容，也可能在同一问题上有不同的见解。我相信，学者们交流从不同角度提出的意见，交流不同的观点和看法，对有关问题的深入探讨是有益的。

　　我在这里想就这个主题说几点看法。

　　中国近代历史的开始，是以1840—1842年的英国对中国的侵略战争，即鸦片战争为标志。这时候，绵延两千多年的中国封建社会已经进入没落的阶段，中国社会内部已经酝酿着新的变化。这就是说，在经济上已经出现了以手工业工场为代表的资本主义生产关系的萌芽，在政治上也出现了对封建专制主义传统的怀疑和抗议。以炮舰政策为前驱的西方资本主义侵略势力的到来，严重地影响了中国社会变化的方向。

　　近代中国受到世界上所有大小帝国主义国家的欺凌。几个强国在中国划分势力范围，有的强国还曾试图独占中国。近代中国的历史是被侵略、被掠夺、被压迫的历史。这段历史从1840年算起，持续109年之久。在近代以前的一段时间里，中国和中国以外的世界几乎是完全隔绝的。世界不了解中国，中国人也不了解世界。近代中国和世界发生了愈来愈密切的联系，这种联系当然是多方面的，而其根本内容是帝国主义列强武装侵略中国，在经济上掠夺中国，在政治上支配中国。中国处于被侮辱、被损害、被宰割的地位。

外来的侵略和压迫不能不引起中国人民的反抗。中国是一个具有悠久的文化传统，并且具有作为统一国家的长期历史的国家。所以资本主义外国的侵略压迫，一开始就遇到中国人民的强烈反抗。在近代中国社会中出现了新的阶级力量，即资产阶级和无产阶级的力量以后，反抗外国帝国主义及其在中国的助手和代理人的斗争就愈来愈强烈。帝国主义列强曾使中国局部地区殖民地化，并且使中国丧失了作为独立国家的完整主权，成为一个半独立的即半殖民地国家。但是，近代中国毕竟没有完全沦为殖民地，其原因主要就在于中国人民的反抗斗争。这种反抗斗争的发展终于使中国摆脱了半殖民地、殖民地的命运，取得了民族的独立，恢复了全部国家主权。所以，中国近代历史又是一部反抗外国资本主义、帝国主义的侵略和压迫的历史。

帝国主义的侵略、掠夺和剥削，造成了近代中国的贫穷和落后。这里要特别指出的是，中国封建社会内部存在的资本主义生产关系的萌芽没有能正常地发展起来，使中国进入资本主义社会，其原因就在于帝国主义控制了中国的经济命脉和中国的政治。固然，外国资本主义的侵入对中国封建社会的自然经济基础起了破坏作用，从而促进了商品经济和资本主义因素的发展；但是，从上个世纪中叶以后出现的中国民族资本处于极其艰难的条件下，不可能发展壮大起来。它不但遭到具有种种特权的外国资本的排挤，而且无力抗拒在中国社会中仍然居于统治地位的前资本主义的剥削制度。近代中国的前70年是在清皇朝统治下。帝国主义使清皇朝变成它们所利用的驯服工具；在清皇朝覆灭以后，又支持一个个代表地主阶级和买办官僚资本利益的军阀官僚势力。封建的土地关系、商业高利贷资本和一切前资本主义的剥削制度及其上层建筑，由于受到帝国主义的维护而得以继续存在。帝国主义利用它们作为统治和剥削中国人民的工具。这样，帝国主义的侵略阻断了中国的工业化、民主化的独立发展的道路，使中国在成为半殖民地的同时，又处于半封建的境地。

近代中国并不是近代化的中国，不是一个商品经济发达，教育发达，工业化、民主化的国家。在近代中国面前摆着两个问题：即一、如何摆脱帝国主义的统治和压迫，成为一个独立的国家；二、如何使中国近代化。这两个问题显然是密切相关的。因为落后，所以挨打；因为不断地挨打，所以更落后。这是一个恶性的循环。

以首先解决近代化问题为突破口，来解除这种恶性循环，行不行呢？在半殖民地半封建的中国，一切工业救国、教育救国，以合法的途径实现民主化、近代化的主张都不能成功。致力于振兴工业、振兴教育的好心人虽然取得了一些成就，但并不能达到中国近代化的目的，不能使中国独立自强。不动摇原有的政治和社会秩序而谋求实现民主化的努力更是毫无作用。这些善良的愿望之所以不能实现，就是因为有帝国主义及其在中国的代理人的严重的阻力。

首先解决民族独立的问题，是很艰难的。要在十分落后的社会基础上，战胜已经在中国居于统治地位的帝国主义势力，当然不是一件轻而易举的事情。但历史经验证明，只有这样做，才能改变中国所面临的恶性循环的命运。就是说，只有先争取民族的解放和国家的独立，才能谈得到近代化的政治、经济、文化的建设。

　　帝国主义列强在侵略中国中的相互矛盾，帝国主义在中国的代理人之间的相互矛盾，是落后的中国争取解放、独立可以利用的条件。但根本的问题还在于要把中国一切反对帝国主义的侵略压迫的力量动员和团结起来。在中国共产党领导下，中国人民经过长期艰苦奋斗终于完成了历史任务，使中国摆脱了帝国主义的枷锁，从而为中国的近代化、现代化开辟了宽广道路。

　　以上是我要说的第一点。

　　近代中国是不是一个对世界开放的国家？

　　这也许是一个不成问题的问题。

　　在半殖民地的中国，即使不在受到外国军事侵略的时候，外国人在中国领土上倚仗不平等条约而拥有种种特权，中国大门的钥匙是在外国人的荷包里（这就是说，海关为外国人掌握），外国人在中国自由地开设银行、商行、工厂，列强的兵舰和商船自由地在中国沿海和内河航行，列强的军队驻扎在中国的领土上。那时，中国政府在决定对外政策时，甚至在决定重大的内部政策时，都要看帝国主义主人的指挥棒指向哪里。在这样的情况下，还有什么不开放呢？

　　1900 年左右，美国提出中国门户开放政策。但那并不是要中国开放门户，因为中国的大门早已被列强的大炮打开了。那是按"利益均沾"的原则针对列强在中国划分势力范围而说的，是要求属于任何一个国家的势力范围的地区应当向其他国家开放，而不应当封锁。

　　虽说近代中国已经在政治和经济上受列强所支配，但列强对中国的情况又总是不满意。其不满意大致上有两方面。一方面可以说是政治方面的。列强总是觉得他们利用来统治中国的代理人不够强大到足以在中国人民的反抗面前保卫他们的利益，不但不能消除这种反抗，反而被人民的力量冲垮。关于这方面的问题，这里不多说。很明显的，这是帝国主义自己制造出来的一个矛盾。他们所扶植的，既然是违反中国人民利益和民族利益的势力，这样的势力尽管拥有"合法"的政权，拥有强大的兵力，也不可能在人民中有威望，不可能保持对帝国主义有利的安定的内部秩序。

从经济方面说，帝国主义者不满意的是，近代中国始终不能如他们在用炮舰打开大门时所指望的那样，成为一个广阔的商品市场、投资市场和原料供应地。中国进出口贸易总额在 1936 年（即抗日战争全面爆发前一年），不过 16 亿元（按当时的汇率计，不足 5 亿美元），比 1910 年左右只增加了不到百分之三十，这实在是微不足道的数字。中国的进口在鸦片战争后 70 年间，最多的还是鸦片烟。直至新中国建立前夕，外国能输入中国的始终主要是煤油、糖、棉布等，以及其他许多廉价的制成品。中国的出口主要也只是生丝、猪鬃、钨砂、桐油之类的"传统"外销商品。帝国主义在中国投资数字是比较大的。据经济史家估计，帝国主义在华投资从 20 世纪开始时的 15 亿美元，增加到抗日战争前的 43 亿美元。那时，帝国主义的投资主要是商业掠夺性的，依靠帝国主义的特权可以取得最大限度的利润。而且这种投资可以说是没有资本输出的投资，因为在巨额的投资中的很大部分是来自中国所偿付的"赔款"，其余部分是以欺诈勒索的方法占有的土地（在上海这样的城市，那时房地产构成外国人的资本的重要部分），对中国的鸦片贸易中取得的暴利，外国银行所吸收的中国人的存款，等等。总之，巨额资本的绝大部分是从中国掠夺和赚取来的，很少从国外输入。那时，中国的资源也都深藏在地下，没有被开发。

为什么近代中国已经被列强打开了门户，却并不能成为一个广阔的市场呢？原因很明显，因为中国贫穷落后。

　　贫穷落后的中国没有多少剩余的生产品，也无力购买多少外国的产品。帝国主义的经济侵略虽然曾深入到一部分农村，但农村的绝大多数还处于自然经济和半自然经济，几乎没有或者只有极少量的商品经济。所以，对于占近代中国的最大部分人口的地区来说，其实并没有对外开放。沿海城市固然可以说是开放的，但在30年代人们给上海以"冒险家的乐园"的称号，就是说，外国的流氓、骗子、走私贩子可以在那里大发横财。这样，正常的贸易当然只会萎缩。

　　近代中国曾多次兴起有商人和城市居民参加的抵制美国货、抵制英国货、抵制日本货的运动。这种排斥外国货的运动反映了人民对于侵略者的正当的仇恨，也反映了那时经济上的对外开放只是带给中国社会和中国人民以灾难。

　　近代中国的贫穷落后是帝国主义造成的。所以可以说，帝国主义一方面打开中国的门户，迫使中国对外开放；但他们的掠夺和剥削又使中国贫穷落后，处于没有能力正常地对外开放的地位。这又是帝国主义自己造成而解决不了的一个矛盾。

　　三四十年代，中国舆论界中有人说，列强应该考虑如何帮助中国富强起来，因为一个富强的中国才会和世界各国大大地增加贸易和经济联系。这种说法的后一半是对的，而前一半即指望帝国主义列强帮助中国富强，则是梦想。

　　中国人民用自己的力量争取民族的独立，恢复国家的主权，才能发展自己的经济，并且作为独立自主的国家发展正常的，即平等互利的对外开放，这是已经有事实证明了的。

　　以上是我要说的第二点。

　　现在我还要说的第三点是，中国被侵略，被压迫，贫穷、落后，固然使中国人民遭受严重的灾难，而一个贫穷、落后的中国又成为世界不安定的因素之一。

为争夺在中国的权益，帝国主义列强间发生无穷的矛盾和冲突。直到 20 世纪初年，在中国角逐的主要是英、德、俄、法四国，而英、俄是最主要的对手。它们间虽未直接兵戎相见，但到了 1904 年，发生了俄国和新起的日本在中国领土上进行的争霸东北地区的战争。这以后，经过第一次世界大战，形成了主要是英、美、日三强在中国争夺的形势。帝国主义列强争夺中国的矛盾反映为中国内部军阀的混战，这种混战更使中国长期动荡不安。日本在 30 年代认为可以利用中国内部局势来独霸中国。1931 年后形成的日、美间的对立，终于导致日本对美、英在太平洋上的大战。日本对中国的侵略，酿造了第二次世界大战在亚洲东部的策源地。

历史经验证明，帝国主义的侵略和压迫，把中国这样一个占全世界人口五分之一至四分之一的大国，变成了一个贫穷衰弱的半殖民地国家，就在远东造成了一个国际矛盾和斗争的焦点。

中国人民用自己的力量使中国成为一个独立自主的、内部安定的、经济逐步发展的社会主义国家，这固然对于企图侵略中国、独霸中国的帝国主义势力来说，是一个失败，而对世界的和平与安定则是一个贡献。中国不再是列强侵略和争夺的对象，这才能够和世界各国和平共处，才成为促进东亚和太平洋地区的和平安定，乃至世界的和平安定的一个因素。把中国 1949 年以后的历史和在这以前一百年的历史相对照，我以为人们只能得出这个结论。

（1990 年 8 月 31 日在北京"关于近代中国与世界"国际学术讨论会上的发言。原载《人民日报》1990 年 10 月 17 日）

论中国的改革和开放

　　1992年是中日邦交正常化的20周年。1972年中日两国恢复邦交，是两国关系中的划时代的大事。从此，中日两国和两国人民的友好合作关系得到全面的发展，虽然有个别的障碍，也不能阻断这种关系的发展。使中日两国世世代代友好下去，是两国人民的共同愿望。我们两国的友好合作的继续发展，有赖于两国人民间、两国知识界间增加相互了解。日本有许多了解中国、研究中国的人，这是很好的事情。我现在借这个机会，谈一谈中国的改革和开放。这是个很大的问题，我想主要从历史的发展上来说明中国为什么要实行改革和开放，为什么这是中国坚定不移地贯彻执行下去的基本政策。

一

　　中国执行改革开放政策，是和坚持社会主义制度相联系着的。中国的改革是在社会主义制度内的改革，开放是在社会主义制度基础上的开放。因此，在谈改革和开放问题之前，要简略地讲一下为什么中国要走上社会主义道路，坚持社会主义制度。同样，我也从历史发展的角度来谈这个问题。

早在20世纪20年代刚开始时，中国知识界中就有过一场关于中国走资本主义道路，还是走社会主义道路的争论。当时，有一派人认为，社会主义制度虽然比资本主义制度优越，但是中国没有条件实行社会主义，而只能发展资本主义来解决中国的贫穷落后问题。另一派人则认为，从国际条件和中国社会情况来看，中国不可能独立地发展资本主义，因而只能走社会主义道路。现在来回顾那一场争论，前一派人认为中国不能立即实行社会主义这一点是对的，但是他们指望独立地发展资本主义，却被历史事实证明是做不到的。

究竟走资本主义道路，还是走社会主义道路，并不能从抽象地比较这两种制度的优劣来决定。应该承认，中国在20年代以前的几十年中，以至20年代到40年代，许多主张走资本主义道路的人是为了争取中国的进步和发展。当时的中国，是贫穷落后的半殖民地半封建社会。如果中国能够独立地走上资本主义道路，无疑是一种进步。但问题是，在中国的历史条件下没有独立地发展资本主义的可能，没有一个资产阶级力量能够为发展资本主义创造必要的前提。什么前提？一、独立。当中国为世界上所有帝国主义国家侵略压迫，而实际上失去了作为独立国家的主权的情况下，没有独立，谈不上发展民族资本主义。二、统一。由于国内的社会矛盾，特别是由于各派军阀势力以各个帝国主义国家为后台互相争夺，造成四分五裂，连年内战；在这种状况下，不实现国家的统一，谈不上发展资本主义。三、土地制度的改革。当中国人口中80%以上的农民无地或少地，只能在前资本主义的剥削与压迫下过着毫无权利和贫穷的生活时，谈不上独立地发展资本主义。在那时的中国，民主是广大人民的要求，而民主的最根本的内容，就是几亿农民的生存权利和民主权利问题。

要实现独立、统一、土地制度改革这些前提，就不能不面临强大的敌人，就必须克服严重的阻力。中国的民族资产阶级力量薄弱，也没有能力动员最广大的人民群众去进行斗争。这只要看1924年当孙中山真心诚意地想实现为发展资本主义所必要的前提时，必须和新生的共产党合作就可以知道。

前面说的20年代初争论中的另一派人，就是最早的中国共产主义者。他们在那场争论中正确地断定，中国不可能独立地发展资本主义。但是，当时他们错误地以为社会主义好像就是眼前的现实任务。以后不久，他们逐渐懂得了中国的现实任务还不是社会主义，而是解决民族民主革命的任务，就是解决上述独立、统一、土地制度改革等问题。中国共产党勇敢地担负起了资产阶级所没有能力去担负的任务，发动广大的农民，也发动工人、学生、知识分子和其他一切爱国分子的力量，经过艰难曲折的斗争历程，终于完成了民族民主革命的任务，于1949年取得了革命的胜利。我们称1949年取得胜利的革命为新民主主义革命，以区别于资产阶级领导的旧式的民主革命。如果是旧民主主义革命的胜利，那当然会建立资本主义国家；新民主主义革命的胜利，则不能不导致社会主义。

旧中国的民族资产阶级本来力量很薄弱，其中一部分积极参加了共产党领导的新民主主义革命，一部分对革命采取中立态度，还有一部分由于可以理解的疑虑，在全国革命胜利时，转移到香港、台湾或国外。新中国采取了保护民族工商业的政策，民族工商业在新民主主义国家中得到前所未有的发展。但是，资产阶级在国家的经济生活和政治生活中都不占重要地位。50年代，中国用和平赎买的方式实行对资本主义工商业的社会主义改造，同时对土地改革后分散的个体农业实行社会主义合作化。这样，中国就进入了社会主义。

现在回头来看，中国在 50 年代走上社会主义道路是不是必要的呢？既然没有一个强大的资产阶级，也就没有走资本主义道路的可能。从世界各国的经验来看，要发展资本主义，第一靠对殖民地的掠夺，第二靠剥夺本国的农民和其他小生产者，使之赤贫化。前一点中国不能也不应该做。后一点如果做了，那就会在几亿人口中造成新的阶级分化，引起长期的强烈的社会动荡不安，其结果就不是什么资本主义的发展，而只会重新走上半殖民地半封建的道路。

事实上中国在走上社会主义道路后的三十多年间，虽然有曲折和困难，但是总的说来，保持了国家的独立、统一和社会安定，经济得到发展，人民生活普遍得到改善。如果走资本主义道路，这些是不可能做到的。

所以，社会主义是中国的具体历史条件所提供的一个必然的选择。这是一方面。另一方面，中国从半殖民地半封建社会出发，经过新民主主义革命的胜利而走向社会主义，是史无前例的。以落后的经济社会条件为起点，建立社会主义确实极不容易。所以就发生了改革和开放的问题。

二

改革的方针是在 1978 年以后才提出来的。但是要谈论这个问题，可以回溯到中国社会主义起步的时候。

中国在开始进行社会主义建设时，惟一可以参考和学习的就是已有 30 多年历史的苏联的经验。中国在 1949 年后，用三年实现了恢复经济的任务，接着就进行 1953 年至 1957 年的第一个五年计划的建设。在这期间进行的对资本主义工商业和农业的社会主义改造工作，显然具有自己的特色，并不是照抄苏联。但是，在经济建设方面受苏联的影响是很明显的。

就在这时，中国领导人开始感到苏联的经验不是可以照抄的。毛泽东在 1956 年《论十大关系》的讲话，讨论中国如何进行社会主义建设的问题时，就特别论述了对苏联在建设社会主义过程中的缺点和错误要引以为戒。那时他在下列各点上指出了苏联的缺点、错误：一、苏联和一些东欧国家"片面地注重重工业，忽视农业和轻工业"。二、在国家和农民的关系问题上，"苏联的办法把农民挖得很苦"，"苏联在这个问题上犯了严重错误"。三、"我们不能像苏联那样，把什么都集中到中央，把地方卡得死死的，一点机动权也没有"。四、"在苏联，俄罗斯民族同少数民族的关系很不正常"。五、在中国，"以民族资产阶级及其知识分子为主的许多民主党派，现在还继续存在。在这一点上，我们和苏联不同"。六、毛泽东提出了"向外国学习"的口号。他说："现在有些国家的领导人就不愿意提，甚至不敢提这个口号"。这里没有点名，但很明显的是指苏联。此外，讲话中还提到工厂在统一领导下的独立性的问题。认为"把什么东西统统都集中在中央或省市，不给工厂一点权力，一点机动的余地，一点利益，恐怕不妥"。这里虽没有提到苏联，但也显然是针对苏联的经验来说的。

现在来看，毛泽东在 1956 年还不是已经透彻地了解苏联社会主义建设模式的弊病，但的确是指出了一些重要的问题。固然，看出苏联模式的弊病，还不等于已经弄清楚中国怎样才能做得更好。但是，从 50 年代后期开始，中国领导人的指导思想已经明确，不能完全按照苏联的模式做，而应该找出适合中国情况的自己的道路。

在 50 年代末，中苏两国间的矛盾逐渐激化。60 年代，中苏两党间公开进行争论，直到两党关系中断。两国间也只是保持形式上的关系，甚至发生了边境的军事冲突。中苏两国关系的破裂一直持续了近三十年，到1989年才恢复正常化，但也不是回到50年代的状态。其所以造成两国间关系的破裂，固然有复杂的因素，但有一个根本原因，就在于中国不承认在对内对外政策上必须服从苏联的指挥棒，成为苏联的"卫星国"。中国决心按照中国的具体情况，走出适合自己情况的社会主义道路。

中国的社会主义建设从一开始有些做法就和苏联不同。例如前面毛泽东说到的几点。中国一贯重视农业的地位；中国没有取消共产党以外的民主党派，实行共产党领导的多党合作、政治协商制度，而不实行苏联式的一党政治；中国处理少数民族关系问题上和苏联不同。在这些问题上中国有时也犯错误，但是总起来说，是做得比较好的。苏联模式的根本缺点，在于一切由国家计划统一管起来的经济体制。这种体制使国家负担过重，承受不了；而且排斥商品经济，妨碍各种社会活力的生长，形成僵化的局面。这种体制，长期保持下去虽然极为不利，但又是在一个落后的国家开始社会主义建设时难以避免的，而且在一个时期内还能行之有效。毛泽东在《论十大关系》的讲话中，指出要发挥地方的积极性，要增强企业的独立性等等，都是针对这种缺点而说的。但是，中国在社会主义建设过程中，仍然难以避免这种缺点。如果不能找出在中国的具体历史条件下建设社会主义的正确道路，是克服不了这种缺点的。

中国是一个和任何欧洲国家不同的落后的东方农业大国。在中国建设社会主义，没有也不可能有现成的可以照搬的经验。那就必须独立地进行探索，通过自己的实践找出一条道路来。中国在长期革命斗争中，积累了丰富的经验，形成了自己的传统，这些经验和传统无疑对探索社会主义道路是有益的，但是必须结合社会主义建设的实践来利用这些经验和传统。毛泽东在《论十大关系》中，提出了一个基本方针，"就是要把国内外一切积极因素调动起来，为社会主义事业服务"。他说："过去为了结束帝国主义、封建主义和官僚资本主义的统治，为了人民民主革命的胜利，我们就实行了调动一切积极因素的方针。现在为了进行社会主义革命，建设社会主义国家，同样也实行这个方针"。这个方针无疑是正确的。但在社会主义建设中，运用什么机制，采取什么方法，才能调动一切积极因素，是一个非常复杂的新的问题。

从 50 年代后期起，中国在连续 20 年的时间，为探索中国自己的社会主义建设道路做了各种努力。这期间犯过两次大错误。第一次是 1958 年，以当时称为"大跃进"的运动为标志，这个失败的运动造成了三年严重的经济困难。与此同时形成的农村人民公社，后来事实也证明是不成功的。第二次是被称为"文化大革命"的时期。这个错误从 1966 年起长达十年之久。关于"大跃进"、人民公社、"文化大革命"的错误情形，这里不可能详细讨论。总的可以说，这些错误是由于要克服苏联类型的僵化模式，而错误地运用了过去中国革命中的群众斗争、阶级斗争的经验，以为用在生产战线、政治战线上开展群众运动的办法，就可以增进社会活力，而使中国的经济发展得更快。在那 20 年中，中国的经济仍有相当程度的发展，但是由于这些错误而付出很大的代价，遭到很大的损失。

那 20 年虽然犯了许多错误，走了许多弯路，但并不是白白地浪费掉的。可以说，在 50 年代后期，中国已经开始了改革的尝试，也就是开始去探索中国自己的社会主义建设的道路。在那 20 年中，犯了许多错误，得到了许多改革失败的经验。错误犯得或大或小，虽然有些具体的原因，但总的说来，在中国这种特殊的历史条件下，要找到建设社会主义的正确的道路，实在是不容易的，不经过曲折和失败，几乎是不可能的。"大跃进"和"文化大革命"是在共产党领导下犯的错误，也是在共产党领导下纠正了这些错误。有了这些错误的亲身体验，就使人深切地看到，既要避免苏联类型的社会主义模式的错误，又要避免犯另一方面的错误。这种经验是十分可贵的。

还应该指出，在那20年中，在犯了错误和克服错误的过程中，也积累了很多正面的经验。举例说，早在1956年，中国领导人之一陈云就已指出，我们的社会主义经济情况将是这样：在工商业经营方面，国家经营和集体经营是主体，一定数量的个体经营是补充；在生产的计划性方面，计划生产是工农业生产的主体，按照市场变化而在国家计划许可范围内的自由生产是补充；在社会主义的统一市场里，国家市场是主体，一定范围内国家领导的自由市场是补充。陈云的这个意见当时受到党和国家领导的重视，并在60年代初期的经济调整工作中起了重要的作用。显然这是从理论和实践上突破僵化的社会主义模式而提出来的经济体制改革的萌芽思想。类似这样的有价值的改革主张，当时的领导人、各级工作干部、研究工作者和群众提出过不少，有些还在某种范围内的实践中执行过，取得了成就。虽然这些比较正确的改革主张，都被"文化大革命"的错误浪潮所淹没，但它们的确是1978年以后进行的改革的先导。

1978年，在结束了那场错误的"文化大革命"两年之后，中国迅速地提出并实行改革的方针。改革首先在农村中生效。农村中的改革既是经济体制也是政治体制的改革。改革又推进到城市和工业、商业、金融等各个方面。固然，改革的过程中仍然有些曲折，但是总的说来进行得是顺利的，取得的成效是显著的。通过改革，找出了一条符合于现阶段中国的具体国情的社会主义道路，我们称之为有中国特色的社会主义道路。这个现阶段将一直继续下去，包括下个世纪的四五十年。通过改革，我们所建立的并将继续加以健全的经济体制，概括说来，是实行计划经济与市场调节相结合，积极发展社会主义的有计划的商品经济；是建立以社会主义公有制为主体的多种经济成分，包括个体经济、私营经济和其他经济成分并存的所有制结构；是实行以按劳分配为主体，其他分配方式为补充的分配制度。这种经济体制改革和与之相应的政治体制改革的目的，是充分调动中央、地方、企业、各种社会力量和全体人民的主动性、积极性，来推进经济建设，达到国家富强和全体人民共同富裕的目的。

那么，为什么中国能够在 1978 年后比较顺利地进行改革呢？可以说，这是因为改革并不是从这时才开始，而已经有了前 20 年的经验的缘故。现在来看，50 年代后期，以毛泽东为代表的中国领导人决心抛弃苏联的模式是多么重要的决定。有了这个决定，才有以后 20 年的为寻求中国的社会主义建设道路的探索。在探索中所得到的一些正确的经验，固然为 1978 年以后的改革提供了重要的因素；在探索中所犯的错误，也使人们懂得不应该那样做，并且从中学到许多在没有犯错误以前不懂得或不真正懂得的事情。从 70 年代末到 80 年代，以邓小平为代表的中国领导人很好地总结以往的正面和反面的经验，所以才能够从中国的具体情况出发，逐步提出通过改革和开放走有中国特色的社会主义道路的一套方针、政策。中国人民迅速接受改革的思想和方针、政策，并且积极地参加改革，也是因为已经有了过去那么多的经验的缘故。

一般地说，任何一个社会制度在成长过程中都会遇到需要改革的情况。许多资本主义国家在资本主义制度范围内进行过多次改革。社会主义制度也不是一成不变的，改革是经常需要的。但我们现在所说的改革，有其特殊的含义。这就是要改革那种过度集中统一的僵化的经济体制。这种体制的形成，我们前面已经说过，与苏联的影响有关，也和一定时期的历史条件有关。长期保持这种体制不变，必然将走入绝路。在中国条件下进行这种改革，还必须注意防止重犯"大跃进"和"文化大革命"那种错误。既然长期的经验使我们知道了这种改革的必要，并且找到了改革的正确途径，那么没有任何理由要在改革的道路上停止甚至退却。

我想以上这些可以说明，为什么中国必须而且能够把改革坚持进行下去。

三

现在我要说到开放的问题。

要谈中国开放的历史，不能不说一下 1949 年以前的近代中国。

近代中国是在西方列强炮舰政策的压力下被迫开放的。从 19 世纪的 40 年代以后，中国多次受到外国的军事侵略，因而被加上种种不平等条约的束缚。那时外国人在中国领土上拥有种种特权，不受中国法律的约束。中国的海关被外国人控制。外国人在中国自由地开设银行、商行、工厂，按照他们自己的规矩设立学校、教堂。列强的军队驻扎在中国的领土上。从清朝政府到以后中华民国的历届政府，基本上都是靠乞怜和讨好于外国帝国主义而维持自己的权力。它们的对内对外的重大政策基本上听从于帝国主义的意愿。帝国主义也以扶持这些统治势力来维护自己在中国的特殊权益。所以那时的中国可以说是完全开放的，而这种开放是以丧失作为独立国家所应拥有的主权为代价的。也就是说，那时的中国并不是作为一个独立的国家，而是作为一个半殖民地和世界交往，向外国开放的。不能说那样的开放对中国的经济文化的发展没有起任何积极作用，但总的说来，中国人得到的是蒙受民族灾难的经验。

那时中国虽然对于外国是门户洞开的，但实际在经济文化上又不是真正开放。其原因并不在于有什么封锁，简单地说来就是由于中国贫穷。那时中国的出口进口贸易的数字是微不足道的。贫穷落后的中国哪里有多少产品可以出口？绝大多数人民，其中主要是农民过着衣不蔽体，食不果腹的生活，国内有多大商品市场？那时的中国人除了由于生活无着流亡到国外做苦力的人以外，没有多少人能出国。就这些情形说，中国又并不开放。可以这样说，外国的侵略使中国在不平等的条件下开放；同时，这种侵略又是中国贫穷落后的根源，而贫穷落后使中国实际上处于并不开放的状态。

从这些旧时代的经验中，中国人得出的结论并不是中国不应当对外开放，应当闭关自守，而是中国应当首先摆脱半殖民地的地位，也就是摆脱外国帝国主义的统治和压迫，这样才能作为独立的国家平等地和世界各国交往，才有可能摆脱贫穷落后的状态，取得正常地对外开放的条件。

1949年中华人民共和国成立，得到全国人民的拥护，主要的一条就是人民看到了这个新的政权是在反对帝国主义的侵略和压迫的斗争中产生的，是能够维护中国的独立和主权的。

把开放作为国家的根本政策提出来是在1978年以后。那么，在这以前30年里中国是不是一直执行与此相反的政策呢？

我在前面已经说到，毛泽东在1956年所作的讲话中提出向外国学习的方针。他是这样解释的："我们的方针是，一切民族、一切国家的长处都要学，政治、经济、科学、技术、文学、艺术的一切真正好的东西都要学。但是，必须有分析有批判地学，不能盲目地学，不能一切照抄，机械搬运。他们的短处、缺点，当然不要学"。他又说："外国资产阶级的一切腐败制度和思想作风，我们要坚决抵制和批判。但是，这并不妨碍我们去学习资本主义国家的先进的科学技术和企业管理方法中合乎科学的方面。工业发达国家的企业，用人少，效率高，会做生意，这些都应当有原则地好好学过来，以利于改进我们的工作"。既然要向一切国家学习，当然就需要对外开放。

新中国初成立时，就准备在互相尊重领土主权和平等互利的基础上同世界各国建立外交关系，进行正常的贸易往来和其他经济联系。但是正如大家所知道的，美国政府当时采取了不承认中华人民共和国的政策。它通过朝鲜战争对中国实行武力威胁，通过台湾问题干涉中国内政，对中国实行封锁禁运，阻挠中国恢复在联合国中的合法地位，企图把新中国排斥在国际社会之外。美国政府的这种政策影响了其他许多国家。在那种情况下，中国和一切国家包括资本主义发达国家建立正常关系的愿望不能完全实现，中国不可能实行全面的开放政策。

中国固然需要实行开放政策，但在开放政策之上，还有一个更高的原则，就是维护国家的独立和主权完整。在历史上饱受民族灾难的中国人民，十分珍视独立自主的原则，维护国家应有的尊严。如果新中国政权放弃国家独立和主权完整的原则而和世界交往，那么它就会和以往的近代中国历届统治者一样，遭到人民的唾弃。

在1949年虽然苏联领导人对于中国人民革命的胜利抱有疑虑，但那时惟一能够按照平等互利的原则支持和援助中国的只有苏联。因此中国只能像当时毛泽东所说的那样"一边倒"，倒向以苏联为首的社会主义阵营一边。但是到了60年代，当苏联在中国头上挥动指挥棒，提出有损中国主权的要求，并且企图把中国的外交纳入苏联的全球战略轨道时，中国坚决地顶住了苏联的压力，毫不退让。这仍然是国家独立和主权完整的原则高于一切的表现。

说独立原则高于开放，并不是说这二者间的关系总是不能并存的对立。在正常的情况下，这二者是一致的。中国近代的长期经验证明，牺牲了国家的独立和主权完整而实行的对外开放，只是使中国处于被侮辱、被损害、被剥削的地位，也就不可能有正常的对外开放。世界许多国家的经验也证明，一个独立的拥有完全主权的国家，一个自身经济发展的国家，才能够正常地对外开放。

1971 年 10 月，中华人民共和国在联合国中的合法地位冲破了各种阻碍得到了恢复。1972 年 9 月，中日建立了外交关系。1979 年 1 月，中美建立了外交关系。在西欧各国中，除法国和北欧诸国已于 50 年代到 60 年代和中国建立外交关系外，70 年代中国又和意大利、比利时、英国、荷兰、德意志联邦共和国、西班牙等国建立了外交关系，并且同欧洲共同体建立正式关系。中国和第三世界许多国家间一向存在的友好关系，在 70 年代及其以后得到进一步发展。这就使中国有可能提出和实行全面的开放政策。

1984 年中共中央关于经济体制改革的决定中说："必须吸收和借鉴当今世界各国包括资本主义发达国家的一切反映现代社会化生产规律的先进经营管理方法"。1986 年中共中央的另一个决议中说："必须下大决心用大力气，把当代世界各国包括资本主义发达国家的先进的科学技术、具有普遍适用性的经济行政管理经验和其他有益文化学到手，并在实践中加以检验和发展"。这些主张和 1956 年毛泽东关于提倡向外国学习的方针是前后完全一致的。

1978 年以后的十几年间，在实行改革政策的同时，对外开放的步子逐步加大。把广东、福建沿海四个城市和整个海南省辟为对外开放的经济特区。又使从北到南沿海 14 个港口城市成为开放城市。还把长江三角洲、珠江三角洲和福建的厦门、泉州、漳州三角地区开辟为沿海经济开发区。这样就形成了经济特区、沿海开放城市、沿海经济开发区、内地这样一个多层次的对外开放格局。现在正在建立上海浦东开发区，又是对外开放的一个重大步骤。在 960 万平方公里的中国大地上，不但沿海地区，而且内地，不但城市，而且农村，都参与了对外开放。在对外贸易方面，出口进口额逐年加大。外资的引进，外国先进技术的引进，以各种形式迅速地推进。对外经济、技术和文化的交流的规模越来越扩大。到世界各国的留学生不断地增加。很显然，中国城乡经济的发展使对外开放的扩大成为可能，而对外开放又促进了中国经济的发展。

在现代世界上，没有一个国家能够孤立于世界之外而得到发展。用这一般的理由来说明中国之所以实行开放政策还不够。中国是一个人口众多的国家，如果不是自力更生，不充分发挥自己的力量，而一切依赖外国，那是不可能得到发展的。但是通过对外开放，可以增强自我发展的能力。中国是在落后的经济基础上建立社会主义，而社会主义的巩固，必须有赖于运用现代科学技术的经济大发展，必须以社会化的大生产为基础。所以在社会主义建设中要善于吸收人类文明的一切有益的成果，这对于中国是特别重要的。这就是中国社会主义建设从一开始就提出要向一切外国学习的原因，这就是中国必须实行对外开放政策的原因。

中国的对外开放，是以平等互利的原则进行的。对外贸易、吸引外资都是两利的。既有利于中国，也有利于对方。按照不平等条件损害中国的主权而实行开放的那种时代，已经一去不复返了。如果以为中国需要实行对外开放政策，而可以强加给中国新的不平等条件，损害中国的独立和主权完整，那是办不到的。同时，要想孤立中国，使中国不实行对外开放政策，也是办不到的。

以上这些，可以说明中国的对外开放政策为什么一定会坚持执行下去。

四

最后，我想讲以下这些话来结束这篇讲话。

世界上有一种说法，以为中国的改革开放将使中国走上资本主义道路。这是一种误解。

1978 年以来，中国实行的方针是既坚持社会主义，又坚持改革和开放。我在前面已经说过，中国走社会主义道路不是什么人的主观意志决定的，客观历史条件决定了中国只有走社会主义这条路，才能使中国繁荣发展起来。我在前面所说的也表明了社会主义和改革开放并不是互相矛盾的。改革是社会主义制度的自我完善，是要走出一条符合于中国具体情况的社会主义道路。开放是社会主义基础上的开放，也是改革中的重要内容。社会主义使中国保持独立自主，并已经取得初步的经济繁荣，使正常的对外开放成为可能。对外开放又使社会主义能够更好地发展。在改革开放和社会主义建设的道路上，固然还有许多新的问题要解决，有许多困难要克服，但是中国不会也不能停止改革和开放，离开社会主义道路。

有过旧中国一百年的悲惨历史的中国人民，决不允许中国重新成为四分五裂、一盘散沙的状态，决不允许中国重新成为列强宰割的对象，决不允许中国靠乞讨过日子。如果离开社会主义道路，中国就会分崩离析，发生严重的社会动乱，就会因为动乱而停止经济发展，就会成为列强争夺的一个对象，并且会因为经济发展停顿和贫穷而成为世界的负累。如果出现这种情况，不但对于中国人民是一场灾难，而且对于世界也是一场灾难。

反之，中国在社会主义制度下保持社会的稳定，一心一意地进行经济建设，并且通过改革和开放进一步健全和巩固社会主义制度，使国家繁荣昌盛，使人民富裕起来。这样中国就能够在世界各国的共同发展中成为一个积极的因素，就能够成为维护世界和平的一个有利因素。

（1991 年 11 月 13 日在日本亚细亚大学的演讲。中文本原载《求是》1992 年第 5 期，3 月 1 日出版）

关于防"左"

邓小平同志最近在视察南方时的讲话中说:"中国要警惕右,但主要是防止'左'。"这里我就防止"左"的问题说一些看法。主要说两个问题:一、当前防"左",防什么?二、为什么产生"左",怎样防?

先说第一个问题。警惕右,警惕什么?非常明确,就是警惕资产阶级自由化倾向。否定四项基本原则,闹资产阶级自由化,必然破坏国家的安定,破坏社会主义建设,造成动乱,这是必须警惕的。防"左",究竟防什么?我想概括地说这样两条。

第一条,防"左"就是要防止再"以阶级斗争为纲"。这个问题要从中国社会现阶段的主要矛盾说起。现阶段我国社会的主要矛盾是:人民日益增长的物质文化需要同落后的社会生产力之间的矛盾。这是1956年党的"八大"首先提出来的,1981年党的历史决议①肯定了这个提法,1991年江泽民同志在建党70周年讲话时也肯定了这个提法。历史决议里说,这是在社会主义改造基本完成以后我国所要解决的主要矛盾。那么还有没有阶级矛

---

① 《关于建国以来党的若干历史问题的决议》。

盾呢？江泽民同志说："阶级斗争已经不是我国社会的主要矛盾，但是它在一定范围内还将长期存在，并且在一定条件下还可能激化。这种斗争集中表现为资产阶级自由化同四项基本原则的对立。"这是我们党在十一届三中全会以来，对中国社会现阶段主要解决什么问题的基本认识。这个认识反映在我们党的路线、方针、政策上就是"一个中心"：经济建设；"两个基本点"：坚持四项基本原则，坚持改革开放。

所以，完全不承认阶级斗争存在是错误的。国内国际阶级斗争都在一定范围内存在，并在一定条件下可能激化。但如果因为阶级斗争一时激化，而把它提高到不适当的位置，则是错误的。什么叫不适当的位置呢？如果提高到冲击经济建设这个中心的位置，那就是不适当的。

两个基本点中，有一个是坚持四项基本原则。这里显然包括反对和平演变，反对资产阶级自由化，这些实际上都是国内国际阶级斗争的表现。我们不像国外有些人那样，否认国际上的阶级斗争，说全世界只有共同的人类利益，没有阶级的利益。事实上，帝国主义国家中的有些势力正企图和平演变中国，国内也有一定范围的阶级矛盾和阶级斗争。但是，我们处理这些阶级矛盾和阶级斗争问题，必须服从于和服务于经济建设这个中心，不能离开这个中心。拿反对、抵制和平演变来说吧。有些帝国主义者就是企图通过与中国的经济、文化等各方面的联系，来进行和平演变。那么，怎样反对和平演变呢？如果我们把门关起来，封闭起来，不和他们接触，不和他们搞经济、贸易、文化等交流，这虽然也可说是反对和平演变的一种方法，但这是愚蠢的方法，归根到底是无效的方法。这样做，就脱离了经济建设这个中心。围绕经济建设这个中心，我们必须实行改革开放的政策。没有改革开放，经济建设就搞不上去。某些帝国主义势力企图通过我们的改革开放来实行和平演变，这是他们的策略。对此，我们应该有清醒的认识，同时采取一种聪明的，而不是愚蠢的策略，这就是实行开放政策，在开放中抵制和平演变。他们为实行和平演变，就不能和我们断绝来往。我们的策略就是利用这一点，按照我们的需要实行开放。所以处理国际间的阶级斗争，要服从于和服务于经济建设这个中心。处理国内的阶级矛盾、阶级斗争，也必须服从于和服务于经济建设这个中心，否则就会走到否定改革开放的老路上去。如果以阶级斗争为纲，否定个体经济和私营经济，是不利于经济建设的。最终说来，我们只有把经济建设搞上去了，才有力量抵制、反对和平演变，才有力量真正使国内稳定，处理好各种阶级矛盾和阶级斗争问题。邓小平同志说："如果没有改革开放的成果，'六·四'这个关我们闯不过。"这句话值得深思。"六·四"这个关之所以能闯过，固然因为采取了正确的、必要的措施，但从根本上说，还是因为实行了改革开放，抓了经济建设这个中心。如果不把经济搞上去，我们还会遇到类似"六·四"的事件，就可能闯不过去。

所以不能冲击一个中心，必须维护一个中心。不能说有两个中心：一个是经济建设，一个是阶级斗争。两个中心或者类似两个中心的说法，都是错误的。这不是一个简单的说法问题。邓小平同志讲，这几年"各个方面都有明确的方针和政策，而且有准确的表述语言"。表述语言是形式，形式不准确，可能损害内容，至少会造成误解。"一个中心、两个基本点"的基本路线的提法，就是准确的表述形式。这样的提法，并没有取消阶级斗争。两个中心、两大任务的提法，实际上有个危险，就是把阶级斗争摆到不适当的位置，冲击基本路线，冲击以经济建设为中心，以至滑到以阶级斗争为纲上去。为什么以阶级斗争为纲是错误的？这已经有1957年以后20年，特别是"文化大革命"10

年的经验证明。毛主席开始搞"文化大革命"的时候，并没有
料到搞成那么个样子。事物按照自身的逻辑发展。以阶级斗争为
纲，把经济建设丢开，结果就会一步步滑到"打倒一切，全面
内战"的灾难中去。所以防止"左"，就要坚持一个中心、两个
基本点，防止滑到以阶级斗争为纲上去。

第二条，防"左"就是要防止因为怕资本主义而不改革开
放。邓小平同志说："改革开放迈不开步子，不敢闯，说来说去
就是怕资本主义的东西多了，走了资本主义道路"。事实上，
"社会主义要赢得与资本主义相比较的优势，就必须大胆吸收和
借鉴人类社会创造的一切文明成果，吸收和借鉴当今世界各国包
括资本主义发达国家的一切反映现代社会化生产规律的先进经营
方式和管理方式"。邓小平同志还说："把改革开放说成是引进
和发展资本主义，认为和平演变的主要危险来自经济领域，这些
就是'左'"。为什么有人认为改革开放是引进和发展资本主义
呢？要改革开放就得吸收资本主义发达国家的一切先进的经营方
式和管理方式，这就好像是把资本主义引进来了。为什么会有和
平演变的主要危险来自经济领域这种看法呢？这实际上是认为，
社会主义经济只能用一切由国家计划统一起来的老办法，所以好
像经济一搞改革开放，实际上已走上和平演变的道路，也就是走
向资本主义道路了。如果这样来看，那就只能停止改革开放，一
切都重操老做法。如果那样做，结果怎么样？有苏联和东欧的前
车之鉴！前一阵子，有人说，什么事都要问一问是姓"资"还
是姓"社"。这样提问题可以不可以呢？我想是可以的。但是，
我们不能脱离具体实际问姓"资"姓"社"，是姓"资"的就
不要，是姓"社"的就要。这样问姓"资"姓"社"，改革开
放的确迈不开步子，甚至会根本取消改革开放。

我们曾经以为，计划就是社会主义，市场就是资本主义。商

品经济不是在资本主义社会才有的。前资本主义已经有商品，但很不发达，真正形成大规模的、社会化的市场经济是资本主义时期。所以在人们中造成印象，市场经济就是资本主义。而社会主义是以计划经济开始的。但是，现在大家知道，以计划和市场来区别"社"和"资"是不对的。社会主义也可以用市场经济，资本主义也搞计划。回过头看，人民公社姓什么？总不能说姓资本主义吧，然而行不通。"吃大锅饭"的社会主义，我们不要；平均主义的社会主义，我们不要；大家都穷的社会主义，我们不要；一切由国家计划统起来的社会主义，我们也不能要。所以事情并不是问姓"资"姓"社"就能解决了的。邓小平同志说："判断的标准，应该主要看是否有利于发展社会主义社会的生产力，是否有利于增强社会主义国家的综合国力，是否有利于提高人民的生活水平。"这是标准。符合这个标准的，那么资本主义社会里产生的东西也可以为社会主义社会所用。有些东西甚至就是资本主义的，但是对我们有利，我们也要用。

这里我举个特殊的例子，但也是个实际的例子，就是香港。香港1997年恢复主权之后怎么样呢？实行资本主义。不用问尊姓，连姓带名都是资本主义。我们编《中国共产党的七十年》时遇到这个问题。有位同志看到有关的稿子跟我说，1997年在香港实行资本主义就能繁荣稳定，这个说法在理论上站不住。他的意思是，在理论上社会主义比资本主义优越，如果香港1997年后实行资本主义能繁荣稳定，那么实行社会主义应该更加繁荣稳定；而现在的意思是说，实行社会主义就不繁荣稳定了，所以理论上站不住。他建议加上"暂时"两个字。我说，这两个字我不敢加，我只能写在香港恢复主权后实行资本主义50年不变。虽然50年相对于几百年、一千年可说是暂时的，但不能含糊地讲"暂时"。那么对这个问题，理论上怎么解释？理论不能脱离

实际。如果宣布香港主权收回来后就实行社会主义,那么恐怕在
1997 年以前所有的资本家和他们的企业都跑掉了,为资本主义
企业服务的专业人员也都会跑掉。要知道,香港不仅仅是个花花
世界,它还是世界贸易的一个中心,世界金融的一个中心,世界
航运的一个中心。如果把它收回来搞社会主义,就会把香港变成
一个死港;而保持那里的资本主义,就能继续繁荣稳定,保持它
原有的经济地位。到底哪一个办法好,哪一个办法对我们有利
呢?结论是很明显的。当然,如果采取"宁要社会主义的草,
不要资本主义的苗"的态度,那是另一回事。既然不能采取那
种错误的态度,那就只能承认,在这个特殊情况下,社会主义并
不比资本主义优越。我以为理论上只能这样解释。这就叫"一
国两制"。在这一个小地区实行资本主义,对我们整个国家的社
会主义到底有利没有利?从社会主义现代化建设的全局来看,是
让香港变成一个死港好,还是让它继续是一个繁荣的世界贸易中
心好呢?按邓小平同志讲的有利于发展社会主义社会的生产力,
有利于增强社会主义国家的综合国力,有利于提高人民的生活水
平去衡量,我看,香港保持资本主义比变成社会主义死港好。而
且资本主义的香港有许多东西可供我们学习。虽然香港的资本主
义不完全,它没有重工业,但资本家在使香港成为世界贸易、金
融、航运的中心这方面,的确有许多好的经验,我们应该学习。
本来有些东西我们要向外国学习,现在中国版图内就有这么一块
地方可以学习,好比是我们有了一个家庭教师,这有什么不好
呢?

怕资本主义,实际上是前 20 年"左"倾思想的继续。那
时,总想按照抽象的社会主义标准,要求公有制生产关系越纯越
好,越大越公越好,越先进越好,以为只要生产关系先进,就自
然能促进生产力的发展。事实证明不是这样。不能脱离生产力的

发展水平而去追求生产关系的先进，这种"先进"的生产关系反而会妨碍生产力的发展。我们要以解放和发展生产力为标准，以推进经济建设为标准来看待生产关系问题。生产关系只有适合生产力的水平，才能促进生产力的发展，这是马克思主义的一条基本原理。固然生产关系不那么纯，是会发生很多问题的。1997年后，香港还实行资本主义制度，那里还有赌博、色情营业，有黑社会，甚至还有一些反共反华的人在那儿跟我们捣乱，这是麻烦事。同样的，我们有三资企业、私营企业，还有个体经营，这些都会引出一些麻烦。但是，要以经济建设为中心来看这些问题。要看到公有制是国家经济的主体，公有制以外多种所有制成分的存在对发展生产力有利。如果不要这些麻烦，回头去搞纯而又纯，那么经济上不去，就会有最大的麻烦。

现在归结一下，所谓防"左"，一防以阶级斗争为纲，二防对改革开放动摇。要防止这两个方面，就要坚持党的十一届三中全会以来的路线、方针、政策。所以邓小平同志十分强调这个问题。他说："基本路线要管一百年，动摇不得。""说过去说过来，就是一句话，坚持这个路线、方针、政策不变。改革开放以来，我们立的章程并不少，而且是全方位的。经济、政治、科技、教育、文化、军事、外交等，各个方面都有明确的方针和政策，而且有准确的表述语言。"他还说："城乡改革的基本政策，一定要长期保持稳定。当然，随着实践的发展，该完善的完善，该修补的修补，但总的要坚定不移。即使没有新的主意也可以，就是不要变，不要使人们感到政策变了。有了这一条，中国就大有希望。"中国在社会主义道路上经过许多曲折，好不容易找到"一个中心、两个基本点"的基本路线，所以不能变。防"左"，我认为就是这个含义。

当然要警惕右。邓小平同志强调，"整个改革开放的过程中，必须始终注意坚持四项基本原则"。因此，也就必须反对资产阶级自由化。如果不去跟资产阶级自由化斗争，在资产阶级自由化苗头出现时不注意克服它，那就是右的倾向，这也危险。但是，如果不以经济建设为中心，不改革开放，我们也坚持不了社会主义。右的倾向必须反对，但是不能用"左"反对右。

第二个问题。先说为什么会产生"左"。党在民主革命时期与社会主义建设时期，都产生过"左"的错误。为什么会产生"左"呢？这个问题党史界、理论界有一种解释，就是说，中国是小资产阶级众多的国家，"左"的错误是小资产阶级思想的反映。1945年党的第一个历史决议里说，"左"的错误的思想根源是教条主义、主观主义，同时指出它的社会根源是小资产阶级。但是，在1981年的第二个历史决议中，没有沿用这种说法。我们在《中国共产党的七十年》这本书里，也没有这样写，没有用这个说法。我们不是否定小资产阶级思想对党的影响。在社会上，当然有资产阶级思想和小资产阶级思想。党存在于这个社会里，它会受到党外各种资产阶级和小资产阶级思想的影响。但是，简单地说"左"就是小资产阶级思想的反映，未必恰当。小资产阶级在中国很复杂，可以产生各种倾向，不见得一定就产生"左"的东西。譬如民主革命时，小资产阶级难道都以为越革命越好？都只要斗争，不要团结？很难这么说（第一个历史决议也说到小资产阶级的复杂性）。而且这种说法好像有一个前提，就是只要站在无产阶级立场上，站在马克思主义立场上，就一定不会犯错误；一旦有了错误，就是小资产阶级思想或资产阶级思想造成的。这也不大说得过去。站在无产阶级、马克思主义立场上的人，即使真是站稳了，还可能由于对形势的估计不准确，由于看事情在认识上有偏差，于是造成这样或那样的错误，甚至可能是严重的错误。不能说错误都是产生于小资产阶级思想或者资产阶级思想。那样解释虽然简单，但对分析和解决实际问题不仅无益，而且有害。

我们认为，"左"的倾向之所以容易产生，还是要从中国的社会历史条件，中国革命的复杂性、特殊性来看。在民主革命时期，中国确实需要革命，只有革命才是出路。新中国成立以后，中国面对的确实只有一条路，就是社会主义道路。但是，在中国的社会条件下，如何革命，如何建设社会主义，这是个非常复杂的问题。固然有马克思列宁主义的一般原理为指导，但是还必须联系中国的具体实际，从实际出发。对实际的认识，以及在理论和实际的联系方面，如果发生偏差，就会发生错误。我们既然是革命的队伍，就比较容易简单地运用马克思列宁主义的基本原理，以为越革命越好，调子越高越好。这样就容易产生"左"的倾向。

很久以来，人们有一种普遍的看法，就是"左"比右好。这种思想至今还有较深的影响。刚才我说的"左"之所以产生，可以由于认识方法上的偏差，那么，这似乎是证明"左"比右好了。所以我稍微谈一谈这个问题。我认为，马克思主义的一个要求是要作阶级分析，但阶级分析一定要用得恰当。通常的一种说法是："左"代表小资产阶级，右代表资产阶级和地主阶级。如果按这样简单的阶级分析，那么"左"也比右好。小资产阶级总比资产阶级和地主阶级好吧。其实这样简单地作阶级分析是不对的，不可取的。党内产生右的倾向，我看也不一定简单地说就是代表资产阶级、地主阶级。革命队伍里右的倾向，也可以由于认识上的偏差造成。譬如说，大革命时期犯了右倾错误的陈独秀等人，和一些有右的倾向的同志，难道说他们都是站在资产阶级的立场上吗？恐怕不能那么说。王明在抗日战争初期，有右的倾向，导致投降主义。但是犯这种错误的人，也不一定是代表资产阶级。近些年，我们两个总书记犯错误，应该说是右的错误，他们对资产阶级自由化不坚决斗争，对动乱不坚决斗争。但也不好说他们是代表资产阶级。共产国际在指导中国革命的过程中，一会儿"左"，一会儿右，那么就说共产国际一会儿代表小资产阶级，一会儿代表资产阶级，也讲不通。所以说，在革命队伍中，在一定范围内的"左"和右，都可以由于认识偏差而产生。当然，右的倾向发展下去，就可能变成对革命灰心丧气，完全失望，甚至脱离革命，跑到敌人队伍里去。这的确很严重。但是，我们不能以达到这种严重程度的右倾错误，跟革命队伍内部的"左"倾错误对比，说是"左"比右好，这当然不行。在"文化大革命"中，林彪、"四人帮"为达到个人野心而推行"左"的一套，已远远超出了党内的范围。而且极"左"会诱发出或转化为右，那就更不能说什么"左"比右好了。

我们要看到"左"倾错误的严重性。历史证明，"左"倾错误可以把我们的革命和建设搞垮。30年代以王明为代表的"左"倾错误持续4年，几乎把革命搞垮了。"文化大革命"10年，造成经济停滞，社会秩序陷入混乱局面。这样搞法，只能引起人们对社会主义的怀疑和不满。如果没有党的十一届三中全会开始的拨乱反正，中国的社会主义就没有什么前途。历史经验告诉我们："左"的错误的严重性，可以使革命瓦解、垮台，而且还可以引出右的错误来。所以我们不能说"左"比右好。还是邓小平同志讲得对："右可以葬送社会主义，'左'也可以葬送社会主义"。右的错误比较容易鉴别出来，而"左"的错误不大容易识别。邓小平同志说："'左'带有革命的色彩，好像越'左'越革命，'左'的东西在我们党的历史上可怕呀！一个好好的东西，一下子被它搞掉了"。我们要很好地运用国内国际的历史经验，提高鉴别"左"的错误的能力。

为了防"左"，我们在实践中就要坚持党的基本路线，以经济建设为中心，既坚持四项基本原则，又坚持改革开放，继续扩大开放，深化改革，不能有任何动摇。对理论界来说，警惕右，防止"左"，是有许多工作要做的。怎样做？我想，不是今天批这个，明天批那个。在反对资产阶级自由化的问题上，我曾强调，要解决一些与资产阶级自由化倾向有联系的思想理论问题，解决一些比较尖锐甚至不大容易解决的问题。要真正讲清楚这些问题，才能有效地反对资产阶级自由化。关于防止"左"的问题，既然邓小平同志讲了，把改革开放说成是引进和发展资本主义，认为和平演变的主要危险来自经济领域，这些就是"左"，那么这里面的确有好多文章要做。既结合历史的经验，又结合实际，说清楚一些问题，这才能真正防"左"。比如说，在阶级斗争和经济建设之间，在防止和平演变和扩大开放之间，到底有没有矛盾？到底有什么问题？如果这些问题都能从深层次讲清楚了，就有助于防"左"。所以我认为在警惕右、防止"左"中，理论界应该做许多积极的、建设性的工作，也就是对于"一个中心、两个基本点"的基本路线给予更深入、更深刻的论述。总之，针对可能产生的右的倾向和"左"的倾向，对许多问题给予理论的论证和说明，这样才有利于在实践中坚持以经济建设为中心，坚持四项基本原则，坚持改革开放。

（1992 年 4 月 21 日在中国社会科学院所局级干部读书班上的讲话）

坚持党的基本路线不动摇

　　江泽民同志在党的十四大的报告中，提出一个很重要的论点，就是要毫不动摇地坚持党的基本路线。报告总结了 14 年的伟大实践和经验，说集中到一点，就是要毫不动摇地坚持以建设有中国特色社会主义理论为指导的党的基本路线。党的基本路线，关键是以经济建设为中心，是必须把改革开放与四项基本原则统一起来。这就是"一个中心、两个基本点"。毫不动摇地坚持这个基本路线，也是邓小平同志在今年年初视察南方时重要讲话的基本精神。他说，城乡改革的基本政策一定要长期保持稳定。基本政策就是不要变，不要使人们感到政策变了。有了这一条，中国就大有希望。十四大贯彻了邓小平同志讲话的精神，强调党的基本路线在整个社会主义初级阶段不能变。

　　那么，党的基本路线能不能坚持，会不会变？大家知道，这条基本路线的取得不是一个很容易的事情，是花了许多代价才取得的。一个中心，就是经济建设。1956 年八大时就提出了这样的思想，但并不是很明确的。以后 20 年，实际上把中心转到阶级斗争上去了。1978 年党的十一届三中全会，我们才将中心转到经济建设上来，并且进行了改革开放。14 年来的经验证明，这个基本路线是正确的，确实使中国得到很大发展。既然如此，好像应该说我们就一定能够坚持下去，因为实践证明不这样做不行。但是，是不是有动摇的危险？鉴于十四大报告和邓小平同志讲话那么严肃地提出坚持不变，就应该看到，动摇的危险不是完全没有的。只有克服动摇的危险，党的基本路线才能坚持下去。从历史上看，比如抗日战争开始时，我们提出一个口号，叫做"抗战到底"，就是说要坚持抗战。其所以要提出这口号，首先就因为有中途妥协的危险。众所周知，蒋介石对抗战是三心二意的，不坚持抗战，转过来反共。我们要拉住他抗战到底，就要克服他的动摇。坚持抗战这个口号，对我们党自己来说也是有意义的。当时的客观形势是中华民族与日本侵略者的矛盾是主要矛盾。抗日战争要长期坚持下去，一定会遇到各种风波、各种问题；遇到任何情况都不要动摇这个基本的看法，即民族矛盾超过国内的阶级矛盾。一定要紧紧抓住这个主要矛盾，不要为任何情况所动摇。国内的阶级矛盾主要表现为我们和国民党蒋介石的矛盾。抗战初期，国共合作了，搞得比较好。1938 年以后，国民党开始搞反共活动，制造摩擦，但是我们稳住阵脚，坚持把抗日放在第一位。就是处理皖南事变这样的事情，仍然坚持解决国内的阶级矛盾要服从于民族矛盾这个根本原则。这样，抗日战争虽然发生许多风波，但是我们确实坚持抗战到底了，而且把蒋介石也拉住一起抗战，直到取得抗日战争的完全胜利。这个经验值得汲取。抗日战争说长期，也才八年。社会主义建设可真是长期了。过去往往把社会主义估计得时间过短，现在我们说初级阶段是个长时期。党的基本路线一百年不变，是从开始进行社会主义建设起，大体算到下一个世纪中叶，在这整个历史时期都要坚持现行的党的基本路线。

为什么会有动摇的危险呢？在这么长的时期中，客观上会发生一些事情冲击我们，冲击经济建设这个中心。就好像抗日战争时期，抗战是中心，但是有时候会受到一些事情的冲击，国内的阶级矛盾冲击了民族矛盾。在社会主义建设时期，阶级斗争也会冲击经济建设这个中心。1989年发生了一场动乱，这就是个冲击。如果全世界都太太平平，国内也太太平平，那以经济建设为中心就能毫无阻难地一直执行下去。但国际国内总会发生这样那样的事情来冲击我们。发生冲击就是考验，考验我们能不能坚持住。当然，如果发生大规模的外敌侵略那样的情况，那就只好暂时放弃以经济建设为中心，先把敌人打出去。除了发生这种情况，不管遇到什么情况都要坚持经济建设这个中心。所以要坚持几十年并不容易。坚持以经济建设为中心不容易，还因为要把坚持改革开放与坚持四项基本原则很好地统一起来。就是说，坚持改革开放，必须同时坚持四项基本原则。如果不坚持改革开放，四项基本原则也坚持不下去。改革开放是新的事情，在改革开放中会遇到许多困难。实践证明，改革开放是惟一的强国之路，必须走这条路。但是，事情都是有利有弊，再好的事情也有弊病，会有副产品，有时出些毛病。改革开放中出现的一些困难和问题，一些难以避免的弊病，可能使我们对坚持基本路线发生动摇，这是必须预计到的。总之，必须估计到会发生各种可以想象或者想象不到的事情来冲击我们，也要设想到改革开放中间会遇到许多困难，出现某些弊病，动摇我们坚持党的基本路线。

我们坚持党的基本路线是有客观根据的。首先就是，我们要完成社会主义现代化的任务，主要矛盾就表现在我们生产力很落后。生产力水平低和人民日益增长的生活需要之间的矛盾是主要矛盾。在社会主义初级阶段始终这是个主要矛盾，而不是阶级矛盾。阶级矛盾有没有？有的。国内在一定范围内有阶级矛盾，甚至在某种条件下会激化；国际间也存在着阶级矛盾，只要世界上帝国主义存在一天，就存在着我们和帝国主义的矛盾。阶级矛盾是存在的，但它不是主要矛盾。从《关于建国以来党的若干历史问题的决议》到十四大报告，在许多文件中我们一直坚持这个观点。这个观点是客观事实的反映。在任何时候都必须抓住主要矛盾。还有一条，就是必须实行改革开放。社会主义要成功，就必须走改革开放的道路。马克思、恩格斯早就讲过，社会主义不是一成不变的。社会主义是个相当长的历史时期，当然不会老不变，是要变化的。有变化就是要改革。但是，现在说的改革，还不是一般意义上的社会改革。简言之，就是要改掉那种只靠计划经济的模式，改掉一切都由国家统起来的那种社会主义体制。必须向世界开放，吸收世界上一切先进的东西，特别是发达资本主义国家的各种先进的东西。社会主义不吸收这些东西就无法存在并发展起来。客观上存在着坚持基本路线的根据，但同时也存在发生某些事情冲击基本路线的可能。所以关键在于我们主观方面，是否真正看清楚客观形势，始终坚持这个基本路线。

事实上，我们在进入社会主义建设以后是发生过动摇的。1956 年党的八大时，明确地提出了社会的主要矛盾，开始有要以经济建设为中心这个思想。但 1957 年以后 20 年，我们离开了这个中心，走到了以阶级斗争为纲这条路上去，结果错过了时机，丧失了时间。1978 年十一届三中全会总结了经验，看到首先必须把中心转到经济建设上来，实现了国家工作重心的根本性的转变。正像江泽民同志报告说的，14 年来尽管国际国内发生了这样那样的重大事件，我们都没有动摇这个中心。就是说，如果我们因处理不好这些重大事件而把我们的注意力转移到别的方面，经济建设这个中心就会动摇。但是，我们没有发生动摇。这 14 年里，我们走过的路是不平坦的。1989 年发生政治风波。十三届四中全会改组了中央的领导机构。当时新的党中央面对一个问题，就是基本路线要不要变？江泽民同志报告里说，1989 年春夏之交的政治风波以后，中央明确宣告党的基本路线和十三大的决策是正确的，绝不因为发生这场政治风波而动摇。新的党中央仍然全面坚持党的基本路线，继续抓住经济建设这个中心，没有因为出现这场风波而动摇。

回顾近三四年，我们确是遇到了一些重大的事情，一些足以影响我们坚持基本路线的观念的事情。什么事情？一个是 1989 年春夏之交的政治风波，一个是苏联东欧的剧变，一个是西方国家对我们的"制裁"。这三个的确是客观事实，而且是非常重要的事情，从中可以得到许多重要的经验教训。如果对这些事情不能正确对待，处理不当，就会对基本路线产生动摇。

对这几件事情是需要好好想一想的。1989 年动乱是资产阶级自由化泛滥的一个后果，有中央领导一手软、一手硬的问题，也可以说这个事情带有阶级斗争的性质。但是，在这里不能把阶级分析任意地扩大，好像那次动乱标志着中国有一个反对我们党的阶级兴起了，认为中国十几年改革开放产生了一个新的资产阶级，它正在向我们挑战。这样一种结论，完全不符合事实。恰恰因为我们实行了改革开放，经过这十几年间的改革开放，把经济搞上去了，人民生活明显地改善，大家得到了实惠，我们才能够顶得住这场风波。中国这样一个有 10 亿人口的大国，有一些反对共产党、反对人民政府的人，这并不奇怪，他们遇到某种机会就会起来捣乱。但是，从这里就得出结论，说阶级斗争是现在的主要问题，显然是简单的、错误的。

苏联东欧剧变确实是世界史上一个历史性的变化。有人得出结论说，国际共产主义运动中有一种右倾势力。这固然是事实。但是，苏联东欧发生剧变的根本原因到底是什么？仅仅是因为有一个右倾势力起来了么？为什么右倾势力会起来呢？为什么一起来就能够把党和国家的面貌都改变了呢？看来根本问题还在于这些国家的经济没搞上去，经济停滞，落后于资本主义国家，而且差距继续不断地扩大。当然，再加上政治上的一些错误。经济停滞的原因是什么？因为它死守着原来苏联那种经济模式，一切都由国家统一计划管起来。这种模式把经济搞僵死了，人民对社会主义失去信心。在这种情况下，右派势力一下子就起来了，起来就得了手。所以参考苏东剧变得出结论，不是说现在就要倾全力去反对右的势力，最根本的问题还在于经济体制要改革，而且要改好。

如何看帝国主义对我们的"制裁"？以美国为首的西方国家利用我们1989年发生的政治风波和苏联东欧发生剧变，"制裁"我们。我们当然要顶住。中国人是有民族气节的，是有民族自尊心的，不怕什么"制裁"，不允许别国在我们头上挥舞大棒。去年，我们的报纸刊物上比较着重讲和平演变的问题，这是可以理解的。帝国主义现在不能设想用武力来解决我们，就企图在中国搞和平演变，这本来是事实。当然不能说，不应该讲反和平演变。江泽民同志的这个报告中在《加强党的建设和改善党的领导》部分里说，在社会主义现代化建设过程中，和平演变与反和平演变的斗争将长期存在，决不能放松警惕，特别是党的高级干部要保持清醒的头脑。这就是说，反和平演变这根弦在我们头脑里是不能丢掉的。但是，我们不能拿反和平演变来代替改革开放的方针，不能把反和平演变当做对外政策的总题目。如果把反和平演变当作第一位的问题，说因为帝国主义国家要通过和我们来往，通过经济、技术、文化各种交流，来实行和平演变，所以我们就把门关起来，不跟它们接触；因为多一个外资企业就是多一个和平演变的渠道，所以我们把渠道都塞住，也不要派留学生出国……这样当然不行。当年毛主席和尼克松打交道，他不知道尼克松心里想什么？当然知道。早在60年代初，我们的报纸就讲帝国主义要对中国实行和平演变。尼克松跑到中国来搞关系正常化，为了什么？他的目的中就有和平演变这一点。毛主席的政策不是你搞和平演变，我就不跟你来往；而是：你利用我，我也利用你。那时还有一个和苏联对抗的问题，和社会帝国主义的矛盾是对外关系上的主要矛盾，为服从这个主要矛盾，我也要和你打交道。现在情况变了。我们是以社会主义建设为中心，建设就要开放，要尽可能利用外资，尽可能吸收外国先进技术和各种经验，这些都是必须的。在这个前提下，我们利用你要搞和平演变，就和你来往。但是，我们头脑要很清楚，要抵制和平演变。美国的统治集团里无非两种人，一种人想用断然的办法来扼杀中国，还有一种人说这样不行，得慢慢地来，还得和中国进行经济、文化各种来往，不能和它断绝关系，在来往中进行和平演变。美国有没有人真心希望中国的社会主义建设搞好，富强起来，大概也有，但他们不是当权的势力。对上述两种人，我们和哪一种人打交道是很明显的。当然我们不要让它和平演变。它要演变，我们不演变，这事在我们。还可以用当年的抗日战争为例。蒋介石跟共产党打了10年内战，消灭不了共产党，然后他改变了办法，在抗日的大前提下和共产党合作，目的其实是要"溶共"，用和平办法来消灭共产党。是内战好呢，还是后者好呢？我们说还是后者好一点。我们就利用这点跟蒋合作，来共同抗日，先解决抗日问题。虽然我们懂得，蒋介石同我们合作不怀好意，是要消灭我们。但是，我们不能因此就不跟他合作，不跟他建立统一战线。恰恰相反，我们要利用这点。从苏东剧变来看，如果简单说，就因为帝国主义搞和平演变，苏联东欧就变化了，这也不妥当。主要是内因在起作用，它内部有弱点，所以会和平演变。帝国主义除了用武力来消灭社会主义国家，都是在搞和平演变。我们一定要有这个清醒头脑，抵制和反对和平演变。但我们反和平演变，不能因噎废食。不能因为它和我们来往是有和平演变的用心，所以我们反对和平演变就不跟它做生意，不要它的投资，不跟它来往，那是个愚蠢的政策。

从过去的经验和近几年的经验来说，我们在进入以经济建设为中心的时期后，除了客观上会发生一些干扰我们的情况外，主观上我们也可能有一些干扰党的路线的思想，要特别引起我们的注意。

为什么提出主要防"左"？就是因为主要是"左"的东西可以干扰我们的思想。这个问题是邓小平同志提出来的。在江泽民报告里也强调了这个问题。报告中说，在把握一个中心、两个基本点的问题上，在党内特别是党的领导干部中间主要的问题是防止"左"。改革开放，要探索开辟新的道路，摆脱束缚生产力发展的体制和观念，阻力主要来自"左"。得出这个结论，是历史经验的总结。现在的确有几个方面的问题，可以造成我们在主观上"左"的偏向。

第一个问题是，如何看待阶级斗争问题。应该承认，阶级斗争是马克思主义的一个基本观点。在剥削阶级统治的社会中，要革命，就是要以阶级斗争为纲。我们党长期在阶级社会中，经历了残酷的、复杂的阶级斗争，终于取得了胜利。社会主义社会有没有阶级斗争呢？还有国内国外的阶级斗争，忽视这些阶级斗争也是不对的。既然在现实生活中还有阶级斗争，所以我们的同志从长期的斗争实践中带来的阶级斗争观念决不是坏事，而是好事。但是，我们一定要注意，适应社会主义时代的新的历史条件来运用阶级斗争观念，决不能滑到以阶级斗争为纲上去。在社会主义社会，就是不能以阶级斗争为纲。我们吃这个苦头太大了。十四大报告里说到，用阶级斗争为纲的思想冲击经济建设这个中心，是很危险的事情。这就是说，要承认阶级斗争还在一定范围内存在，但决不能把阶级斗争摆在主要的位置上，必须把它摆在一个适当的位置上。和平演变的问题也是客观存在的，但反和平演变的斗争也必须摆在一个适当的位置上。

第二个问题是，对于社会主义如何理解。我们对社会主义的理解，有一些错误的传统观点。这种观点认为，社会主义就是计划经济，就是一切事情、一切经济活动都由国家计划来安排，一切都由国家统起来。这种办法在一定时期虽然起了作用，但是从长远说，这个办法不能使经济迅速发展。经验证明，所有采取这种办法的国家只能长期落后于资本主义国家，显示不出社会主义的优越性来。所以我们必须打破对社会主义的这种错误的传统观念。过去我们对苏联的模式有种迷信。毛主席最早企图打破这种对苏联模式的迷信。1956 年他就说苏联的模式不行。他说的有些问题是说到点子上的。但苏联毕竟在十月革命后，在斯大林时期还是发展起来了，从一个落后的资本主义国家，发展成为一个世界强国，使人觉得它的模式好像也还有点道理。第二次世界大战后，世界一直向前发展，而它固守中央计划的模式，赫鲁晓夫不能改掉它，勃列日涅夫也不能改掉它，结果经济越来越处于停滞状态。所以苏联的瓦解、崩溃也有一个好处，确实证明了它这套行不通。

我们要把对社会主义的理解来一个大的转变。市场问题的提出，是很重要的，是从根本上改变我们对社会主义的观念。因为我们过去都以为，社会主义就是计划经济，计划经济就是社会主义的特点；资本主义就是市场经济，搞市场经济就是搞资本主义。这是教条主义的观点。现在西方国家一些资产阶级评论家有些观点，和这种教条主义看法是一致的。他们认为市场经济就是资本主义，你既然不搞一切由国家统一的计划经济，就是走资本主义道路。所以在对社会主义的认识上，如果我们不能摆脱各种错误的传统思想，就很容易走到"左"的道路上去。

第三个问题是，如何看待中国近代历史带来的一些传统观念。中国近代经过半殖民地半封建社会的历史。通过这段历史经验，人们对于民族受损害、受侮辱非常敏感，要求民族独立的观念十分强烈。这种观念是极好的，应该发扬光大。但同时也应该注意到新中国的历史条件已和旧中国完全不同，某些事情好像类似，但有不同的意义，不能简单地用过去的观念来看待今天的事情。例如，教科书上说，鸦片战争时的"五口通商"是不平等条约的产物，而现在我们主动开了许多沿海沿江的通商口岸。如果我们混淆时代的区别，就会产生两种错误观点。一种说，帝国主义对中国的侵略还是有好处的，它不是帮我们开放了吗？另一种说，五口通商是帝国主义压迫我们，那我们现在怎么又开了那么多口子？其实这是不同历史条件下的两回事情，两种通商的性质完全不同。我们从半殖民地社会来，历尽民族被压迫的痛苦。那时的"租界"是压迫中国，通商是压迫中国，外国资本到中国来是剥削中国，外国银行到中国来是经济侵略。我们现在还要为保持国家的独立和自主而斗争，但不能用在半殖民地时代的观念来理解对外开放，否则就会发生怀疑和疑虑。

总之，阶级斗争为纲对我们还有较深的影响，对社会主义的错误理解束缚着我们的思想，不加分析地沿用半殖民地时代留下的一些观念也会给我们不好的影响，因此"左"的东西在我们干部中间还可能有一定的市场。由此可见，说主要是防"左"，是有道理的。那么，说警惕右，主要防"左"，是不是说在任何时候主要都是反"左"，在一定情况下是不是要反右？我看也不能排除。我们说整个时期主要防"左"，但是在个别情况下，可能主要是反右。在1989年动乱时说主要是反"左"，当然不行。

但是，经验又说明，反对右的时候，我们仍必须注意长期主要是防"左"。这是因为，反右搞得不好就会出来"左"的东西。

再说一个问题，如何防止和反对"左"的东西？首先一条，就是不搞阶级斗争为纲，不能把反"左"也搞成阶级斗争。我们在编写《中国共产党的七十年》时有一个概念，我们讲主要危险是"左"，但是我们不是像以前的传统观念那样，说"左"是小资产阶级。党的第一个历史决议里就讲，"左"的东西有认识根源，也有阶级根源，阶级根源就是小资产阶级。但就是那时这样讲，也不那么准确。恐怕并不能说小资产阶级一定产生"左"，或者说"左"一定是小资产阶级。到社会主义时期，更不能见到"左"就说这一定是小资产阶级，就要展开阶级斗争，这不行。所以防止"左"，还是前边说的，重要的是要澄清这样那样的思想认识问题。所以，防止"左"，要讲道理，要搞清思想，提高认识。我们反对站在资产阶级自由化的观点反对"左"，我们主张要认真地根据我们党的基本路线说清楚许多问题。

（1992 年 10 月 28 日在全国中共党史讲习班上的讲话）

毛泽东一生所做的两件大事
——纪念毛泽东诞辰一百周年

毛泽东同志从来十分重视俄国的十月革命和苏联的存在对中国革命的影响，十分重视十月革命的经验和苏联社会主义建设的经验。下面一段话是毛泽东同志在 1949 年所写的几乎人人都知道的话。"中国人找到马克思主义，是经过俄国人介绍的。在十月革命以前，中国人不但不知道列宁、斯大林，也不知道马克思、恩格斯。十月革命一声炮响，给我们送来了马克思列宁主义。十月革命帮助了全世界的也帮助了中国的先进分子，用无产阶级的宇宙观作为观察国家命运的工具，重新考虑自己的问题。走俄国人的路——这就是结论。"①

在十分尊重十月革命和苏联社会主义建设的经验的同时，毛泽东坚决反对把十月革命的模式强加在中国革命头上、要求一切照办的倾向，坚决反对苏联领导人（和共产国际领导人）按照自己的经验和自己的利益在中国头上挥舞的指挥棒。

中国共产党是根据中国的具体情况走出一条具有中国特色的革命的道路，从而取得胜利的。中国的社会主义建设现在也已经

---

① 《论人民民主专政》，《毛泽东选集》第二版，第 1471 页。

走上了一条具有中国特色的道路。如果不拒绝和抵制那时的苏联领导人的指挥棒（在 1943 年以前还有共产国际的指挥棒，或者说是苏联领导人经过共产国际的指挥棒），如果把苏联的革命和建设的模式看成是不可逾越的、惟一应当遵循的模式，那么中国革命和建设的自己的道路是不可能找到的。

正因为毛泽东既尊重苏联的革命和建设的经验，而又不迷信苏联的主张和经验，并且和这种迷信进行坚决的斗争，所以他成为创造性地找到中国民主革命的正确道路，并且领导这个革命取得胜利的伟大领导人。他又是首先倡议在社会主义建设上寻求具有中国特色的、自己的道路的伟大领导人。

1942 年毛泽东在党内发起整风运动，其目的主要在反对主观主义，特别是反对教条主义。针对 30 年代前期在党内居于统治地位的教条主义倾向，毛泽东指出，绝不可以把马克思、恩格斯、列宁、斯大林的个别字句当成教条，而必须运用马克思列宁主义的立场、观点和方法来研究中国的现状和中国的历史，具体地分析中国革命问题和解决中国革命问题。毛泽东提出整风当然只是对中国党内来说的。但他对脱离中国实际的教条主义的批评却不能不具有较广的涵义。30 年代中国党内的教条主义者实际上是把从莫斯科传来的任何意见，不管它是如何违反中国实际，一律看做必须遵守的金科玉律，除此以外不可以考虑别的。他们把马克思、恩格斯、列宁、斯大林的个别语句当作教条也是从他们在莫斯科的老师传授来的。

发起整风运动前的 1938 年，毛泽东就强调指出，中国共产党必须"学会把马克思列宁主义的理论应用于中国的具体的环境"。他说："成为伟大中华民族的一部分而和这个民族血肉相联的共产党员，离开中国特点来谈马克思主义，只是抽象的空洞的马克思主义。因此，使马克思主义在中国具体化，使之在其每一表现中带着必须有的中国的特性，即是说，按照中国的特点去应用它，成为全党亟待了解并亟须解决的问题"①。

中国的革命当然也有和别的国家的共同性。在共同性方面，苏联和共产国际曾给于中国共产党人以有益的帮助。这主要是在中国共产党刚成立时和在它的幼年时期。那时中国共产党人十分缺乏经验，而且对马克思主义理论知之甚少。例如，中国和世界上其他殖民地附属国一样，当前的革命还不是无产阶级的社会主义革命，而只能是资产阶级的民主主义性质的革命。这样的认识，幼年的中国共产党人就是从苏联和共产国际学来的。这样的认识虽然十分重要，但是仅靠这种一般性的理论，而不真正懂得中国的具体实际，是不足以指导中国革命的。1927 年中国革命遭到惨重的失败，其原因固然在于当时革命和反革命的社会力量对比形势，在于中国共产党人当时还没有独立判断的能力，也同共产国际和苏联领导人在遥遥的远方，只凭抽象的观念对中国革命发号施令有关。他们派驻中国的代表，虽然自居于中国革命指导者的地位，但由于不了解中国社会的情况，越到复杂的关键时刻，越是只能瞎指挥。

在 30 年代前期，共产国际及其官员对中国革命的瞎指挥造成了特别严重的危害。这时，中国共产党人已经开始比较有了独立的经验，以毛泽东为代表创立了一些具有中国特色的农村革命根据地。但是由于种种复杂的原因，中国共产党这时没有能力抵抗从莫斯科来的指挥棒。在共产国际东方部的一个官员的指挥下，几个毫无经验的年轻的留苏学生（以王明即陈绍禹为首）取得了党内的领导地位。他们完全不顾中国的国情，按照他们的

---

① 《中国共产党在民族战争中的地位》，《毛泽东选集》第二版，第 534 页。

师傅的旨意，在中国党内推行一整套的左倾的路线。在军事上他们也抛弃了毛泽东等同志领导创造的一套行之有效的战略战术，而把红军的指挥权全部交给共产国际派来的，只有第一次世界大战中的一些经验的外国军官。结果是在 1927 年的惨败后几年间中国共产党人经过艰苦奋斗所创立起来的可观的基础（包括革命根据地和白区工作）几乎全部覆灭。如果不是 1935 年 1 月的遵义会议上以毛泽东为首的中国共产党人纠正了"左"倾路线，更换了党的领导，扭转了局势，那么长征的胜利是不可能的，中国革命显然将处于极端危险的局面。遵义会议是中国共产党人独立自主地处理本国革命问题的划时代的标志。

　　在抗日战争爆发后，1938 年中国革命又一次受到从共产国际来的扰乱。在共产国际领导机构中任要职的王明被派回国，他带来了一套把党的抗日民族统一战线政策拉向右转的思想和措施。由于王明有苏联和共产国际做后台，所以党很不容易地才克服了他的这种错误倾向的影响。抗日战争的全部过程证明：和国民党建立统一战线是完全必要的和可能的，但党在统一战线中必须坚定地实行独立自主的原则，必须实行又团结又斗争的策略和以斗争求团结的策略。这样才能保持统一战线，直至抗战胜利。如果放弃斗争，一味乞求团结，统一战线必败。王明企图在中国党内推行右倾路线虽然失败了，但是苏联和共产国际领导人对于以毛泽东为首的中国共产党在统一战线中所执行的全套策略始终不能理解并表示怀疑。

　　由于中国社会历史条件的特殊性（和西方各国相对而言的特殊性），中国革命必然出现许多在马克思主义书本上从来没有的新奇的事情。最显著的就是无产阶级先锋队到经济上很落后的农村中发动农民组织革命武装。从中国的历史和社会的具体情况出发，以对中国共产党成立以后的革命斗争经验的总结为依据，毛泽东得出了建立农村革命根据地的思想，找到了以农村包围城市的革命道路。这是在中国的具体历史条件下发展了马克思主义的新观点、新思想。没有巨大的理论勇气，是不可能提出并坚持这样的新观点、新思想的。一般地说，提出新观点、新思想总是要冲破一些旧的传统观念，所以要有理论勇气。而我们这里所说的，把马克思主义的某些论点教条化，以至成为束缚人们的头脑，限制人们的实践的框框的人，就是当时举世公认为对解释马克思主义最有权威的共产国际和苏联共产党。敢于并能够冲破这种束缚是很难做到的。

由此可见，为什么苏联和共产国际领导人总是把毛泽东在40年代初发起的整风运动看成是可疑的异端。虽然毛泽东在整风中说的只是中国党内的问题，并不涉及其他。但是第一，整风运动中主要受到批评的是王明这个苏联和共产国际视为宠儿的人；第二，苏联和共产国际领导人心目中有一些死守马列书本，依据俄国经验的现成的公式。例如，既然是无产阶级领导的革命，就要以城市为中心，解决中国问题似乎也只要并只能依照这个公式。而毛泽东的整风实际上就是向这种公式挑战，否认这种公式。

毛泽东在1941年的5月所作的《改造我们的学习》的报告是说明整风运动的基本思想的第一篇文献。这篇报告尖锐地批评了党内有些"言必称希腊"的人，说他们"割断历史，只懂得希腊，不懂得中国"①。这里所说的"希腊"，实际上恐怕就是指的苏联。固然在这篇报告中还高度评价了斯大林主持编撰的《联共（布）党史》，这种评价是否过当是可以考虑的，但是毛泽东是这样说的："我们看列宁、斯大林他们是如何把马克思主

---

① 《毛泽东选集》第二版，第799页。

义的普遍真理和苏联革命的具体实践互相结合又从而发展马克思主义的，就可以知道我们在中国是应该如何地工作了"①。可见他并不把苏联的经验当成普遍适用的经验。他所重视的是要把马克思主义的普遍真理和中国革命的具体实践相结合。

邓小平同志说："中国革命就没有按照俄国十月革命的模式去进行，而是从中国的实际情况出发，农村包围城市，武装夺取政权。"② 如果中国革命不是走这条符合中国国情的道路，而是按外国的权威判定的天经地义来进行，抗日战争就不可能持久进行，1949 年的胜利也完全不能想象。

1943 年 6 月，共产国际解散。在它解散前的几年中，它对中国党的干涉越来越少。周恩来同志说："我们中国党这时已经成熟，和共产国际的来往不多了"③。

在抗日战争时期，苏联领导人对中国共产党领导的军队的做法至少是有怀疑的。他们不大能理解农村游击战争的意义，不大能理解以农村包围城市的道路，也如同他们不大能理解在统一战线中又斗争又团结的策略一样。到了解放战争时期，苏联领导人不相信中国革命能够取得彻底胜利，而且认为中国革命不宜取得彻底胜利，这和他们对世界形势的估计错误有关，也与他们一贯地不能理解以农村包围城市这条中国革命的独特道路有关。毛泽东在指出对斯大林应作"三七开"的评价（"三分错误，七分成绩"）时说："斯大林对中国作了一些错事。第二次国内革命战争后期的王明'左'倾冒险主义，抗日战争初期的王明右倾机会主义，都是从斯大林那里来的。解放战争时期，先是不准革

---

① 《毛泽东选集》第二版，第 803 页。
② 《邓小平文选（1975—1982）》，第 278 页。
③ 《周恩来选集》下卷，第 312 页。

命，说是如果打内战，中华民族有毁灭的危险。仗打起来，对我们半信半疑。仗打胜了，又怀疑我们是铁托式的胜利，一九四九、一九五〇两年对我们的压力很大"①。周恩来曾说，斯大林虽然有时对中国党有不恰当的怀疑，但一经实践证明不对，看法也可以改变，"例如他怀疑我们不是真正的马克思主义者，怀疑我们对于帝国主义不斗争，一到抗美援朝，他的看法就改变了"②。这都是说，直到中国革命在 1949 年取得胜利时，斯大林还对中国共产党抱着很深的怀疑。这种怀疑显然集中在中国共产党内最具有理论创造能力的领导人毛泽东的身上。邓小平同志说："在斯大林时期，中国党在一些关键问题上没有听他的话，才取得了中国革命的胜利。"③ 中国党能够坚持从实际出发，顶住国外来的压力，主要应该归功于毛泽东。

邓小平同志十分恰当地指出："毛主席最伟大的功绩是把马列主义的原理同中国革命的实际结合起来，指出了中国夺取革命胜利的道路。"④ 对这个功绩无论怎样估价都不为过。中国革命是经历多次失败和挫折，终于在毛泽东领导下走上适合中国国情的正确道路，才能取得 1949 年的胜利的。所以邓小平同志又说："没有毛主席，至少我们中国人民还要在黑暗中摸索更长的时间。"

1956 年，人民中国基本上完成社会主义改造，开始面临着如何进行社会主义建设的问题。在这以前，从 1953 年起，一方面进行对农业和资本主义工商业的社会主义改造，一方面已开始

---

① 《毛泽东著作选读》，第 741 页。
② 《周恩来选集》下卷，第 302 页。
③ 《邓小平文选》第三卷，第 27 页。
④ 《邓小平文选（1975—1982）》，第 304 页。

执行第一个五年计划。社会主义改造所采取的方法和政策是具有符合中国国情的特色的。这虽然是完全新的事情，但是在民主革命时期对分得土地的农民实行组织起来的经验，对民族资产阶级实行团结政策的经验，都有助于在社会主义改造中找到符合中国国情的路子。至于第一个五年计划期间的经济建设，基本上是采取苏联的经验。这是因为中国共产党只有农村革命根据地建设中所得到的一些经验，显然是不够用的；而中国旧社会在这方面也没有留下多少可供利用的经验。

毛泽东在 1956 年 4 月所发表的《论十大关系》① 的讲话中说："最近苏联方面暴露了他们在建设社会主义过程中的一些缺点和错误。他们走过的弯路，你还想走？过去我们就是鉴于他们的经验教训，少走了一些弯路，现在当然更要引以为戒"。这里所说的过去少走了一些弯路，可能是指社会主义改造时期，也可能包括民主革命的胜利。在建设社会主义过程中，中国应该接受苏联的哪些教训呢？中国应该在哪些方面和苏联不同呢？毛泽东在他的讲话中具体提到下列几点：第一，"他们片面地注重重工业，忽视农业和轻工业"。第二，"苏联的办法把农民挖得很苦。他们采取所谓义务交售制等项办法，把农民生产的东西拿走太多，给的代价又极低"。"鉴于苏联在这个问题上犯了严重错误，我们必须更多地注意处理好国家同农民的关系"。第三，"我们不能像苏联那样，把什么都集中到中央，把地方卡得死死的，一点机动权也没有"。在这篇讲话中还提到，"把什么东西统统都集中在中央或省市，不给工厂一点权力，一点机动的余地，一点利益，恐怕不妥"。第四，"在苏联，俄罗斯民族同少数民族的关系很不正常，我们应当接受这个教训"。第五，"究竟是一个

---

① 《毛泽东著作选读》，第 720—744 页。

党好，还是几个党好？现在看来，恐怕是几个党好。不但过去如此，而且将来也可以如此，就是长期共存，互相监督"。"在这一点上，我们和苏联不同"。第六，"过去，在以王明为首的教条主义者当权的时候，我们党在这个问题（指'如何对待犯了错误的人'的问题——引者）上犯了错误，学了斯大林作风中不好的一面。他们在社会上不要中间势力，在党内不允许人家改正错误，不准革命"。"他们不准犯错误的人革命，不分犯错误和反革命的界限，甚至把一些犯错误的人杀掉了。"在这个问题上毛泽东、周恩来等同志经常在党内告诫绝不要学苏联那样建立一个从上到下，垂直系统，脱离各级党的领导的"安全"机关。第七，"我们提出向外国学习的口号，我想是提得对的。现在有些国家的领导人就不愿意提，甚至不敢提这个口号"。这里所说的"有些国家"指谁是明显的。这篇文章还说："外国资产阶级的一切腐败制度和思想作风，我们要坚决抵制和批判。但是，这并不妨碍我们去学习资本主义国家的先进的科学技术和企业管理方法中合乎科学的方面"。

在这篇讲话中，毛泽东提出了十个问题，也就是十大关系。他说，"提出这十个问题，都是围绕着一个基本方针，就是要把国内外一切积极因素调动起来，为社会主义事业服务"。这个基本方针的提出，是和接受苏联的教训有关的。当时毛泽东已经看出那种过分集中，一切由国家计划来安排的经济体制，那种也是过分偏于统一集中的政治体制，那种把社会主义经济和世界其他部分隔离开来的倾向，不足以动员国内外一切有益于社会主义建设的积极因素。因而是不可取的。由此，毛泽东认为，中国可以而且应当找出一条有别于苏联，符合于中国情况的社会主义建设的道路。这在那时可以说是一种惊世骇俗的意见。那时和那时以后苏联的领导人和理论界都把苏联的模式看成唯一可以设想的模式。世界上反对社会主义和赞成社会主义的人几乎无不是这样以为的。反对社会主义的人把苏联模式的弊病看成就是马克思主义的社会主义的弊病，赞成社会主义的人一般都以为要搞社会主义就得照苏联的模式做。

当然，知道要避免苏联的缺点和错误，企图走另一条适合中国情况的建设社会主义的道路，并不等于已经找到了这条道路。在民主革命的过程中，中国共产党经历了相当长的曲折道路，经历了多次的挫折和失败，由于总结了自己的经验，特别是挫折和失败的经验，才能够终于找到适合中国情况的自己的道路，走向胜利。在社会主义建设过程中，也不可能不是这样。

毛泽东在上述的《论十大关系》的讲话中，说到工厂和其他生产单位都要有一个与统一性相联系的独立性，才会发展得更加活泼。还说到应当在巩固中央统一领导的前提下，扩大一点地方的权力，给地方更多的独立性等等。这些是突破苏联模式的新的思想的萌芽。中国共产党的其他领导人，当时也有种种新的想法。例如陈云同志在 1956 年提出的三个主体，三个补充（即以国家经营和集体经营、计划生产、国家市场三者为主体，而以个体经营、自由生产、自由市场三者为补充。）①。但这些处于萌芽状态的想法，要发展成为足以代替旧的体制的新的体制，还必须经过一个实践的过程。

1980 年邓小平同志曾接见一位意大利记者。这个记者在问到毛泽东是否犯过错误时，说："大跃进难道不是错误？照抄苏联的模式难道不是错误？"小平同志精辟地从原则上作了答复。但没有具体提到"照抄苏联模式"的问题。中国的社会主义建设，的确曾受苏联模式的影响，而且是相当严重的影响。但毛泽

---

① 见《陈云文选》，第 13 页。

东恰恰是最明确地主张不要照抄苏联模式的一个领袖。在毛泽东领导下，民主革命时期的中国共产党拒绝苏联领导人所肯定的天经地义，从中国的具体国情出发，找到了自己的道路。这个经验使毛泽东确信，中国的社会主义建设也应该找出自己的道路。事实上，他是犯了大跃进、人民公社等错误，直至"文化大革命"那样严重的错误。但他犯的不是照抄苏联模式的错误。他是要摆脱苏联模式的影响，为找到适合中国情况的新的道路进行探索，在探索中走入歧路。正因为走入歧路，没有找到正确的答案，也就不可能使中国摆脱苏联的模式。

在《论十大关系》中毛泽东说："过去为了结束帝国主义、封建主义和官僚资本主义的统治，为了人民民主革命的胜利，我们就实行了调动一切积极因素的方针。现在为了进行社会主义革命，建设社会主义国家，同样也实行这个方针。"这话也应该认为是正确的。但是，在利用前一时期的经验的时候，当然必须区别革命和建设的不同情况。在建设时期调动一切积极因素的方法，和以往的革命时期不可能是完全一样的。如果把中国民主革命时期的经验不加分析地套用到社会主义建设上来，以为这就是从中国的实际出发，那就不可避免地要犯错误。

在民主革命时期，通过和广大群众切身利益有关的阶级斗争观念动员和凝聚了群众的意志和力量，并且在广大群众的政治热情发动起来以后，就产生无穷无尽的摧毁敌人的力量。但是这种经验不能简单地应用到社会主义建设中。只用政治方法来动员群众，实行"以阶级斗争为纲"的方针，就造成反右斗争扩大化，大跃进和人民公社，以至"文化大革命"这些错误。这些错误使我们在社会主义建设中走了许多弯路，受到许多损失。

如同在民主革命时期一样，中国共产党人在社会主义时期也从错误中受到深刻的教育。在1976年结束了"文化大革命"以后，经过十一届三中全会，以邓小平同志为代表的中国共产党人总结了过去 20 年的经验，特别是发展到"文化大革命"那样的危险局面的"左"倾错误的经验，纠正了这些错误，终于弄清楚了中国还处于社会主义初级阶段的国情，找到了一个中心、两个基本点的适合中国国情的一套方针政策。

现在回顾历史，可以看出，从 1957 年开始的 20 年中，我国的社会主义建设之所以走上曲折的道路，犯了许多错误，其发端在于不按照苏联的模式走完全一样的路，而要另辟蹊径。那么我们在评论历史的时候，是不是可以认为本来不应该怀疑苏联的模式，本来可以完全按照苏联的模式做，那就可以避免我们曾经犯过的这些错误。我以为，如果进行这样的评论，那是完全错误的。

在 1956 年，在中国面前可以说是有两条路好走。一条路就是我们实际上在这 20 多年里走过的路，另一条路就是亦步亦趋地跟着苏联走。认为中国应该走这另一条路的至少是当时的苏联领导人。如果走这条路意味着什么呢？那不仅意味着中国会走上一条不是那么健康的社会主义道路，而且意味着中国会成为在苏联指挥棒下的一个大的"卫星国"。在建设中遵循苏联的样板和成为它的"卫星国"虽然并不是一回事，但的确是密切联系的。历史表明，斯大林时期的苏联已经惯于按照自己的意志在国际共产主义运动中指挥一切。斯大林的后继人并没有对斯大林的正确和错误进行科学的分析，他们在一笔抹煞斯大林的时候，继承了斯大林的许多错误的作风和做法，而且变本加厉。其中也包括自居"老子党"的地位，以大国沙文主义态度干预和支配别的社会主义国家的命运。由于以毛泽东为核心的中国共产党领导集体采取了坚决抵制的态度，中国才没有沦为苏联的"卫星国"。

从 50 年代后期起，毛泽东不顾苏联方面来的异议，坚持探索中国自己的建设社会主义的道路，同时也警惕地注视着苏联领导人日益加剧的对中国的敌视。赫鲁晓夫以逐出教门相威胁，直接向中国提出了侵犯中国主权、控制中国命运的要求，毛泽东领导全党对此做出了毫不妥协的答复。我们现在不来评论60年代初期中国和苏联两党的大论战中的细节。应当说，中国共产党方面在这次论战中提出的有些论点并不完全正确。但中国共产党维护国家的独立主权、维护任何一个社会主义国家有按照自己的国情走自己的道路的权力是完全正确的。把运用一切手段直至武力来维护自己的指挥棒的权威的苏联称作社会帝国主义，也并不过分。由于赫鲁晓夫和他的继承人勃列日涅夫坚持这种社会帝国主义的立场，由于毛泽东和他的同志维护党和国家应有的独立和主权的态度毫不含糊，中苏两党的决裂成为不可避免，并且延续了一个相当长的时期。

毛泽东在60年代初期做出为了维护自己的独立主权，不惜和苏联决裂的决策，是经过反复的、慎重的考虑的。当时的苏联具有强大的军事力量，而且他的指挥棒在国际共产主义运动中还很能生效。所以做出上述决定不但要准备遇到从北方来的侵略势力，而且要准备在世界上处于完全孤立的地位。就中国国内来说，要转变向来普遍存在的对苏联的崇敬，也不是容易的事。毛泽东一生曾遇到许多艰难复杂的局势，要求他做出正确的决策。这个决策是他一生中所作的有长远历史影响的、足以表现出他用远大的眼光解决最难解决的问题的才能的伟大决策之一。在1989年以前，也许还有人怀疑这个决策是否完全正确和必要，但是经过了1989年到1991年从东欧到苏联的一系列剧烈的变化以后，恐怕再没有人能低估30年前毛泽东在中苏关系问题上作出的决策。如果那时不做出这样的决策，如果中国在那时走上上述两条路的第二条路，以至成为苏联的卫星国，那么后来的结果会是怎样？对这样的问题要是进行讨论，大概很多人会做出同样的答复。至于在苏联解体前不久，由于各种情况已和 30 年前不同，中国和前苏联的关系正常化当然是必要的，这为今日中国和原属苏联的各国保持正常友好关系打下了基础。

的确，中国在 30 年前走上上述的第一条路之后，由于独立地探索自己的道路，因而走了许多弯路，犯了许多错误，党和国家在"文化大革命"中面临着危亡的局势。为我们所经历过的这些曲折和错误而懊丧，是无益的。如果说，这两条路都不可取，最好在 1957 年直接走上 1978 年以后的路，这样的假想也是毫无意义的。事实上我们已经经历了许多曲折和错误。我们正是从总结这些曲折和错误，才得出了 1978 年十一届三中全会以后的适合中国情况的正确的道路。其所以能这样做，是由于中国共产党具有从自己的错误经验中学习的传统。这种可贵的传统的形成，是和毛泽东分不开的。毛泽东在民主革命时期，以党所反复犯过的多次错误为借鉴，确立了指导中国革命走向胜利的理论和政策。毛泽东在社会主义时期，也曾发现大跃进和人民公社中的缺点，试图加以纠正。但因为对错误的认识还不透彻，因而未能有效地纠正。在他所发动的"文化大革命"的后期，虽然他已开始感到，这场所谓革命，至少不像他原先所设想的那么完满，但是他已来不及进行总结，只能把这个任务遗交给后人。

以十一届三中全会为标志的党的新的一代领导人，既纠正了毛泽东晚年的错误，又继承了毛泽东的正确的基本思想。为什么在"文化大革命"刚结束以后，立刻就出现了这样一代新的领导人呢？这一代其实就是毛泽东自己所培育出来的。他们是在毛泽东所领导的革命实践中成长起来的，并且是在把马克思列宁主义和中国实际相结合的毛泽东思想的指导下成长起来的。他们中的杰出代表人邓小平同志就是以毛泽东为核心的领导集团中的一员。

邓小平的建设有中国特色的社会主义的理论是毛泽东思想的继承和发展。从 1979 年起的十几年的实践，证明毛泽东当年对于中国社会主义建设所抱的向望正在逐步成为现实。他的向望就是中国能够避免苏联社会主义建设中的缺点和错误，而以符合中国情况的方式把社会主义建设进行得更快更好些。他还相信社会主义建设不应该像苏联那样只有国家的一个积极性，而应该把全社会的一切积极力量动员起来。在国际上，也要调动一切直接的和间接的力量。80 年代的中国共产党人终于发现：改革、开放，建立社会主义市场经济体制，是调动一切积极因素的惟一正确途径。

在 1976 年毛主席逝世前几个月，社会上传出了他的一段谈话。这时，"文化大革命"似乎已经临近尾声，但谁也不知道局势将如何发展。据说那年 6 月 13 日毛主席讲的这段话，说的是他对自己一生的回顾和后事。他是这样说的："中国有句成语，叫做盖棺论定。我虽未盖棺也快了，总可以论定了吧？"这段话中最重要的是说："我一生办了两件事。"他说的第一件事就是民主革命的胜利，取得了全国政权。他说："对这件事，持异议的人甚少。只有几个人在我耳边叽叽喳喳，无非是要我及早地把那个海岛收回罢了。"（这是指台湾）然后他讲第二件事："另一件事，你们也知道，就是发动文化大革命。对这件事，拥护的人不多，反对的人不少。"

看来毛主席那时确实在病榻上对少数几个人讲过这样一段话。记录是否绝对准确，固然很难说，但恐怕是八九不离十吧。

毛主席在那时对"文化大革命"的看法，显然已不是那么绝对自信。但是他的看法和历史的定评，还是有很大的距离。对毛主席所说的两件事，历史的定评是：前一件事是改变中国的悲惨的、痛苦的命运，造福千秋万代的伟大胜利。后一件事却是巨大的错误和巨大的失败。

毛泽东把"文化大革命"当作他一生中所做的两件大事中的一件是可以理解的。因为这件事确实极为浓重地带有他个人的印记。但是后人纵观毛泽东的一生，不能同意他自己所作的这个概括，不能同意把他的后半生概括为"文化大革命"这个巨大的错误。

毛泽东的前半生探索中国民主革命的道路，达到了完全的胜利。他的后半生探索中国社会主义的道路，却没有能够达到应该达到的目的。虽然在他的探索过程中，经历了许多曲折，并且造成了"文化大革命"这样严重的错误，但是历史不能忘记他首创进行这种探索的伟大功绩。

综合本文的论述，毛泽东一生是做了两件大事。

第一件大事是领导党和人民，推翻了帝国主义、封建主义和官僚资本主义在中国的统治，完成了民主革命的任务。在中国的具体条件下，要战胜如此强大的敌人，中国革命不能沿袭别国的模式，而必须把马克思列宁主义的普遍真理和中国的具体实际相结合，走自己独特的道路。毛泽东敢于和能够抵制从国际来的错误的影响，找到并坚持惟一能使中国革命胜利的道路。这才使他能够完成第一件大事。

第二件大事是在以带有中国特色的方法完成了社会主义改造以后，努力探索中国的社会主义建设的道路。毛泽东是这种探索的开创者。他领导全党和全国人民抗拒来自国外的强大影响和强大压力，从而发动并且坚持进行这种探索。所以毛泽东作为这种探索的开创者的历史功绩应当用最浓的笔墨记载在史册上。毛泽东没有能够亲眼看到这种探索开花结果,但在他的学生手里,能够抗拒任何风霜的花和果实已在中国的大地上繁茂地生长起来。

(原载《人民日报》1993 年 12 月 17 日)

附:

对《毛泽东一生所做的两件大事》
一文的几点说明

为这次学术研讨会我提供了一篇文章,题目是《毛泽东一生所做的两件大事》。这篇文章已经在 12 月 17 日《人民日报》上发表了,篇幅也比较长,所以我现在不来念它。我假定同志们已经看过这篇文章,我希望得到同志们指正。现在我就这篇文章发表以后遇到的一些问题,简单地说几点意思。

第一点,这篇文章里引用了邓小平同志对毛主席评论的一句话:"没有毛主席,至少我们中国人民还要在黑暗中摸索更长的时间"①。这句话如果再引用得全一点,是这样的:"毛主席一生中大部分时间是做了非常好的事情的,他多次从危机中把党和国家挽救过来。没有毛主席,至少我们中国人民还要在黑暗中摸索更长的时间。"这是在 1980 年说的话。小平同志在这以前两年,即 1978 年 12 月,也就是十一届三中全会时候,还这样说:"回想在一九二七年革命失败以后,如果没有毛泽东同志的卓越领导,中国革命有极大的可能到现在还没有胜利,那样,中国各族

---

① 《邓小平文选(1975—1982)》,第 303—304 页。

人民就还处在帝国主义、封建主义、官僚资本主义的统治之下，我们党还在黑暗中苦斗。所以说没有毛主席就没有新中国。这丝毫不是什么夸张"①。小平同志讲的这两段话，可能引出一个问题来：中国革命的胜利是不是一种历史的必然？如果是历史的必然，和个别领导人的关系应当怎样看？有同志曾经和我议论过这个问题。我认为，中国革命的胜利当然有深厚的历史社会基础，也可以说是有历史的必然性的。但是，人类社会历史的发展和自然界的发展不大一样。自然界（当然这是指没有人为作用的情况下）是完全自发地根据客观事物发展的必然规律前进的，不过也会有偶然的因素来干扰。人类社会的历史发展，却是要通过人的思想、人的行为来促成的。毛主席在著名的《论持久战》中说："一切事情是要人做的，持久战和最后胜利没有人做就不会出现。"中国革命胜利总的说来是历史的必然，但它采取什么形式胜利，胜利的彻底性怎么样，时间怎么样，很难说都是由历史的必然性来决定的。人怎样努力，怎样行动，革命的人群怎样行动，他们中的领袖人物如何，对胜利的关系实在太大了。如果说胜利的形式，中国革命可以说解决得非常彻底，是反帝、反封建、反官僚资本主义的彻底的胜利，是无产阶级领导的新民主主义革命的胜利。毛主席曾经在《新民主主义论》中说，十月革命以后，殖民地半殖民地人民的革命斗争，都属于世界无产阶级社会主义革命的一部分，都是无产阶级领导的新民主主义革命。但是，从第二次世界大战以后的历史经验来看，这话并不那么准确。中国革命之所以能胜利得那么彻底，所以能是新民主主义革命的胜利，也不能说是历史注定了的。这和领导者的指导思想太有关系了。至于说时间，就更不用说了。很难说历史决定了

① 《邓小平文选（1975—1982）》，第138页。

1949 年左右中国革命一定胜利。领导者的任何差错和失误，都可能造成一些耽误。在历史的长河中间，四五十年不过是一刹那。我们看到，东方有许多和中国历史条件差不多的殖民地国家，经过几十年斗争，就是中国取得了这样彻底的胜利。在有的国家里，人民的力量已经好像很强大了，但是由于领导者的某些失误，一夕间几乎全部被消灭掉。毛主席在讲战争时曾说："战争指挥员活动的舞台，必须建筑在客观条件许可之上，然而他们凭借这个舞台，却可以导演出很多有声有色、威武雄壮的戏剧来。"在许可的条件下，好的指挥官能够导演出威武雄壮的戏剧来。如果指挥不行，也可以完全失败。所以说，中国革命的胜利是有客观条件的许可，但领导者的正确性，使得中国革命成了一幕最有声有色、最威武雄壮的戏剧。在这里革命的主观力量确实起了很大的作用，主观力量主要是领导者的作用，而领导者中间是毛主席起了最大的作用。

第二点，我在文章里讲到，毛主席在延安整风时曾经批评一种倾向，叫"言必称希腊"。我说，这个所谓"希腊"，恐怕就是指苏联。有同志问，你这个说法有没有根据？的确这只能说是一个推测，要完全证明也难。但是，我想这个推测还是有点道理的。怀疑我的推测的人说，这个希腊也许是一般指外国，是说只懂外国，不懂中国。在 30 年代那时，在中国已有全盘西化论。如果毛主席是泛指外国，也可以说言必称"英美"；如果这样说，人们就会想到这个批评是指向全盘西化论，就是指向资产阶级自由主义。但是，这里毛主席批评的不是全盘西化论。他批评的是我们党内有这样的人，马克思主义者中有这样的人，那当然不能用言必称英美来概括。在当时情况下，直接点出苏联是不适当的。所以"言必称希腊"，实在是一个巧妙的修辞。

第三点，我的文章里引用了毛主席关于斯大林对中国做了些错事的话，其中说："一九四九、一九五〇年对我们的压力很大"。
有同志问我，1949年、1950年中国革命胜利了，到底是什么压力，
怎么看得出有压力？这个问题很值得研究，要和前文说的斯大林
对中国做了些错事联系起来看。可以这么说，到中国革命胜利时，
苏联的态度是很暧昧的。我只举一个例子。有一个美国女记者在
1948年10月经过西欧到莫斯科，她说，中国共产党胜利的消息已
经在世界各国报纸上头版头条传播了，可是在苏联的报纸上一点
都看不见。到11月初，《真理报》才在最后一版《塔斯社通告》
标题下，用四五行字说，中国人民解放军打下沈阳。这是辽沈战
役。12月6日第四版的《通告》，用六行新闻说，中国人民解放
军宣布占领徐州。这是淮海战役。① 那时苏联对中国革命的态度，
就像毛主席说的，仗打胜了，又怀疑。1949年夏秋间，少奇同志
秘密去过一次苏联。到这年12月16日，毛主席公开到莫斯科。
这次去莫斯科，是怎么回事情呢？当时中国革命刚刚胜利，已经
建立了中华人民共和国。按理说，中国党和国家的最高领袖去访
问，应该是正式的国事访问吧。其实不是，是去庆祝斯大林的寿
辰。而去了以后呢，从12月16日到莫斯科，一直到2月17日离
开，蹲了整整两个月。当时交通等等条件当然和现在不一样，但
是两个月之久也有点奇怪。接待毛主席的礼仪虽然还可以，但斯
大林称毛主席为毛泽东先生。到莫斯科后两个星期，除了参加斯
大林寿辰外，毛主席基本上是在那里坐冷板凳，没人理他，报纸
上也没有任何消息。西方报纸散布流言说，斯大林已经把毛泽东
软禁起来了。到1月2日，莫洛托夫才去看毛主席，商谈事情。
发生了什么问题呢？那时斯大林不愿意和新中国订立一个互助同
盟合作条约。他说苏联和中国不是早已有一个条约了吗（所谓有

---

① 见《安娜·路易斯·斯特朗回忆录》。

条约就是和国民党订过一个条约），既然已有这个条约，别订了，以后再说吧。莫洛托夫去访问毛主席时，毛主席提出了几个方案让他选择。最后一个方案是重新订立一个条约。然后莫洛托夫向斯大林请示，才同意订条约。毛主席说，如果你们同意订条约，我就要周恩来同志到莫斯科来谈。毛主席那时对这种情形非常生气，他曾大发脾气，说我到莫斯科来就干三件事情，一件是吃饭，一件是拉屎，一件是睡觉。这是外国人都知道的。我们现在从毛主席当时从莫斯科发回的电报中可以看到，毛主席在莫斯科时，实际上是在那里处理国内的事情，好多电报送到莫斯科去，他在处理。后来订条约也还有麻烦。周总理去谈订约，苏联方面拿出一个条约稿子，基本上就是国民党时代的条约。周总理和毛主席商量以后，另提出一个方案作商谈的基础。除了订条约以外，给了3亿美元的贷款。西方国家报纸说，这比不久以前给波兰的贷款援助还要少些。这个数目到底是谁定出来的，我不清楚。但是，毛主席当时有一个电报给中央，说我们还是少借一点钱为好。从这次去莫斯科可以看出，毛主席心里是非常不痛快的。如果再联系前后许多事情来看，就可以看出 1949、1950 年毛主席为什么感到有压力，这并不是奇怪的事情。

第四点，我在文章里说到，毛主席对于过分集中，一切由国家计划来安排的经济体制，是一直不赞成，怀疑和反对的。也有同志问我，你这个说法有没有根据呀？是不是因为现在要建立社会主义市场经济，就故意宣扬毛主席早就反对计划经济？确实过去我们在实际工作中间还是用的苏联计划经济的模式。小平同志说："过去我们搬用别国的模式（所谓别国的模式，当然就是苏联的模式），结果阻碍了生产力的发展，在思想上导致僵化，妨碍了人民和基层积极性的发挥"。小平同志是这样评论过去的。但接着他又说，"我们还有其他错误，例如'大跃进'和'文化大革命'，这不是搬用别国模式的问题"。所以过去我们犯过两方面的错误，一方面是搬用别国模式，另一方面是不搬用别国模式。不搬用别国的模式，主要是毛主席做的事情。可以看到，毛主席是用"大跃进"来冲破计划经济，但他搞错了，办法不对，行不通。譬如说，1958年搞过国家计划的"两本账"，第一本是必成的，第二本是期成的。而中央的第二本计划，又变成省的第一本计划，省里还有第二本计划。这种做法，在鼓吹"计划就是法律"的苏联人看来完全是胡闹。"大跃进"确实也没有成功。所以实际的经济工作还是搬用别国的模式。但是，毛主席老是对计划工作不满意，对这样搞法总是感到心情不舒畅，他引用李清照的词，叫做寻寻觅觅，冷冷清清，凄凄惨惨戚戚。一波同志的《若干重大决策与事件的回顾》书里还说到，1964年毛主席强调指出，"要改变计划方法，这是一个革命。学上了苏联的方法以后，成了习惯势力，似乎很难改变"。毛主席对这种计划经济确实不满意，但是他没有能找到一种正确的途径，来改变这种苏联模式。

第五点，有同志提出，我的文章中在说了中国由于独立探索自己的道路，因而走了许多弯路，犯了许多错误之后，又说，我们现在来讨论这些曲折和错误是否不可避免，是毫无意义的，这句话说得不对。我的话原意是说，为我们所经历过的这些曲折和错误而懊丧是无益的，但没有表达好。研究过去为什么犯错误的经验，避免以后犯错误，从这个意义上说当然还是有意义的。所以这句话应该改一下。但是我接着又说，最好在1957年直接走上1978年以后的路，这样的假想也是毫无意义的。现在我仍以为，1957年以后不经过一点曲折，就直接走上1978年以后的路，是不可能的。当然，曲折和错误的程度大小和时间长短，那是由各种因素决定，不能说是必然的。

第六点，有的同志向我提出一个问题，如果在1957年以后

20 年的"左"是探索中的错误，那么是不是也可以说，民主革命时期遵义会议以前那些"左"的错误也是探索中的错误呢？王明的错误是不是也是一种探索呢？我觉得，30 年代王明的"左"倾错误，给我党留下了很重要的教训；遵义会议以后，正确路线吸取了这些教训。但是，王明路线的错误恰好是因为不探索而产生的，是根本不考虑中国的国情，照抄苏联的办法，跟着苏联、共产国际跑。这个错误和 1957 年以后的错误性质不一样。1957 年以后的错误是不照抄外国的模式，不跟着外国的指挥棒走，自己找道路，但是走到错误的路上去了。这是不同的情况，不同的性质。

第七点，我的文章最后说到，毛主席临终前不久，讲他一生做了两件大事。讲话的时间是 6 月 13 日，不知怎么，错写成 4 月 30 日，应该改正。前年写《中国共产党的七十年》时，胡乔木同志曾经建议把毛主席的这段话引用上，证明毛主席到最后对"文化大革命"失去了信心。但因为这本书的篇幅有限，如果引用这段话，还得多说些话，所以没有引用。现在我在这文章中引了，也算实现乔木同志的一个嘱咐。不过，这里也没有引用全。毛主席说，他做的第二件事就是发动"文化大革命"，说对这件事拥护的人不多，反对的人不少。根据这两句话也许还不足以证明他这时候对"文化大革命"已经失去信心了。实际上他下面还有几句话。他说："这两件事（包括第一件事，第一件事他说台湾还没有收回）都没有做完。这笔遗产将移交到下一代去了。和平移交不行，看来要在动荡中移交了，搞不好就要血雨腥风"。这反映了毛主席在逝世前三个月，身体很坏，心情很伤感。自然规律使他生命不能再延长一些，精力更充沛一些，要不然，他恐怕要重新考虑这些问题。

第八点，稍微讲一下 60 年代对苏联大国沙文主义的斗争。

中国和苏联当时存在的实际上有两个方面的问题。一个是意识形态方面的问题，这里包括对国际形势的看法，对国际共产主义运动的看法，对对方国际国内政策的看法，等等。第二个方面的问题，是苏联总想控制指挥中国的问题。当时我们管这叫老子党的问题。他要做老子，用指挥棒来指挥别人，要别的国家服从于它苏美合作主宰世界的战略，要把别国纳入苏联全球战略的轨道。彼此看法不一样，这是意识形态问题。但硬拉着别人跟它走，这是老子党的做法。根据当时的情况，我感到，毛主席在意识形态问题上是非常谨慎的。1956年苏共在20大全盘否定斯大林，中国的同志都很不满意，毛主席仍然说对揭开斯大林这个盖子这一点还是要肯定的。到了第二年，1957年赫鲁晓夫把莫洛托夫这些人当作反党集团打下去了，我们的一些老同志对此不满。毛主席说这是他们自己的事情，莫洛托夫这些人思想僵化，也不见得就好多少。许多同志说赫鲁晓夫是修正主义，毛主席说再看一看，恐怕还是半修正主义。在这些问题上，毛主席是非常谨慎的。但在涉及国家的独立主权的问题上，毛主席决不让步。1958年苏联提出要搞长波电台、联合舰队，实际上是要在军事上控制中国，接下来就会是在政治上控制中国。对这个事情，毛主席坚决抵制，决不作丝毫让步。后来在中国方面仍力求维护双方间的国家关系时，毛主席还说过吵架不要紧，可以吵一千年这样的话，意思是意识形态上尽管有分歧，吵架，但苏联只要不按父子党的模式而是以平等的原则来处理两国关系，那还是可以维持正常关系的。（不过现在看来，在意识形态上不吵最好）那时刘少奇、邓小平同志到莫斯科去，和苏联领导人争的也主要是老子党的问题。苏联方面不能公开主张老子党，所以总是突出意识形态问题，以掩盖其以老子党自居的面目。在中国方面，意识形态方面的气味加重，我以为陈伯达、康生是起了较多作用的。小平同志在 1980 年评论当时的事说，"一个党和由它领导的国家的对外政策，如果是干涉别国内政，侵略、颠覆别的国家，那么，任何党都可以发表意见，进行指责。我们一直反对苏共搞老子党和大国沙文主义那一套。他们在对外关系上奉行的是霸权主义的路线和政策"①。当时苏联要社会主义各国在国内政策上完全跟它走，而且以"社会主义大家庭"的名义在政治和经济上控制别国，要别国完全服从它的外交战略，甚至干预别国的领导班子的人选。东欧各国党不能说没有为本国人民做过好事，其所以丧失民心固然有许多原因，其中重要的一点是，人民认为这个党使自己的国家落到了附庸国、卫星国的地位。毛主席从 50 年代后期起，一方面坚决顶住苏联大国沙文主义，一方面力求摆脱苏联的模式，寻找中国自己的社会主义建设的道路。后一方面他没有成功，走入错误的歧路，但历史仍应记载下他是探索自己道路的首创人，而且无论如何，与此相联系的前一方面的功绩，随着时间的推移越加彰明昭著。

（1993 年 12 月 26 日在毛泽东生平和思想研讨会开幕式上的发言。原载《中共党史研究》1984 年第 2 期，3 月 25 日出版。文中第五点和第七点所说到的应改正的两处，在本书的前文《毛泽东一生所做的两件大事》中已经改正）

---

① 《邓小平文选（1975—1982）》，第 278—279 页。

什么是社会主义,如何建设社会主义?

——学习《邓小平文选》(第三卷)

《邓小平文选》(第三卷)中说:"我们马克思主义者过去闹革命,是为社会主义、共产主义崇高理想而奋斗。现在我们搞经济改革,仍然要坚持社会主义道路,坚持共产主义的远大理想,年轻一代尤其要懂得这一点。但问题是什么是社会主义,如何建设社会主义。我们的经验教训有许多条,最重要的一条,就是要搞清楚这个问题。"① 对于这个问题,邓小平同志(以下简称为邓)提出了些什么重要的新的思想呢? 本文将对此作一些初步的研讨。

邓的著作当然不是像通常的教科书那样,提出一般的定义,做出一般的解释。邓的目的不在于找出普遍适用的公式,而是要解决实际问题,解决中国社会主义建设中的实际问题。邓说:"马克思主义必须是同中国实际相结合的马克思主义,社会主义必须是切合中国实际的有中国特色的社会主义。"②

但是,我们又必须探讨,邓关于社会主义的论述给马克思主

---

① 第 116 页。以下只注页数者,均为《邓小平文选》第三卷。

② 第 63 页。

义的科学社会主义理论提供了哪些新的内容。邓以解决实际问题为目的，总结中国的社会主义的历史经验，也涉及国际社会主义的历史经验，由此提出了一系列马克思主义的新的论点。马克思主义的社会主义理论是长青的树，本来应该随着实践而发展，不断丰富起来。邓对此做出了重要的贡献。

以下讲四个问题：一、发展生产力；二、社会主义初级阶段；三、改革——解放生产力；四、社会主义市场经济。

一 发展生产力

邓在 1986 年说："社会主义原则，第一是发展生产，第二是共同致富。"① 这个论点邓在 1992 年春到南方视察时的重要讲话中又加以展开。他说："社会主义的本质，是解放生产力，发展生产力，消灭剥削，消除两极分化，最终达到共同富裕。"②

邓一贯强调，在认识什么是社会主义的问题上，一定要把发展生产力摆在首要的地位，多年来他反复地讲这点。"社会主义阶段的最根本任务就是发展生产力。"③"社会主义的首要任务是发展生产力，逐步地提高人民的物质和文化生活水平。"④ 邓关于在社会主义条件下要通过改革解放生产力的论断，是和发展生产力的要求相联系的。解放生产力的问题将在后文专题讨论。

针对"文化大革命"时期"四人帮"反革命集团所说的"宁要贫穷的社会主义，不要富裕的资本主义"等谬论，邓以振聋发聩的声音断言，贫穷不是社会主义。邓之所以强调这一点，

① 第 172 页。
② 第 373 页。
③ 第 63 页。
④ 第 116 页。

还不只是为了驳斥"四人帮"，而且是针对长期以来我们党的指导思想上的缺点而说的。邓说："如果说我们建国以后有缺点，那就是对发展生产力有某种忽略。"① 因此，邓又说："从一九五八年到一九七八年这二十年的经验告诉我们：贫穷不是社会主义，社会主义要消灭贫穷。不发展生产力，不提高人民的生活水平，不能说是符合社会主义要求的"②。

从我国历史中，还可以看到，"不患寡，而患不均"这种思想，有长久的、很深的影响。封建时代的农民革命，总是也只能是在原有的低下的生产力的水平上，以实行平均主义为自己奋斗的目的。这种平均主义也是一种贫穷的社会主义，它虽然在历史上起过进步作用，但在现代生活中是绝对有害的。

把发展生产力放在首位，当然不是说只要是发展生产力就是社会主义。邓说："社会主义与资本主义不同的特点就是共同富裕，不搞两极分化。创造的财富，第一归国家，第二归人民，不会产生新的资产阶级。"③ 对于社会主义说来，公有制当然不是可有可无的，按劳分配制度也不是可有可无的。邓说："一个公有制占主体，一个共同富裕，这是我们所必须坚持的社会主义的根本原则。"④ 他又说："在我们的发展过程中不会产生资产阶级，因为我们的分配原则是按劳分配。"⑤

有人这样提出问题说，社会主义的目的是公有制还是发展生产力呢？对这问题的一种答复是，只有以公有制为目的，才能不脱离社会主义轨道。另一种答复是，为了重视发展生产力，就要

① 第 63 页。
② 第 116 页。
③ 第 123 页。
④ 第 111 页。
⑤ 第 255 页。

把这看作目的，而把公有制只看做一种手段。这样提问题和答复问题，我看都是不恰当的。如果说的是社会主义的终极目的，那么它既不是公有制，也不是发展生产力，而是全社会人民的物质和文化生活水平普遍提高（直到能够进入共产主义），邓以通俗的语言称之为共同富裕。关于共同富裕是目的，邓曾多次说过。例如，"社会主义的目的就是要全国人民共同富裕，不是两极分化"①。为了共同富裕就必须发展生产力，必须有公有制。如果放弃公有制，即使生产力发展起来，将只是极少数人富裕，形成两极分化；如果不发展生产力，即使有了公有制，将只是共同贫穷。

在马克思主义产生以前，一切形式的空想社会主义都主张公有制。应该说，社会主义的理想从来是和公有制的要求相联系的，摒弃公有制就无所谓社会主义。但以往的社会主义思想都在低下的生产力的基础上考虑公有制，几乎都是主张贫穷的社会主义。马克思主义的科学社会主义的特点就在于要把公有制建立在高度发展的，比资本主义社会更高的生产力的基础上。马克思和恩格斯早在《共产党宣言》中就说：无产阶级在实现自己的政治统治后，要尽可能快地增加生产力的总量。邓也说："马克思主义最注重发展生产力。"② 所以注重发展生产力，破除对贫穷的公有制、贫穷的社会主义的崇拜，是完全符合于马克思主义原理的。

在发展生产力的问题上，邓不是复述马克思主义创始人的见解，而是以新的东西丰富了马克思主义。他提出了把发展生产力作为中心，而公有制和按劳分配制的发展，必须服从于生产力发

---

① 第111页。
② 第63页。

展的要求这样一种思想。

邓说："毛泽东同志是伟大的领袖，中国革命是在他的领导下取得成功的。然而他有一个重大的缺点，就是忽视发展社会生产力。不是说他不想发展生产力，但方法不都是对头的，例如搞'大跃进'、人民公社，就没有按照社会经济发展的规律办事。"①这里说出了毛泽东和我们党过去对发展生产力有某种忽略的原因。可以举出毛泽东和其他领导同志说过的许多话，表明他们是非常想发展生产力的；但是因为方法不对头，结果在实际上成了忽略或忽视发展生产力。

要按照社会经济发展的规律办事，才能真正发展生产力。这里有下述两个方面的问题：

一个方面是生产力的发展有它自己的规律。由于社会主义制度的产生而激发出来的广大人民的政治积极性，能够对于社会的发展起重要作用。但是，它如果不通过科学技术，就不能转化为现代化生产力。所以邓早在1975年就强调指出，科学技术是生产力。后来又说，应该把它看做第一生产力。政治对生产力的作用固然表现在鼓干劲上，但主要在于激发人们去努力掌握科学技术。1958年搞"大跃进"运动，以为直接依靠群众的政治积极性，鼓干劲，就能有工业和农业生产力的大跃进，结果事与愿违。这其实不是把发展生产力摆在首位，而是把政治放在首位，结果是既不能达到发展生产力的目的，也扭曲了政治的作用。

另一方面的问题是，发展社会生产力和发展生产关系两者之间的关系问题。对这两者的关系，邓强调生产力的首要地位。这是对几十年来流行于国际和国内的一种错误观点的突破。按照这种观点来看，既然社会主义公有制生产关系是先进的、优越的，

---

① 第116页。

那么它一经形成，就该维持不变，依靠它就能不断提高社会生产力；如果生产力不能向前发展，那就必须把公有制生产关系搞得更"先进"。历史实践证明，这种观点是不符合实际的，是不利于社会主义的发展的。

斯大林曾经以为，社会主义社会中的生产关系是和生产力完全适合的，因而不发生改进生产关系的问题。毛泽东不大同意斯大林的僵化的想法，但他没有能解决好这个问题。他在探索解决这个问题的办法时，至少在建立农村人民公社这一决策中，企图以更先进的社会主义生产关系的形式来推进生产力，而所谓先进就是指"又大又公"。但事实证明，人民公社只是形式上看起来好像先进，并不能真正起促进生产力的作用。

在社会主义生产关系初步建立以后，就应该把发展生产力放在首位。社会主义公有制和与之相联系的按劳分配制，虽然一般地说来是先进的，但公有制适用的范围多大，采取的具体的形式是什么等等，都要根据生产力发展的状况来决定。这就是说，社会主义生产关系要随着生产力的发展，适应于生产力发展的要求，而改变其具体形式。各种具体形式是否适当，不能从是否又大又公的标准来判断，而要看它能不能促进社会生产力的发展。

总结历史的经验，邓勇敢地提出了把发展生产力放在首位的观点。这是创造性的符合于马克思主义的观点。邓在农村体制开始改革的时候，就突出地说明了这个观点。1980年有几个省已经开始实行把人民公社制度改变为家庭联产承包责任制，并收到了效果。但许多省份还没有这样做，或者刚刚开始进行这种改革。1980年5月底，邓在关于农村政策问题的谈话中说："有的同志担心，这样搞会不会影响集体经济。我看这种担心是不必要的。我们总的方向是发展集体经济……可以肯定，只要生产发展了，农村的社会分工和商品经济发展了，低水平的集体化就会发展到高水平的集体化，集体经济不巩固的也会巩固起来。关键是发展生产力，要在这方面为集体化的进一步发展创造条件"①。这就是说，在社会主义制度下，生产力的发展能够促进生产关系的进步。如果脱离生产力的发展而按照抽象的标准来追求"先进"的公有制，以为靠这就能发展生产力，那只会走上错误的道路。

提出生产力居于首要地位，社会主义生产关系的发展要适应生产力发展的要求，社会主义的优越性要从生产力的发展上表现出来这样的原理，在中国的历史条件下，有十分重要的意义。虽然这些原理不只是适用于中国，可能带有普遍性，但邓不是一般性地提出这些原理，而是紧紧地联系中国的实际应用这些原理。他不但要求毫不动摇地把发展生产力作为全党全国的工作中心，而且还从中国尚处于社会主义初级阶段的国情出发，提出了与发展生产力和发展社会主义制度有关的一系列重要问题。

二　社会主义初级阶段

1987 年 10 月党的十三大把我国还处于社会主义初级阶段这个论点，当作考虑一切问题的出发点。会议前两个月，邓向外国客人说："我们党的十三大要阐述中国社会主义是处在一个什么阶段，就是处在初级阶段，是初级阶段的社会主义。社会主义本身是共产主义的初级阶段，而我们中国又处在社会主义的初级阶段，就是不发达的阶段。一切都要从这个实际出发，根据这个实际来制订规划"②。

---

① 《邓小平文选（1975—1982）》，第 275 页。
② 第 252 页。

多年来，人们一般都把社会主义社会看成是很快就能进入共产主义社会的短暂的过渡时期。这样，似乎也就没有必要再把社会主义社会分成几个阶段。历史的实践表明，这种看法是错误的。

按照马克思、恩格斯原来的设想，社会主义社会是在资本主义高度发展的国家里经过革命而产生的。在这样的国家里，社会主义社会是否有初级阶段和高级阶段之分，也还值得考虑。至于在像中国这样原来经济很落后的国家，社会主义更不可能不是一个很长的历史时期，而且必须从初级阶段走起。所以中国共产党不是从一般的意义上，而是特别从中国的具体国情出发，提出社会主义初级阶段这个科学的概念。

毛泽东和以他为代表的一代领导人，曾经受迅速过渡到共产主义的那种不切实际的急性病的传染。虽然他们也考虑到中国的社会主义将是长时期的，毛泽东甚至还提过社会主义会有发达的阶段和不发达的阶段的区别，但是总的说来，他们没有能从社会主义初级阶段的实际出发来考虑中国的问题。邓说："中国吃苦头不只这十年（指'文化大革命'——引者），这以前，从一九五七年下半年开始，我们就犯了'左'的错误。总的来说，就是对外封闭，对内以阶级斗争为纲，忽视发展生产力，制定的政策超越了社会主义的初级阶段。"[①] 1978 年 12 月党的十一届三中全会以后实行的一系列新的方针政策，是以过去的超越社会主义初级阶段的错误为鉴而提出来的。

邓认为，要使中国实现四个现代化，至少应看到底子薄和人口多、耕地少这两个特点。他在 1979 年谈到底子薄这一点时说，建国后，我们的经济建设虽然有伟大成就，但是由于底子太薄，

① 第 269 页。

现在中国仍然是世界上很贫穷的国家之一；中国的科学技术水平，从整体上看，要比世界上先进国家落后二三十年。对于中国是在贫穷落后的基础上建设社会主义这一点，过去毛泽东和同代的领导者们也是看到了的。毛泽东用"一穷二白"来概括说明这种情况。但是，他们对在这种情况下建设社会主义的困难性，往往估计不足；而且有时他们甚至认为，在"一穷二白"的基础上更有利于画出最新最美的图画。薄一波同志在《若干重大决策与事件的回顾》中评论1958年的"大跃进"说，那时人们认为，"在我们这样经济文化十分落后的大国，仿佛只要苦战三年，再加上若干年，就可以完成社会主义建设任务，开始向共产主义过渡"。他还说，"把'一穷二白'看成是我国优点的片面观点，也为低估我国根本改变落后面貌的艰巨性起了一定的作用"①。

以为在"一穷二白"的底子上就可以自由挥洒，画出社会主义的最新最美的图画，这种想法是不符合实际的。如果有社会主义的最新最美的图画，那一定是和社会主义的很高的生产力相联系的。当社会生产力还极其落后的时候，不但谈不到最新最美，而且不应当根据社会主义的一般概念来决定实行什么样的方针政策。社会主义初级阶段理论的重要性，就在于它明确地指出，我们所实行的一切方针政策都必须符合于社会主义初级阶段的实际，而不能拘泥于社会主义的一般形式，或者说，不能按照抽象的社会主义纯洁性的标准作出判断。

在民主革命中，毛泽东根据中国的具体国情，找出了一条中国革命的正确道路。这条道路，在死守马克思主义的一般公式的人看来，是荒谬的。的确，如果脱离了具体情况，一般地提出问

①　见该书第720页。

题说，无产阶级领导民主革命，应该是以城市为中心还是以农村为中心？这样的问题是无法答复的，或者只能答复城市应该是中心。但是，在中国的具体历史条件下，无产阶级政党到农村中，发动广大农民，进行武装斗争，以农村包围城市，才是惟一正确的道路。

在社会主义建设中，也是同样的情况。既然我们是在"一穷二白"的底子上进行社会主义建设，我们就必须承认，现在是处于社会主义初级阶段。这就必须更加十分重视发展生产力，并且为了发展生产力而实行一系列的符合于社会主义初级阶段的方针政策。邓说："不要固守一成不变的框框。过去我们满脑袋框框，现在就突破了。"① 这里所说的一成不变的框框，就包括书本上的社会主义的一般公式。突破框框，就是说把马克思主义的社会主义的一般原理和中国的社会主义初级阶段的实际相结合，打破一般公式的束缚。邓敢于突破框框，找到具有中国特色的社会主义的道路，正如同毛泽东敢于突破框框，找到中国民主革命胜利的道路一样，需要有巨大的理论勇气。

如果受框框的束缚，许多问题是难于作出判断的。1978 年开始从人民公社制度改为家庭联产承包责任制，"当时提出农村实行家庭联产承包，有许多人不同意，家庭承包还算社会主义吗？"② 如果不从实际出发，脱离具体的历史条件，而来追问说，一切生产资料都成为公有的人民公社算社会主义，还是家庭承包算社会主义？这样提问题，的确是很难回答的。历史经验证明，公社所有制（后来退到了三级所有，队为基础），虽然看起来好像社会主义的味道很浓，但是并不能提高农村的社会生产力，并

---

① 第 261 页。
② 第 367 页。

不能提高农民的生活水平。而家庭联产承包责任制（加上统分结合的双重经营体制），为我国的社会主义农村展开了宽广的发展前景。

早在1978年邓就提出："要允许一部分地区、一部分企业、一部分工人农民，由于辛勤努力成绩大而收入先多一些，生活先好起来。"他认为，"这是一个大政策，一个能影响和带动整个国民经济的政策"①。后来他又反复讲这个思想。例如1984年2月他说："要让一部分地方先富裕起来，搞平均主义不行。这是个大政策，大家要考虑。"② 十几年来，我们是这样做了，而且收到了很好的效果。从抽象的意义上看，提出这样的大政策似乎是很奇怪的。社会主义要共同富裕，这和一部分地方、一部分人先富起来，难道不是自相矛盾吗？但是，如果从社会主义初级阶段的实际来看，这个政策就是完全可以理解的、必要的。中国是如此之大，各地区又是千差万别，如果必须所有地区、所有人齐头并进，那就只有陷入平均主义的贫穷之中。

以公有制为主体，允许各种非公有制的经济存在，这也是一个非常重要的大政策。邓说："我们允许个体经济发展，还允许中外合资经营和外资独营的企业发展，但是始终以社会主义公有制为主体。"③ 关于外国资金的问题，邓说："社会主义的经济基础很大，吸收几百亿、上千亿外资，冲击不了这个基础。吸收外国资金，肯定可以作为我国社会主义建设的重要补充，今天看来可以说是不可缺少的补充"④。按照这种观点，也根据香港、澳门、台湾这些地区的具体历史情况，邓提出了"一国两制"这

---

① 《邓小平文选（1975—1982）》，第142页。
② 第52页。
③ 第110页。
④ 第65页。

样的史无前例的主张。邓说："中国的主体必须是社会主义，但允许国内某些区域实行资本主义制度，比如香港、台湾。"① "社会主义是在十亿人口地区的社会主义，这是个前提，没有这个前提不行。在这个前提下，可以容许在自己身边，在小地区和小范围内实行资本主义。我们相信，在小范围内容许资本主义存在，更有利于发展社会主义。"②

我们如何建设社会主义，不能拘泥于书本上的公式。这看来是很明显的道理，但切实掌握这一点，是重大的突破。上述邓的这些观点，正如同毛泽东当年提出的农村包围城市的思想一样，会被教条主义者视为奇谈，看做离经叛道。邓强调，不能把马克思主义当作教条，而必须加以发展。他说："过去我们以农村包围城市，取得了革命的胜利，这一点在马克思主义书本里是没有的。现在我们还是坚持马克思列宁主义、毛泽东思想。这里有继承的部分，有发展的部分。我们建设社会主义，准确地说是建设有中国特色的社会主义，这样才是真正坚持了马克思主义。"③

马克思、恩格斯的书本上讲的，只是对将来的社会主义制度的设想。由于他们总结了一代代先进人士对于社会主义的向望中的合理成分，特别由于研究了资本主义发生、发展的历史，指出资本主义制度必然灭亡，所以他们对社会主义制度的设想是具有科学性的。但他们的设想只能是勾画出社会主义制度的大概的轮廓。列宁虽然有社会主义的初步实践，但也还不可能对建设社会主义提出比较系统的意见。邓说："社会主义制度并不等于建设社会主义的具体做法。"④ 如果搬用充分发达的社会主义制度的

① 第 59 页。
② 第 103 页。
③ 第 191 页。
④ 《邓小平文选（1975—1982）》，第 214 页。

概念，即使这种概念是完全正确的，来代替对社会主义建设长过程的探索，可以肯定地说什么事也做不成。我们的现代化建设是走社会主义的轨道，但是不能死守社会主义制度的基本概念，把它当做我们当前的行动纲领。要善于根据国情，采取各种有利于发展社会生产力的办法；如果不这样做，我们的社会主义就不可能发展起来。

我们按抽象的标准来划分资本主义和社会主义，因此而吃的亏太多了。我们曾以为，既然是搞社会主义，那么资本主义社会里产生的任何东西都应该拒绝；又以为，只有按社会主义的完整模式做，才能算是社会主义，如果不符合于社会主义的标准的，就应该拒绝。曾经流行过的"兴无灭资"的口号，就是在这种精神下提出的。邓说："现在看来，这个老口号不够全面，也不很准确。有些同志因为没有充分地调查和分析，把我们现行的一些有利于发展生产、发展社会主义事业的改革，也当作资本主义去批判，这就不对了。"①

三 改革——解放生产力

社会主义社会不可能在它一产生以后就是完全成熟的，十分完美的，不可能不在其生长和发展的过程中，经历经济、政治和社会制度的各种变化。这种情形和人类历史上已往经历过的各种社会形态是一样的。

无论哪一个国家的奴隶制社会、封建制社会和资本主义制社会，都不是自始至终一成不变的。阶级剥削社会中的统治阶级，在感到自己统治的社会发生某些弊病，需要在经济、政治、社会

---

① 《邓小平文选（1975—1982）》，第298页。

制度的若干方面实行某些改变，毅然采取行动，促成这种改变，这就叫做改革。在阶级剥削社会中，革命和改革的不同在于革命是由被统治阶级发动的，而改革一般是由统治阶级发动的；革命如果取得成功，则其结果是由一种社会形态转变为另一种社会形态，改革则一般是在同一种社会形态中的变革（由于改革而导致社会形态的变革，例如由奴隶社会转变为封建社会，由封建社会转变为资本主义社会，在人类历史上也是有过的。这是因为前后两种社会形态虽然不同，但毕竟都是阶级剥削制度的社会）。在美国经历从 1929 年起的严重经济危机时，其总统弗兰克林·罗斯福实行的"新政"就是在资本主义发展史上的一次比较重要的改革。罗斯福的"新政"在开始实行时，就引起了世界各国舆论的注意。当时对它有种种不同的评论，有人甚至认为罗斯福是把资本主义改造成社会主义，但实际上罗斯福所实行的只是在资本主义制度范围内的一种改革。这种改革确实使资本主义还没有用完的生命力度过危机而发挥出来。资本主义制度在世界上产生以后的三四百年间，在各个国家中经历过大小程度不同的多次自我改革。这段历史是很值得回顾的。

　　社会主义社会的建立表明，人们以人类历史上前所未有的高度的自觉性来创造一个新的社会，这种高度自觉性是基于对社会历史发展一般规律的认识，表现为人们能够大致了解新社会发展的方向，至于新社会发展的具体规律是人们不可能在事先掌握的。因此人们不可能像依据一个完美无缺的蓝图那样，一下子就建立起社会主义的新的大厦来。社会主义社会在其存在的长的历史过程中，不可能不和其他社会一样，因生产力的发展和其他各种客观条件的变化而发生变化。由于社会主义社会的建设者也可能在认识上发生错误，新社会的发展变化就会更加复杂。历史经验证明，在客观条件发生变化的时候，在建设者的认识错误需要纠正的时候，人们如果不能及时地实行改革，建设新社会的事业也可能失败。

由此可见，在社会主义社会发展的过程中，改革是经常需要的，或者说需要进行改革的情况是会经常发生的。现在我们所说的改革，是针对从50年代后期起的20多年间中国的社会主义的经验而提出来的。这20多年的经验之所以提出改革的要求，和对此应该做怎样的改革，是同从20年代后期起的60多年间以苏联为主的国际社会主义建设的经验有关的。在上述历史时期内，各国的社会主义建设提供了丰富的正面经验，也暴露了在原来资本主义不发达的国家中建设社会主义所难以避免的一些弱点，暴露了在这种历史条件下人们对社会主义的一些扭曲的认识。在历史的指路牌上显示出了不改革或者不能恰当地改革就要灭亡的严重警告。

在上述历史时期的各国社会主义建设的模式，在经济体制和政治体制及其他有关的体制方面所表现出来的缺点，概括起来可以说主要有如下两点：

第一，过分地依赖集中的国家权力，以此来管理一切，支配一切，即使国家负起了力所不能及的沉重担子，又使除集中的国家权力以外的一切社会积极性不能充分发挥出来，甚至受到压抑。

第二，没有从资本主义社会吸取对于建设社会主义有用的一切文明成果。其中有些可以拿来直接应用，有些需要加以某种改造。

这种社会主义的模式，反映了人们对社会主义的某些不正确的或不完全正确的认识。按照这种模式，社会生产力虽然也会有一些发展，但发展是很有限的，甚至明显地表现为停滞。

中国在革命胜利后走向社会主义的时候，曾经搬用苏联社主义建设的模式。这固然因为当时中国自己还没有独立的经验，也反映了中国领导人对社会主义的认识还受苏联既有的种种观念的束缚。毛泽东和其他领导人也曾对苏联的模式表示怀疑，并且试图实行改革，但他们并没有能在实践中推进改革，或者还因为未找到正确的改革途径而犯了另外性质的错误。

邓在 1988 年明确地说："我们过去照搬苏联搞社会主义的模式，带来很多问题。我们很早就发现了，但没有解决好。"① 在前一年他还说："不改革就没有出路，旧的那一套经过几十年的实践证明是不成功的。过去我们搬用别国的模式，结果阻碍了生产力的发展，在思想上导致僵化，妨碍人民和基层积极性的发挥。"② 接着他还说："我们还有其他错误，例如'大跃进'和'文化大革命'，这不是搬用别国模式的问题。"③ "大跃进"和"文化大革命"的确是中国自己独创的，用这种错误的实践当然不足以抵制不适用的别国模式。而且可以看到，这种中国独创的错误中，也表现出上述的两个基本错误。

由于套用别国的模式，加上其他的错误，造成了严重的恶果。邓概括地说："从一九五七年开始，我们的主要错误是'左'，'文化大革命'是极'左'。中国社会从一九五八年到一九七八年二十年时间，实际上处于停滞和徘徊的状态，国家的经济和人民的生活没有得到多大的发展和提高。这种情况不改革行吗？"④ 邓的改革的观点和社会主义的传统观念相对比，其特点可以表述如下：

邓强调，从中国的国情出发建设有中国特色的社会主义，而

---

① 第 261 页。
② 第 237 页。
③ 第 237 页。
④ 同上。

以苏联为代表的传统观点则认为，社会主义既有的模式是最理想的模式，任何国家都只要照搬就行了。

邓说："改革是社会主义制度的自我完善，在一定范围内也发生了某种程度的革命性变革。"① 这就是一方面说，改革即使是某种程度的革命性变革，也是在社会主义制度范围内进行的；另一方面又是说，社会主义制度是有待于不断完善的。这和认为社会主义制度一经生成就已经尽善尽美，或至多只要小修小补的传统观点当然是互相对立的。

邓强调，改革必须促进社会主义社会的生产力，必须以发展生产力为中心。所以1978年开始的改革首先就是工作重点的转移。邓说："十一届三中全会以来，全党把工作重点转移到社会主义现代化建设上来，在坚持四项基本原则的基础上，集中力量发展社会生产力。这是最根本的拨乱反正。"② 邓还强调，改革也是解放生产力。这和传统的观点认为只有革命才是解放生产力，而在社会主义条件下就不再有解放生产力的任务那样的观点是根本对立的。

以下我们特别讲一下改革也是解放生产力的观点。

社会主义社会是在资本主义社会所创造的生产力的基础上，否定了资本主义制度而建立起来的。资本主义制度之所以必须否定，是因为以资本主义生产关系为核心的资本主义制度不再能促进生产力的发展，所以从资本主义制度的束缚中解放生产力就是社会主义革命的任务。那么，在社会主义建立以后，是否还会发生需要解放生产力的情况呢？是否还有解放生产力的任务呢？对这问题，很长时期中，国际间人们的答复是否定的。虽然在事实

① 第142页。
② 第141页。

上社会主义社会存在着生产力发展迟缓，徘徊不前的状态。

在过去的年代里，对上述问题企图做出与众不同的答复的是毛泽东。在 1958 年"大跃进"失败后，毛泽东看到社会主义经济建设不能像他所设想的那样迅速前进，因而感到还有某些障碍需要扫除，他又对照抄苏联的模式感到不满，要求另外走出一条自己的路。虽然他对于"大跃进"的失败没有进行充分的科学的总结，但是他的以上这些想法显然是有合理的因素的。他后来仍然未能找到正确道路，是因为他对社会主义社会生产力发展中遇到的障碍，或者说所受到的束缚在哪里这个问题，做出了完全错误的答案。他认为，一切问题的发生是由于社会主义革命进行得不彻底，反对资产阶级、反对资本主义的斗争进行得不彻底；在社会主义社会中，资本主义的生产关系和上层建筑仍然严重地存在着。因此，他认为，人们的任务就应该是不断地寻找出社会主义社会中的资产阶级和资本主义的东西，并和它们进行斗争。这一想法是违反客观事实的，在实践中造成了严重的祸害。按照这种指导思想，人们就把一切凡不带有公有制和国有制记号的东西，一切形式的个体所有制都看成是资本主义的危险事物，把和社会主义观念稍有不合的思想都看成是资产阶级的东西。在农村中割所谓"资本主义尾巴"，在党内发现所谓"走资派"，就是这些恶果的表现。毛泽东的这种错误，总结起来说，就是"以阶级斗争为纲"，就是"无产阶级专政下的继续革命"。后一提法虽然不是毛自己提出来的，但得到他的首肯，而且也符合他的想法。他的想法就是，社会主义生产力要发展，就要继续不断地从资本主义的束缚中解放出来。

十一届三中全会以后，党总结历史经验，得出结论说，阶级斗争虽然还在一定范围内存在，但已经不是我国社会的主要矛盾；我们虽然还要进行反对把中国拉向资本主义方向去的倾向，也就是资产阶级自由化的倾向，但社会主义社会的发展已经不是主要通过阶级斗争来进行。生产力的发展所受到的束缚不是来自资本主义，而是来自在一定历史条件下与某些对社会主义的错误观念相联系着的不适当的社会主义经济体制。在这种情况下，要用过去革命的办法来解放生产力，只能说是开错了药方。

邓强调，革命是解放生产力，改革也是解放生产力。他明确地区别了这两种解放生产力所解决的任务不同。他说："推翻帝国主义、封建主义、官僚资本主义的反动统治，使中国人民的生产力获得解放，这是革命，所以革命是解放生产力。社会主义基本制度确立以后，还要从根本上改变束缚生产力发展的经济体制，建立起充满活力和生机的经济体制，促进生产力的发展，这是改革，所以改革也是解放生产力。"①

现在，社会主义在发展中所需要的改革，就是要从根本上改变那种与各种僵化观念相联系着的经济体制，即过分依赖国家集中权力的体制。这个任务当然不能靠继续进行所谓反资产阶级的革命来完成。"以阶级斗争为纲"更不能解决向世界各国学习有用的东西的问题。历史经验证明，对内"以阶级斗争为纲"是和对外封闭相联系的。邓说："二十几年来的经验教训告诉我们，关起门来搞建设是不行的，发展不起来。"②"中国要谋求发展，摆脱贫穷和落后，就必须开放。"③ 邓还说："多年的经验表明，要发展生产力，靠过去的经济体制不能解决问题。所以，我们吸收资本主义中一些有用的方法来发展生产力。"④ 敢于吸收资本主义中的有用的方法，并不表示社会主义的弱，而是表示它

① 第370页。
② 第64页。
③ 第266页。
④ 第149页。

有强大的生命力。当然，邓在坚持实行开放政策的同时，也强调要抵制资本主义的一切腐朽的东西。

改革是社会主义制度的自我完善，所以是和一个阶级推翻一个阶级的革命不同的，但二者同样都有解放生产力的作用。邓说："改革的性质同过去的革命一样，也是为了扫除发展社会生产力的障碍，使中国摆脱贫穷落后的状态。从这个意义上说，改革也可以叫革命性的变革。"① 由于传统的社会主义体制已经有了几十年的历史，造成很深的积习，无论是在实践上和观念上突破它都不是很容易的事。就当前进行的改革的深刻性、全局性而言，它又具有革命的性质。

邓说："我们把改革当做一种革命，当然不是'文化大革命'那样的革命。"② 他又说："我们正在做的改革这件事是够大胆的。但是，如果我们不这样做，前进就困难了。改革是中国的第二次革命。这是一件很重要的必须做的事，尽管是有风险的事。"③ 很明显地这是说，改革虽然也是革命，但它和所谓"文化大革命"时期的"无产阶级专政下的继续革命"是完全不同的。因为改革并不是简单地延伸和继续过去已经进行并取得胜利的革命，所以它是中国的"第二次革命"。

四　社会主义的市场经济

在社会主义的现实生活中，解放生产力就是要冲破国家高度集中，企图包罗万象的计划经济的束缚。邓说："我们过去一直

---

① 第 135 页。
② 第 82 页。
③ 第 113 页。

搞计划经济，但多年的实践证明，在某种意义上说，只搞计划经济会束缚生产力的发展。"①

我们过去总是把社会主义经济和计划经济之间划全等号。以为社会主义社会能够实行那种计划经济，也必须实行那种计划经济。这是和对社会主义的一种误解相关联的。这种误解就是以为，在社会主义建设中，人既然能够有高度的自觉性，那就能够预先知道一切生产和经济活动应该如何正确进行的细节，并把它反映在计划中。但这其实是不可能的。人的高度自觉性主要表现为，在宏观上掌握社会发展的规律性和科学地了解社会发展的方向；但在微观上预知一切社会经济活动的细节是不可能的。硬要制定这样的计划，并赋予它以支配一切的权力，这就必然成为主观主义、官僚主义。在一切地方、一切社会集体、一切企业、一切经济和生产的单位，乃至一切参与经济生产活动的个人，都被要求严格按照国家统一规定的计划而行动的情况下，就只有国家中央的一个积极性，其他一切积极性都被扼杀了，广大劳动者的积极性被扼杀了。这很明显地是和社会主义的本质要求相违反的。

邓充分看到计划经济的这种缺点，认为改革就是要调动各方面的积极性。他说："鉴于过去的教训，必须改变闭关自守的状态，必须调动人民的积极性，这样才制定了开放和改革的政策。"② 他还说，"我们的经济改革，概括一点说，就是对内搞活，对外开放。对内搞活，也是对内开放，通过开放调动全国人民的积极性。农村经济一开放，八亿农民的积极性就起来了。城

① 第148页。
② 第224页。

市经济开放，同样要调动企业和社会各方面的积极性"①。

毛泽东在 1956 年也看出苏联计划经济的缺点和错误，他当时提出了要把国内外一切积极因素调动起来，为社会主义事业服务这样一个基本方针。这一基本方针无疑是正确的。如何实现这个方针呢？在后来的实践和理论中，毛越来越走到企图用政治的方法来实现这个方针。这样就有"以阶级斗争为纲"，大搞群众运动这一套造成严重恶果的方法。接受这一类教训，邓在改革一开始时，即在 1978 年十一届三中全会前的中央工作会议上，就说，"我们要学会用经济方法管理经济。自己不懂，就要向懂行的人学习，向外国的先进管理方法学习"②。

能够纠正计划经济的缺点的经济方法是什么呢？这种方法不可能是人们凭空设想出来的，而必须从人类文明发展的历史经验中探求。邓说："社会主义（这里所说的社会主义显然是指只搞计划经济的社会主义——引者）同资本主义比较，它的优越性就在于能做到全国一盘棋，集中力量，保证重点。缺点在于市场运用得不好，经济搞得不活。计划与市场的关系如何解决？解决得好，对经济发展就很有利，解决不好，就会糟。"③ 这段话里对计划经济采取分析态度，不是一笔抹杀，在指出它有某些优点的同时，从根本上指出它的缺点是经济搞得不活，即各种社会积极性被压抑。这个谈话是邓的文集中最早把市场问题提到极重要的地位，把经济搞得不活和市场运用得不好联系起来的文章之一。

传统观念在市场经济和资本主义经济之间划全等号。以为只

① 第 135 页。

② 《邓小平文选（1975—1982）》，140 页。

③ 第 17 页。

有在资本主义社会中，才能实行市场经济。实行市场经济就是私有制，就是资本主义。这种观念为几代的马克思主义者所维护，而且西方的资产阶级舆论界、学术界也这样认为。在社会主义社会中排斥商品，排斥市场经济，实行在国家计划支配下的产品经济，被认为是为抵制资本主义影响必须采取的办法。

商品和市场在人类历史上有悠久的历史，并不是在资本主义社会才产生。但使商品覆盖到全社会，形成市场经济，以至成熟的市场经济，的确是资本主义社会，而且是在资本主义发达的时期。笼罩全社会的发达的市场经济及其一切机制，都是社会化大生产发展的成果。社会主义社会既然是要在人类有史以来所创造的总文明的基础上建设一个全新的社会，就必须吸收资本主义社会遗留下来的一切有益的东西。其中包括生产技术、大生产制度，也不能不包括随大生产制度而出现的市场经济。既然社会主义公有制必须建立在发达的社会化大生产的基础上，也没有理由认为它不能容纳与社会化大生产相联系的市场经济。但社会主义的传统观点一直拒绝市场经济，因此就造成了市场经济为资本主义社会独有，它必然同私有化相伴随的误解。还形成了公有制和市场经济，即社会主义和市场经济二者间只能择其一的看法。

十月革命以后的社会主义传统观点，总的说来，都认为市场经济是和社会主义不相容的。这除了因为马克思主义的创始人曾设想，未来社会将把全社会的生产和经济活动有计划地组织起来，并且设想未来社会将不存在商品交换以外，主要还因为实行社会主义的主要国家受到社会历史条件限制的缘故。这些主要国家都没有经过发达的资本主义。在革命以前，市场经济没有覆盖全社会，市场经济各种体制也不成熟。在革命以后，依靠革命所燃起来的群众热情，运用国家的权力来统一调动，统一安排，再加上当时经济发展水平低，建设规模也不大，经济结构简单，所以计划经济能够取得相当大的成果。但是，革命燃起的热情如果不添上新的柴火是不能长期起作用的，社会经济情况也随着经济水平提高，经济结构日益复杂而发生变化，计划经济的弊端也就日益暴露出来。在这种情况下，不对计划经济进行根本的改革，不承认和接受市场经济的优点，那就不仅造成经济上的萎缩，而且形成政治上的不安定。

我国从 1956 年进入社会主义以后的二十多年间，基本上是抱着排斥市场经济的观点实行计划经济的。但事实证明，商品生产和市场是不能废除的。这二十多年的经验又表明，在承认商品生产，尊重价值规律的时候，我们的经济发展就比较好。在"左"的指导思想下，曾极力想缩小商品生产的范围，例如，企图使农村人民公社变成自给自足的单位，取消农村集市贸易；又例如，企图把工资制度改变为供给制度。事实证明这些都是做不到的，而且只是意味着倒退。

1978 年底的十一届三中全会，使我国的经济发展进入了一个新的时期。在新时期中，通过对经济体制的改革，在农村和城市的经济生活中都不断扩大市场调节的范围，增强市场机制的功能，不断地缩小国家计划，特别是指令性计划作用的范围。事实证明，这样做的结果，无论在农村和城市中，各种社会积极性不断地更加充分发挥起来，广大劳动人民的积极性、主动性不断地更加充分发挥起来，市场机制在资源的合理配置中能够起基础作用也日益明显起来。总之，在计划经济下所没有能做到的许多事情，现在能实现了。固然在从计划经济体制转到市场经济体制上来，不免发生许多困难，但方向已经明确，道路已经打开。

我们是以公有制为主体，适当发展各种非公有制经济成分，其中包括私营经济；并不因为建立市场经济而搞什么私有化。

实行社会主义市场经济，就是坚持以社会主义公有制为主体，充分发挥市场经济的积极作用，以利于发展社会主义社会的生产力。

在资本主义制度下实行市场经济的经验说明，国家对于市场经济并不是毫无作为的。相反的，资本主义国家也是用宏观调控来补救单纯依靠市场经济的缺点和弱点的。在社会主义制度下实行市场经济，社会主义国家摆脱了它本来所不胜任的在微观经济上安排一切经济活动的繁重任务，更能按照广大劳动人民的利益，按照社会发展的长远利益，来对经济实行宏观调控。当然，国家也更能够办好那些必须集中国家力量来办的事。

邓小平同志根据所有这些历史经验，指出："社会主义和市场经济之间不存在根本矛盾。问题是用什么方法才能更有力地发展社会生产力"①。"为什么一谈市场就说是资本主义，只有计划才是社会主义呢？计划和市场都是方法嘛。只要对发展生产力有好处，就可以利用。它为社会主义服务，就是社会主义的；为资本主义服务，就是资本主义的"②。以上两段话是邓分别在 1985年和 1987 年说的。1992 年邓在视察南方的讲话中又说："计划多一点还是市场多一点，不是社会主义与资本主义的本质区别。计划经济不等于社会主义，资本主义也有计划；市场经济不等于资本主义，社会主义也有市场。计划和市场都是经济手段。社会主义的本质是解放生产力，发展生产力，消灭剥削，消除两极分化，最终达到共同富裕。"③

打破对计划经济的迷信，打破对市场经济的禁忌，不但肯定

---

① 第 148 页。
② 第 203 页。
③ 第 373 页。

社会主义社会可以利用市场经济这种手段，而且肯定社会主义社会应当把资本主义制度下积累起来的有利于社会化大生产，有利于社会经济发展进步的一切市场经济的经验，利用过来为社会主义服务。这是邓小平同志对社会主义理论的一个极重要的贡献。

1994 年 3—4 月作

（原载《人民日报》1994 年 6 月 16、17 日）

党的十一届三中全会的历史意义

——谈党史研究的若干问题

一 关于社会主义时期的党史分期问题

1981年《关于建国以来党的若干历史问题的决议》（以下简称《历史决议》）把社会主义时期分为四段：从1949年到1956年，是基本完成社会主义改造的7年；从1957年到1966年，是开始全面建设社会主义的10年；从1966年到1976年，是"文化大革命"的10年；在"历史的伟大转折"标题下写1976年10月以后。1991年我们在写《中国共产党的七十年》时，就以《历史决议》为根据，将社会主义时期的党史分成四段，各写了一章，即第六至第九章。在"'文化大革命'的十年内乱"后，写了"开创社会主义现代化建设的新局面"一章，即从1976年10月粉碎"四人帮"后一直写到1991年写书的当时。1987年中央党史研究室出过一本《中共党史大事年表》，把1976年10月以后的这段历史叫"社会主义现代化建设新时期"。"新时期"这段历史分为两部分：第一部分写"徘徊中前进"；第二部分写"十一届三中全会以后"。现在看来，这样的写法可能有问题。什么叫"开创社会主义现代化建设的新局面"？如果一直写下去，那么党的基本路线还要坚持几十年，总不能把几十年的经过都写在一章里，不仅包括的时间过长，而且与"开创"一词也不相符合。与以前的27年相比，这段历史固然可以叫"社会主义建设新时期"，但发展中总是不断地出现新情况，进入新阶段，不能用一个"新时期"贯穿到底。同时，把1976年以后的历史整个作为一个阶段，与以前三个历史阶段，即建国后最初7年、1957年起的10年、"文化大革命"10年并列也不相称。相比起来，前三者是较低一级的分期。

我曾和几位同志商量，是不是可以把党的十一届三中全会作为划分时期的标志，把社会主义时期党的历史分为三中全会以前和以后两个大时期。我认为这样的划分法与《历史决议》的精神是相符的。《历史决议》指出：党的十一届三中全会"是建国以来我党历史上具有深远意义的伟大转折。全会结束了1976年10月以来党的工作在徘徊中前进的局面，开始全面地认真地纠正'文化大革命'中及其以前的'左'倾错误"。现在看来，党的十一届三中全会在社会主义时期的历史意义，与1935年的遵义会议在民主革命时期的历史意义是相似的。民主革命时期的历史，也可以划分为遵义会议以前和以后两大时期。以毛泽东为核心的党的领导集体，就是从遵义会议以后建立起来的。我们称之为第一代领导集体，是因为在这以前，党的领导人是很不成熟的，党处在幼年时期。

如果社会主义时期的历史以党的十一届三中全会为界限，划分为两大时期，那么三中全会以前可以按《历史决议》分成几段，三中全会以后也可以分成几段，而不是简单化地把三中全会以后视为一个"新时期"。

这里还有一个问题，就是粉碎"四人帮"以后和党的十一届三中全会以前的两年，应该属于前一时期还是后一时期？我以为，既然以十一届三中全会为界限，那么两年徘徊应当放在前一时期。当然这两年不是"文化大革命"，"文化大革命"已经结束了。我们在讲"文化大革命"的时候，也应说明，在"文化大革命"这个历史时期中，存在着反"文化大革命"的倾向，存在着各种程度的对"文化大革命"的反对和抵制，最后党在广大人民群众的拥护下粉碎"四人帮"，结束了"文化大革命"。但当时"文化大革命"结束得不太好、不彻底，因此发生了两年徘徊。我们把这两年写在前一个时期的最后，这一时期的内容不只是"文化大革命"，而是"文化大革命"与它的结束。

从党的十一届三中全会到现在已经 16 年了。我们笼统地把它作为一个时期也是不妥当的，还应该再划分一下。可能有几种划分的方法。我初步设想，可以把 1979 年到 1984 年作为一个阶段。这一阶段主要是在农村进行改革。1984 年党的十二届三中全会通过了经济体制改革的决定。从 1985 年开始我国的改革全面展开。当然，在 1985 年以前已在工业、城市等方面初步做了一些改革的基础工作，但改革真正全面展开是在 1985 年以后。从 1985 年到 1991 年是一个时期。1992 年起又是一个时期。这年年初，邓小平同志到南方视察时发表重要讲话。这种划分法是否妥当，当然还可以考虑、研究。

二 关于党的十一届三中全会的历史地位问题

以上说的分期问题，从形式上看有利于编写党史时划分章节，但实质意义是要把党的十一届三中全会的历史地位突出出来。对这段历史，《历史决议》里有两个提法。在讲到 1976 年 10 月粉碎"四人帮"时说：这一胜利"从危难中挽救了党，挽救了革命，使我们的国家进入了新的历史发展时期"。在讲到

1978 年党的十一届三中全会时说了前面引用过的话，其中说到：这是"建国以来我党历史上具有深远意义的伟大转折"。并说："全会结束了一九七六年十月以来党的工作在徘徊中前进的局面"。这就是说，1976 年 10 月粉碎"四人帮"当然具有重大的历史意义；但从 1976 年 10 月粉碎"四人帮"后，到 1978 年 12 月党的十一届三中全会召开前，党和国家的工作一直处于在徘徊中前进的局面，也是不争的事实。粉碎"四人帮"是很重要的事件，它使"文化大革命"的结束成为可能。如果"文化大革命"不结束，还继续延长，那么中国的局面就不堪设想了。现在看来，当结束"文化大革命"以后，整个工作怎么做法，是我们党面临的一个极其重大的问题。

有一种可能是，我们的一切做法完全回到"文化大革命"以前。这样做也不能说不是搞社会主义。回到"文化大革命"以前，还是搞社会主义，但是结果会怎样就很可虑了。所谓在徘徊中前进，实际上就是回到"文化大革命"以前的局面。如果是这样，那就不是真正结束"文化大革命"。在"文化大革命"以前，我们固然是在建设社会主义，但是发展速度缓慢，而且酝酿了一些错误的东西，其结果就是导致"文化大革命"的局面。"文化大革命"以前，我们党所犯的错误，是在探索中国怎样建设社会主义的过程中的错误。"文化大革命"结束时由当时的主要负责同志提出的"两个凡是"，恰好是把过去错误的东西凝固化。如果这样走下去，只会造成比"文化大革命"以前更严重的情况。所以，"文化大革命"结束后如果回到"文化大革命"以前的局面，显然是对中国非常不利的。

另一种可能是，总结历史经验，按照中国的实际情况找出一条新的道路。也就是，吸取以往的经验教训，把有价值的经验接受下来，避免重犯过去那些错误，走出一条适合于中国实际的建设社会主义的道路来。这条道路是在国际共产主义运动和科学社会主义历史中从来没有过的一条新的道路。实现这个转折是党的十一届三中全会的伟大功绩。十一届三中全会结束了我们党在徘徊中前进的局面，实际上也是阻止了回到"文化大革命"以前那种局面的倾向，从此走出一条适合中国特点的建设社会主义的新路子。隔的时间越久，就越能看出十一届三中全会的历史意义，这就像遵义会议一样。遵义会议是中国共产党在民主革命时期历史上的一个转折点。但是在当时，人们还只认识到遵义会议解决了军事路线问题，改变了红军在军事上处于被动、危机的局面，并在事实上确立了毛主席在党中央的核心地位。后来的历史证明，遵义会议不只是军事路线和领导的改变，而且改变了政治路线，展开了全新的局面。在抗日战争和解放战争胜利后再来看，遵义会议的意义可大了。没有遵义会议，很难设想在抗日战争时期我们党和军队的力量能够有如此大的发展，很难设想能这么快取得解放战争的胜利。在遵义会议召开 14 年后，中国革命就取得了胜利，这是事前不能设想的。现在回顾起来，是遵义会议奠定了中国革命胜利的坚实基础。社会主义建设事业还在向前发展，也许现在还不能完全认识到党的十一届三中全会的历史意义，但是，今天我们来看十一届三中全会，恐怕比写《历史决议》时要清楚得多了。

16 年来，我国的社会主义建设得到长足的发展，而且经历了 1989 年春夏之交国内的政治风波和 1990 年前后国际上的大变动的考验。有了苏联解体，东欧改变旗帜的教训，再看我们中国，尽管还面临着许多困难，但是现在政治稳定，经济发展，这是党的十一届三中全会奠定的基础。世界上有人提出这样一些问题，中国共产党为什么没有像苏联共产党那样崩溃？中国的社会主义为什么没有像东欧那样垮台？这些悲剧没有在中国重演是什么原因？这是应该提出的问题。反过来设想，如果我们没有走改革开放这条路，而是在"文化大革命"结束后重新回到"文化大革命"以前的局面，按照过去的老路子走下去的话，后果会怎样？如果那样，我们只能做出这样的推论：中国将会继续"文化大革命"那种混乱状况，我们恐怕很难渡过 1989 年到 1991 年这个时期国内和国际发生的风波。邓小平同志在谈到 1989 年的国内风波时说过，如果没有改革开放的成果，"六四"这个关我们闯不过，闯不过就要乱，乱就要打内战。按照这个逻辑考虑，如果没有十一届三中全会后的改革开放，我们就顶不住国内国际的风波，闯不过这些关。

这样看来，党的十一届三中全会确实决定了中国的命运。如果没有十一届三中全会以后的一系列的政策措施，没有在党的领导下坚持以邓小平同志建设有中国特色社会主义理论为指导，没有坚持"一个中心，两个基本点"的路线，那么就不是社会主义建设发展得好不好的问题，不是发展中有什么困难的问题，而是我们的社会主义是否还存在的问题，也就是说有亡党亡国的危险。亡党亡国这个问题，首先是毛主席提出来的，他常说要警惕和防止这样的事情发生。毛主席最早提出这个问题时，也许考虑过苏联的情况，但他主要讲的是我们自己要注意。他也采取了避免亡党亡国危险的措施，但走到"文化大革命"这条路上去了，走错了路。党的十一届三中全会以来，我们党坚持"一个中心，两个基本点"的基本路线，这是一条避免亡党亡国，使中国走向繁荣富强的正确道路。如果社会主义不能使国家繁荣兴旺，如果不能让人民在实际生活中真正感受到社会主义的优越性，我们怎能顶住 1989 年到 1991 年各种风波的冲击？现在大家都能看到，我们的社会主义建设取得了巨大的成就。尽管我们还面临着许多困难，但我们一定能经过努力解决一个个问题，在社会主义道路上持续、快速、健康地发展。

三 关于研究建国以来党史的目的问题

我们研究历史，常常说要弄清事实真相，但这不是我们研究历史的最后目的。在历史研究中，弄清事实真相是必要的，研究历史不能用虚假的事实作根据。马克思主义者是不怕求真、不护短的，在事实面前无所畏惧。但在研究过程中，我们并不是不分轻重大小，一定要把一切有关的事实都弄清楚。我们党已经有70多年的历史，如果要把一切大大小小的事情都搞清楚，从党中央到地方甚至每个县委的事情全部搞清楚，既是不可能的，也是不必要的。可以说，一些琐碎的小事不值得弄清楚，因为它对认识大局无妨，还有可能引起不必要的争论。因此，有些没有实质意义、与大局无关的事情不一定都要弄清楚，更不应当因此引发无谓的争论。当然，从历史研究中得出的一切结论，都要以扎扎实实的事实为依据。如果一个事实与某个历史结论有关，就一定要把它弄清楚。所以说，研究党史宜粗不宜细。为什么可以粗一点？粗一点是指我们要着重了解总的形势，并不是可以马虎一点的意思。宜粗不宜细，是研究民主革命时期的历史和建国以来的历史都适用的方法。

我们研究过去的历史，还是为了现实，为了当前的实践。十一届三中全会以后的党的路线方针是从总结过去的历史经验而得出的，其正确性已在实践中得到验证。研究社会主义的历史，首先就是为了用历史事实来论证党的十一届三中全会以后的路线方针是正确的。所谓正确，当然不是说已经掌握了建设有中国特色的社会主义规律的所有细节。但是，总的路线方针是正确的，我们的确找到了一条正确的道路。要说明这个问题，就要用正反两方面的各种历史材料来做出科学的论证。

从中华人民共和国成立以后 29 年（包括 1976 年以后的两年徘徊）的历史中可以看到，由党的十一届三中全会开始的路线、方针、政策确是很好地接受了以往的好的经验，也充分地接受了以往的教训；确是符合于中国具体情况，能够在这种具体情况下发挥社会主义优越性。对建国后最初 7 年的社会主义改造的成就应当充分肯定，但也应该仔细研究由于社会主义改造过于匆忙而造成的一些缺点。对"文化大革命"前 10 年，应该肯定全面建设社会主义的成就，但也应该指出这一时期"左"的错误在积累，以及当时想要克服"左"的错误而又没能克服的原因。在马克思主义的科学研究面前，"文化大革命"的理论和实践没有什么可肯定的；但"文化大革命"的经验教训很重要，因为它从反面警告我们不应该这样做，也告诉我们"文化大革命"以前的 10 年决不是尽善尽美的典型。50 年代、60 年代初的一些社会情况，可以使人发"思古之幽情"，那时确实有些好的东西我们应该接受下来；但是也要看到，现在人们怀念的某些东西是与发展缓慢、封闭相联系着的，所以不能一般地加以肯定。论证党的十一届三中全会以来的路线方针的正确性，当然还要以近 16 年来的成就为依据，要充分研究 16 年的发展过程及其经验。

我们研究社会主义时期党史的目的，除了要证明十一届三中全会以来党的路线方针的正确性以外，还应加上一条，就是通过研究来说明社会主义建设的长期性。在民主革命时期，我们党在反对"左"倾的李立三路线、王明路线的斗争中，曾经提出过革命的长期性问题。当时"左"的倾向认为，党能一下子取得民主革命的胜利。欲速则不达。在"左"倾路线占统治地位的时候，红军处于非常困难的境地，甚至几乎葬送了已经取得的革命成果。但在遵义会议以后 14 年就夺取了革命胜利。以毛泽东为首的党中央批驳、否定了认为革命很快就能胜利的观点，认清了革命的长期性，结果反而达到了出乎预料的进展速度。

但是，也因为民主革命胜利快得出乎意料，多少留下一定的消极影响，使我们在社会主义建设中很容易产生不切实际的急躁的想法。所以在党的十一届三中全会以后，我们提出还要经过几十年才能取得社会主义现代化建设的胜利。邓小平同志说，要坚持党的基本路线一百年不变，这实际上就是讲的长期性问题。现在外国有些人提出，再过几年，到了 21 世纪初，中国就会变成世界上经济实力第二强国，或第一强国。这些话虽然不是完全没有根据，但我们不要轻信和自满，而应该扎扎实实地搞建设。要认识到：我们还是发展中国家，需要经过长时期的努力，才能达到中等发达国家的水平。

所谓长期性的含义，第一，是时间长。同民主革命相比，看起来社会主义建设要更难一些，需要的时间要长得多。第二，长期性还指社会主义建设不是直线发展，而是在迂回曲折中前进。民主革命的长期性也有这层含义，就是说，不像当时持"左"倾观点的同志所认为的那样，革命能勇往直前地发展，走一条笔直的捷径，用几个月或一年时间就能打倒蒋介石，解放全中国。以毛泽东为首的党中央就采取了迂回前进的正确办法。在 10 年内战后与蒋介石建立了统一战线，两党携手合作，共同抗日；取得抗战胜利后，又进行打倒蒋介石的解放战争，才夺取了全国性的胜利。这是一个大的曲折，但却是客观情况决定的。现在看来，社会主义也是这样。过去我们往往以为，到了社会主义就不会有什么曲折了，但实际情况不是这样。在中国这样一个底子薄、人口多的国家里，许多事情不能采取简单的直接痛快的办法。第三，长期性还意味着在前进中可能有许多艰险。我们在中国的历史条件下搞社会主义建设，虽然总的说来基本的路线方针是搞对了，按照这样的路线方针搞下去就有胜利的把握，但在具体实践中还可能遇到各种艰难险阻。一方面在客观上有种种艰险，另一方面在主观上也可能有失误。当然我们应尽量避免大的失误。

过去的 16 年，总的来说我们是顺利地前进的，但确实也遇到过许多困难。今后我们还可能遇到各种困难。如果我们认识不到社会主义建设的长期性，就可能偷懒或取巧，要么一切照老公式办，要么提出超过实际可能的要求。应该认识到，我们虽然找到了正确的路线和方针，但很多问题的解决还要靠按照实际情况寻求新的办法。如果不懂得这一点，就可能在遇到挫折和艰难时惊慌失措，丧失信心。

所以，通过党的历史的教育，要使全体党员认清，党的十一届三中全会以来的路线是正确的，如果没有这条路线，情况就会大不相同；另一方面也要认识到，总的来说，我们已经掌握了正确的路线，有了胜利的把握，但还要在长期的斗争中克服许多困难，解决各种问题。所以我们要健全党的领导，加强党的建设，使党在社会主义建设中，在人民中更好地起领导作用。研究我们党的社会主义时期的历史，就应该达到这样的目的，发挥这样的作用。

四 关于研究建国前党史的目的问题

我们现在应着重研究建国以来的党史，但不是说建国以前的党史就不需要研究了。建国前党史的研究还要进行，这对党、对人民都是有好处的。明年（1995 年）1 月遵义会议 60 周年是值得纪念的。这是一次很好的机会，我们要很好地利用它进行研究和宣传。研究建国前的党史起什么作用？对此我想简单地说两点。

第一，通过研究建国前的党史，要充分论证教条主义的危害性，破除迷信。民主革命时期，党犯教条主义错误的一个原因，是在相当程度上受了共产国际和苏联的影响。过去毛主席曾经讲过，不要过多地讲共产国际的影响，因为接受了这种影响，主要责任在我们。现在一方面在讲到政治责任的时候，还是要遵守毛主席的这个教导，的确党在幼年时期水平低、经验少，所以容易接受教条主义；但另一方面，在进行历史的科学研究中，应当如实地论述共产国际和苏联给我们的坏影响。有些同志已经做了不少这方面的工作，比如有的同志研究了共产国际在中国农民问题上的指导思想与毛泽东的指导思想有什么不同。确实应该研究这样的问题，进一步通过历史说明教条主义的危害。

第二，要发扬毛泽东思想的创造性。毛泽东思想是从中国革命的实际情况出发运用马克思列宁主义原理的典范。不拘泥于老框框，实事求是，敢于创造，这是毛泽东思想的灵魂。过去，我们在讲毛泽东思想时曾经出现过两种倾向，一种是把马克思主义的基本原理也说成是毛泽东创造的，这不实在，不好；另一种倾向实际上是否认毛泽东思想的创造性，说毛泽东的东西都是从斯大林那里来的。如陈伯达就写过这种文章。我们现在说毛泽东思想的创造性时，要恰当，不要夸张，也不要自卑。要确实讲出在中国革命的具体情况下，如果不能创造性地运用马克思主义，马克思主义在中国就没有用处。马克思主义是锐利的武器，但必须结合各国的实际情况，创造性地运用。

中国共产党、毛泽东创造了些什么？胡乔木同志在1991年纪念党的70周年时写过一篇《中国共产党怎样发展了马克思主义》的文章。现在看起来，这篇文章讲的是比较恰当的。文章关于中国共产党对马克思主义的发展归纳了 12 条，其中几条属于民主革命时期的，主要应归功于毛泽东；还有几条属于社会主义时期的，也和毛泽东的贡献有直接关系。比如第一，土地革命和农村包围城市的方针；第二，人民军队和人民战争；第三，统一战线；第四，群众路线的工作方法；第五，两类不同性质矛盾的区分；第六，新民主主义理论的全面创造；第七，为和平实现社会主义改造创造了新经验；第八，在国际关系上实行和平共处五项原则；还有一条是把辩证唯物主义和历史唯物主义的观点贯穿到党的各项工作中去。在这些方面都有毛泽东的特殊贡献。比如在对待资产阶级问题上，毛泽东创造性地发展了马克思主义，对民族资产阶级与大资产阶级、官僚资产阶级作了区分，制定了团结民族资产阶级的政策，这是非常有创造性的思想。更不用说农民战争、土地革命和农村包围城市等思想对马克思主义的发展了。

今天，中国的社会主义建设正在日新月异地向前发展，会不断地出现新的问题，这些不是简单地推演马克思主义原理就能解决的，也不能用毛泽东说过的话来解决。但我们的理论界仍然存在着用现成的公式来套新问题的习气，这是值得注意的。当然要提出新的见解不是容易的事，可能会发生失误。因此，我们应该对各种问题，特别是新问题的研究实行百家争鸣的方针，鼓励认真的探索。通过党的历史的研究，我们要提倡敢于创新的精神，培养根据事实进行分析，提出新见解的能力。

新民主主义革命的历史任务已经完成，它的全貌已经呈现出来，从头到尾，哪些是正确的，哪些是错误的，已经清清楚楚。因此对于新民主主义革命时期党史中的各个问题，我们应该能够通过深入研究，做出优秀的成果，这些研究成果是能够起很重要的思想教育作用的。围绕纪念遵义会议 60 周年的活动，我们党史界有责任做好这方面的工作。

（1994年11月21日在全国党史研究室主任会议和中共党史学会第四届理事会议开幕式上的讲话。原载《求是》1995年第4期，2月16日出版）

马克思主义是发展的理论

马克思主义理论是在不断的发展中的。这个命题恩格斯早就提出。他在 1887 年给一位美国女士的信中说:"我们的理论是发展的理论,而不是必须背得烂熟并机械地加以重复的教条。"①按照这种观点,恩格斯曾告诫说:"认为人们可以到马克思的著作中去找一些不变的、现成的、永远适用的定义"是一种"误解"。②

马克思主义之所以是科学,因为它的一切理论观点都以事实为最后依据,因为它坚持理论和实践相结合。马克思主义的这种特性,决定了它可能而且必然要求理论随着实际生活的发展而不断地发展。

说马克思主义是发展的科学,当然不是说马克思主义的基本观点是不稳定的。马克思和恩格斯在 19 世纪中叶及其后期,站在最先进的工人阶级的立场上,所创立的科学理论的基本观点是

---

① 恩格斯,致弗·凯利·威士涅威茨基夫人的信,《马克思恩格斯全集》第 36 卷,第 584 页。

② 恩格斯,1894 年为《资本论》第二卷作的序言,《马克思恩格斯全集》第 25 卷,第 17 页。

人类历史经验的总结，并在后来的社会实践中被证明是正确的。这些基本观点包括：以人类对自然的科学认识和社会历史发展的经验为基础而得出的世界观和历史观，对当时在西方一些国家正在成熟起来的资本主义的经济、社会的本质的全面的分析，资本主义社会在发展中必然要为社会主义社会所代替的理论，关于建立能够担当社会主义革命任务的工人阶级政党的学说，等等。

这些基本原理之所以有价值，因为它们可以被有效地运用于实际。在后人运用这些原理的时候，当然必须从他们所处的具体历史条件出发。因此，马克思主义的基本原理也必须不断地以人类社会的新的经验和新的认识来充实和丰富它的内容，否则它就成为僵死的教条。

因此，不能把马克思主义局限于马克思（加上恩格斯，或者再加上他们的伟大后继者列宁）说过的东西，不能仅仅以马克思主义创始者说过什么或者没有说过什么，来判断什么是、什么不是马克思主义。

马克思死于 1883 年。恩格斯死于 1895 年。从 19 世纪末叶到现在，人类对自然的认识，人类的社会历史都发生了巨大的变化和发展。这些变化和发展的具体形态和进程是马克思主义的创始人所不可能预料到的，他们也没有试图去预料。在 20 世纪快要结束的时候，我们略微回顾一下这些发展和变化，可能就会感到马克思主义已有的发展还不能和现实生活相适应，因而感到发展马克思主义是每一个真诚的马克思主义者所应该担负起的任务。

一

科学技术的飞跃发展，是 100 年来人类社会的一个突出现象。

马克思主义的创始人十分重视自然科学研究和科学技术的发展。其所以重视有两个方面的原因：第一，辩证的同时又是唯物主义的世界观，必须以对自然界的科学认识为其坚实的基础。第二，生产力的发展对社会进步起着决定性的作用，而在社会历史上，越到近代，科学技术在生产力中所占位置越加重要。

马克思精通数学，并在研究政治经济学的过程中，深入钻研与此有关的化学、农业化学、生物学、地质学等学科。他晚年对用化学合成法制造细胞的试验很感兴趣，并对电在各方面的应用表示重视，认为他在 1882 年看到的远距离输电线路的发明很有前途。恩格斯对自然科学领域的各个学科有渊博而精到的了解。他在马克思墓前的演说中说："在马克思看来，科学是一种在历史上起推动作用的革命力量。任何一门理论科学中的每一个新发现，即使它的实际应用甚至还无法预见，都使马克思感到衷心喜悦，但是当有了立即对工业、对一般历史发展产生革命影响的发现的时候，他的喜悦就完全不同了。"[1] 可以看到，马克思、恩格斯在世的年代，电的应用还只是初见端倪。恩格斯虽然逝世得晚一点，但汽车在他逝世那年刚冒头，那时作为新的交通工具正在国际范围内普遍应用起来的还是铁路机车和航海轮船。从科学技术的进步来说，20 世纪的面貌是大大变化了。

继 19 世纪末期发电机、电动机和内燃机的发明有力地推动了社会生产力的发展以后，20 世纪的科学技术大步地跨上了新的台阶。本世纪初的物理学的革命，标志着科学新时代的到来。40 年代以后，原子能、电子计算机、自动化、宇宙航行、卫星通讯、电子信息技术、生物工程等方面的科学技术的发展，开辟

①《马克思恩格斯全集》第 19 卷，第 375 页。

了许多新的生产领域，为生产力的飞跃创造了以往不能想象的宽广的可能性，使人类社会生活多方面发生变革，把 20 世纪后期的科学技术的发展描写为突飞猛进是完全适当的。这时期每十年新增的发明和创造比以往两千年的总和还多。在发达国家中一项新的技术从创造出来到它被投入实际应用之间的时间日益缩短。依靠科学技术，20 世纪新发展起来的国家往往能达到上个世纪所无法企及的经济增长率，因而赶上本来居于前列的国家。科学技术是最活跃的一种生产力，这一点在近几十年中比过去任何时代都表现得更明显。

科学技术的发展，使人类对自然界的认识，无论宏观世界还是微观世界，无论无机世界还是生命现象，都达到前所未有的新的水平。新的认识并不是否定了马克思主义的唯物主义、辩证法的世界观，而恰好是为这种世界观提供了更有力的论据。利用人类对自然界认识的新成果来丰富马克思主义的世界观，应该是当代马克思主义者的任务。

马克思主义绝不是任何宗派主义，因为这种理论在产生过程中吸收了人类社会以往历史中所创造的一切有价值的成果，特别是人类在资本主义制度下所创造的文明成果。这样的吸取工作，并不因为马克思主义已经创立就宣告中止。现代科学所取得的一切成就，是马克思主义为了发展自己所绝不可以忽视的；应该说，脱离这一切要发展马克思主义是不可想象的。

当代科学技术的发展，造成了社会生产力迅猛发展的可能性，同时又为资本主义社会带来了许多新的问题。这些问题涉及教育、就业、通讯、产业结构，以至资源、生态和环境保护等等。社会主义社会同样也不能不面对这些问题。一方面，科学技术的进步可能造福于地球上的居民；另一方面，在现实的世界上，居住在发展水平低的国家中的穷人和半饥饿的人数，在全世界人口中所占的比例可能越来越大。由于资本主义制度存在而产生的这种矛盾，是科学技术发展本身所不能解决的。毫无疑问，马克思主义要发展就必须面对这些问题。

科学技术的发展，对于资本主义社会如何进入社会主义社会的问题，对于已经建立社会主义制度的国家如何建设社会主义的问题，都不能不发生巨大的影响。也就是说，考虑这两个问题不能不顾到科学技术正在迅猛发展的历史条件。一个非常明显的事实是，如果先进的科学技术为资本主义发达国家所垄断，那就谈不到社会主义的胜利。因此，对社会主义建设来说，如何同当代科学技术发展的潮流更好地结合起来，充分发挥社会主义应有和能有的优越性，成为一个迫切的任务。

二

在马克思、恩格斯逝世以后一百年间，马克思主义的社会主义理想，在世界上很广大的地域内成为现实。但是有两个必须引起注意的历史现象。其一是社会主义并不像马克思、恩格斯所设想的那样，首先在资本主义最发达的国家中诞生，它诞生的地方倒是在资本主义欠发达的国家，或者甚至是很不发达的国家。其二是社会主义制度在一些国家中建立起来以后没有能长期保持，在苏联这样的重要国家中既唱了社会主义的凯歌，又为它奏了挽歌。这里先讨论前一个现象。

社会主义社会是否首先在资本主义发达的国家产生的问题，当然也就是资本主义制度是否首先在那里崩溃的问题。对这个问题，恩格斯在1891年即他逝世前4年在给德国的倍倍尔的信中曾这样说："你说我似乎曾经预言资产阶级社会将于1898年崩溃，这是一个误会。我只是说：到1898年我们可能取得政权。

如果这种情况没有发生，旧的资产阶级社会还可以继续存在一段时间，直到外来的冲击使这座腐朽的大厦倒塌为止。这样一个腐朽陈旧的建筑物，当它实际上已经过期之后，如果风平气稳，也还可以支撑数十年。因此我当然要避免事先作这类预言。"①

恩格斯逝世后 20 年发生世界大战；后 30 余年，发生震撼整个资本主义世界的严重的经济危机；后 50 年爆发又一场规模更大的世界战争。所有的历史事实一方面表明，马克思主义关于资本主义社会存在着自己所不能解决的根本矛盾的学说是站得住的。另一方面又表明，这座资产阶级社会的大厦并不是到处都很容易被冲塌，就主要的资本主义国家而言，它在恩格斯以后又存在了一百年，而且还将继续支撑多少年。对前一方面，当代的马克思主义者当然应当根据新的事实给以论证，后一方面尤其需要人们从实际出发进行深入的分析和研究。社会生产力的猛烈发展并没有加速资产阶级社会大厦的倒塌，倒是似乎为资产阶级统治者提供了修补这座大厦的材料。但资本主义的不平衡发展使大国的兴衰过程加速，使资本主义世界内部各种矛盾加剧。研究这些事实，并据以展望资本主义社会的前途，人们将能够给马克思主义的理论武库增添新的观点。

本世纪 60 年代，国际共产主义队伍中曾有过肯定和平过渡的可能性和否定这种可能性的争论，争论的双方其实都没有充分的根据。按照第一次和第二次世界大战的经验作出的"或者战争引起革命，或者革命制止战争"的预言，至少在可以预见的将来并没有现实性。也许由此可见，或者和平过渡，或者武装斗争，这种两分法是过于简单，历史也不会机械地重复已有的经验。这些都有待于人们解放思想，从实际出发，进行新的理论探

---

① 《马克思恩格斯全集》第 38 卷，第 186 页。

索。

马克思主义创始人曾设想，社会主义在比较不发达的国家取得胜利，而且走一条特殊的路。马克思1881年在考虑回答关于俄国农村公社的问题时提出，俄国的农村公社有可能不通过"资本主义制度的卡夫丁峡谷"，也就是，"不通过资本主义生产的一切可怕的波折而吸收它的一切肯定的成就"。[①] 但他们仍是以西方无产阶级革命的胜利作为前提的。马克思和恩格斯共同署名的一篇文章这样认为："假如俄国革命将成为西方无产阶级革命的信号而双方互相补充的话，那末现今的俄国土地公社所有制就能成为共产主义发展的起点。"[②]

东西方革命互为信号、互相补充的情形从来没有实现过。历史经验倒是证明，任何国家是否能革命胜利，取得怎样的胜利，怎样走向社会主义，主要取决于本国的条件。国外条件只能起部分的、副次的作用。不顾其本国条件，揠苗助长，总是不成功的。一切过分重视国际影响的观点都为实际生活所否定。

不是每个国家都必须经过资本主义社会的全过程，在这意义上，"不通过资本主义的卡夫丁峡谷"已有事实可证明。但事实也证明，不通过这个峡谷，代替资本主义的一切可怕的波折，新社会必须经历一些过渡阶段，不可能径直走向社会主义制度的胜利和成熟。这当然不是前一世纪的人能够预先设计的。

按照马克思当时关于这个问题的论述，如果不能保证社会劳动生产力极高度的发展，不能享受资本主义制度的一切肯定的成果，其中显然首先包括现代生产力，那么就谈不到越过"资本

---

① 马克思给俄国女革命家查苏利奇的复信草稿，《马克思恩格斯全集》第19卷，第431、438页。

② 马克思、恩格斯1882年为《共产党宣言》俄文第二版作的序言，《马克思恩格斯全集》第19卷，第326页。

主义制度的卡夫丁峡谷"。这个基本观点，我们应该加意维护。

这些是上述两个历史现象中前一个现象引起的一些问题。

三

现在说上述两个历史现象中的第二个现象。

从本世纪20年代起，人们开始面对社会主义革命胜利后如何去建立社会主义制度，如何进行社会主义建设的问题。对于这些问题，在马克思主义武库中不可能有现成的答案。恩格斯在为《资本论》第一卷写的书评中说："马克思关于社会变革后将怎样，他只是最一般地谈到。"① 当然也只能是这样。因为当时现实生活还没有提出这样的问题，还没有提供可以进行科学研究的实际材料。

马克思主义在20世纪从革命的科学，发展为不但是革命的科学而且是建设的科学。革命的任务在全世界远没有结束，革命的科学也需要创造性地发展。建设的科学更非从头建立不可。社会主义要建设区别于以往一切社会的崭新的社会，就这意义可以说，社会主义建设的科学也是革命的科学。但是它所要研究的是如何建立新社会的问题，而不是如何推翻旧社会的问题，因此它的内容绝不能只限于原有的革命的科学。治理一个国家和发动一场革命是性质不同的事。在剥削阶级统治的国家中处于被压迫地位的政党，和在社会主义国家中执政的政党，对于社会所负责任极为不同，也是很明显的事。革命是在社会动乱中发生，建设则要求社会安定，在这两种不同的历史条件下，阶级斗争的作用及

① 恩格斯为《资本论》第一卷写的书评，《马克思恩格斯全集》第16卷，第243页。

其具体形式，当然大不相同。马克思主义从来重视以往的社会历史经验的研究，而从建设的角度研究历史经验，和从革命的角度进行这种研究相比，会有许多原来不注意的内容需要注意。对旧社会的科学的分析，也有助于建立新的社会，但是建设新社会的科学必须依靠新的经验建立起来。

在以社会主义为目的的革命中，各个国家之间有一些共同的规律性的东西，但革命的具体过程和具体形式绝不是千篇一律的。每个国家要按照自己的国情来走出自己的走向社会主义的道路。至于社会主义建设，虽然古代中国人曾把未来的理想社会称为"大同"，但看来也不能只见其"同"，而不见其"异"，或者说"同"是要经过"异"才能达到的。每个国家要根据本国的历史条件、民族文化传统、经济社会发展情况，以及在世界格局中所处的地位，来决定自己在社会主义建设上的具体道路和具体做法。用单一的模式来规范不同的国家，这已经在历史实践中证明是完全错误的。

如何在原来拥有很高生产力的资本主义国家中建设社会主义，也会有许多需要解决的问题；现在是在资本主义欠发达或不发达的国家中建设社会主义，问题就显然更加复杂。

七十多年来，人类积累了社会主义建设的丰富的经验，包括成功的经验和失败的经验。在整个改造旧世界和建设新世界的事业中，不经过挫折和失败是不可想象的。恩格斯说得好："和其他一切政党一样，无产阶级将从没有人能使它完全避免的错误中最快地取得教训"。①

本世纪 90 年代初，社会主义事业在苏联和东欧国家中的瓦解，是共产主义运动历史上所遭遇到的最大的失败。这个失败证

---

① 《马克思恩格斯全集》第 37 卷，第 322 页。

明社会主义建设的科学远没有成熟。在建设的领域内，马克思主义者需要摆脱妨碍人们实事求是的种种思想桎梏，总结已有经验，开创新的局面。所以这个失败很可能是先进的人们对于如何建设新世界的认识出现一个飞跃的契机。

当代马克思主义者不可推卸的一个重大责任，就是要总结本世纪的社会主义建设中的成功和失败的经验，特别是失败的经验，用以发展马克思主义的社会主义建设的科学。

四

中国共产党人在中国的历史条件下，为发展马克思主义做了不懈的努力，取得了巨大的成就。

在民主革命的过程中，中国的马克思主义者一方面反对了社会上存在的一种中国特殊论，这就是认为中国的国情是绝对的特殊，因此完全不适用于马克思主义的阶级分析、阶级斗争理论、社会发展理论和科学社会主义理论。另一方面，我们又反对了主要在党内产生的教条主义，那就是根本不考虑中国的具体情况，甚至以为作这种考虑只会使人离开马克思主义。把马克思主义看成只是书本上的条条和外国的现成经验的教条主义者，不懂得书本上的条条即使是对中国适用的指导原理的话，还必须和中国具体实际相结合，才能有益于中国的实际；他们也不懂得，外国的经验即使是成功的，也不能照搬到中国来。由于战胜和克服了这两个方面的错误倾向，中国共产党人在中国民主革命的长时期中做到了坚持马克思主义和发展马克思主义。以毛泽东为代表的中国共产党人，从中国处于半殖民地半封建社会的地位，资本主义发展薄弱，农民占人口中的绝大多数这种实际出发，总结革命实践的经验，得出了一套具有中国特色的革命学说，走出了建立农村革命根据地，在无产阶级领导下武装农民，用农村包围城市的道路。这条道路在教条主义者看来是异端邪说。但实践证明，这是在中国历史条件下，对马克思主义的创造性的发展，它带引中国革命达到了教条主义者所不能相信的胜利。

中国共产党领导的民主革命，是经过一些失败的经验以后才找到走向胜利的正确道路的。在社会主义建设问题上，情况也一样。中国的社会主义建设在 1956 年后 20 年间虽然取得了许多成就，但发展不快，而且遭到许多挫折和失败。经验证明：第一，照搬苏联的模式不能解决中国的问题。在中国自己没有经验的情况下，向苏联学习本来是无可非议的，是可行的。但这种学习应当只是借鉴，有所取舍，何况苏联模式本身就有致命的弱点。第二，照搬革命时期阶级斗争和群众运动的具体经验也很有害。革命时期的好经验、好传统固然应该继承，但不顾具体情况变化照搬则是不可取的。中国革命的伟大胜利，使指导中国革命胜利的那一套办法有了无限崇高的威信，这就很容易造成在自己没有新鲜的经验，别国的经验也不愿意照抄的情况下，回头来从民主革命胜利的若干具体经验中寻求社会主义建设的道路，而且用一些关于社会主义的抽象概念来解释这种经验。实践已证明，这样做是不能解决社会主义建设问题的。

以邓小平同志为代表的中国共产党人，依据中国自己在建设事业中的成功和失败经验的总结，也参考外国的经验，逐步地形成建设有中国特色社会主义的理论。1978 年 12 月的十一届三中全会具有划时期的意义。在这以后，推行了以经济建设为中心，坚持党的领导和社会主义，坚持改革和开放的路线和一系列政策和措施。中国的社会主义建设近十几年来面貌焕然一新，取得了巨大的成就，在世界风浪的震撼下屹立如山。实践证明，建设有中国特色社会主义的理论和路线是马克思主义社会主义建设学说在中国条件下的巨大发展。

当然中国的社会主义建设远不能说已经完成，建设有中国特色社会主义的理论也不能说已经完成。我们还要用几十年的艰苦努力，克服各种困难，来达到社会主义建设的完全胜利。我们还要通过实践，对具有中国特色社会主义的理论进行深入的科学研究，弄清楚至今还没有弄清楚的许多具体规律。中国处于其中的世界，是科学技术迅猛发展的世界，是政治格局和经济格局剧烈变化的世界。中国的马克思主义者也必须正确地认识世界，并且懂得世界和中国的相互关系。

为了这些，我们就必须解放思想，坚持实事求是，一切从实际出发。我们一定要坚持马克思主义，发展马克思主义。

1994 年 12 月 9 日

（1994 年 12 月 24 日在学习《邓小平文选》和建设有中国特色社会主义理论研讨会开幕式上的发言。原载《人民日报》1994 年 12 月 27 日）

中国近代史研究中的几个问题

　　这次通读和修改《鸦片战争到五四运动》这本书的过程中，我曾考虑过几个问题，不妨在这里说一下。

　　第一个问题是关于阶级和阶级斗争的问题。

　　我写这本书是使用阶级分析的观点和方法。其所以使用这种观点和方法并不是因为必须遵守马克思主义，而是因为只有用马克思主义阶级分析的观点和方法，才能说清楚在这里我所处理的历史问题。这本书是中国半殖民地半封建时期的前半期，即1840年到1919年之间的政治史。中国在经过了两千多年基本上停滞的封建社会以后，社会政治发生了前所未有的激烈的动荡和变动。这些动荡和变化从根本上和总体上说来是表现为旧的阶级虽然衰落，但仍然存在，新的阶级虽然已经兴起，但尚未取得胜利；旧时期的阶级斗争仍然残存，而新时期的阶级斗争已经开始兴起。外国帝国主义势力的侵入更使中国国内的阶级矛盾和阶级斗争复杂化。帝国主义和中国的矛盾是民族矛盾，同时也是阶级矛盾。因为不同的阶级对于外国侵略者采取不同的态度，其态度也不是一成不变的。不指明这些，就只能停止于描述历史现象，不能说清任何问题。如果我不是写一部政治史，而是写一部通史，我也不可能脱离这种观点和方法。当然不应当把任何社会现象都用，或者只是用阶级根源来解释，不应当把任何社会矛盾说成是敌对阶级之间，或这个阶级和那个阶级之间的矛盾。把马克思主义阶级分析的观点简单化、公式化是我们所不取的。

中国近代史中发生了多次革命，这些革命几乎都不能不采取武装斗争的形式，即阶级斗争的最高形式。这里说的革命是指推翻旧的统治阶级，改变旧的社会政治制度的革命。我在这本书中对于几次革命的论述曾遇到两种评论，一种是认为过于贬低，一种是认为估价过高。对于这几次革命，历来都有不同的看法。相对说来，对辛亥革命争议较少，但仍有相当大的分歧。我以为站在更高的历史台阶上，指出辛亥革命的弱点和它之所以不能取得较多成就的原因，这并不是加以贬低，并不是贬低它的历史地位和历史意义。至于根本否定辛亥革命的看法由来已久，学术界中最早当推康有为和梁启超。他们在辛亥革命前就反对革命。在这以后更是利用社会国家的混乱状况来谴责革命，宣告与革命告别。我的观点是，即使是有严重缺点的、不成熟的、有许多副作用的、一时没有得到完全成功的革命，如果它是适应阶级斗争向前发展的形势而发生的，它就不能不被认为是必要的，是推进社会历史进步的。

有人认为改良是比革命更好的方法，所以不应当推崇革命。但历史事实是，在社会政治发展中，改良的道路走不通的时候，才发生革命。对于革命和改良，不能脱离具体的历史条件而作抽象的价值评估。在这本书中改良和改良主义是指推动社会进步发展的步骤和方法而言的。就这本书叙述的范围而言，在和旧势力斗争中，改良主义是有积极的进步意义，而且在客观上有为革命作前驱的作用。但是改良主义又有否定革命的作用。所以在中国近代历史上改良主义常常是有两面性的。在革命的形势已经出现的时候，在革命的烽火已经兴起的时候，改良主义的立场如果不有所改变，它的斗争锋芒就不是指向旧势力，而是指向革命。旧势力也会利用改良主义来抗拒革命。

到了社会主义时期，社会历史条件发生了根本的变化。对于在这时期的阶级、阶级斗争、革命的看法，当然应当从实际出发，发生很大的乃至根本性的变化。在社会主义初级阶段，阶级矛盾虽然还存在，但已经不是社会的主要矛盾。社会矛盾的内容发生了变化，解决这些矛盾的方法也不同了。当我们说改革开放搞活经济也是一种革命的时候，所说的革命显然有和旧时代不同的含义。旧时代的阶级矛盾、阶级斗争、革命的经验对我们现在仍然有意义，但并不是要我们重复这些经验。以阶级斗争为纲来处理社会主义时期的各种社会政治问题，实践已证明是完全错误的。我们要从社会主义初级阶段的具体实际出发，认识社会各阶级、阶层的动态，他们和旧社会的差异（在形式上某些方面似乎相同），如何用和旧社会不同的方法来对待和解决阶级矛盾和其他社会矛盾，等等。

第二个问题是对外开放的问题。

从 1978 年底的十一届三中全会以后，我国实行了对外开放政策，并且不断地扩大开放。我国和世界各国的经济技术文化的交流大为增加。我们取得了在社会主义建设中利用国外和境外的资金的经验，也取得了利用外国的市场和资源的经验，虽然至今还是初步的经验。这些是在我国的历史上完全新的经验。

为什么说是完全新的经验呢？因为除了古代的中外贸易文化的交往外，我国历来只有闭关守国的经验和从鸦片战争后 100 年间作为半殖民地国家向世界开放的经验。在那 100 年间虽然有外国资金投入中国，但那些资金几乎都是从对中国的剥削和敲诈而来。它投入中国只是加强了剥削和压榨，阻碍了民族经济的发展。那时的进出口贸易为数很少，而且基本上是输出农产品和矿产品，进口机器制造的产品。那种开放只能使中国处于贫穷落后的状况。那时的中国虽然已经被帝国主义国家闯开了大门，门户洞开毫无阻拦，但是对外开放的程度其实是很低的。这就因为那种开放使中国贫穷，而越是贫穷就越谈不到扩大开放。在那种情况下，谁也不敢梦想利用外国的资金、市场和资源来发展本国的经济。

在抗日战争结束前不久，也就是大约在 1944 年，那时人们正在考虑抗日战争结束以后的中国，我在国民党地区的一个刊物上看到过一篇文章，大意是说，世界各国应该让中国富强起来，这样他们和中国的贸易和其他经济交往才能大大增加，这对各国才是最有利的。文章中举出了美国和欧洲各国及日本战前相互间贸易的数字，和它们与中国之间贸易来往的数字相比较，后者少得十分可怜。文章的作者举出这些材料用以证明他的论点。文章给我印象很深，虽然事隔多年已忘记了杂志的名称和作者的姓名，但仍记得他提出的上述论点。我当时认为这种论点不是没有道理的。但是如果认为依靠这种论点就可以说服帝国主义国家允许中国真正独立，并且扶助中国走向富强，那是一种幻想。帝国主义在中国历来是一面想使中国对外开放，一面又压迫中国，使中国保持落后和贫穷，因而实际上对外开放的程度极低，甚至并不开放。这是依靠帝国主义解决不了的一个矛盾。只有中国人民用自己的努力来争得民族的完全独立，用自己的力量从中国的具体情况出发来发展中国经济的时候，这个矛盾才能解决。正因为中国近十几年来作为一个独立的国家实行对外开放政策取得的经验是完全新的。所以我们不能用旧时代的经验来解释新的有关现象。当然也不能根据新时代的经验来重新解释半殖民地时代的历史现象，以为过去对那个时代的认识是落后的不正确的。

至于 1899 年到 1900 年美国政府提出的中国门户开放政策，那和现在我们所实行的对外开放完全是不同性质的。当时帝国主义列强的势力已经深入中国，并在中国划分势力范围。美国的所谓门户开放政策是说，各国在中国的势力范围不应当对其他各国关起门来，而应该向各国一律开放。在《从鸦片战争到五四运动》和我的另一本书《帝国主义与中国政治》中，对历史上的对外开放问题都有些论述，当然不可能和 1978 年以后的情况对比来进行论述。

第三个问题是：可否以现代化问题为主题来叙述和说明中国近代的历史？

我的书是在具有划时期意义的党的十一届三中全会举行后一年多的时候出版的。那时，大家明确地否定"文化大革命"及以前一段时期中提出的以阶级斗争为纲的主张。在历史学界中有人因此觉得，在中国近代史中不宜着重论述阶级和阶级斗争。提出以现代化为主题来叙述近代史的意见，可能和这种想法有关。

虽然有过上述这种意见，但是至今尚未有以现代化为主题写出来的中国近代史（也许我孤陋寡闻未见到过）。但是我认为这种意见是可行的。从 1840 年鸦片战争以后，几代中国人为实现现代化作过些什么努力，经历过怎样的过程，遇到过什么艰难，有过什么分歧、什么争论，这些是中国近代史中的重要题目。以此为主题来叙述中国近代历史显然是很有意义的。

但是以现代化为中国近代史的主题并不妨碍使用阶级分析的观点和方法。相反的，如果不用阶级分析的观点和方法，在中国近代史中有关现代化的许多复杂的问题恐怕是很难以解释和解决的。

在中国近代史中，现代化也就是工业化和与工业化相伴随着的经济、政治和文化等各方面的变化。从 19 世纪后期到 20 世纪初期的中国，现代化就是资本主义化。那时社会主义的问题还没有提上日程。中国的资本主义化当然就是中国国内各种社会力量的对比和斗争的问题。而且还不只是国内的问题，因为这时已经渗入了外国帝国主义的侵略势力。可以这样看，最早促使中国走向某种程度的现代化的不是别的什么力量，就是帝国主义。说只是某种程度的现代化，是因为帝国主义在全世界所到之处，按照自己的面貌来改造一切社会制度落后的民族和国家，但并不是要使它们真正成为和自己完全一样，而只是使那里发生以有利于自己实行殖民统治为严格范围的朝向资本主义的变化。

在第二次世界大战后的历史条件下得到民族独立的那些原殖民地国家是明确的例证。它们经历过长期的殖民统治，有的甚至三四百年。在殖民统治时期，帝国主义主人支配着殖民地及其人民的命运。从帝国主义主人的利益出发，各种妨碍民族进步发展的前资本主义的社会关系被有意地保留下来。资本主义在那里是有所发展，但只是在有限的范围内，而且得到好处的只是殖民地主人和当地人民中的极少数人，在取得独立以后这些国家无一例外地都处于贫穷落后的状况。至于在实现了资本主义的土地上土著居民已被消灭殆尽的情况也有不少的实例。某些人居然说中国如果当过几十年殖民地，就会实现现代化。这只是极端无知的昏话。

经过鸦片战争外国资本主义侵略势力进入中国以后，要原封不动地保持封建社会的原样，已经是不可能的。帝国主义的压力不允许中国统治势力闭关自守，也不允许它一切保持原样。帝国主义的压力也刺激了中国人民追求新的道路。在这种情况下，中国近代史中的现代化问题不可能不出现两种倾向。一种倾向是在帝国主义允许的范围内的现代化，这就是，并不要根本改变封建主义的社会经济制度及其政治和意识形态的上层建筑，而只是在某些方面在极有限的程度内进行向资本主义制度靠拢的改变。另一种倾向是突破帝国主义所允许的范围,争取实现民族的独立自主,从而实现现代化。这两种倾向在中国近代史中虽然泾渭分明,但有时是难以分辨的。这本书曾仔细地将上个世纪 60 年代至 90 年代的洋务派官僚和资产阶级改良主义加以区别。那时的洋务派官僚是上述的第一种倾向的最早的代表人。那时的资产阶级改良主义是后一种倾向的先驱。

在中国近代史上讲对外开放,就要区别在殖民地半殖民地身分上的对外开放和独立自主的对外开放。同样,讲现代化,也不能不区别帝国主义所允许范围内的现代化和独立自主的现代化。要说清楚这两种倾向的区别和其他种种有关现代化的问题,在我看来都不可能离开马克思主义的阶级观点和阶级分析。

在我的书中对上述问题有所论述,虽然不够展开。近年来在我的文章中曾写过这个问题。现在摘录这些文章中的有关段落,附录在这篇序言之后,以供参考。

1995 年 12 月末

（本文是《从鸦片战争到五四运动》一书再版序言的节录）

中国在二十一世纪世界上的作用

　　中国在21世纪的亚洲以至在21世纪的世界,是不是一个稳定的、积极的力量? 我以为,对此可以给予肯定的答复。请允许我在这里就这个问题说一些意见。

　　让我们回顾一下正在逝去的 20 世纪。在 20 世纪的前一半和后一半,中国的情况大不相同。在 20 世纪的前一半,中国既穷又弱,内部不统一,遭到世界列强的欺凌。那时的中国,在国际社会中没有独立的地位,是个极不稳定的因素。帝国主义列强为了攫取在中国的更多权益,互相争夺,甚至发生战争。日本军国主义者曾经企图武力并吞中国,半个中国一度被其占领,中国成为第二次世界大战在远东的主要战场。到了 20 世纪的后半,情况完全改变。由于 1949 年中国革命的胜利和中华人民共和国的建立,中国对外独立,内部统一,有了自卫的能力和自我发展的能力。它不靠向人乞讨而生活,也不再任凭别人宰割。过去由于所谓"中国问题"而引起国际纷争的情形,可以说一去而不复返了。

　　至今,在某些国家中,可能还有某些势力认为,把统一的中国重新撕成碎片,使走向富强的中国重新陷于贫困,对于它们将是有利的。但是，20世纪的经验使我们只能得出一个结论：中国这样一个位于亚欧大陆东端、太平洋西岸的广土众民的国家，如果四分五裂、贫弱不能自立，固然使中国人民受难，对于世界也只能是一个负担和一个不安定的因素，一个对和平与发展起副作用的因素。

展望21世纪，中国为了能够对世界越来越起稳定的、积极的作用，也就是起促进世界的和平与发展的作用，它应该继续20世纪后半期的努力，起码做到下列两点：第一，要使占世界人口五分之一的国民，不但吃得饱，而且生活得不坏；第二，要有必要的自卫能力，使世界上任何力量都感到，对它进行掠夺和侵略是不可能的。如果做不到这两点，就可能出现空前庞大的难民潮，也可能出现为了争夺中国而形成的国际冲突，这二者中的任何一个都将导致极大的国际灾难。

在20世纪的最后20年间，中国一心一意致力于社会主义现代化建设，坚持改革开放的方针。在这20年中，中国经济的发展速度可能达到平均每年递增9%。事实证明，中国经济的发展，既造福于中国人民，也使一切与中国有经济联系的国家得到好处。在进入21世纪后，这种发展势头将继续保持下去，看来是可以确定的。如果有从国外来的某种势力企图遏制这种发展势头，那是既无道理，也注定要失败的。

国际间有些研究机构认为：在21世纪的最初20年间，中国经济的总量将发展到居于世界的前列。即使这种情形能实现，按人口平均计算，中国仍然是个发展中国家。中国的自卫能力将有所加强，但和世界上的强国比较，差距仍然很大。邓小平认为中国将在21世纪的50年代达到世界上的中等发达国家的水平。中国的许多政治家和学者认为，这个预见虽然可能实现，但需要经过艰苦努力。到那时，就总体说，中国将不失为一个富强的大国。难免有人会提出如下的问题：在 21 世纪，中国由于贫弱而成为世界的不稳定因素的可能虽然可以排除，但它作为一个富强的大国的兴起，是否一定能成为世界上稳定的、积极的力量？

人们根据历史经验认为，随着一个新的大国的兴起，地区秩序和世界秩序总是发生某些调整或变化。这种调整或变化对国际关系究竟起什么影响，是积极的还是消极的？看起来，在很大程度上决定于兴起的国家所实行的制度和它所采取的政策。

中国是个社会主义国家，即实行社会主义制度的国家。具有中国特色的社会主义制度，已经由实际生活证明，能使人民生活得一年比一年好，国家一年比一年富强，从而得到绝大多数中国人，包括并不很喜欢社会主义制度的人的赞同和拥护。因此，人们没有理由认为中国人不会在 21 世纪沿着这条道路走下去。所以，现在我们要回答的问题是：中国所实行的社会主义制度和根据这种制度而采取的各种政策，能不能保证中国在下个世纪的世界上继续成为稳定的、积极的力量？

人类历史上曾经有过多种的社会制度。20 世纪开始时，资本主义制度几乎普及于全世界，或者说是统治了全世界。被认为能够消除资本主义制度的弊病的社会主义制度，曾经只是各民族中许多人的理想。这种理想在进入 20 世纪后，陆续在一些国家中成为事实，因此出现了资本主义制度和社会主义制度并存的局面。通过 20 世纪的历史实践，这两种制度都受到了严峻的考验。

在 20 世纪特别是其后期，资本主义发达国家以科学、技术的大发展为人类做出了具有长远影响的积极贡献。但另一方面，资本主义范围内大国的兴衰和大国对小国、弱国的压迫，是国际局势振荡不安的根源。给世界人民以最大创伤的两次世界大战，不是起源于社会主义制度，而是起源于资本主义制度。一些大国作为宗主国，迫使许多贫弱的、不发达的国家成为其殖民地的体制，在 20 世纪的后期已经土崩瓦解。这是因为殖民主义体制已经再也不能为人类所容忍，只能退出历史舞台。

社会主义制度在 20 世纪的实践中虽然证明它不是像资本主义那样靠对外掠夺而发展，但就其全部业绩来说，显示了很大的弱点。世界上第一个社会主义国家，作为反法西斯战争取得胜利的主力而对人类做出了伟大的贡献，但它的对内对外政策，却不能认为都是很健全，都符合于人们对社会主义的理想，有的甚至和理想相反。很突出的是，它以大国主义的态度对待其他社会主义国家，使它们处于卫星国的地位，甚至用武力来维护这种体制。社会主义旗帜在第一个社会主义国家和其他一些国家像多米诺骨牌一样地倒掉，至少说明这样的社会主义制度的生命力是脆弱的。20 世纪 50 年代起，东西方的军事对峙和军备竞赛使双方都消耗了巨大力量，这是使东方一些国家发生剧变的原因之一。

有人根据上述情况断言，20 世纪是社会主义从发生到灭亡的一个世纪，却未免太性急了。的确，如果没有中国和其他几个仍然坚持社会主义制度的国家，要驳倒这种判断暂时可能是困难的。人类社会进展的历史告诉我们，一个新生的社会制度，不经过许多挫折和失败，是不可能健全地发展起来的。应该说，人类在 20 世纪中确实积累了丰富的有关社会主义的经验。根据这些经验，人们可以看到社会主义曾经被怎样地扭曲，而如果不改变这种扭曲，社会主义就不可能健康地发展。人们从中有可能进一步懂得社会主义应该怎样做，不应该怎样做。

20 世纪的历史经验，并不证明社会主义制度已经灭亡，但的确证明社会主义制度必须改革。在 20 世纪大部分时间通行的社会主义模式并不是惟一可能的模式，随着世纪的更替，新的模式正在促成社会主义的更生。

以邓小平为代表的中国共产党人，能够在 20 世纪末叶，对中国的社会主义事业做出新的规划，是因为我们从 20 世纪社会主义各国，包括中国自己的成功和失败的经验，特别是失败的经验中学习到许多过去不懂得的东西的缘故。没有这些失败的经验，新的创造几乎是不可能的。

21 世纪的中国将继续实行适合中国国情的，革新了的社会主义制度。这种制度要求，以经济建设为国家工作的中心，并以改善人民的生活为经济建设的宗旨。它要求以实行社会主义市场经济为经济体制改革的目标，并要求随着经济的发展，健全和扩大社会主义的政治民主；在对外开放方面，它要求按照平等互利的原则，同世界各国进行经济、贸易、技术等方面的交流和合作。实行这样的制度，需要一个和平的国际环境，也一定要实行和平的对外政策。

中国现行的各项对外政策，是与我们所实行的社会主义制度本性相符合的。例如不称霸，不做超级大国，也反对任何霸权主义和强权政治；主张按照以互不干涉内政为核心的和平共处五项原则来处理各国间的关系；主张各国的社会制度和生活方式由各国人民自己决定；主张大小国家一律平等，促进国际关系民主化；主张遇有国际争端时，要用和平协商的方法去解决等等。这些政策原则，有些是在较早时期已经提出的。在中国的社会主义现代化事业的进程中，我们在对外关系上，只能坚持并不断完善这些政策，舍此别无明智的选择。

我们在这里是谈 21 世纪的中国，涉及下一代和下两代人们的事情。当然我们不可能预先规定后代人应当如何做。他们需要根据情况的发展而做出自己的决定。但是历史是不能切断的。20 世纪的中国和其他一些国家所提供的建设社会主义的经验，是太重要了。可以说这些是人类社会进步的经验宝库中的最新内容。从这些经验中做出的结论，不可能不受到后代人的尊重。我们的后代人将从这些经验中，懂得中国在走向富强的道路上，如果不能成为在世界上稳定的、积极的力量，就有自我毁灭的危险。通过这些经验，他们会懂得应该如何做，才能使社会主义在中国健康发展，并使中国对世界起稳定的、积极的作用，对世界的和平与发展做出应做的贡献。

（1996 年 9 月 4 日在全国政协"展望二十一世纪论坛"首次会议午餐会上的演讲。原载《求是》1996 年第 19 期）

关于发展马克思主义的几个问题

——《百年潮》访谈录

郑惠（以下简称郑）：趁《百年潮》杂志创刊，我们想与您作一次访谈。知道您从去年10月动手术后，至今还在恢复健康之中，不好过多地打扰，就作为一次漫谈吧。

胡绳（以下简称胡）：得知你们在筹办《百年潮》这个刊物，看到你们的发刊词和创刊号要目，我感到很高兴。我曾多次谈过，历史学中既需要主要供研究工作者读的专门著作，也需要适合一般读者口味的、大众化的历史作品，使历史教育的普及和提高相结合。你们的刊物表示要朝这个方向努力，是很好的，希望能坚持不懈地做出成绩来。

《百年潮》的所谓"百年"，当然是取其成数，实际上是150多年，即鸦片战争以来中国近代现代的历史。这个时期，无论中国或世界都经历了巨大、深刻的变化，而这又是与同一时期马克思主义的形成、发展并在实际生活中发生非常显著的作用分不开的。现在，在20世纪快要结束的时候，关于马克思主义的发展前途和历史命运，又成为国内外知识界、政治界以至社会各界许多人士十分关心和议论的问题。我今天就再谈谈这个问题。

郑：我们读过您1994年12月27日发表在《人民日报》上

的《马克思主义是发展的理论》一文。记得那是您在一次关于邓小平建设有中国特色社会主义理论研讨会上的发言，曾在会上引起非常强烈的反响。当时，有位同志听过后立刻打电话给我，表达他从中受到启发的激动心情。我很快看到了那篇文章，感到它的确是密切联系一百多年世界和中国的历史经验，密切联系当代现实生活，论述马克思主义发展问题的力作。其中一些真知灼见，对于人们思考和研究这个问题很有教益。

胡：我当时并没有料到那篇发言会引起那么大的注意。其实那不过是对发展马克思主义理论所作的一个提要式的说明，许多意思没有展开。也有的读者看到那篇文章后写信给我，表示了不同意见。虽然我一直还在思考这个问题，但更加系统深入的研究，对我来说已是力不从心了。我把承担这一任务的期望，寄托于理论界的新生力量。

郑：我知道您在1995年11月又同社会科学院的同志谈过这个问题。那个谈话没有公开发表，人们看到几个不同的"版本"，引起了一些或赞成或怀疑的议论，当时我们就想看到经过您校订的正式谈话稿。

胡：那是我去年动手术后即将去南方休养时，与少数几位同志的谈话。当时是就社会科学院正在制订的"九五"研究规划，谈到了关于发展马克思主义的几个问题。后来传出去的谈话内容，是有关同志对我的意见的转述，说得不那么完整在所难免。最近我还看到有的香港报纸在传播我的那些意见时，把问题说得很片面，完全走样了。今天借此机会，也不妨把若干误传澄清一下。

郑：那次谈话涉及三个问题：一是阶级问题，二是革命问题，三是社会主义、共产主义问题。这都是马克思主义理论中的基本问题，也是现在人们想要寻求解答的重要问题。

胡：是的。我当时对社会科学院的同志说，社科院不是一个普通的研究机构，应该抓住这样一些基本问题，在发展马克思主义方面做出自己的贡献。只有这样，我们的研究工作才能很好地适应社会的需要。

要对有关阶级和革命的问题作新的研究

现在先谈谈关于阶级的问题。

有的香港报纸只报道说，我提出仍然要坚持马克思主义的阶级观点，却没有报道我紧接着说的一段很要紧的话，那就是：要改变过去那种把阶级和阶级斗争简单化、公式化的观点和做法，要根据较之一百多年前有了很大不同的历史情况、现实情况，对阶级和阶级斗争问题进行新的研究，做出新的论断。对当代世界总的形势和各个国家形势的分析，都不能离开马克思主义的阶级观点，但不能停留在原来的认识水平上。比如说，过去认为资本主义社会使阶级对立简单化，成为一方是广大的无产阶级，一方是很少量的资产阶级，现在看来，情况并非如此。在这两个阶级之外，还有好多中间阶级。有的西方国家，中产阶级的数量很大。工人阶级中又有了"白领工人"和"蓝领工人"之分。在有的资本主义发达国家中前者的数量甚至超过了后者。工人阶级的生活状况、思想政治状况和马克思恩格斯的时代也大为不同。还有的国家有外来移民，有多种不同的民族。马克思也没有说历史上所有的社会矛盾都是阶级矛盾，现在这种情况是更加复杂了。

郑：的确，经过一个半世纪，情况变化非常之大。像不同民族的矛盾和冲突问题，比我们原来所设想的就要复杂得多。最近我读到一篇文章，介绍了美国一位资深学者在民族问题研究上的远见卓识。这位学者根据自己长期研究的心得，曾多次预言苏联会很快解体，并且会按民族界限四分五裂。这在美国学术界是罕见的。现在这位学者的学术声望与日俱增，他所倡导的族性（ethnicity）研究的重要性也得到广泛的承认和重视。我们姑且不去估量这一研究的科学价值如何，它至少为民族问题上的大量新事实要求理论上的新突破提供了一个例证吧。

胡：这一类的研究是值得我们注意的。这些问题的出现都说明需要有新的理论、新的论证，也就为马克思主义的发展提供了广阔的天地。

现在我们来谈关于革命的问题。

马克思主义是社会主义革命的学说。如果资本主义能够永生，不再变革为社会主义，马克思主义就在根本上站不住了。我认为，马克思主义的基本原理不会过时，就因为资本主义终将为社会主义所代替，资本主义和各种前资本主义的私有制终将为社会主义公有制所代替，这仍然是人类历史发展的长远的趋势。不过向这种趋势发展的道路是山重水复、迂回曲折的，绝不像过去人们所想的那样简单。我在1994年研讨会上的那个发言中曾谈到，一百多年来科学技术和社会生产力的迅猛发展，并没有加速资产阶级社会大厦的倒塌，倒似乎为资产阶级统治者提供了修补这座大厦的材料。但资本主义的不平衡发展，使大国的兴衰过程加速，使资本主义内部的各种矛盾加剧。人们在回顾20世纪的世界时，似乎只注意社会主义国家倒塌了一大半的事实，却不够注意20世纪后半期世界上发生的另一个大变动。我在最近一次国际讨论会上强调地并提了这两个变动。后一个变动就是资本主义的殖民制度的崩溃。而且我现在还想说，前一个变动是一种新生的制度向上发展过程中遇到的曲折，而后一个变动（改变了大半个世界的面貌）却是一个在没落中的制度走向崩溃的前兆。

去年我跟社科院的同志说，和平与发展是当代世界的主流，但绝不表明世界上的一切都不变不动，不表明"资本主义万岁"。而且科学技术和社会生产力在世界范围内进一步大发展，人类所面临的许多巨大的矛盾（问题），例如世界性的环境保护等，都不是在资本主义制度的框框内所能解决的。资本主义虽然还会有发展，但它所固有的矛盾将始终得不到解决。因此我认为，还得有社会主义革命，只不过革命的形式会是多种多样的。香港有的报纸报道我在这个问题上的看法时，又是只讲了前一句，不讲后一句。

郑：您在 1994 年研讨会上的那个发言中曾说："按照第一次和第二次世界大战的经验作出的'或者战争引起革命，或者革命制止战争'的预言，至少在可以预见的将来并没有现实性。也许由此可见，或者和平过渡，或者武装斗争，这种两分法是过于简单，历史也不会机械地重复已有的经验。"这是很有创新的见解，您能不能再作一些阐述？

胡：在和平与发展的时代，搞暴力革命还行不行？这是一个需要探讨的问题。南非的曼德拉被关了十几年，一直在考虑用什么方式取得民族解放斗争的胜利。他根据自己的考虑，出狱后放弃武装斗争，用和平谈判解决了问题。当然那里还不是搞社会主义，但按照我们过去的老观点，仍会认为这种做法是严重的倒退。实际结果是他当了总统，在消除民族隔离方面得到很大的成功。我们难道能说他不对吗？现在我们用和平谈判方式同英国解决了香港回归的问题，也是因为形势变了，中国已成为社会主义大国，而大英帝国已经衰落。这种方式应当说也是很有创造性的。

我的一个比我年轻的老朋友和另一个也曾相识的朋友宣告说，要告别革命。其意似乎是要否定历史上的一切政治革命

（大概工业革命不在被否定之列），是表示不赞成以后再有革命。我想，如果以为革命将因"告别"而不再发生，未免过分幼稚，至少与科学研究相去万里。

要总结中国与世界社会主义发展的历史经验

关于社会主义的问题，马克思主义理论在当代有了相当的发展。在中国，这集中表现为邓小平的建设有中国特色社会主义理论。对于这个理论，已经有不少同志作了精到的论述，出版了一些有分量的著作。

郑：您在 1994 年 6 月 16、17 日《人民日报》上发表的长文《什么是社会主义，如何建设社会主义？——学习〈邓小平文选〉第三卷》，也是受到人们称道的一篇。那是就几个重要问题，对邓小平的社会主义理论思想所作的解释和发挥。同年年底那次研讨会上您的发言，好像不只是着重于中国社会主义的历史经验，而是从更广阔的国际社会主义的历史经验来立论的。您谈到，马克思主义的社会主义理想，近百年来已在很广大的领域内成为现实，但是有两个必须引起注意的现象。其一是社会主义首先诞生在资本主义欠发达或者很不发达的国家；其二是社会主义制度在一些国家建立之后没有能长期保持。在论述这两个历史现象时，您对马克思提出的俄国农村公社有可能不通过"资本主义制度的卡夫丁峡谷"走向社会主义的问题，作了深刻的分析，这引起理论界很大的兴趣。

胡：不通过"卡夫丁峡谷"这个说法是个洋典故，有点费解。马克思在这里指的是，经济文化落后的国家"不通过资本主义生产的一切可怕的波折"，也就是不经过发达的资本主义社会来建立社会主义制度。但是，按照马克思当时关于这个问题的论述，这种国家如果不经历一些过渡阶段，不能保证社会生产力的高度发展，不能享受资本主义的一切肯定的成果，是不可能径直走向社会主义的胜利和成熟的。这是马克思的一个很重要的观点。一些社会主义国家建设的成功和失败，由此提供的正面经验和反面经验，都证实了这个观点的科学性。因此，我提出要加意维护这个观点。

现在，世界上国家有那么多，国情千差万异。各国社会经济如何发展，如何进入社会主义，如何进行社会主义革命和社会主义建设，都要从本国国情出发。中国人只能解决本国的问题。各国经验虽然可以互相借鉴，但绝不能照抄，没有一成不变的公式。不过，我以为有一点值得注意：资本主义欠发达、仍背着前资本主义的许多负担的国家，无论就国家的数目和人口数计，都在世界上占多数。是否它们都必须经过"卡夫丁峡谷"，如何才能既不经过这个痛苦的"峡谷"，而又能享受资本主义的现代化的一切积极成果，这实在是一个普遍性的问题。

郑：我觉得，您那篇学习邓文选第三卷的文章，谈到邓小平的社会主义理论思想的四个问题（发展生产力、社会主义初级阶段、改革即解放生产力、社会主义市场经济），可以说都是与马克思的这个重要观点紧密联系的。比如说：

——提出我国的社会主义处在初级阶段，认定我们是在贫穷落后的基础上建设社会主义，必须实行一系列符合于社会主义初级阶段的方针政策，这不就是"经历一些过渡阶段"最切实的起步吗？

——把发展生产力作为中心任务，坚持按照生产力自身发展的规律促进它的发展，坚持根据生产力发展的实际状况建立相应的生产关系。提出改革也是解放生产力，要求改变束缚生产力发展的僵化的经济体制，建立充满活力和生机的经济体制。所有这些，不就是为"保证社会生产力的极高度发展"进行多方面的努力吗？

——提出建立社会主义市场经济，要求把资本主义制度下积累起来的有利于社会化大生产、有利于社会经济发展进步的一切市场经济的经验，利用过来为社会主义服务，这不就是"享受资本主义的一切肯定的成果"吗？

胡：当然可以这样说。实际上，社会主义国家不是在一块空地上建立新的大厦，它必须继承资本主义社会所创造的巨大的生产力，充分利用资本主义社会的科学、技术和组织社会化大生产的手段、方法，吸取资本主义的全部对社会主义有益的文化。在经济落后的社会主义国家，这个任务显得更加艰巨。

应当说，邓小平的建设有中国特色社会主义理论，是对马克思有关社会主义的科学思想十分出色的继承和发展。正是依靠这个理论的指导，我国十多年来社会主义建设取得了巨大的成就，使我们国家能够在国际国内大的政治风浪中岿然屹立，安如泰山！

郑：这是举世瞩目的。我们国家的兴旺和另一些社会主义国家的衰亡，形成了鲜明的对照。您在 1994 年的那次研讨会上，还谈到马克思主义在 20 世纪从革命的科学发展为建设的科学，但 90 年代初社会主义事业在苏联和东欧国家的失败，证明社会主义建设的科学远没有成熟。这些国家原来的经济大多比较落后，资本主义不发达，能不能说，社会主义在它们那里的失败，从反面证明了马克思上述观点的正确呢？

胡：这些国家的社会主义事业遭到失败，原因是多方面的。不过应当指出，忽视马克思这个思想有极其重要的指导意义，没有把这个思想与本国的具体实际结合起来，制定出合适的方针政策，为发展生产力做出巨大的努力，这是失败的重要原因之一。

郑：这些国家的一些有识之士，也曾对僵化的体制所造成的经济停滞很不满，作过种种改革的尝试，但是都失败了。有些很有见地的改革思想和创新活动，都被冠以搞资本主义、修正主义的罪名而遭到扼杀。如今海内外一些史学家重新研究这段历史，都对这些改革作了新的评价。然而，国内有些人至今对这种情况不作切实的考察，仍旧袭用"文化大革命"和"文化大革命"前的"左"倾观点，指责那些国家过去的改革，甚至指责我们国家现在的改革。这真是不可思议！

要加强对非公有制经济的调查研究

胡：对所谓搞资本主义、修正主义的批评，其中是有许多是非不清的问题。一个带根本性的问题是：在经济文化落后的国家搞革命，应当如何对待资本主义。我们党在这个问题上，也经历了许多曲折的认识过程和实践过程。今年7月在全国党史系统的会议上，龚育之同志讲到对党的七大研究的深化时，着重谈了这个问题。他举出一些过去不为人所知而又很有价值的历史文献材料，并作了深入的分析，由此引起了我的注意。

郑：我们都注意到了龚的那篇讲话。他谈到毛泽东在七大前有一篇向六届六中全会作的内部讲话，题为《对〈论联合政府〉的说明》。毛泽东在这里，着重讲了新民主主义建设时期资本主义的发展问题。他指出，《论联合政府》这个报告与《新民主主义论》所不同的，就是"确定了需要资本主义的广大发展"，认为"资本主义的广大发展在新民主主义政权下是无害有益的"。在作为七大结论的内部讲话中，毛泽东又说："我们提倡的是新民主主义的资本主义"，在中国，新民主主义的资本主义还有用，有它的生命力，"它的性质是帮助社会主义的"，"有利于社会主义的发展的"。

龚的讲话还历述党的七届二中全会、1953 年党提出过渡时期总路线、党的八大和八大以后，对这个问题的决策变化过程。其中谈到八大过后不久，毛、刘、周都出来讲"可以消灭了资本主义，再搞资本主义"。我们知道，八大后毛、刘、周的这些讲话，在 80 年代党的文献工作者和党史研究工作者就将它们介绍出来了，并作了很好的研究和宣传。这次又将毛泽东在七大讲资本主义发展的重要论点介绍出来，加以研究和宣传。这些成果，对于理论界、史学界了解和吸取历史经验与智慧，联系着思考新时期的新政策，的确是很有益处的。

胡：我赞同你的评价。我也是从这里受到启发，在继续思考这个问题。这里不妨简略回顾一下我们党对待资本主义问题上的历史情况。

"五四"以后，在当时的马克思主义者同梁启超、张东荪等人之间，有过一场关于社会主义的论战。现在看来，梁、张等的观点虽然有许多是不对的，但有一点认识不能说是错的，那就是认为当时中国的经济很落后，还没有条件搞社会主义。陈独秀等对他们的反驳，无非是说社会主义比资本主义好，中国可以跨越资本主义去实现社会主义。怎样跨越呢？陈等回答不了，因而并没有驳倒他们。直到 1940 年毛泽东的《新民主主义论》才解决了这个问题。毛提出，中国革命就像写文章要分上下篇，只有做好上篇，才能做下篇。在做上篇即建设新民主主义时，要使资本主义有一个适当的发展。到了 1945 年的《论联合政府》，对这点作了进一步的发挥。毛泽东说，在中国当时的条件下，使本国资本主义有适当的发展，不但是一个进步，而且是一个不可避免的过程。它不但有利于资产阶级，同时也有利于无产阶级，或者说更有利于无产阶级。现在不是多了一个本国的资本主义，而是我们的资本主义太少了。这样的话，在此之前我们党内恐怕没有人说过。1943 年党中央派林伯渠、林彪去重庆同蒋介石谈判，周恩来当时也在重庆。毛泽东给他们的一个电报中说，我们的主张是可以搞七分资本主义，三分封建主义，社会主义是下一步的事。这是认为资本主义总要比封建主义进步，而当时封建主义在中国占的比重很大。当时国内政治力量的对比还不可能实行无产阶级领导的新民主主义。1944 年我们党提出建立联合政府的口号。1945 年抗战胜利后，我们党同国民党进行和平建国的谈判，并且举行国共两党和有其他党派参加的政治协商会议（旧政协）。政协的决议被国民党破坏而未能执行，但如果执行，这时是不是就是搞新民主主义呢？也还不是，但显然资本主义占的比重会比中华人民共和国建国初期更多一些或者多得多。

郑：这对我们共产党人来说，大概算是带有改良性质的妥协吧！

胡：是的，可以这么说。在当时的中国，已经经过长期的战争时期，人民渴望和平。如果不是经过大规模的战争，使有共产党参加的联合政府能够建立，使资本主义得到发展，那当然好。

郑：问题是这种改良的办法在中国行不通。从上个世纪末期的康有为，一直到这个世纪中期的共产党，都碰了壁。

胡：从这里可以看出，革命与改良并不是像人们换件衬衣那样，可以随意选择，而是要受种种客观历史条件限制的。前面提到的所谓"告别革命"，要否定一切革命，其错误就在于完全不顾历史发展的客观条件。

郑：我记得 1946 年您写过一篇《论发展生产力》的文章，提出中国要解放农民，从封建剥削下解放农业生产力；要发展自由资本主义，从官僚资本的压迫下解放工业生产力。文章的结论是："代替（国民党）一党专政而成立民主联合政府，其任务归根到底就在于解决这两个问题，使中国生产力发展。"在谈到自由资本主义时，文章说："中国目前经济上的困难和危机并不是由于资本主义太发展了而来，却是由于资本主义太不发展而来。"这些显然都是在宣传《论联合政府》中党的纲领的有关精神。

胡：这就是前边谈到龚育之所引述的毛泽东的观点。当时我在国民党统治区，虽然不可能知道毛在七大的多次内部讲话，但这种精神是从公开文件中能够体会到的。

说共产党搞革命可以为资本主义的发展创造条件，这在坚持"左"倾观点的人看来，是对马克思主义的离经叛道。但真正符合马克思主义的，还是毛泽东的观点。

新中国成立，按《共同纲领》规定，民族资本主义在五种经济成分中有一定的地位，可以适当地发展。我们看到，在建国头几年也确实有发展。到过渡时期总路线提出，我们原来的一些想法和做法发生了变化。此后20多年经过许多曲折，到党的十一届三中全会，才又走到正确的轨道上来。

我们现在建立了以社会主义公有制为主体，包括个体经济、私营经济、中外合营经济等多种经济成分并存的经济体制。私营经济作为社会主义公有制经济的补充，已经有了相当的发展。它的积极作用有了明显的发挥，它的消极作用也有了明显的暴露。怎样看待私营经济的存在和发展？这是人们非常关心而又提出了很多不同意见的一个重要问题。如果说，半个世纪前毛泽东在七大时就指出，在新民主主义政权下不怕资本主义的广大发展，那么，在今天强大的社会主义政权和公有制经济为主体的条件下，为什么要害怕私营经济的发展呢？

郑：事实是，我们现在不但社会主义的力量与过去大不相同了，而且私营经济的情况较之过去也有了很大的变化。

胡：两者都有很大的变化，问题是要了解这些变化。我在今年政协八届四次会议工商联小组会上有个发言，就是谈的要加强对非公有制经济的理论研究。我提出，在社会主义初级阶段，为什么要有私营经济和其他非公有制经济的存在和发展？它们是什么性质，与旧中国的这类经济有何不同？我们要运用马克思主义原理来进行研究。但不是教条主义地搬用本本，不是简单地套用历史经验，而是严格地从实际出发，对实际情况作深入的调查和分析。前边我讲到对阶级问题要根据新情况作新的研究，对非公有制经济的研究也涉及阶级问题，这是社会主义时期阶级问题中一个重要的内容，也要给予足够的重视。

郑：我看到某些批判现在发展非公有制经济和论述目前中国阶级形势的文章，总感到还没有摆脱把马克思主义简单化公式化的毛病，还带有二三十年前大批判文章的"流风余韵"，因此并不能弄清是非曲直。

胡：我最近读到社科院社会学所张厚义、刘文璞写的《中国的私营经济和私营企业主》一书，这可以说是对我们十多年来这方面实践经验进行认真研究的一个初步成果。我觉得，这本书写得不够严谨，有些论证不充分，恐怕还不足以服人，但确实提供了一些有用的资料，提出了一些可贵的有创造性的见解。如果我们的这种研究能够不断深入地进行下去，取得更多有科学价值的成果，那就会使马克思主义理论得到发展，使我们实行的政策得到充分的理论根据，也就能使这些政策的内容更加完备，贯彻执行得更好。

应当相信，我们社会主义的国家政权，既有胆识利用资本主义，又有能力管理资本主义。经过切实的努力，我们一定能够把非公有制经济的引导、监督、管理工作做好，充分发挥它们三个"有利于"的积极作用，抵御和克服它们的消极作用。同时，使社会主义公有制经济更加发展强大。这也是我们中国共产党对于马克思主义、社会主义发展的一个贡献。

今天就谈到这里吧。

郑：非常感谢您的这次谈话，这对我们的广大读者是很有教益的。

　　（1996 年 10 月接受《百年潮》杂志社采访的谈话记录整理稿。原载《百年潮》1997 年创刊号，1 月 5 日出版）

资本主义和社会主义的关系
——世纪交接时的回顾和前瞻

　　正在疾驰而过的20世纪这一百年中，中国经历了从未有过的巨大变化，而且从自己的经验中学到了许多新东西。要说这些新东西是哪些，我以为不可不提到资本主义与社会主义的关系和如何认识处理这种关系。

　　在20世纪的最初至少20年间，社会主义的声音虽然已经从外国传入，但中国人讲到国家的命运时都以西方资本主义国家为范例。只是在此以后，国内国际的条件逐渐使社会主义思潮在中国人中占据压倒的优势。社会主义的招牌下有真有假，有各种不同品种的货色，这固然会引起无穷争论；但在落后的农业国家中，资本主义是否可以一笔勾销，它与社会主义究竟有何关连，这是困扰几代中国人，特别是其中的先进分子的问题。要说清这个问题很不容易，但长话短说，这里先说80年间，有下列几种在中国有影响的看法。

　　一种看法是，中国可以从农业国家跳过资本主义（跳过工业化）直接到达社会主义。这种看法一般被称为"民粹主义"。它在中国虽早已被实践否定，但仍以种种不同形式出现。毛泽东说："民粹主义在我国与我们党内的影响是很广大的。"孙中山和毛泽东都曾染上过民粹主义色彩。孙中山的名言是"毕其功于一役"。毛泽东的典型说法是"一张白纸没有负担，好画最新最美的图画"。

相反的另一种看法是，只有经过资本主义工业的大发展，才谈得上社会主义。与中国早期的共产主义者辩论社会主义问题的梁启超、张东荪就是这种主张。梁、张持此说当然不足怪，但值得注意的是第一次国内革命战争期间，共产国际派到中国来的代表其实也有类似的论调。当时马林、鲍罗廷等人秉承共产国际的意旨，把"为国民党做苦力"的思想灌输给中国共产党人。原来马克思、恩格斯在19世纪中叶根据当时欧洲一些国家的形势认为，虽然无产阶级参加民主革命，但胜利后的政权总为资产阶级所取得，接着无产阶级就要把枪从右肩换到左肩，才谈得到社会主义革命。不顾20世纪中国的特点，教条主义地搬用马克思主义，结果遭致右倾机会主义而陷革命于失败。

经过这次失败后的中国共产党人在30年代初改变看法，认为革命胜利一旦到手时应立刻就转变为社会主义革命。而且他们在民主革命阶段，已经采取一般地反对资产阶级和资本主义的步骤。这种"左"倾观点也来自共产国际，又使革命遭受严重失败，并且留下很深的毒害。这是第三种看法。

抗日战争时期，毛泽东提出新民主主义理论是总结实际经验对这问题的透彻的解决。按照这个理论，中国民主革命的胜利还不是社会主义，因为还容许民族资本主义存在和发展，但它也不是资本主义，因为在无产阶级领导国家的情况下，社会主义经济已经存在、发展并起领导作用。抗日战争快结束时，毛泽东发表《论联合政府》，继续发挥新民主主义理论，并进一步肯定资本主义发展的必要性。新民主主义理论的创立者根据严格的事实逻辑认定，只有无产阶级领导的人民民主国家而不是资产阶级国家能够使经济大大发展，实现现代化，为采取重大的社会主义步骤做准备。在这过程中，有必要充分利用资本主义。

以上所述，都是在中国新民主主义革命胜利前即 20 世纪前半期人们的考虑，当然不可能不和当时的实践有关。但到了这个世纪的后半期，则完全成为在实践中的问题了。

从 50 年代到 70 年代，情形虽然很复杂，但人们被要求相信，从民主革命胜利后的第一年起就开始了社会主义革命的进军步伐（实际上也差不多是这样，这似乎近于前述新民主主义论前的第三种看法）。人们还看到，似乎不需要经济建设的大发展，最美好的共产主义图画就能凭空画出来（这近似于前述第一种看法）。人们还看到，社会主义与资本主义是用比万里长城更厚实的墙壁绝对隔开，后者包括它的"尾巴"只应立即彻底消灭。

对这段时期的经验给以分析研究，至少要有百倍于此的篇幅。但也可以一言以蔽之，这段经验十分重要，它告诉我们这样的认识不符合于实际，这样的实践只能有害于社会主义。

邓小平根据中国处于社会主义初级阶段的实际，提出建设有中国特色的社会主义的理论，破除了基本上没有摆脱民粹主义的种种错误认识，使人耳目一新，豁然开朗。本世纪最后 20 多年的实践，加上在此以前 30 年的正面和反面的经验，大体上可以使我们得到如下结论：

（一）为克服任何形式的民粹主义倾向，必须坚持以经济建设为中心。

（二）社会主义的大厦只能在人类过去世代（也就是阶级社会，其中主要是资产阶级社会）积累的文化遗产基础上建筑起来。简单地抛弃资本主义社会的一切，绝对无助于社会主义。

（三）公有制的社会主义社会只能建立在社会化的大生产之

上。有关大生产的知识和本领可以从若干不同的途径获得，但最便捷的途径是向发达的资本主义学习。不善于学习（分析、扬弃、改造、发展），几乎不可能建设社会主义。

（四）社会主义能够并且必须善于利用资本主义并克服其负面影响。在三个"有利于"的前提下，以公有制经济为主体，发展非公有制经济，其中包括私营经济，它的社会性质与资本主义相似，但它是和现在资本主义国家中的资本主义有所不同的特种的资本主义。（"一国两制"，即在特定的历史条件下一个小地区实行资本主义，则是利用资本主义的另一种形式。）

公有制社会（社会主义、共产主义社会）终将取得对于私有制社会、资本主义制度社会的胜利。胜利以何种方式实现，这是将来的问题。现在，社会主义制度只要吸取以往社会的一切积极成果，并在社会生产力和社会文明各方面超过以往，那么它在将来的胜利将是不可避免的。

在 20 世纪初期的世界上，社会主义不仅是以一种思想体系，而且是以一种活生生的社会制度兴起。到了这个世纪的最后十年，当一些人以为社会主义制度的死亡的信号已经发出的时候，社会主义制度正在深入地总结自己的经验。不仅在中国，而且在世界各国。中国咀嚼这种经验时有特别深切的体会。

可以设想，在新的世纪（2001—2100 年）中，社会主义制度由于总结经验而恢复其生命力，并在再下一个世纪和更下一个世纪（2201—2300 年）取得更伟大的胜利。人类世界如果以 21、22、23 三个世纪大体上完成从资本主义到社会主义的过程，这在人类历史年表上不算太慢。

1998 年 7 月于大连

（原载《瞭望》1998 年第 33 期，8 月 17 日出版。《瞭望》发表时将标题改为《坚持三个"有利于"发展有中国特色的社会主义》。后在《中共党史研究》和《炎黄春秋》转载时恢复原标题）

毛泽东的新民主主义论再评价

今天我的讲话的题目是《毛泽东的新民主主义论再评价》。所谓再评价，当然不是说，要推翻过去的评价。新民主主义理论是完全符合国情的指导中国民主主义革命阶段的理论，已在实践中得到完全证实，是马克思主义普遍原理和中国革命的具体实际相结合的完满典型。但我觉得，学术界过去对毛泽东新民主主义论的评价还有些不够，它有一个方面的内容还未得到充分重视，因此有再评价的必要。

一

为讨论现在要谈的问题，我想从毛泽东是不是带有民粹主义的思想说起。这个问题，恐怕是由研究毛泽东的美国人首先提出来的。他们认为，毛泽东的民粹主义思想很严重。对他们的这种看法，国内的学者有人同意，有人反对，有人说要分析研究。我认为，至少在毛泽东一生最辉煌的时期之一，即大体在民主革命时期的 1939 年到 1949 年，毛泽东不但没有丝毫染上民粹主义的思想，而且是坚决地反对民粹主义的。他不仅仅在口头上反对，而且从理论上和实践上鲜明地、坚定地反对民粹主义。甚至可以说，虽然过去我们党内有些同志表示反对民粹主义，但从理论和实践两方面坚定地、透彻地反对民粹主义，毛泽东是我们党内的第一人。

首先，我想引用毛主席讲过的几段话，这些话可以表明，毛主席为什么要反对民粹主义，为什么他认为在中国社会、在中共党内反对民粹主义有很重要的意义。

1945 年，毛泽东在党的七大发表《论联合政府》的重要报告，他在此前的六届七中全会上对《论联合政府》作的说明中指出："报告中……着重说明民主革命，指出只有经过民主主义，才能到达社会主义。这是马克思主义的天经地义。这就将我们同民粹主义区别开来，民粹主义在中国与我们党内的影响是很广大的。"①

七大开会时，因为已经把《论联合政府》印成书面报告发给大家，所以毛主席没有再照本子念，而是作了一个口头报告，来解释书面报告的主要内容。其中提到"民粹派的思想"。他说，这种思想"在农民出身的党员占多数的党内是会长期存在的。所谓民粹主义，就是要直接由封建经济发展到社会主义经济，中间不经过发展资本主义的阶段。俄国的民粹派就是这样"。接着，毛主席指出，民粹派最后变成了反革命的社会革命党。他说："他们'左'得要命，要更快地搞社会主义，不发展资本主义，结果呢。他们变成了反革命。""布尔什维克就不是这样。……俄国在十月革命胜利以后，还有一个时期让资本主义作为部分经济而存在，而且还是很大的一部分，……一直到第二个五年计划时，才把城市的中小资本家与乡村的富农消灭。我们

---

① 《毛泽东文集》第 3 卷，人民出版社 1996 年版，第 275 页。

的同志对消灭资本主义急得很。……我们的同志在这方面是太急了。"①

毛主席这段话牵涉到俄国革命时的一些问题。社会革命党在俄国革命史中的地位与作用，学术界有不同看法。这里不作讨论。列宁的新经济政策实行不久，就被斯大林中止了，现在学术界对这个问题有很多看法。有人提出，新经济政策是不是停止得过早？对这问题，也不作讨论。我只想指出，毛主席讲这些话的意思是说，我们不要像俄国的民粹派，对消灭资本主义不能急，太急了不行。

民粹主义思想的内容，在毛主席这段话里也交待清楚了。大家知道，民粹主义是 19 世纪在俄国革命史上出现的一种重要思潮，列宁、普列汉诺夫花大力批评它。它的基本特征就是毛主席说的，主张不经过资本主义，直接从封建经济，也就是从小农经济发展到社会主义。表面上看起来，民粹主义者非常反对资本主义，热心于社会主义，但实际上他们的这种主张是行不通的、错误的。毛主席的以上两段话都指出，民粹主义在中国有很大的影响。当然，并不是说俄国民粹派的思想直接影响到中国共产党，那时也许我们党内很多同志并不知道俄国民粹派。说民粹派思想在中国有很大影响，主要是由于中国革命在广大农村内进行，大多数党员是农民出身，在这种特定的环境下，党内容易产生实质上类似于俄国民粹主义的倾向。

我介绍的第三段话，是 1948 年 4 月 1 日毛主席在晋绥干部会议上的讲话中说："现在农村中流行的一种破坏工商业、在分配土地问题上主张绝对平均主义的思想，（是一种农业社会主义的思想。）它的性质是反动的、落后的、倒退的。我们必须批判

---

① 《毛泽东文集》第 3 卷，人民出版社 1996 年版，第 323 页。

这种思想。"① 那时，革命快要取得全国的胜利，我们开始进入中等的和大的城市。新华社在同年7月发表了一个关于"农业社会主义"的问答。在引用了毛主席的上述这段话（其中有"是一种农业社会主义的思想"这个表述）以后，新华社解释说："毛主席在这里所说的农业社会主义思想，是指在小农经济基础上产生出来的一种平均主义思想。抱有这种思想的人们……以为把整个社会经济都改造为划一的'平均的'小农经济，就是实行社会主义，而可以避免资本主义的发展。"新华社的回答还引用了历史上的例子，指出帝俄时代的民粹派和中国的太平天国的人们，大都是抱有这一类的思想的。新华社还解释说："在新民主主义的国家内，土地改革后农民中一定程度的阶级分化仍然是不可避免的，……社会主义不是依靠小生产可以建设起来的，而是必须依靠社会化的大生产，首先是工业的大生产来从事建设。……要达到社会主义，实现社会主义的工业和农业，必须经过新民主主义经济一个时期的发展，在新民主主义社会中大量地发展公私近代化工业。"② 这个"问答"用新华社的名义来解释毛主席的讲话，很显然，是传达了当时中央的意旨。毛主席的讲话和新华社的"问答"，在各路解放大军纷纷进入城市时起了很大的积极的影响。

从上面所引的毛主席的三段话可以看出，民粹主义思想是可能从小农经济中自发产生的，在这种思想影响下，革命就会发生破坏工商业和城市的举动。试看太平天国的历史，那时的人们当

① 《毛泽东选集》第4卷，人民出版社1991年版，第1314页。引文中用括弧包起来的短语"是一种农业社会主义的思想"在1960年《毛泽东选集》第4卷初版中已删去，但原来是有的。

② 有几种文献资料汇编中可以看到新华社这个问答的全文。如中国人民解放军政治学院党史教研室编《中共党史参考资料》第十一册，第165—168页。

然不知道什么民粹派，但太平天国明确地提出了，实际上也执行了一套自己的政策。他们在打到南京后，用现在的话说，一进城就"共了产"，把所有商铺的财产都分门别类地收归军队所有，实际上就是消灭社会上存在的工商业。太平天国也主张实行一种农业上的绝对平均主义，按照人口来计算，平均给每一个人分多少土地，规定每一家人能有多少财产，能养几只鸡等，多余的财产都要交公。虽然太平天国的这套主张没有也不可能完全实行，但可以看到，这就是在中国农民中自发产生的民粹主义思想。所以，在中国共产党领导的民主革命取得胜利、全国解放的前夕，毛主席特别提出绝对平均主义的问题，提醒全党注意，而且加上一个"农业社会主义"的称呼。后来编《毛泽东选集》的时候，为什么删去这个称呼，未听到过权威的解释。大概是因为"反对农业社会主义"很容易在字面上引起误解，使人以为是反对农业的社会主义改造。

　　确实，到了革命大军进城时，绝对平均主义成为极需十分注意的问题。如毛主席所说，农村中流行着一种破坏工商业、分配土地主张绝对平均的思潮。在旧中国，私营工商业差不多都和土地剥削有联系。当城市不在我们手里的时候，地主避到城里，农民就没有办法了。但到了城市已经解放，如果农民纷纷进城分地主财产，就可能导致破坏工商业、破坏城市的后果。在分配土地上不能采取绝对平均主义，在城市实行绝对平均主义，那就更加有害了。看来农业社会主义这个概念比绝对平均主义含义更多，突出地显示了要不要发展工业的问题，或者更准确地说，要不要工业、农业和其他方面的现代化的问题。

　　这里说的是全国解放时的情况。那么在此以前，在农村打游击，发展农村革命根据地的时期，这个问题是不是就没有那么重要呢？不，这个问题同样十分重要。中国革命中有许多问题要从中国的实际出发，用马克思主义的基本原理去解决。其中一个重要问题，就是资本主义和社会主义的关系问题，也就是用民粹主义思想还是根据马克思主义理论去处理这个关系的问题。在长期的中国革命进程中，党在这个问题上有没有沾染一些民粹主义气味？是不是能杜绝民粹主义？是不是因避免民粹主义而走向相反的另一极端？需要认真研究。实践证明，这个问题如果解决得好，中国革命就顺利；解决得不好，就会产生各种各样的问题。

二

中国革命说得长远一些，可以一直追溯到戊戌变法、辛亥革命。那时候，中国先进的人们要解决中国的问题，使中国前进，走什么道路呢？他们认为，应以西方国家为师，走资本主义道路。在那时，这种主张是唯一进步的主张，如果能使中国从半殖民地半封建的境地，变成独立的资本主义国家，当然是个很大的进步。

经过第一次世界大战，资本主义制度的弱点在世界上充分暴露出来，大不吃香了。十月革命以后，中国出现了社会主义思潮。当时，中国共产党还没有成立，只有一些共产主义小组，有一些学习马克思主义、信仰社会主义的青年。这时期有过一场关于资本主义和社会主义的论战，以梁启超、张东荪为代表的一些人反对讲社会主义，起来跟他们争论的是陈独秀、李达等人。有的党史书讲那时有三大论战，其中就有这次论战。一般的叙述是说，社会主义是新生力量，论战一展开，社会主义论者就把资本主义论者打垮了，"得胜回朝"，好像容易得很。但是仔细看一下论战的材料，并不是那么简单。梁启超、张东荪大致是说，中国现在太穷，很弱，受列强的压迫，经济十分落后，在这种情况下怎么能实行社会主义呢？他们说，中国大多数人是农民、游民，工人很少，还不配讲社会主义革命。所以当务之急应该是发展工业，这就只能靠走资本主义道路。所以现在不需要社会主义思想、社会主义的党，这些等将来才有用。这些高谈阔论中夹杂的一些话虽然是符合于或近似于实际的，但是就其总体来说是错误的。

中国初生的马克思主义者在反对资本主义的论战中的确生气勃勃，代表着时代前进的方向，但是他们在论战中也有弱点。其弱点就在于他们对中国社会状况还缺乏全面的了解，还没有做认真的分析研究，因而还不能为我们现在所说的，从国情出发，论证中国在向社会主义前进的过程中，还要适当地利用资本主义。他们不懂得梁启超等人的错误，不在于说中国现在还不能实行社会主义，而在于认为既然不能马上实行社会主义，就不需要社会主义者，不需要社会主义思想，不需要成立共产党，大家都应当一心一意奔资本主义。为反驳这种观点，显然要有较多的马克思主义才行。只是斥责资本主义的罪恶，声讨资本主义的落后性，借以论证中国应该立刻实行社会主义，那就实际上染上了民粹主义的色彩。

1921年中国共产党成立后，大家很快对马克思主义有了较进一步的认识。这时候来了俄国和共产国际的"教员"。他们满肚子都是马克思主义，就向中国共产党人说，你们现在还年轻，力量还太小，现在还不能独立干什么，要和国民党合作，先搞民主革命，反帝反封建，将来才能自己搞社会主义。中国共产党人开始并不相信，不愿意照这样做，后来觉得老大哥的话不错，就实行了第一次国共合作。中国共产党人也就开始懂得了，在中国为社会主义而奋斗，必须先搞资产阶级民主革命。

可是，当时俄国和共产国际的人对中国的实际情况都不真正了解。他们教条主义地看问题，认为既然是资产阶级民主革命，革命胜利后就一定是建立资产阶级的政权。共产党现在只能去帮助国民党，等到资产阶级夺取政权了，共产党才有自己的"戏"，现在只是帮忙、跑腿，甚至于当苦力。其实，在半殖民地半封建的中国并没有能够比较彻底地进行民主革命的资产阶级。来中国的这些俄国人以及共产国际的专家，误以为蒋介石、汪精卫的国民党代表着革命的资产阶级。结果国共合作还没有取得全国政权，蒋介石、汪精卫已经投降帝国主义和封建主义，和他们并肩协力，反过来屠杀共产党人了。党史书说，党在这时期犯了右倾机会主义错误，这个错误在中国党内应由陈独秀负责，也是在共产国际和俄国人的指挥棒下造成的。这种右倾机会主义思想从根本上是出于这样的估计：既然中国是搞资产阶级民主革命，革命的领导权应属于资产阶级，政权也主要由资产阶级执掌。这种想法固然避免了民粹主义，却走到了和民粹主义绝对相反的另一错误极端，是和中国实际不符合的，既导致革命惨痛失败，也解决不了社会主义与资本主义在中国的关系问题。

年轻的中国共产党经过这番大挫折后，又站起来重新开始革命。在这种情况下，很容易出现"左"的情绪，不甘心再搞资产阶级民主革命，以为不如干脆搞社会主义革命。这时候，俄国的老大哥又起了一点教员的作用。在莫斯科召开的中共六大上，斯大林亲自出面，指出中国现在还是要搞资产阶级民主革命，革命有高潮、低潮，现在是低潮，以后还会出现高潮。老大哥对马克思主义毕竟是懂得多一点，说服了中国共产党人。中国共产党的力量在20年代后期和30年代前期又发展了起来。

这时发生了两个问题。当时的革命主要是党在农村中组织农民武装、打游击战、开辟根据地。共产国际和俄国领导人历来看不起这种农村斗争，认为共产党长期陷在农村中是没有前途的，甚至会改变自己的性质。那么怎样才能快些进城呢？这是一个问题。另一个问题是中国的资产阶级似乎已全部离开以至反对革命，那么资产阶级民主革命怎么搞下去呢？共产党的目的是社会主义，现在的资产阶级民主革命和将来的社会主义革命究竟怎样连接起来呢？脱离中国实际的共产国际和俄国的领导人解决不了这两个问题，他们很自然地倾向于争取赶快进城，并且尽早地实现革命的转变——从资产阶级民主革命转变到社会主义革命。第二次国内战争时期以李立三、王明为代表的"左"倾冒险主义、教条主义，就是受共产国际和俄国人的影响而产生的。

这里提供一个材料为例。1930年6月，共产国际执行委员会政治秘书处关于中国问题的决议说："中国革命运动的新高涨已经成为不可争辩的事实。""应该加紧全部力量去发展政治罢工，准备在一切或几个工业中心的政治大罢工。""中国革命的当前阶段是带着（他们不明确说"是"，而说"带着"。——引者）资产阶级民主主义的性质"，但"和普通的资产阶级民主革命不同"，是"因为工人与农民是在直接同资产阶级的斗争中去实行资产阶级民主阶段的任务"。"它在取得胜利时就开辟社会主义发展的前途"。"中国的民主专政将不得不一贯到底地没收中外资本家的企业，不得不实行很重大的社会主义性质的步骤"。这些话很明显地是混淆了两个革命阶段，在民主革命阶段就要实行重大的社会主义性质的步骤。这个决议还说："中国革命转变为社会主义革命的期限，将比按照俄国1905年革命条件所预料的，要大大缩短"。"中国国内的经济条件提出非资本主义进化的必要"，也就是"苏维埃的、非资本主义的、社会主义的发展道路"。① 这些话显然在当时中共党内很容易煽起一种"左"的情绪，以至形成"左"的路线。

从当时"左"的路线中，可以很明显地看出有这样两个特点：一是在资产阶级民主革命时期，不只是反帝反封建，还要一般地反资本主义。资本主义在哪里呢？主要在大城市。李立三、王明路线的领导，都承认我们现在要搞资产阶级民主革命，而且只好先在农村搞武装斗争，但是在那样落后的农村中谈什么反资本主义，未免太可笑了。所以他们都不顾条件是否成熟，急于攻打大城市，以便进一步结合工人阶级反对资产阶级。二是在反帝反封建的同时，反对任何"中间势力"。中间势力是什么呢？实际上主要就是民族资产阶级的力量。李立三、王明认为，革命一发展到大城市，资产阶级民主革命就要立刻直接转变为无产阶级社会主义革命。李立三在那时说过的这句话可谓典型："革命胜利的开始，革命政权建立的开始就是革命转变的开始，中间决不会有丝毫的间隔。"② 而且那时的立三认为，只要拿下一两个省，就是"革命胜利的开始"。30年代前期"左"倾错误的结果，大家知道，几乎葬送了中国红军和中国革命。

30年代前期这种"左"倾机会主义，人们很少讲它和民粹主义的关系。这种"左"倾论调并不表示对小农经济的崇拜，这的确是和民粹主义不同的，但可以说，它的基本性质是类似于民粹主义的。因为它以为可以在经济很落后的情况下，即普遍存在着小农经济的情况下一下子将民主革命转到社会主义革命去。毛主席在党的七大联系着批评民粹主义时说，我们的同志对消灭

① 《共产国际有关中国革命的文献资料》，中国社会科学出版社1982年版，第92页。
② 李立三1930年5月发表的论文中语，见《中共党史教学参考资料》第一册，人民出版社1979年版，第273页。

资本主义急得很，在这方面是过急了。他所批评的这种急性病，是从 30 年代遗留下来的。

三

遵义会议纠正了党的"左"倾错误。以毛泽东为核心的党中央成功地领导党进入抗日战争。这里讲一点个人的经验。抗日战争开始时，我刚刚参加共产党，当然完全拥护党采取国共合作的方针，争取抗日战争的胜利。这是当时头等的大事。但是心里不能不怀疑，现在同国民党合作，抗日胜利后中国到底变成什么样子，怎样变成我们所要的社会主义？实在不懂。我就请教一些老同志，和他们讨论。老同志说，咱们当然是要搞社会主义，抗日战争的结果将是非资本主义的前途。讲非资本主义的前途，这很好。抗日战争胜利后，当然应当不是资本主义前途。但非资本主义是什么，就是社会主义吧？可为什么不说社会主义，而说非资本主义？搞不清楚。一些老同志也解释不了。

毛主席在抗日战争初期的 1939 年 12 月发表《中国革命和中国共产党》，又在 1940 年 1 月发表《新民主主义论》。提出和解释新民主主义的这两篇论文有十分伟大的意义，解决了前两个时期的经验仍说不清楚的问题。他说，中国资产阶级民主革命取得胜利，包括抗日战争胜利后，不能变成资产阶级专政的资本主义社会，但也不能马上变成社会主义社会。这个社会里有社会主义因素，但又有资本主义因素。无产阶级在资产阶级民主革命（包括抗日战争）中要争夺领导权，以至掌握领导权。这就不是旧民主主义革命，而是新民主主义革命。他在中国革命的历史上，第一次提出新民主主义革命的概念，指出新民主主义革命"虽然按其社会性质，基本上依然还是资产阶级民主主义的，它的客观要求，是为资本主义的发展扫清道路，然而这种革命……是新的、被无产阶级领导的、以在第一阶段上建立新民主主义的社会和建立各个革命阶级联合专政的国家为目的的革命。因此，这种革命又恰是为社会主义的发展扫清更广大的道路。"[①]

毛泽东的新民主主义论一提出来，使人们眼界豁然开朗，一下子清楚了，明确了。他的新民主主义理论，确是为中国革命当前任务和它的前途作出了科学的、符合实际的、易于了解的论断。

1945年，毛主席在写七大报告——《论联合政府》时，把《新民主主义论》中的许多观点更进一步往前推进了。《论联合政府》中说："中国也不可能、因此就不应该企图建立一个纯粹民族资产阶级的旧式民主专政的国家。""在中国的现阶段，在中国人民的任务还是反对民族压迫和封建压迫，在中国社会经济的必要条件还不具备时，中国人民也不可能实现社会主义的国家制度。"[②] 这个思想和《新民主主义论》的提法是一致的。《论联合政府》里有一段很有名的话："有些人不了解共产党人为什么不但不怕资本主义，反而在一定的条件下提倡它的发展。我们的回答是这样简单：拿资本主义的某种发展去代替外国帝国主义和本国封建主义的压迫，不但是一个进步，而且是一个不可避免的过程。它不但有利于资产阶级，同时也有利于无产阶级"。后来编《毛泽东选集》的时候，在这里又加了一个短语，"或者说更有利于无产阶级"。接着说："现在的中国是多了一个外国的帝国主义和一个本国的封建主义，而不是多了一个本国的资本主

---

① 《毛泽东选集》第2卷，人民出版社1991年版，第668页。
② 《毛泽东选集》第3卷，人民出版社1991年版，第1055页。

义，相反地，我们的资本主义是太少了。"① 他特别申明：我们中国共产党人是根据自己对于马克思主义的社会发展规律的认识，来明确地认识这一点的。② 后来在编《毛泽东选集》的时候，毛主席把过去的有些文章做了若干文字修改，可是这段话没有改动，甚至还如上所述加了一个短语。

毛主席关于七大的其他一些讲话，过去人们只能在档案馆里查阅，现在有了中央文献研究室编辑的《毛泽东文集》和《毛泽东在七大的报告和讲话集》，都可以看到了。那时，毛主席在解说七大的报告时说："这个报告与《新民主主义论》不同的，是确定了需要资本主义的广大发展，……资本主义的广大发展在新民主主义政权下是无害有益的。"③ 他在七大的口头报告里又说："在我的报告里，对资本主义问题已经有所发挥，比较充分地肯定了它。这有什么好处呢？是有好处的。我是在这样的条件下肯定的，就是孙中山所说的'不能操纵国民之生计'的资本主义。至于操纵国民生计的大地主、大银行家、大买办，那是不包括在里面的。""我们这样肯定要广泛地发展资本主义，是只有好处，没有坏处的。对于这个问题，在我们党内有些人相当长的时间里搞不清楚，存在一种民粹派的思想。"④

这里，毛主席又联系到民粹主义问题。他的意思是，如果不承认只有经过民主主义才能到达社会主义，不承认新民主主义政权下还需要资本主义的广大发展，那就和民粹主义区别不开了。

---

① 同上书，第 1060 页。参看《论联合政府》的各种旧版本，如东北书店 1948 年的《毛泽东选集》第 316 页。

② 《毛泽东选集》第 3 卷，人民出版社 1991 年版，第 1060 页。参看《论联合政府》的各种旧版本，如东北书店 1948 年的《毛泽东选集》第 316 页。

③ 《毛泽东文集》第 3 卷，人民出版社 1996 年版，第 275 页。

④ 同上书，第 322—323 页。

那么，毛主席的这种观点是不是马克思主义的呢？是不是马克思主义，不能光找书本，拿马克思主义的书来核实一下有没有这个话。那是不行的。马克思主义书本里面，没有讲中国搞新民主主义，还可以发展资本主义，在什么条件下应该发展资本主义等等。因此，是不是马克思主义，应该看是否基于马克思主义的立场、观点和方法而完全符合于中国的实际状况和需要。革命在全国胜利以前，我们党对中国国情有一个估计，具体数字不一定完全准确，但总的估计是正确的。这就是认为在抗日战争前夜（那是旧中国经济发展最高的时候），全国范围内现代性的工业大约只占国民经济的百分之十左右，农业、手工业占百分之九十左右。1949 年 3 月毛主席在党的七届二中全会报告中指出上述基本国情后说：这是"在中国革命的时期内和在革命胜利以后一个相当长的时期内一切问题的基本出发点。"① 党的新民主主义的方针以及对资本主义的政策，是从这种具体情况出发的。由此得出的对私人资本主义的结论是："在革命胜利以后一个相当长的时期内，还需要尽可能地利用城乡资本主义的积极性，以利于国民经济的向前发展。"② 在马克思主义老祖宗的书本里是找不到这些的。

毛主席还从抗日战争的经验得出一个现成书本上没有，令教条主义者吃惊的结论。他说："无产阶级是可以领导资产阶级的。我们要按实际办事，不是按书本办事，而王明则反对无产阶级领导资产阶级，说列宁没有讲过。"③

---

① 《毛泽东选集》第 4 卷，人民出版社 1991 年版，第 1430 页
② 同上书，第 1431 页。
③ 《毛泽东文集》第 3 卷，第 74 页。

四

研究新民主主义论是不是马克思主义的，还可以看一下
1944 年毛主席给博古的那封有名的信。在这封信里他说："新民
主主义社会的基础是工厂（社会生产，公营的与私营的）与合
作社（变工队在内），不是分散的个体经济。分散的个体经济
——家庭农业与家庭手工业是封建社会的基础，不是民主社会
（旧民主、新民主、社会主义，一概在内）的基础，这是马克思
主义区别于民粹主义的地方。"这里又一次讲到民粹主义。可
见，毛主席那时候经常想到要防止民粹主义的问题。信上接着
说："简单言之，新民主主义社会的基础是机器，不是手工。我
们现在还没有获得机器，所以我们还没有胜利。……现在的农村
是暂时的根据地，不是也不能是整个中国民主社会的主要基础。
由农业基础到工业基础，正是我们革命的任务。"① 这里的观点
非常鲜明。有人以为毛主席出身农村，就对农村偏爱，他不是这
样的。

当时在根据地（解放区）建立的社会，还说不上是完全的
新民主主义社会，因为"新民主主义社会的基础是机器"。毛主
席确实是结合中国实际情况运用了马克思主义。马克思主义认
为，经过资本主义的发展才可能到社会主义，因为只有在资本主
义创造的生产力的基础上才能建立社会主义。但并不是一定要经
过资产阶级统治的那种资本主义社会。马克思 1881 年在给一个
俄国友人写的信稿中说：俄国农村公社"能够不通过资本主义
生产的一切可怕的波折，而吸收它（资本主义）的一切肯定的

---

① 《毛泽东书信选集》，人民出版社 1983 年版，第 238—239 页。

成就"。① 马克思对传统的俄国农村公社的这个指望后来并没有实现。但由此可见，马克思并不认为"资本主义的一切可怕的波折"是不可避免的，他认为社会主义必须吸取资本主义的"一切肯定的成就"。正是在这点上，民粹主义和马克思主义不相容。毛泽东的新民主主义论就包含着在中国的具体条件下，如何利用资本主义以发展社会主义的内容，指出了一条不经过资产阶级专政的资本主义社会，避免那种"可怕的波折"但又吸收资本主义的"一切肯定的成就"的路子。

马克思主义对旧世界的批判和旧世界崩溃以后的预见，都是科学的。但是，在马克思、恩格斯年轻的时候，曾经把形势估计得过于乐观，认为那时已经到了资本主义崩溃的时候了。在19世纪40年代，他们过高地估计了西欧资本主义陷于崩溃的形势。恩格斯晚年说："当时欧洲大陆经济发展的状况还远没有成熟到可以导致铲除资本主义生产方式的程度。"② 所谓是否成熟到可以铲除资本主义生产方式的程度，这要根据事实，根据客观的经济社会条件，而不能凭主观的愿望。历史还告诉我们，无产阶级和它的先锋队无产阶级政党是不是有力量夺取政权，这和就经济状况说铲除资本主义生产方式的条件是否已经成熟，两者不一定是一回事。并不一定是到了铲除它的条件已经完全成熟的时候，无产阶级才有可能夺得政权；当然也不一定是无产阶级夺取了政权时，铲除资本主义的条件已经成熟。无产阶级政党能否取得胜利，掌握政权，与各种国内国际条件有关，只要形势有利，就应该紧紧抓住时机，毫不放松，夺取胜利，中国共产党就是这

---

① 《马克思恩格斯全集》第 19 卷，第 431 页。
② 恩格斯：《法兰西阶级斗争导言》，《马克思恩格斯全集》第 22 卷，第 595、597 页。

样做的。毛主席的伟大就在这里，不仅提出了新民主主义论，而且领导全党和全军在新民主主义革命的紧要关头大胆地跃进，取得了胜利。邓小平同志说，如果没有毛主席，我们革命的胜利可能要晚几十年。在胜利前，毛主席又早已清醒地看到，中国革命将在资本主义不是太多而是太少的情况下取得胜利，因此对新民主主义社会有了种种设想，而对从民主革命到社会主义革命的过渡，采取十分慎重的态度。

在无产阶级政党取得政权后，还不具备全面地实现社会主义社会的条件和可能，怎么办呢？那就要经过迂回的道路。

绝不能因为社会主义革命的条件还没有成熟，就等着而不去夺取政权。无产阶级革命家要抓住机遇夺取革命的胜利，然后再在无产阶级政权下补生产力和其他文化条件的课。这就是中国革命必须要走新民主主义道路的道理。这就是新民主主义论主张在革命胜利、无产阶级夺得政权后一个相当长的时期内，一切有利于国民经济的资本主义成分应允许其存在和发展的根据。

这究竟是否符合于马克思主义呢？可以引用马克思主义的一句名言："无论哪一个社会形态，在它所能容纳的全部生产力发挥出来以前，是决不会灭亡的；而新的更高的生产关系，在它的物质存在条件在旧社会的胎胞里成熟以前，是决不会出现的。"[①] 马克思在《政治经济学批判序言》里的这句话，说的是马克思主义历史唯物主义的一个基本论点，一个原理。马克思主义是无产阶级的革命理论，是要以社会主义社会代替资本主义社会，以社会主义世界代替资本主义世界，在此意义上，可以说这是"兴社灭资"论。但如果脱离上述的这个原理而只知"兴社灭

---

① 《马克思恩格斯选集》第2卷，人民出版社1995年版，第33页。

资"，那就可能并不是马克思主义的科学社会主义，而是空想社会主义、冒险主义、民粹主义，或别的什么。

毛泽东的新民主主义理论在指导中国革命取得胜利过程中，有两个方面最能显示它的特点——完全是从中国实际出发，是马克思主义原来书本上没有的，但又的确符合马克思主义的原理。一个方面是农民问题。这就是，在农村党领导组织农民武装，建立农村革命根据地，在战争和革命中提高农民水平（可以说，使他们逐渐摆脱自发的民粹主义、农业社会主义），以农村包围城市，武装夺取政权，最后取得全国胜利。另一个方面就是资本主义问题。和"左"倾机会主义在民主革命过程中就反对一切资产阶级不同，毛主席的理论是，要区别民族资产阶级即中等资产阶级和大资产阶级，对前者要采取慎重的政策，不是一概打倒，一律反对。解放战争时党的三大经济纲领，一个是土地改革，一个是没收官僚资本，还有一个就是保护民族工商业。在革命取得全国胜利的时候，党从农村进入城市，毛主席和党中央在强调全心全意依靠工人阶级的同时，十分注意团结一切民主党派，团结主要是中等资产阶级的社会力量，同他们合作共事，一起建立民主共和国。这是因为中间阶层虽然有其弱点，但在中国是最有文化的，并且有一些资本和办工业的本领，是可以影响很多人的。如果不团结这个力量，那么我们纵然进了城，也将在城市中站不稳脚；而且很可能助长我们队伍中的民粹主义、农业社会主义的倾向，那就更有招致失败的危险。新民主主义革命之所以能取得胜利，就因为有工人阶级、共产党的领导，团结、动员了中国人口中占最大多数的农民，还组成了一个由参加这个革命的一切人组成的统一战线。毛主席当时说，这个"统一战线是十分广大的，这里包括了工人、农民、独立劳动者、自由职业者、知识分子、民族资产阶级以及从地主阶级分裂出来的一部分开明绅士"。^① 依靠包含上述两个特点的新民主主义理论的指导，才可能有共产党领导的、以工农联盟为基础的这样广大的统一战线，也才可能取得民主革命的胜利。

五

也许有人说，在新民主主义革命完成以后，新民主主义理论就没有什么现实价值，而只可供历史的回顾了。我以为不是这样的。这个理论不仅对新民主主义革命有指导作用，而且有助于我们考虑建国以后的一些问题，以至今天我们研究社会主义初级阶段理论和实行改革开放政策时，也还可以从中得到某些启发。

建国之初，我们党对何时和如何进行社会主义革命的问题采取了非常慎重的态度。在召开人民政协制定《共同纲领》时，有的民主人士建议要在共同纲领里提到社会主义，我们党的领导人却说暂不提。毛泽东和刘少奇、周恩来等领导人那时涉及这个问题的讲话，都是按新民主主义论的精神讲的。例如，1952 年 10 月周恩来说："毛主席的方针是稳步前进，三年恢复，十年、二十年发展。发展新民主主义经济可能要十年、二十年……"^② 这里，我讲一件自己经历的事情。1952 年开展"三反"、"五反"运动后，当时很流行的《学习》杂志上有篇文章写了"给资本主义敲了丧钟"这样的话。毛主席看到后，大加批评，说现在怎么能给资本主义敲丧钟？还远不到这时候！

到了 1953 年，事情有了改变。那时说，社会主义革命从 1949 年已经开始。其实，这个说法不大能够服人。毫无疑问，

---

① 《毛泽东选集》第 4 卷，第 1313 页。
② 《周恩来经济文选》，中央文献出版社 1993 年版，第 122 页。

人民共和国从一开始已经通过没收官僚资本，有了国营经济，这就是有了社会主义经济因素。而且共产党取得政权就是个重大的社会主义因素。但是，这跟社会主义革命是两回事情。建国时，在《共同纲领》中不提社会主义，当时认为必须有相当重大的社会主义步骤，才是社会主义时期的开始，在这以前，是新民主主义时期。1953年，宣布全面发动对农业、手工业的个体经济和私人资本主义工商业的社会主义改造，这确实是社会主义的重大步骤。而原来党内的共识是，这种步骤要在三年准备、十年建设之后才采取的。应该说，在建国后三年党的方针有了明显的改变。

我们党的方针政策，不是在任何情况下一成不变的，是应该随着形势的变化而变化的。那么从40年代初到50年代初，中国发生了什么变化呢？翻天覆地的显著变化就是人民共和国建立，共产党掌握了政权。随着这个变化，社会生活的各方面当然都发生了很多变化。但是所有这些变化都还没有能改变农业生产和农村经济落后的状况（农民使用的几乎还是两千年前老祖宗使用的工具，自然经济和半自然经济支配着农村），还没有能从根本上改变现代性工业生产只占国民经济中很小的百分比的情况。这也就是说，毛主席1945年在党的七大讲的，资本主义在中国不是太多，而是太少的情势并没有发生根本变化。

讲中国的资本主义不是太多，而是太少，这是马克思主义的科学语言。用普通常识的眼光来看，既然最后要消灭资本主义，那么似乎应该是资本主义愈少愈好，因为愈少就愈容易消灭。过去有很多人是这样想的。孙中山就这样看，他说过，趁资本主义还少，甚至还没有的时候，赶快搞社会主义革命，这样做，比以后资本主义多了时再搞社会主义革命容易得多。这是他在20世纪初讲的话。我们不能责备孙中山。他不可能懂得，资本主义不能只被看作一种罪恶，它能为社会主义提供必要的物质准备。马克思主义者是从客观社会发展规律来认识资本主义的历史作用。如果认为趁资本主义还少，还没有发展起来，就可以马上过渡到社会主义，这就是倒向民粹主义，而离开马克思主义。

拿 1949—1953 年和 1945 年相比，资本主义恐怕并不是更多一点，而是更少了一点。官僚资本的很大部分跑到外国去了，还有一部分带到台湾去了（这当然对我们建立社会主义国营经济不利）。很多民族资本家为了避免战祸，也由于对国民党政权崩溃后的形势看不准，把他们的资产（或其中的一部分）转移到国外和香港。经过八年抗日战争和三年国内战争，1949 年时中国资本主义经济的总量，看来也不会比 1936 年时更多，而是更少些。解放以后，由于人民共和国实行公私兼顾的政策，私营工商业有过一个发展的"黄金时期"，但也不可能发展得那么快。

1953 年党宣布过渡时期的总路线。表述这条总路线的标准语言是："从中华人民共和国成立到社会主义改造基本完成，这是一个过渡时期。党在这个过渡时期的总路线和总任务，是要在一个相当长的时期内，逐步实现国家的社会主义工业化，并逐步实现国家对农业、对手工业和对资本主义工商业的社会主义改造。"所谓相当长的时期，是指人民共和国最初三年的经济恢复时期和这以后的三个五年计划时期，共 18 年。按这些叙述，过渡时期的结束是以社会主义改造基本完成为标志。但事实上，社会主义改造的速度出乎人意料。在 1953 年后三年，1956 年已经"完成"了对农业、手工业、资本主义工商业的社会主义改造。至于社会主义工业化，第一个五年计划（1953—1957 年）经济建设取得了很好的成就，5 年间农业总产值增长了 25%，年均增长 4.5%，工业总产值增长了 128.6%，年均增长 18%。可是因为起点很低，虽然速度快，但距离社会主义工业化完成当然还遥远得很。所以毛泽东1956年在《论十大关系》中说，中国的特点是"一穷二白"，"穷就是没有多少工业，农业也不发达，白就是一张白纸，文化水平科学水平都不高"。当时人们称社会主义工业化为总路线的"主体"，而称社会主义改造为"两翼"。主体与两翼不像预计那样平行地发展，其原因是什么，后果会怎样，特别是社会主义改造的飞速完成，是符合实际的要求呢，还是主要依靠政权力量人为地促成？这本来是值得考虑的问题。当时的领导人并不明确地认为作为两翼的"三改"过于超前，但确认工业化落后，于是1958年搞"大跃进"，想用群众运动的方式把工业化一下子搞上去，结果没有成功。同时，"两翼"似乎根本不考虑是否与"主体"相适应而仍继续猛进。最显著的是农业方面，1958年全部农村都跃进到了人民公社化。那时社会上有人民公社是进入共产主义的"金桥"的说法，虽然这是一部分基层干部的创造，但这种认识和那时的领导思想不无关系。可以说，领导思想失之毫厘，民粹主义的思想就在下面大为膨胀。当农业生产力没有任何显著提高，国家的工业化正在发端的时候，认为从人民公社就能够进入共产主义，这是什么思想？只能说这种思想在实质上属于民粹主义的范畴，和马克思主义距离很远。党的领导，首先是毛主席很快地发现这个问题，采取步骤纠正"共产风"，并对农村人民公社的有些方面作了些调整。但是始终没有充分的事实能够说明，人民公社制度是与中国农村实际相适应的，是有益于提高农业生产力、发展农村经济的。事实证明的恰好相反，但人民公社制度直到80年代初才终于被取消。

在人民公社存在的20多年间，与人民公社制度相联系的种种混乱思想，如"割资本主义尾巴"、"穷过渡"一直扰乱人心，在实践中起坏作用。这里只说一下"穷过渡"。那时人们所说的过渡有种种层次：或过渡到大队所有制，或过渡到社有制，或过渡到全民所有制，或过渡到共产主义，总之，是过渡到被认为是社会主义更高一级的台阶上。其所以能过渡，不是因为生产力发展，不是因为富，而是因为穷，是"趁穷过渡"。这种穷过渡的思想，当然只能使人联想到民粹主义。

　　中国在新民主主义革命胜利，"推翻了三座大山"以后，"一穷二白"就是中国落后的根源。尽管不妨把一穷二白形容为一张纯洁的白纸，但只凭纯洁的底子，绝不可能任意画出最新最美的图画。

六

　　毛泽东的新民主主义理论，也能帮助我们深入理解提出社会主义初级阶段理论的重要意义，深入理解近 20 年来改革开放的必要性和有关政策的正确性，并且从历史的、理论的角度深入认识为什么要把发展生产力摆在首要地位。

　　历史不会绝对地重复，但是在革命进程中，的确有时候像列宁所说的，人们不得不一再重复做一件事情。列宁在十月革命后通过实践看到，想用一个冲锋就进入社会主义是不可能的，他就毅然地改变方针，实行革命的退却，开始新经济政策。列宁在 1922 年，即十月革命后 5 年曾这样说：在一个小农国家里，要奠定社会主义经济基础，不可能"不犯错误，不实行退却，不一再重做那还没有做成和做得不对的事情"，因此要求共产党人"一直保持着机体的活力和灵活性，准备再一次'从头开始'向最困难的任务进军"。[①]

---

　　① 《列宁选集》第 4 卷，人民出版社 1995 年第 3 版，第 640 页。

　　新中国成立后的差不多前30年，回顾起来有许多毛病、错误，甚至于有些是根本不应该那样做的；但我们毕竟还是取得了许多成就，而且更重要的是积累了许多过去没有的经验。经过30年间的曲折道路，无论如何工业水平比1949年高得多了。但是仍然远不能说是摆脱了一穷二白的境地。那30年间得到的经验中最重要的一条，是决不能不顾生产力发展的水平而追求社会主义生产关系的提高，这种提高不但不是真正的提高，而且只会对生产力的发展和社会的进步起阻碍作用。这条经验是马克思主义区别于民粹主义的要害。1978年的十一届三中全会后，党接受了30年来的经验，也在30年来的成就的基础上重新开始中国的社会主义伟大事业。当然不是回到1949年。只就经济上说，第一，社会主义全民所有制经济的力量大为增加；第二，解放前的私营资本主义已经消失；第三，农民从合作化到公社化的经验中，学到了应该如何做和不应该如何做。形势发生了这样大的变化，因此我们不可能重新走新民主主义道路。

　　在十一届三中全会后实行开放政策时，党的文件中往往特别标明，开放的对象包括资本主义发达的国家。[①] 党在收回香港、澳门的政策和准备施行于台湾的和平统一政策中，都明确宣布要按"一国两制"的原则办事，即在这几个地区继续实行资本主义制度。国家以宪法肯定我国今后将长期处于社会主义初级阶段，因而也就要长期坚持公有制为主体、多种所有制经济共同发展的基本经济制度，长期坚持按劳分配为主体、多种分配方式并存的分配制度，从而非公有制经济成为我国社会主义市场经济的

---

　　① 例如1984年十二届三中全会通过的《中共中央关于经济体制改革的决定》中说："必须吸收和借鉴当今世界各国包括资本主义发达国家的一切反映现代化生产规律的先进管理方法。"

重要组成部分。非公有制经济包括私营经济和个体经济，在过去是作为资本主义和资本主义尾巴而被排斥的。私营经济中的大部分（也许有些是例外），在性质上同旧社会中的私人资本主义经济相同，但并不完全相同而有自己的特色。因为它是在共产党领导的社会主义国家中产生的，它是社会主义市场经济中的一个组成部分，它受到国家的引导、监督和管理。具有资本主义性质的这部分私营经济，与其他非公有制经济一样，其合法的权利和利益受到国家的保护。所有这些都是积极地利用资本主义，以促进社会主义发展的政策。如果按民粹主义的思路，这些政策是不可设想的。民粹主义思路名为憎恶和厌弃资本主义，实为害怕资本主义，躲避资本主义。我们要坚持社会主义公有制在我国经济制度中为主体，以保证不致走向与民粹主义相反的另一极端，即走向资本主义社会，同时也有必要注意防止类似于民粹主义的偏向，即防止以为好像不需要再把发展生产力摆在首要地位，以比较落后的生产力，就可以进入社会主义的比较高级的阶段的倾向；防止急于消灭资本主义，而不知道充分利用资本主义的必要性的倾向。

那么，为建设社会主义而利用资本主义，会不会遇到什么风险呢？应该说，不能绝对排除各种大的小的风险。做任何新的事情，走任何新的路子，都不可能没有一点风险，没有一点副作用。一帆风顺，坐着不动，打瞌睡就可以到达彼岸去，这种事情是没有的。我们只有用马克思主义观察中国的现实，按照实际情况，大胆地提出新的路子，防止和克服可能发生的种种风险。马克思主义的道路从来不是一条平坦笔直的、绝对平稳安全的、毫无风险的路。

所以，我认为，重新学习、认识毛主席关于新民主主义的理论，以及他用马克思主义原理正确处理在中国历史条件下资本主义和社会主义关系的完整理论，对于我们今天理解邓小平理论，理解改革开放和社会主义初级阶段的理论及其方针政策是很有帮助的。

1999 年 3 月定稿

（1998 年 12 月 26 日在中共中央文献研究室和中共湖南省委联合召开的"毛泽东、邓小平与马克思主义中国化"理论研讨会上的发言。录音整理稿经作者审阅改定。原载《中国社会科学》和《中共党史研究》1999 年第 3 期，5 月 10 日、5 月 25 日出版）

作者重要论著年表

新哲学的人生观（1937年）《胡绳全书》第四卷

哲学漫谈（1937年）《胡绳全书》第四卷

胡适论（1937年）《胡绳全书》第一卷第一辑

论近两年来的思想和文化（1937年）《胡绳全书》第一卷第一辑

辩证法唯物论入门（1938年）《胡绳全书》第四卷

思想方法（1940年）《胡绳全书》第四卷

谈思想与思想自由（1940年）《胡绳全书》第一卷第一辑

论英雄与英雄主义（1940年）《胡绳全书》第一卷第一辑

论反理性主义的逆流（1941年）《胡绳全书》第一卷第一辑

评冯友兰著《新世训》（1942年）《胡绳全书》第一卷第一辑

论卓别林（1942年）《胡绳全书》第一卷第四辑

评冯友兰著《新事论》（1943年）《胡绳全书》第一卷第一辑

"无穷的远方，无数的人们，都和我有关"（1943年）《胡绳全书》第一卷第四辑

论"诚"（1943年）《胡绳全书》第一卷第一辑

评钱穆著《文化与教育》（1944年）《胡绳全书》第一卷第一辑

论历史研究和现实问题的关联（1944年）《胡绳全书》第一卷第一辑

论所谓"毕其功于一役"（1945

年）《胡绳全书》第一卷第一辑

二千年间（1946 年，署名"蒲韧"）《胡绳全书》第五卷

中国问题讲话（1946 年）《胡绳全书》第四卷

论发展生产力（1946 年）《胡绳全书》第一卷第一辑

一年来人民努力的成就（1946年）《胡绳全书》第一卷第三辑

制宪不如散会（1946 年）《胡绳全书》第一卷第三辑

论自由主义在中国（1947 年）《胡绳全书》第一卷第一辑

要民主就要"造反"（1947 年）《胡绳全书》第一卷第三辑

帝国主义与中国政治（1948年）《胡绳全书》第五卷

孙中山革命奋斗小史（1948年）《胡绳全书》第五卷

怎样搞通思想方法（1948 年）《胡绳全书》第四卷

路是怎样铺成的（1948 年）《胡绳全书》第一卷第三辑

鲁迅思想发展的道路（1948年）《胡绳全书》第一卷第一辑

五四运动的历史意义（1949年）《胡绳全书》第二卷第一辑

太平天国与资本主义外国的关系（1949 年）《胡绳全书》第二卷第一辑

"为什么?"（1950 年）《胡绳全书》第二卷第一辑

立场与方法（1950 年）《胡绳全书》第二卷第一辑

爱我们的祖国（1951 年）《胡绳全书》第二卷第一辑

纪念太平天国革命百周年（1951 年）《胡绳全书》第二卷第一辑

马克思主义辩证法的科学性和革命性（1952 年）《胡绳全书》第二卷第一辑

中国近代历史的分期问题（1954 年）《胡绳全书》第二卷第二辑

邹韬奋同志一生的工作和斗争（1954 年）《胡绳全书》第二卷第二辑

论胡适派腐朽的资产阶级人生观（1955 年）《胡绳全书》第二卷第二辑

中国近代史学习绪论（1955年）《胡绳全书》第二卷第二辑

唯心主义是科学的敌人（1955年）《胡绳全书》第二卷第二辑

向列宁学习怎样进行思想斗争（1956 年）《胡绳全书》第二卷第二辑

社会历史的研究怎样成为科学（1956 年）　《胡绳全书》第二卷第二辑

关于哲学史的研究（1957 年）《胡绳全书》第二卷第三辑

西方资产阶级社会学输入中国的意义（1958 年）　《胡绳全书》第二卷第三辑

中国近代史提纲（1960 年）《胡绳全书》第五卷

在学术研究中坚持百花齐放百家争鸣的方针（1961 年）　《胡绳全书》第二卷第三辑

论五四新文化运动中的民主和科学（1979 年）　《胡绳全书》第三卷第二辑

从鸦片战争到五四运动（1981年）　《胡绳全书》第六卷

关于中国近代史研究的若干问题（1981 年）　《胡绳全书》第三卷第三辑

辛亥革命的历史意义（1981年）　《胡绳全书》第三卷第二辑

辛亥革命中的反帝、民主、工业化问题（1981 年）　《胡绳全书》第三卷第二辑

马克思主义和中国国情（1983年）　《胡绳全书》第三卷第一辑

研究方法和叙述方法（1985年）　《胡绳全书》第三卷第五辑

在孙中山研究述评国际学术讨论会结束时说的话（1985 年）　《胡绳全书》第三卷第三辑

关于加强社会科学研究的几个问题（1985 年）　《胡绳全书》第三卷第三辑

艾思奇走出的第一步（1986年）　《胡绳全书》第三卷第四辑

谈哲学社会科学在社会主义历史时期的重要作用（1986 年）　《胡绳全书》第三卷第三辑

为什么中国不能走资本主义道路（1987 年）　《胡绳全书》第三卷第一辑

谈党史学习中的几个问题（1987 年）　《胡绳全书》第三卷第三辑

忆家英同志二三事（1987 年）《胡绳全书》第三卷第四辑

维护党的团结的楷模周恩来（1988 年）　《胡绳全书》第三卷第四辑

社会科学面临的形势和任务（1988 年）　《胡绳全书》第三卷第三辑

怀念侯外庐同志（1988 年）《胡绳全书》第三卷第四辑

"五四"和反封建（1989 年）

《胡绳全书》第三卷第二辑

中华人民共和国成立四十周年
（1989 年） 《胡绳全书》第三卷第
二辑

纪念鸦片战争一百五十周年
（1990 年） 《胡绳全书》第三卷第
二辑

关于近代中国与世界的几个问题（1990 年） 《胡绳全书》第三卷
第一辑

论中国的改革和开放（1991
年） 《胡绳全书》第三卷第一辑

坚持党的基本路线不动摇
（1992 年） 《胡绳全书》第三卷第
一辑

纪念郭沫若诞辰一百周年
（1992 年） 《胡绳全书》第三卷第
四辑

毛泽东一生所做的两件大事
（1993 年） 《胡绳全书》第三卷第
一辑

　　附：对《毛泽东一生所做的两件大事》一文的几点说明

纪念著名史学家顾颉刚先生
（1993 年） 《胡绳全书》第三卷第
四辑

什么是社会主义，如何建设社会主义？（1994 年） 《胡绳全书》
第三卷第一辑

党的十一届三中全会的历史意义（1994 年） 《胡绳全书》第三卷
第三辑

马克思主义是发展的理论
（1994 年） 《胡绳全书》第三卷第
一辑

从党的历史看中国共产党是伟大、光荣、正确的党（1996 年） 《胡绳全书》第三卷第一辑

中国在二十一世纪世界上的作用（1996 年） 《胡绳全书》第三卷
第一辑

资本主义和社会主义的关系
　　——世纪交接时的回顾和前瞻
（1998 年） 《胡绳全书》第七卷文集

毛泽东的新民主主义论再评价
（1999 年） 《胡绳全书》第七卷文集

作者生平

　　中国共产党的优秀党员，久经考验的忠诚的共产主义战士，无产阶级革命家，著名的马克思主义理论家、历史学家，中国人民政治协商会议第七、八届全国委员会副主席胡绳同志，因病于2000年11月5日8时10分在上海逝世，享年82岁。

　　胡绳同志1918年1月11日出生于江苏省苏州市。1931年，他升入高中时发生九一八事变。深重的民族危机激起他强烈的爱国热情，从此，他开始接触马列著作和中共地下党的出版物。1934年考入北京大学哲学系。1935年9月在上海参加革命，从事共产党领导的文化活动和抗日救亡运动。他一面自学一面写作，为《读书生活》等刊物撰稿，参加《新学识》的编辑工作。抗日战争爆发后，他到武汉，于1938年加入中国共产党。此后，他在武汉、襄樊、重庆等地参与党的文化领导机构和统一战线工作，先后任《全民抗战》等刊物编辑、襄樊第五战区文化工作委员会委员、《鄂北日报》主编、中共中央南方局文委委员、生活书店编辑、《读书月报》主编。1941年1月皖南事变后，他到香港，任《大众生活》编委。同年12月太平洋战争爆发后，他返回重庆，任中共中央南方局文委委员，党的机关报《新华日报》社编委。解放战争时期，他在上海和香港为党工作，先后任中共上海工委候补委员、文委委员，上海、香港生活书店总编辑，经常为上海的《民主》、《文萃》以及香港的《理论与现实丛刊》等刊物撰稿。1948 年 10 月，他离开香港到达河北省平山县解放区，任中共中央宣传部教材编写组组长、华北人民政府教科书编审委员会副主任。1949 年 9 月，他作为社会科学界代表团成员，出席第一届中国人民政治协商会议，参与创建新中国的筹备工作。

在革命战争年代，胡绳同志在中国共产党直接领导的报刊和其他进步报刊上，发表了大量的文章，还出版了多部著作。其中，有的是结合中国实际宣传马克思主义哲学的优秀通俗读物；有的是宣传党的理论和政治主张，批判错误思潮的思想政治评论；有的是用新观点新方法论述中国封建社会历史和中国近代历史的学术著作。1948 年出版的《帝国主义与中国政治》，是深入揭示鸦片战争后 80 多年间中国政治的学术力作。这些作品曾多次再版，有的还有多种外文译本，在海内外特别是在思想文化界和知识青年中产生了很大影响。他在战时国民党统治区的险恶环境中，不畏国民党的反动政治高压，以马克思主义为武器，在思想文化战线上冲锋陷阵，表现出了一个党所培养的年轻文化战士在政治上理论上的党性和锐气。从 17 岁到 30 岁的 10 多年间，他发表的文章和著作多达 100 多万字。这些文字，连同他在党领导下开展的文化界多方面的统一战线工作，使他在新中国成立前的社会科学界就享有盛名。

中华人民共和国成立后，胡绳同志先后任政务院出版总署党组书记、人民出版社社长、中共中央宣传部秘书长、《学习》杂志社主编、中共中央马列学院第一部主任、中共中央政治研究室副主任、《红旗》杂志社副总编辑、中央马列主义学院副院长。

50 年代至 60 年代中期，他参加《毛泽东选集》的编辑工作，负责党的理论研究和宣传工作，参加党和国家许多重要文件（如 1954 年关于中华人民共和国宪法草案的报告，中共第八次全国代表大会的政治报告等）的起草，参加毛泽东同志和党中央召集的关于重要学术理论问题的讨论，为研究、阐释和普及毛泽东思想，向干部群众进行马克思主义的启蒙教育，宣传党的方针政策，付出了大量的心血。50 年代初期，他撰写的《中国近代史提纲》（1840—1919）和发表的《中国近代历史的分期问题》，对后来中国近代史的教学和研究产生了很大影响，形成了中国近代史研究的一个有特色的体系。

"文化大革命"中，胡绳同志遭受迫害，下放干校劳动。1973 年后逐步恢复工作。1975 年被任命为国务院政治研究室负责人之一，参加毛泽东著作的整理和主管中国科学院哲学社会科学部的恢复工作，为邓小平同志领导的全面整顿付出了艰苦的努力。在此期间，他还着手写作《从鸦片战争到五四运动》一书，于 1981 年由人民出版社出版。这部 70 多万字的著作，系统地论述了鸦片战争后 80 年间中国社会经济结构和各个阶级的发展变化，成为推动近代史研究和进行爱国主义教育的优秀著作。

进入改革开放的新时期以来，胡绳同志于 70 年代末 80 年代初，先后任毛泽东著作编辑委员会办公室副主任、中共中央文献研究室副主任。1982 年起任中共中央党史研究室主任，1994 年任中共中央党史工作领导小组副组长。1985 年至 1998 年任中国社会科学院院长。他还担任过香港特别行政区基本法起草委员会副主任委员和澳门特别行政区基本法起草委员会副主任委员。这期间，他继续参与或负责党和国家许多重要文件的起草工作，包括参加起草《关于建国以来党的若干历史问题的决议》和修订新宪法，主持国内哲学社会科学的学术研讨活动，参加重要的国际学术文化交流和与台湾学者的交流等。他为总结历史经验，实现党的工作重点的历史性转变，宣传党的改革开放和社会主义现代化建设的方针政策发挥了重要作用。

胡绳同志在担任中共中央党史研究室主任、中国中共党史学会会长时，对中共党史的研究做出了重要贡献。由他主编的《中国共产党的七十年》，是一部具有权威性的中共党史简明读本，并有英文译本在国外发行。1991年出版的《中国共产党历史》上卷，也是由他主持撰写的一部有重要影响的党史著作。

胡绳同志长期担任中国社会科学院院长，国务院学位委员会副主任委员，还曾任中国史学会会长、孙中山研究会会长。中国科学院设立学部后，历任哲学社会科学部学部委员、常务委员。他十分重视我国社会科学的学科建设和队伍建设，强调社会科学为适应时代需要有一个大的发展。他坚持执行党的知识分子政策和"双百"方针，尊重科学，爱护人才，努力为学术研究创造良好的环境。1990年，欧洲科学、艺术与文学科学院授予他院士称号。在八、九十年代，胡绳同志发表了一些有影响的论著。1987年，他撰写了《为什么中国不能走资本主义道路》一文，深入分析中国的特殊国情，有力地论证了中国坚持走社会主义道路的历史必然性。1991年，他在日本亚细亚大学的演讲《论中国的改革和开放》，在国内外受到普遍的称赞。1994年6月，他发表题为《什么是社会主义，如何建设社会主义?》的长文，同年底发表《马克思主义是发展的理论》演讲，强调马克思主义是发展的理论，邓小平理论是马克思主义社会主义建设学说在中国条件下的巨大发展。胡绳同志晚年对于邓小平理论的阐述和传播，做出了重要贡献。1998年人民出版社出版《胡绳全书》，汇集了他从1935年以来60年间有代表性的作品，集中地反映了他一生研究和写作的丰硕成果。胡绳同志的旧体诗集

《胡绳诗存》，也曾多次增订再版。

1988 年和 1993 年，胡绳同志先后当选为中国人民政治协商会议第七、八届全国委员会副主席，是中共第七、八届全国政协党组成员。他参与领导了《中国人民政治协商会议章程》和《政协全国委员会关于政治协商、民主监督、参政议政的规定》的修订工作，推动了人民政协的规范化、制度化建设。他积极参与全国政协履行职能的各项领导工作，十分重视政协的建言立论，善于和党外人士合作共事，为促进新时期人民政协事业、巩固和发展中国共产党领导的多党合作和政治协商制度做出了贡献。

胡绳同志是中国共产党第八、十、十一、十二、十三、十四、十五次全国代表大会代表，第十二届中央委员会委员；第一、二、三、四、五届全国人民代表大会代表，第四、五届全国人民代表大会常务委员会委员。

胡绳同志的一生是孜孜不倦地追求真理、献身于共产主义事业的光辉的一生。他为我国新民主主义革命的胜利、社会主义革命和社会主义建设事业的发展始终奋斗不息，无论遇到什么样的艰难险阻，都坚定执著，积极进取，毫不懈怠。他少年早慧，崭露才华，又能不断刻苦自励，辛勤劳作，终于锻炼成为学识渊博、成就卓著、在国内外享有盛誉的学者和革命家，在宣传和阐述马列主义、毛泽东思想、邓小平理论，坚持和运用马克思主义推进社会科学研究方面，做出了重要贡献。他把毕生的精力奉献给了党的事业。

胡绳同志一生的研究和写作，总是注重与时代的需要、人民的需要相结合，因而能够随着时代的步伐不断前进。他酷爱读书，手不释卷，但又注重理论联系实际，坚持解放思想，实事求是，独立思考，有所创新。他的作品以言之有物、分析细致、逻辑严密、说理透彻而著称。

　　胡绳同志心胸豁达，温和宽厚，谦虚谨慎，平易近人，廉洁奉公，生活简朴。1996 年它将自己的大批藏书捐赠给湖北省襄樊市图书馆。1997 年他捐赠出多年积蓄的稿费，创立"胡绳青年学术奖励基金"，奖励青年学者的优秀学术成果。

　　胡绳同志无私奉献的革命精神、高尚的品德和严谨求实的治学风格，是我们学习的榜样。

　　胡绳同志永垂不朽！

（新华社北京 2000 年 11 月 12 日电）

后　记

　　胡绳同志去世已经两年多了。他生前在《胡绳全书》出版后，曾设想编两本文选，一本政论集，一本杂文集，这时他已身患重病。后来中国社会科学院科研局组织编辑出版这套学者文选向他约稿，本是合拍的事情，但他终因病情加重已无力他顾，对此也没有作任何交代。今年3月科研局的同志约我们来编文选。如果胡老能亲自编定它，读者的感觉会大不一样，这是憾事。

　　胡老一生学术成就丰硕。我们编这本文集，选篇的指导思想是明确的，要选择学术性、理论性强的有代表性的文章。手边有《胡绳全书》六卷九册，胡老嘱托编辑的第七卷也出版在即，按说编一本文集并不难，但在大量文章中选出很有限的篇幅却非易事。关键是选篇目。好在《全书》卷首有一个"胡绳重要论著年表"可作依据，还有评论和纪念胡老的文章可参考。难得的是有龚育之、丁伟志、徐宗勉同志精心指导，使我们心里感到踏实。经过一选再选，反复斟酌和调整，选了现在这些文章，仍有一种不尽满意的感觉。当然，仁者智者所见也不同。

　　本书的文章均选自《胡绳全书》，共26篇30万字，按时间排序。上篇是新中国建国前部分，7篇约9万字；下篇是建国后部分，侧重于八九十年代改革开放以来的文章，19 篇约 21 万字。所选文章都是作者生前发表过的。即将出版的《全书》末卷中有些谈话是根据胡老的录音整理的，如《关于撰写〈从五四运动到人民共和国成立〉的谈话》（1995 年 3 月—1998 年 10 月）、《在世纪之交看马克思主义的命运》（1996 年 12 月口述）等，虽然内容很重要，但未经作者本人定稿就没有选，这是需要特别说明的。胡老在《全书》座谈会上最后作了简短的发言，回顾和总结自己一生的研究和写作，表示要以老迈带病之躯继续拼搏，作为本书的《代序》也许是适当的。书后附"作者重要论著年表"，供读者参详。这个年表对《全书》那个"年表"略作补充，只加上胡老自己看重的《资本主义和社会主义的关系——世纪交接时的回顾和前瞻》（1998 年 7 月）、《毛泽东的新民主主义论再评价》（1999 年 3 月）两篇。与这套文选其他学者的文集不同，本书没有主要是叙述作者学术成就的"编者的话"和"作者生平年表"，用胡老逝世后新华社发表的"胡绳同志生平"来替代，这里也顺便交代一下。

　　在《胡绳集》编定发排之际，对出版本书给予关心、支持和帮助的同志们，以及向来留意胡绳文字的热心的读者们，我们由衷地表示诚挚的谢意。

黎钢　白小麦

2003 年 4 月